资源、环境与成本绩效管理

——基于数据包络分析视角

储军飞　王伟姣　张红宇　刘咏梅　著

科学出版社

北　京

内 容 简 介

本书是对作者近年来在资源、环境与成本绩效管理领域研究成果的系统总结。本书紧密结合理论方法与实践应用，针对现有研究方法的不足，提出了改进方法，并通过实际案例验证了这些理论和方法的有效性。全书主要内容包括四个部分：基础知识、资源利用与配置管理、环境绩效管理以及成本分摊管理。在理论层面，本书提出的资源、环境与成本绩效管理相关模型，为完善现有评价理论提供了重要贡献。在应用层面，本书的研究结论对提升效率基准、优化资源配置效率具有重要指导意义。

本书适合项目管理、工程管理、决策分析等领域的政府公务人员、企业管理者、高校师生、科研院所人员及相关从业者阅读，既可作为学术研究的参考书，也可为实际工作提供方法支持。

图书在版编目（CIP）数据

资源、环境与成本绩效管理 ： 基于数据包络分析视角 / 储军飞等著. -- 北京 ： 科学出版社，2025. 7. ISBN 978-7-03-082359-5

Ⅰ. F205

中国国家版本馆 CIP 数据核字第 2025JL9554 号

责任编辑：徐 倩 / 责任校对：贾娜娜

责任印制：赵 博 / 封面设计：有道设计

科学出版社 出版

北京东黄城根北街 16 号

邮政编码：100717

http：//www.sciencep.com

北京华宇信诺印刷有限公司印刷

科学出版社发行 各地新华书店经销

*

2025 年 7 月第 一 版 开本：720×1000 1/16

2026 年 1 月第二次印刷 印张：18

字数：362 000

定价：192.00 元

（如有印装质量问题，我社负责调换）

前　言

在人类社会持续迈向工业化与数字化的进程中，资源紧缺、环境污染与经济增长之间的矛盾越发凸显。如何在有限的资源条件下实现可持续发展，成为全球范围内的重要课题。与此同时，企业和组织在寻求经济效益最大化的同时，也面临着环境绩效提升与成本控制的双重挑战。在这一背景下，数据包络分析（data envelopment analysis，DEA）作为一种非参数方法，因其能够科学、客观地评估多投入、多产出系统的效率，逐渐成为资源、环境与成本绩效管理领域的重要分析工具。自 1978 年 Charnes（查恩斯）等提出经典的 CCR 模型以来，DEA 方法在学术界与实践领域经历了长足的创新和发展。无论是在环境绩效管理中考虑非期望产出，还是在资源分配问题中寻求多目标优化，抑或是在成本分摊管理中追求效率与公平的平衡，DEA 方法均展现出强大的适应性和扩展性。

本书以 DEA 理论为核心，从理论构建到实践应用，对其在资源、环境与成本绩效管理中的创新和发展进行了系统性总结与深化研究。全书共分为四个部分。

第一部分：基础知识篇，为读者奠定理论基础。这部分系统回顾了 DEA 方法的理论起源与发展脉络，详细介绍了 DEA 在效率评价、资源优化与多目标决策中的基本原理和经典模型，并梳理了近年来 DEA 在资源、环境与成本绩效管理领域的研究现状和前沿动态。

第二部分：资源利用与配置管理篇，重点关注 DEA 在资源分配与优化中的应用。提出了一系列基于非退化生产技术和双目标优化的资源配置模型，同时探讨了资源分配可能集的构建与优化方法，以及在实际决策中实现多目标协调的途径。通过对实证案例的详细分析，展现了这些模型在医疗、交通和能源等关键行业中的实际应用价值。

第三部分：环境绩效管理篇，深入探讨 DEA 方法在环境效率评估与改进中的应用和创新。针对非期望产出在生产活动中的重要影响，这部分介绍了多种环境效率评价方法，包括碳交易背景下的环境绩效评价模型，考虑碳数据不确定性情形下的环境绩效评价方法，两阶段“污染”-“治理”系统环境绩效评价方法，以及考虑两阶段效率平衡的生态绩效评价方法。

第四部分：成本分摊管理篇，着眼于如何通过 DEA 模型解决固定成本分摊（fixed cost allocation，FCA）中的公平性与效率性问题。这部分在经典模型的基础上，提出了多种改进方法，如考虑最大化最小效率和最大化接近度的双目标优化视角下的比例成本分摊方法，以及结合合作博弈理论的成本分摊方法。通过对实证案例的深入剖析，阐释了这些方法在企业成本管理与公共资源分配中的实际应用。

本书的研究不仅拓展了 DEA 方法的理论边界，也通过多个行业和领域的实证研究，展示了其在资源、环境与成本绩效管理中的广泛适用性和实用价值。我们希望，通过本书的阅读，学术界与实践界的读者能从中获得启发，探索如何更有效地应用 DEA 方法解决实际问题，并进一步推动开展资源、环境与经济协调发展的新实践。

本书得到了以下项目的资助与支持：国家自然科学基金项目（72271247、72102234、71901225）、国家社会科学基金重大项目（24&ZD110）、湖南省自然科学基金（2020JJ5778）、芙蓉计划湖湘青年英才项目（人文社科类）、湖南省普通高校青年骨干教师培养计划，以及中南大学商学院“海（境）外优秀人才计划”等。全书由储军飞副教授、王伟姣副教授、张红宇教授、刘咏梅教授共同负责总体设计、策划组织、学术交流、撰写与统稿工作。同时，也向长期以来支持和帮助本书编写的同仁、博士生、硕士生致以诚挚的谢意。

我们衷心希望，本书能够成为读者在相关领域研究与实践中的得力工具，也期盼与更多志同道合的学者和管理者携手合作，共同为推进全球可持续发展贡献智慧与力量。

由于作者学识和水平有限，书中难免存在疏漏与不足，恳请广大读者不吝指正。您的宝贵意见将是我们改进和提升的重要动力。

储军飞

2025 年 1 月

目　录

第一篇　基础知识

第二篇　资源利用与配置管理

第三篇 环境绩效管理

第四篇　成本分摊管理

第一篇

基础知识

第1章 绪　　论

1.1　研究背景和意义

随着全球经济和社会的快速发展，资源短缺、环境压力以及成本效益管理问题日益凸显。在有限资源条件下实现经济效益与环境效益的协同发展，已成为全球关注的焦点议题。在此背景下，DEA 方法凭借其在效率评价与资源优化中的独特优势，受到了广泛关注。DEA 是一种非参数化的组织绩效评价方法，通过分析组织的投入和产出数据，评价一组同质决策单元（decision-making unit，DMU）的相对效率，为多投入、多产出情景下的效率评价和资源优化配置提供科学依据（Charnes et al.，1978；Banker et al.，1984）。这一方法的出现，为决策者在资源有限的情况下实现更优的效率管理和可持续发展提供了有力工具。

在 1978 年，Charnes（查恩斯）、Cooper（库珀）和 Rhodes（罗兹）以相对效率的概念为基础提出了一种新的系统分析方法，该方法的提出充分说明了应用线性规划模型可以判断 DMU 是否有效。在后来的 DEA 文献中，人们以三人姓氏的首字母来命名他们创立的第一个 DEA 模型，即 CCR 模型。自 Charnes 等（1978）提出经典的 CCR 模型以来，众多学者开发了多种 DEA 扩展模型，以满足不同类型的应用需求。这些扩展模型包括：交叉效率评价模型（Sexton et al.，1986；Liang et al.，2008；Wu et al.，2016a，2016b，2016c）、基于松弛的测度（slack based measure，SBM）模型（Tone，2015；Li et al.，2013；Chang et al.，2014；An et al.，2016）、方向距离函数（Färe et al.，1994；Chung et al.，1997；Hampf and Krüger，2015）以及固定成本与资源分配模型（Cook and Kress，1999；Cook and Zhu，2005；Golany and Tamir，1995；Mar-Molinero et al.，2014；Khodabakhshi and Aryavash，2014；Fang，2015）等。这些扩展模型在环境绩效评价、资源配置以及成本分摊管理等细分领域中展现了极高的应用价值，为复杂系统的效率分析与优化提供了多样化的理论工具和实用方法。

首先，在环境效率评价领域，DEA 因其能够有效处理环境绩效评价中的复杂关系，成为评估环境效率的重要工具。Cecchini 等（2018）采用 Tone（2001）提出的 SBM 模型，对意大利翁布里亚（Umbria）地区的 10 个奶牛场的环境效率进行了分析，为区域农业环境管理提供了参考依据。Choi 等（2018）基于非径向

SBM-DEA模型，研究了20家碳排放交易体系（emission trading scheme，ETS）覆盖的钢铁行业企业在2011年至2015年的生产效率，探讨了ETS对公司绩效的影响。此外，Wang等（2022）利用方向距离函数模型对可再生能源的环境效率进行了系统分析，强调在实现可持续发展目标过程中对非期望产出的有效管理至关重要。Pan 等（2024）进一步提出了改进的方向距离函数模型，纠正了传统方向距离函数模型可能存在的效率高估问题，从而为决策者制定更加科学的减排策略提供了重要支持。这些研究充分体现了DEA方法在环境绩效评价领域的重要价值和广泛应用。

其次，在资源分配问题中，DEA能够有效处理复杂的投入产出关系，为资源分配提供科学依据，帮助决策者在多重约束条件下实现资源的优化配置。Lozano和Villa（2004）在DEA框架下引入了两种集中式资源分配模型，以最大限度地提升所有DMU的效率为目标，进行DMU之间的资源分配。Asmild等（2009）在此基础上扩展了Lozano和Villa（2004）的模型，提出了一种改进的DEA模型，使决策者能够根据不同偏好生成多样化的资源分配方案。Fang（2013）进一步发展了Lozano和Villa（2004）以及Asmild等（2009）的模型，提出了新的广义模型，通过引入资源共享和集中决策机制，优化整体系统的资源分配，提高系统的产出水平和综合效率。Du等（2014）结合DEA交叉效率评估机制，提出了一种算法以确定DMU的最终资源分配结果，从而最大限度地提升DMU的聚合产出变化。Wang等（2022）构建了两个效率评估模型和一个双目标资源分配模型，以确保医疗资源的高效分配。Chu等（2022）基于DEA非退化生产技术提出了一种医院间的医疗资源分配方法，通过双目标模型实现资源高效利用与实际约束的平衡。该方法保证所有DMU均可达到有效前沿，并通过武汉30家医院的新冠疫情案例验证了其实用性。

最后，在固定成本分摊领域，DEA从效率分析的角度为固定成本分摊问题提供了全新的解决思路。基于DEA方法的固定成本分摊研究主要分为两大类。第一类以Cook和Kress（1999）提出的基于“效率不变”原则的固定成本分摊方法为基础。一些学者围绕该原则，进一步探讨了固定成本分摊结果的公平性、满意度和激励效果等问题，开展了一系列拓展研究（Cook and Zhu，2005；Lin，2011a，2011b；Jahanshahloo et al.，2017；Dai et al.，2021；An et al.，2022）。第二类是以Beasley（2003）提出的“效率最大化”原则为核心的固定成本分摊模型。该原则旨在通过分摊方案最大化所有DMU的效率。围绕这一原则，学者开展了多方面的研究。Si等（2013）证明了满足效率最大化原则的可行成本分摊方案的存在，并提出了差异最小化的固定成本分摊模型。Li等（2013）引入了决策者对固定成本分摊结果的满意度概念及相应的成本分摊模型算法。Li 等（2018）结合 DEA交叉效率评估机制与合作博弈论，通过计算Shapley（沙普利）值确定固定成本分摊结果。Li等（2020）基于效率最大化原则，提出了一种融合公平交易原则和纳什非合作博弈的新方法，用于分配跨国公司的共同成本。Xu 等（2024）进一步讨论了不公平固定成本分摊方案可能对 DMU 造成的负面影响，并从乐观、悲观和混合三种视角探讨了如何利用 DEA 进行固定成本分摊。这些研究充分展示了 DEA 方法在固定成本分摊领域的灵活性和多样化应用，为解决实际问题提供了理论和实践支持。

综上所述，尽管 DEA 在环境绩效评价、资源分配和固定成本分摊管理等领域取得了显著进展，但仍存在诸多研究空白。例如，在环境绩效评价中，如何在投入产出数据存在不确定性的情况下科学地进行绩效评估；在资源分配过程中，如何高效利用分配的资源以实现多重目标；在固定成本分摊中，如何综合平衡个体理性与整体公平性。这些问题的解决不仅对 DEA 理论的发展提出了更高的要求，也对结合实际需求开发更加高效且适用性更强的模型提出了迫切的期待。因此，进一步完善 DEA 方法的理论基础，并在实践中探索其更广泛的应用，依然是当前研究的重要方向。

基于上述背景，本书聚焦于 DEA 方法在资源配置、环境绩效评价和成本分摊管理中的应用与改进，全面探讨了 DEA 模型的理论创新与实践应用。内容涵盖资源分配与优化模型的构建、环境效率评价模型的拓展、DEA 成本分摊模型的改进，以及相关的实际案例分析与应用研究。为了系统地探讨这些问题，本书以从理论到应用、从方法到实践的逻辑框架展开，旨在为后续的研究与实践提供全面的理论支撑和实证参考，助力学术研究深化与实践问题的科学解决。

1.2　本书的主要内容

本书以效率视角下的资源、环境与成本绩效管理为核心主题，系统探讨了 DEA 方法在效率评价与优化决策中的理论基础、模型创新和实际应用。全书结构清晰，分为四个部分，全面覆盖从理论研究到实践应用的多层次内容。

第一部分是理论基础，全面介绍了 DEA 方法的研究背景、理论框架及应用现状。从资源、环境与成本绩效管理的研究背景切入，详细阐述了 DEA 方法的基本理论，并对 DEA 在资源配置、环境绩效评价和成本分摊领域的应用文献进行了系统回顾，为后续的理论创新和模型改进奠定了坚实基础。

第二部分聚焦 DEA 方法在资源配置中的应用，涵盖四章内容。首先，提出采用非退化生产技术构建“资源分配可能集”，确保资源分配后的所有 DMU 保持有效性，并引入双目标优化模型以贴合实际需求；其次，开发了一个基于环境有效性和满意度最大化的资源优化配置模型；再次，利用强有效的前沿固定技术，针对投入增量能力有限的情形，提出了两阶段网络系统中的生产规模扩张分析和目标设定方法；最后，针对子阶段生产规模与中间产物水平的调整问题，开发了一种新的 DEA 方法以避免网络 DEA 的已知陷阱。

第三部分探讨 DEA 方法在环境绩效管理中的应用，包含四章内容。首先，结合碳交易背景，构建了新的生产可能集（production possibility set，PPS），并基于此提出了环境绩效评价模型与减排目标设定方法；其次，将随机多准则可接受性分析第 2 版（stochastic multicriteria acceptability analysis-version 2，SMAA-2）与 DEA 结合，提出了一种在碳数据不确定条件下的环境绩效评价方法；再次，针对两阶段网络系统，采用讨价还价博弈评估其环境效率，并设定子阶段生产目标；最后，提出了生态绩效分解模型，避免两阶段网络系统中子阶段效率分布的不均衡问题。

第四部分聚焦于成本分摊管理，重点分析 DEA 模型在固定成本分摊中的应用，涵盖四章内容。首先，从双目标优化视角出发，提出了兼顾效率改进与公平性的成本分摊方法；其次，基于交叉效率评价机制，研究了个体理性与整体公平性的平衡，提出了兼顾二者的固定成本分摊方法；再次，探讨效率改进与均衡性之间的权衡，利用 DEA 公共权重机制开发了一种集中式固定成本分摊方法，以提升分摊结果的公平性和接受度；最后，结合领导者-追随者模型和讨价还价博弈，提出了一种针对两阶段网络系统固定成本分摊的模型，为多阶段生产系统的固定成本分摊提供了新的解决思路。

1.3 研究框架

本书的研究框架如图 1.1 所示。

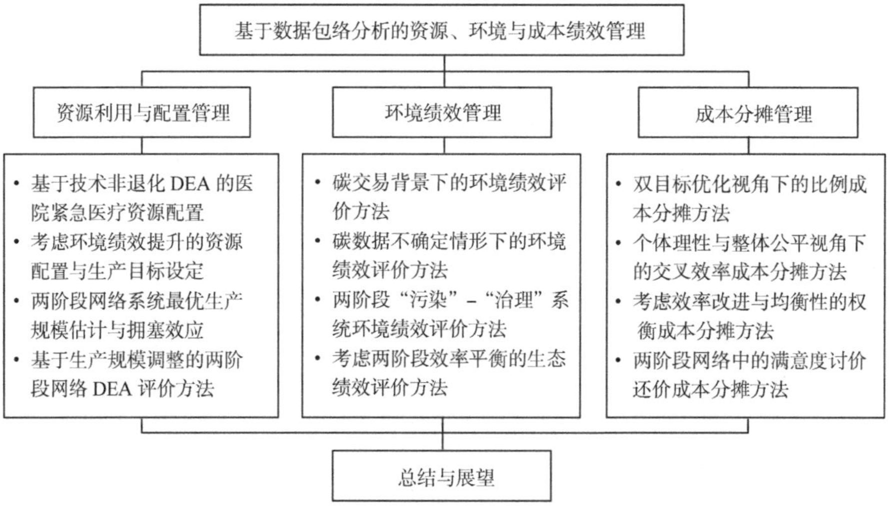

图 1.1 研究框架图

参考文献

An Q X, Tao X Y, Xiong B B, et al. 2022. Frontier-based incentive mechanisms for allocating common revenues or fixed costs. European Journal of Operational Research, 302(1): 294-308.

An Q X, Yan H, Wu J, et al. 2016. Internal resource waste and centralization degree in two-stage systems: an efficiency analysis. Omega, 61: 89-99.

Asmild M, Paradi J C, Pastor J T. 2009. Centralized resource allocation BCC models. Omega, 37(1): 40-49.

Banker R D, Charnes A, Cooper W W. 1984. Some models for estimating technical and scale inefficiencies in data envelopment analysis. Management Science, 30(9): 1078-1092.

Beasley J E. 2003. Allocating fixed costs and resources via data envelopment analysis. European Journal of Operational Research, 147(1): 198-216.

Cecchini L, Venanzi S, Pierri A, et al. 2018. Environmental efficiency analysis and estimation of CO_2 abatement costs in dairy cattle farms in Umbria (Italy): a SBM-DEA model with undesirable output. Journal of Cleaner Production, 197: 895-907.

Chang Y T, Park H S, Jeong J B, et al. 2014. Evaluating economic and environmental efficiency of global airlines: a SBM-DEA approach. Transportation Research Part D: Transport and Environment, 27: 46-50.

Charnes A, Cooper W W, Rhodes E. 1978. Measuring the efficiency of decision-making units. European Journal of Operational Research, 2(6): 429-444.

Choi Y, Yu Y N, Lee H S. 2018. A study on the sustainable performance of the steel industry in Korea based on SBM-DEA. Sustainability, 10(1): 173.

Chu J F, Li X X, Yuan Z. 2022. Emergency medical resource allocation among hospitals with non-regressive production technology: a DEA-based approach. Computers & Industrial Engineering, 171: 108491.

Chung Y H, Färe R, Grosskopf S. 1997. Productivity and undesirable outputs: a directional distance function approach. Journal of Environmental Management, 51(3): 229-240.

Cook W D, Kress M. 1999. Characterizing an equitable allocation of shared costs: a DEA approach. European Journal of Operational Research, 119(3): 652-661.

Cook W D, Zhu J. 2005. Allocation of shared costs among decision making units: a DEA approach. Computers & Operations Research, 32(8): 2171-2178.

Dai Q Z, Li Y J, Lei X Y, et al. 2021. A DEA-based incentive approach for allocating common revenues or fixed costs. European Journal of Operational Research, 292(2): 675-686.

Du J, Cook W D, Liang L, et al. 2014. Fixed cost and resource allocation based on DEA cross-efficiency. European Journal of Operational Research, 235(1): 206-214.

Fang L. 2013. A generalized DEA model for centralized resource allocation. European Journal of Operational Research, 228(2): 405-412.

Fang L. 2015. Centralized resource allocation based on efficiency analysis for step-by-step improvement paths. Omega, 51: 24-28.

Färe R, Grosskopf S, Norris M, et al. 1994. Productivity growth, technical progress, and efficiency change in industrialized countries. American Economic Review, 84(1): 66-83.

Golany B, Tamir E. 1995. Evaluating efficiency-effectiveness-equality trade-offs: a data envelopment analysis approach. Management Science, 41(7): 1172-1184.

Hampf B, Krüger J J. 2015. Optimal directions for directional distance functions: an exploration of potential reductions of greenhouse gases. American Journal of Agricultural Economics, 97(3): 920-938.

Jahanshahloo G R, Sadeghi J, Khodabakhshi M. 2017. Proposing a method for fixed cost allocation using DEA based on the efficiency invariance and common set of weights principles. Mathematical Methods of Operations Research, 85(2): 223-240.

Khodabakhshi M, Aryavash K. 2014. The fair allocation of common fixed cost or revenue using DEA concept. Annals of Operations Research, 214(1): 187-194.

Li F, Liang L, Li Y J, et al. 2018. An alternative approach to decompose the potential gains from mergers. Journal of the Operational Research Society, 69(11): 1793-1802.

Li H, Fang K N, Yang W, et al. 2013. Regional environmental efficiency evaluation in China: analysis based on the super-SBM model with undesirable outputs. Mathematical and Computer Modelling, 58(5/6): 1018-1031.

Li Y J, Lin L, Dai Q Z, et al. 2020. Allocating common costs of multinational companies based on arm's length principle and Nash non-cooperative game. European Journal of Operational Research, 283(3): 1002-1010.

Liang L, Wu J, Cook W D, et al. 2008. The DEA game cross-efficiency model and its Nash equilibrium. Operations Research, 56(5): 1278-1288.

Lin R Y. 2011a. Allocating fixed costs or resources and setting targets via data envelopment analysis. Applied Mathematics and Computation, 217(13): 6349-6358.

Lin R Y. 2011b. Allocating fixed costs and common revenue via data envelopment analysis. Applied Mathematics and Computation, 218(7): 3680-3688.

Lozano S, Villa G. 2004. Centralized resource allocation using data envelopment analysis. Journal of Productivity Analysis, 22(1/2): 143-161.

Mar-Molinero C, Prior D, Segovia M M, et al. 2014. On centralized resource utilization and its reallocation by using DEA. Annals of Operations Research, 221(1): 273-283.

Pan Y H, Wu J, Zhang C C, et al. 2024. Measuring carbon emission performance in China's energy market: evidence from improved non-radial directional distance function data envelopment analysis. European Journal of Operational Research, 321(2): 567-582.

Sexton T R, Silkman R H, Hogan A J. 1986. Data envelopment analysis: critique and extensions. New Directions for Program Evaluation, 1986(32): 73-105.

Si X L, Liang L, Jia G Z, et al. 2013. Proportional sharing and DEA in allocating the fixed cost. Applied Mathematics and Computation, 219(12): 6580-6590.

Tone K. 2001. A slacks-based measure of efficiency in data envelopment analysis. European Journal of Operational Research, 130(3): 498-509.

Tone K. 2015. Dealing with undesirable outputs in DEA: a slacks-based measure (SBM) approach. Tokyo: GRIPS Discussion Papers.

Wang Y, Chen H, Zhang N. 2022. Assessing environmental efficiency and carbon emissions of renewable energy: a directional distance function approach. Journal of Cleaner Production, 331: 129873.

Wu J, Chu J F, Sun J S, et al. 2016a. DEA cross-efficiency evaluation based on Pareto improvement. European Journal of Operational Research, 248(2): 571-579.

Wu J, Chu J F, Sun J S, et al. 2016b. Extended secondary goal models for weights selection in DEA cross-efficiency evaluation. Computers & Industrial Engineering, 93: 143-151.

Wu J, Chu J F, Zhu Q Y, et al. 2016c. DEA cross-efficiency evaluation based on satisfaction degree: an application to technology selection. International Journal of Production Research, 54(20): 5990-6007.

Xu G C, Wu J, Zhu Q Y, et al. 2024. Fixed cost allocation based on data envelopment analysis from inequality aversion perspectives. European Journal of Operational Research, 313(1): 281-295.

第 2 章　资源、环境与成本绩效管理理论、方法与应用现状

2.1　DEA 理论基础

DEA 是一种非参数评价方法，最早由 Charnes 等（1978）提出，用于评估在多投入、多产出条件下，具有同质性质的 DMU 之间的相对效率。DEA 的核心在于判断 DMU 是否处于生产前沿面，该方法不依赖于投入和产出之间的函数关系，因此无须对其进行明确建模。这使 DEA 成为一种经典且广泛应用于组织绩效评估的工具。

假设在一个生产系统中，有 n 个独立的同质性 DMU，每个 $\text{DMU}_j(j \in N=\{1,\cdots,n\})$ 都投入 m 种资源 $X_j=\left(x_{ij},\forall i \in I=\{1,\cdots,m\}\right)^{\mathrm{T}}>0$，得到 s 种产出 $Y_j=\left(y_{rj},\forall r \in O=\{1,\cdots,s\}\right)^{\mathrm{T}}>0$，则可以用 (X,Y) 表示所有 DMU 的生产活动。

定义 2.1　集合 $T=\{(X,Y)\mid X\text{可以生产出}Y\}$ 为由所有 DMU 构成的生产集合。生产可能集需要满足以下公理假设。

公理 2.1　平凡性：所有可观测到的 DMU 都属于生产可能集 T，即 $\left(X_j,Y_j\right)\in T,\forall j \in N$。

公理 2.2　锥性：若 $\left(X_j,Y_j\right)\in T$，则 $k\left(X_j,Y_j\right)=\left(kX_j,kY_j\right)\in T,\forall j\in N,k\geqslant 0$。

公理 2.3　凸性：若 $\left(X_j,Y_j\right)\in T$，则 $\left(\sum\lambda_j X_j,\sum\lambda_j Y_j\right)\in T,\lambda_j\geqslant 0,\ \sum\lambda_j=1,\forall j\in N$。

公理 2.4　无效性：若 $\left(X_j,Y_j\right)\in T,X_j'\geqslant X_j,Y_j'\leqslant Y_j$，则有 $\left(X_j',Y_j'\right)\in T$。

在满足以上公理假设的前提下，生产可能集可以具体表示为

$$T_{\mathrm{C}}^{\mathrm{S}}=\left\{(X,Y)\left|\sum_{j\in N} l_j X_j\leqslant X\right.\right. \tag{2.1a}$$

$$\sum_{j\in N}\lambda_j Y_j\geqslant Y, \tag{2.1b}$$

$$\left.\lambda_j \geqslant 0, \forall j \in N\right\} \tag{2.1c}$$

其中，λ_j 表示 DMU_j 的线性组合系数，$T_{\mathrm{C}}^{\mathrm{S}}$ 表示规模报酬不变（constant returns to scale，CRS）假设下的生产可能集。

当不满足锥性（公理 2.2）时，可得到规模报酬可变（variable returns to scale，VRS）假设下的生产可能集，这里用 $T_{\mathrm{V}}^{\mathrm{S}}$ 来表示。

$$T_{\mathrm{V}}^{\mathrm{S}} = \left\{(X,Y)\left|\sum_{j\in N}\lambda_j X_j \leqslant X,\right.\right. \tag{2.2a}$$

$$\sum_{j\in N}\lambda_j Y_j \geqslant Y, \tag{2.2b}$$

$$\sum_{j\in N}\lambda_j = 1, \tag{2.2c}$$

$$\left.\lambda_j \geqslant 0, \forall j \in N\right\} \tag{2.2d}$$

$T_{\mathrm{C}}^{\mathrm{S}}$ 和 $T_{\mathrm{V}}^{\mathrm{S}}$ 的区别在于是否有约束条件 $\sum_{j\in N}\lambda_j = 1$［式（2.2c）］，即投入产出之间是否存在等比例变化的关系。另外，由于 (X,Y) 为生产系统生产活动的实际观测值，故有 $(X_j,Y_j)\in T,\forall j\in N$。如果不存在 $(X_j,Y_j')\in T$，且 $Y_j' \geqslant Y_j$，则称 (X_j,Y_j) 为有效生产点。通常称由最优投入产出组合 $(X_j^*,Y_j^*)\in T$（$j=1,2,\cdots,n$）构成的集合 $T^* = \left\{(X_j^*,Y_j^*)\in T,\forall j\in N\right\}$ 为参考集。

Farrell（1957）引入了生产前沿面的概念以评估组织的产出效率。由所有的有效生产点（即参考点）组成的曲面被称为生产前沿面，表示当前最优的生产技术水平。DMU 与生产前沿面的距离反映了其相对效率，距离越远表明 DMU 越无效，距离越近表明 DMU 越有效。通常，当 DMU 的效率值等于 1 时，表明 DMU 为有效生产点且位于生产前沿面上；当 DMU 的效率值小于 1 时，表明此时 DMU 的生产技术不是最优的，因此 DMU 位于生产前沿面内部。

Farrell（1957）提出的效率评价是 DEA 效率评价的理论基础。基于此，Charnes 等（1978）提出了 CCR 模型。CCR 模型将每个 DMU 的加权投入与加权产出的比值定义为效率值，将被评价的 DMU 定义为 DMU_d，将其效率值定义为 E_d。CCR 模型如式（2.3）所示。该模型在评价 DMU_d 的效率时，目标函数是最大化 DMU_d 的效率值。模型中，约束条件（2.3a）是使所有 DMU 的效率值都小于或等于 1，约束条件（2.3b）和约束条件（2.3c）表示产出和投入要素的权重都大于或等于 0。

$$E_d = \max \frac{\sum_{r=1}^{s} u_r y_{rd}}{\sum_{i=1}^{m} v_i x_{id}} \tag{2.3}$$

$$\text{s.t.} \quad \frac{\sum_{r=1}^{s} u_r y_{rj}}{\sum_{i=1}^{m} v_i x_{ij}} \leqslant 1, \ \forall j \in N \tag{2.3a}$$

$$u_r \geqslant 0, \ \forall r \in O \tag{2.3b}$$

$$v_i \geqslant 0, \ \forall i \in I \tag{2.3c}$$

其中，E_d 表示 DMU_d 的效率值，是通过加权产出和与加权投入和的比值确定的；u_r、v_i 分别表示第 r 种产出、第 i 种投入的权重（即相对重要性）。模型（2.3）为非线性规划，可通过 C-C（Charnes-Cooper）变换转化为线性规划进行求解。

模型（2.3）是 CCR 模型的乘数形式，基于投入导向的包络形式的 CCR 模型［模型（2.3）的对偶模型］如下：

$$\min \ \theta_d \tag{2.4}$$

$$\text{s.t.} \quad \sum_{j \in N} \lambda_j X_j \leqslant \theta_d X_d \tag{2.4a}$$

$$\sum_{j \in N} \lambda_j Y_j \geqslant Y_d \tag{2.4b}$$

$$\lambda_j \geqslant 0, \ \forall j \in N \tag{2.4c}$$

模型（2.4）是基于生产可能集 $T_{\mathrm{C}}^{\mathrm{S}}$ 构建的，旨在寻求既定产出水平下，投入可以等比例缩减的程度。当 DMU_d 的效率值 $\theta_d = 1$，且各个松弛量为 0 时，各个投入均不可减少，若要减少投入，就会导致产出水平的降低，表明此时 DMU_d 实现了 DEA 有效；当 θ_d<1 时，表明 DMU_d 是无效的，说明 DMU_d 资源投入过多。因此，为实现有效生产，可将其投入等比例缩减至原有水平的 θ_d 倍。

类似地，产出导向的 DEA 模型旨在判断在 DMU 保持投入不变的情况下，产出能否在原有水平上按照某个比例扩大。若产出不能进一步扩大，表明 DMU 的生产已经达到最优，即 DMU 实现了 DEA 有效，反之无效。

$$\min \ \delta_d \tag{2.5}$$

$$\text{s.t.} \quad \sum_{j \in N} \lambda_j X_j \leqslant \delta_d X_d \tag{2.5a}$$

$$\sum_{j\in N}\lambda_j Y_j \geqslant Y_d \tag{2.5b}$$

$$\sum_{j\in N}\lambda_j = 1 \tag{2.5c}$$

$$\lambda_j \geqslant 0, \forall j \in N \tag{2.5d}$$

CCR 模型（2.4）是在 CRS 情形下构建的，接着，Banker 等（1984）基于生产可能集 $T_{\mathrm{V}}^{\mathrm{S}}$ 提出了 VRS 情形下的 BCC（Banker-Charnes-Cooper）模型。模型（2.5）为基于投入导向的包络形式的BCC模型。δ_d 表示 DMU_d 的BCC效率值。模型（2.4）与模型（2.5）的区别在于是否包含约束条件 $\sum_{j\in N}\lambda_j = 1$ [式（2.5c）]，式（2.5c）旨在确保所有 DMU 处于同一规模水平，剔除了组织规模对效率测算的影响。因此，BCC 模型测算的实际为 DMU 的纯技术效率，而 CCR 模型没有剔除规模效率的影响，评估的是 DMU 的综合技术效率。二者的关系为：BCC 纯技术效率 (δ_d) = CCR 纯技术效率 (θ_d) / 规模效率。

2.2　DEA 资源配置相关研究

传统的 DEA 模型主要集中于评价各 DMU 的相对效率，通常假设每个 DMU 的资源分配是固定的，未考虑资源在各 DMU 之间的流动和共享。在集中决策环境下，存在所有 DMU 受集中决策者控制的情况，旨在最小化所有 DMU 的总投入消耗或最大化总产出生产，而非单独考虑每个 DMU 的消耗。然而，在实际应用中，尤其是在公共管理、供应链管理、医疗资源分配等领域，资源的分配直接影响着效率的表现。因此，许多学者开始尝试将 DEA 与资源配置问题结合起来，以更好地解决资源有限情况下的优化问题。

基于 Lozano 和 Villa（2004）提出的集中资源分配模型，Fang（2013）提出了一种广义集中资源分配 BCC（generalized centralized resource allocation-BCC，GCRA-BCC）模型。该模型通过引入资源共享和集中决策机制，帮助决策者在多种资源类型和产出目标的约束下，优化整体系统的资源分配，提升系统的整体产出水平，并最大化系统整体效率。GCRA-BCC 模型如下：

$$\min \quad \theta \tag{2.6}$$

$$\text{s.t.} \quad \sum_{i=1}^{n}\sum_{j=1}^{n}\lambda_{ji}x_{jk} \leqslant \theta\sum_{j=1}^{n}b_j x_{jk},\ \forall k \in I \tag{2.6a}$$

$$\sum_{i=1}^{n}\sum_{j=1}^{n}\lambda_{ji}y_{js} \geqslant \sum_{j=1}^{n}b_j y_{js},\ \forall s \in O \tag{2.6b}$$

$$\sum_{i=1}^{n}\lambda_{ji}=b_j,\ \forall j\in N \tag{2.6c}$$

$$\sum_{j=1}^{n}\lambda_{ji}=\delta_i,\ \forall i\in N \tag{2.6d}$$

$$\lambda_{ji}\geqslant 0,\ \forall j\in N,\ i\in N \tag{2.6e}$$

其中，x_{jk} 和 y_{js} 分别表示 DMU_j（$\forall j\in N$）的第 k 个投入和第 s 个产出。λ_{ji} 表示一个强度变量。$b_j\in[0,1]$（$\forall j\in N$）表示常量，集中决策者需要根据不同的情境来决定哪些 DMU 应该被纳入整体优化中，将其对应的 b_j 设置为 1；否则，将 b_j 设置为 0。$\delta_i\geqslant 0$（$\forall i\in N$）也表示常量，集中决策者通过设置 $\delta_i=0$ 来决定哪些 DMU 不同时进行比较。

在上述集中资源分配模型中，假设集中决策者可在所有 DMU 间重新分配投入和产出，但实际存在部分 DMU 因地理分散、调整成本、法规或不可分割性等原因，无法进行投入重新分配或产出转移的情况。GCRA-BCC 模型的优势在于其灵活性，集中决策者可根据具体情况选择不同的参数设置，决定哪些 DMU 参与优化以及哪些 DMU 可作为参照，从而更好地适应不同的决策环境和实际资源分配需求。同时，模型的扩展考虑了实际中的限制因素，使其在实际应用中更具实用性。

同时，Fang（2013）对 GCRA-BCC 模型进行了解释与分解，说明了 GCRA-BCC 模型等价于分析 K 个 DMU 平均单位的标准 BCC 模型，并应用结构效率将模型中的总投入收缩进一步分解为三个部分：总技术效率（aggregate technical efficiency，ATE）、总配置效率（aggregate allocative efficiency，AAE）、可再转移效率（re-transferable efficiency，RTE），以揭示总投入收缩的来源，从而更好地理解和解释 GCRA-BCC 模型。此外，强调了最优影子价格唯一性对效率分解的重要性，给出了影子价格计算模型及检验唯一性的方法。

综上，通过引入广义 DEA 模型，为集中资源分配问题提供了一种新的优化框架。与传统 DEA 方法相比，该模型更加注重资源之间的协调和依赖关系，并能够在更复杂的资源分配情境下实现更高的效率和灵活性。

2.3　DEA 环境绩效评价相关研究

在实际生产活动中，除了期望的目标产出物外，往往还存在诸如废水、废气等伴随目标产出物一同产生的副产物，这些副产物对环境存在危害性，因此被称为非期望产出。随着这些副产物（非期望产出）的不断大量排放，全球环境问题日益严峻，因此，衡量生产活动的生态影响即环境效率就显得十分重要。由于 DEA

作为一种多投入、多产出的非参数效率评价方法，具有无须预设生产函数的优势，因此，有学者提出了同时考虑组织生产效率与非期望产出对环境影响的 DEA 模型，该类效率评价方法被称为 DEA 环境效率评价方法。由于希望非期望产出越少越好，这与传统 DEA 方法中希望期望产出越大越好的设定存在一定矛盾，因此，在考虑非期望产出的环境绩效评价时，传统 DEA 模型已不再适用。为解决该问题，学者将环境因素纳入模型，提出了新的 DEA 环境效率评价方法与模型。

通常而言，涉及非期望产出时，可使用以下四种方法进行环境绩效评价。第一种是强可处置性假设，强可处置性假设的核心思想是非期望产出可被自由处置。在相关研究中非期望产出的强可处置性假设有两种体现：一是 Hailu 和 Veeman（2001）提出的单调性假设，认为非期望产出可以自由地减少，但其与正常逻辑并不相符；二是对非期望产出进行数据变换处理，如借助线性变换或取倒数等方法，将非期望产出这一越小越好的数在数理上转化为越大越好的数，从而使其具有与期望产出同样的性质，进而进行相同的处置，但不同的数据转换得到的效率结果不同，即对生产可能集存在不确定的影响。因此，有学者提出了第二种方法，即基于弱可处置性假设的 DEA 效率评价模型。Färe 等（1989）首次提出了产出的强、弱可处置性假设，并提出对期望产出和非期望产出的处置应是不同的，因此假设期望产出可自由处置（强可处置），非期望产出是弱可处置的。与数据变换方法不同，弱可处置性假设认为非期望产出的减少必须以牺牲期望产出为代价，因此对期望产出和非期望产出采用不同的处置方式，分别赋予期望产出强可处置、非期望产出弱可处置的特性，通过重新构建生产可能集，并在此基础上借助相应的径向模型和 SBM 模型、范围调整测度（range adjusted measure，RAM）模型等非径向模型对效率值进行评价。第三种是半弱可处置性假设，该假设认为单一的强、弱可处置性假设无法刻画实际生产过程中不同非期望产出的多样化技术特征，因此综合强、弱可处置性假设提出了半弱可处置性假设。此外，基于非期望产出的弱可处置性和 DEA 方法的思想，也有学者提出了第四种方法，即使用方向距离函数进行效率评价的方法。与传统径向方法相比，这一方法能够灵活选择效率标杆方向，从而提高模型自由度，更好地满足不同情境下的效率评价需求。现对这些方法与模型总结如下。

2.3.1　强可处置性假设及其模型

强可处置性假设认为非期望产出（如污染物）可以随意减少，而不会对期望产出或资源投入产生影响。这一假设基于理想化的减排情景，忽略了减排的实际成本。在强可处置性假设下，非期望产出可被视作投入或者通过数据转换纳入传统的 DEA 模型中。

1. 数据转换法

第一种常见的数据转换法是 Seiford 和 Zhu（2002）提出的加性变换模型。假设 DMU_j（$j=1,2,\cdots,n$）使用 m 个投入 x_{ij}（$i=1,2,\cdots,m$）同时生产出 s 个期望产出 y_{rj}（$r=1,2,\cdots,s$）与 q 个非期望产出 z_{hj}（$h=1,2,\cdots,q$），使用加性变换模型对非期望产出进行转换的步骤为：使用一个足够大的正数 w 减去非期望产出 z_j，得到转换后的非期望产出 $\overline{z}_j$：

$$\overline{z}_j = w - z_j > 0 \tag{2.7}$$

在此基础上，可以选择合适的模型求解环境效率。例如，Seiford 和 Zhu（2002）构建了产出导向的环境效率评价模型：

$$\theta_d^* = \max\theta \tag{2.8}$$

$$\text{s.t.}\quad \sum_{j=1}^{n}\lambda_j x_{ij} \leqslant x_{id},\ i=1,2,\cdots,m \tag{2.8a}$$

$$\sum_{j=1}^{n}\lambda_j y_{rj} \geqslant \theta y_{rd},\ r=1,2,\cdots,s \tag{2.8b}$$

$$\sum_{j=1}^{n}\lambda_j z_{hj} \geqslant \theta z_{hd},\ h=1,2,\cdots,q \tag{2.8c}$$

$$\lambda_j \geqslant 0,\ j=1,2,\cdots,n \tag{2.8d}$$

转换式（2.7）使得所有的非期望产出可以在模型（2.8）中被作为期望产出处理。

第二种常见的转换方法是 Golany 和 Roll（1989）提出的乘性变换模型，即通过求非期望产出 z_j 的倒数来获得一个单调递增的变量指标 $\overline{z}_j$：

$$\overline{z}_j = 1/z_j \tag{2.9}$$

和前面的加性转换模型相同，可以把由转换式（2.9）求得的变量指标 $\overline{z}_j$ 作为期望产出，代入模型（2.8）中求解 DMU 的效率值。

Scheel（2001）将上述两种数据转换法进行了对比，发现两种方法之间存在一种跟随关系，即在乘性变换模型中被识别为有效的 DMU，运用加性变换模型对其进行效率评估时，也一定为 DEA 有效。换句话说，在效率评估方面，乘性变换模型比加性变换模型更加严格，前者求得的有效 DMU 数量比后者更少。

Xie 等（2018）将非期望产出进行加性逆转换，采用博弈交叉效率方法对中国 30 个省份（未统计台湾省、西藏自治区、香港特别行政区和澳门特别行政区）

发电行业的环境效率进行评价。Khodadadipour 等（2021）对非期望产出进行了加性逆转换，建立了一个投入导向的随机 DEA 模型评价中国火力发电厂的交叉效率。Meng 等（2023）对非期望产出也进行了加性逆转换，在网络生产结构的基础上，采用交叉效率 DEA 方法，测算了我国 30 个省份（未统计台湾省、西藏自治区、香港特别行政区和澳门特别行政区）制造业的总体和两阶段的全要素生产率，并识别了其影响因素。然而，一些学者（Färe and Grosskopf，2004；Wang et al.，2018）指出数据转换法对于生产可能集的影响存在不确定性，即这样的数据变换得到的效率结果是不一致的，尽管 Seiford 和 Zhu（2002）提出的方法在规模收益可变的假设下具有数据转换不变性。此外，该模型暗示非期望产出可以在没有任何成本的情况下减少，这是不现实的（Du et al.，2014）。

2. 将非期望产出视作投入

Hailu 和 Veeman（2001）假定产出和投入是可以自由支配的。但是，减少非期望产出需要将部分生产期望产出的投入转移，用来减少非期望产出，以达到减排的目的；也就是说，减少非期望产出需要额外的投入，或牺牲部分期望产出。因此，非期望产出本质上可以视为生产过程中的投入，其所提出的单调性假设如下。

单调性假设：如果 $\left(X_j,Y_j,Z_j\right)\in T, X\geqslant X_j, Y\leqslant Y_j, Z\geqslant Z_j$ ，$\forall j\in J$ ，那么 $\left(X,Y,Z\right)\in T$ 。

在此基础上构建的环境效率评价模型为

$$\min\quad \theta_k \tag{2.10}$$

$$\text{s.t.}\quad \sum_{j=1}^{n}\lambda_j x_{ij}\leqslant x_{ik},\ \forall i\in I \tag{2.10a}$$

$$\sum_{j=1}^{n}\lambda_j y_{rj}\geqslant y_{rk},\ \forall r\in O \tag{2.10b}$$

$$\sum_{j=1}^{n}\lambda_j z_{fj}\leqslant \theta_k z_{fk},\ \forall f\in F \tag{2.10c}$$

$$\lambda_j\geqslant 0,\ \forall j\in J \tag{2.10d}$$

Liu 等（2022）将非期望产出视为投入，提出了一种新的环境基准选择方法，并提出了一种确定环境最近目标法中的极有效点的算法。最后，将所提出的方法应用于中国火力发电厂的碳排放测算和环境基准选择中。Fang 等（2022）将非期望产出视为投入，采用超效率 SBM 模型测算 42 家火力发电厂的碳排放效率，并识别效率低下的原因，探索火力发电厂效率的提升路径。

2.3.2 弱可处置性假设及其模型

弱可处置性假设由 Färe 等（1989）提出，该假设认为，非期望产出的减少须以期望产出等比例减少为代价，反映了现实生产过程中减排与生产之间的权衡关系。这一假设更加贴合现实情况，在处理非期望产出时引入了权衡限制，从而确保结果的科学性与合理性。

弱可处置性假设具体被定义为：若 $\left(x_j, y_j, z_j\right) \in T$，则 $\left(x_j, \theta y_j, \theta z_j\right) \in T$，$0 \leqslant \theta \leqslant 1$。

弱可处置性假设表明非期望产出的减少依靠期望产出的等比例的减少，即非期望产出的减少需要付出一些代价，如减少生产规模。此外，Färe 等（1989）还指出非期望产出的弱可处置性需要满足零联合性，即若 $\left(y_j, z_j\right) \in T$ 且 $z_j = 0$，则必定有 $y_j = 0$ 成立。零联合性反映了期望产出和非期望产出之间存在着密切的关系。非期望产出作为期望产出的一种副产品而存在，要想完全消除污染物，生产也会随之停止，因此，期望产出的生产水平也会降低至 0。

基于上述性质，对非期望产出与期望产出分别采用不同的处置方式，即分别赋予期望产出强可处置性和非期望产出弱可处置性。在 CRS 情形下，考虑非期望产出弱可处置性的生产可能集 T^{CRS} 可表示为

$$T^{\text{CRS}} = \left\{ (x, y, z) \middle| \sum_{j=1}^{n} \lambda_j x_j \leqslant x, \right. \tag{2.11a}$$

$$\sum_{j=1}^{n} \lambda_j y_j \geqslant y, \tag{2.11b}$$

$$\sum_{j=1}^{n} \lambda_j z_j = z, \tag{2.11c}$$

$$\left. \lambda_j \geqslant 0 \right\} \tag{2.11d}$$

基于上述生产可能集，Yang 和 Pollitt（2010）提出了模型（2.12）以测度非期望产出弱可处置性假设下 DMU_d 的环境效率 θ_d^{Weak}。

$$\min \ \theta_d^{\text{Weak}} \tag{2.12}$$

$$\text{s.t.}\quad \sum_{j=1}^{n}\lambda_j x_{ij} \leqslant \theta_d^{\text{Weak}} x_{id},\ i=1,2,\cdots,m \tag{2.12a}$$

$$\sum_{j=1}^{n}\lambda_j y_{rj} \geqslant y_{rd},\ r=1,2,\cdots,s \tag{2.12b}$$

$$\sum_{j=1}^{n}\lambda_j z_{hj} = \theta_d^{\text{Weak}} z_{hd},\ h=1,2,\cdots,q \tag{2.12c}$$

$$\lambda_j \geqslant 0,\ j=1,2,\cdots,n \tag{2.12d}$$

Song 等（2017）假设非期望产出是弱可处置的，基于网络松弛测度（network slack-based measure，NSBM）模型对我国 30 个省份（未统计台湾省、西藏自治区、香港特别行政区和澳门特别行政区）的火力发电环境治理效率进行了评估和分解。Wang 和 Li（2021）在此基础上，采用阈值面板模型研究了成本型环境规制对中国火力发电环境治理效率的影响。

2.3.3　半弱可处置性假设及其模型

Chen 等（2017）认为单一的强可处置性或弱可处置性假设不能描述实际生产过程中不同非期望产出的多样化技术特征，并提出了半弱可处置性，其定义如下。

定义 2.2　半弱可处置性表明，在当前生产技术范围内，DMU 可以自由处理非期望产出；而在该范围外，DMU 必须以相同比例减少期望产出，以减少非期望产出（Chen et al.，2017）。

半弱可处置性的概念假定 DMU 可以自由地将其非期望产出减少到 αz_j，如通过提高其管理技能，而不影响其期望产出。然而，如果这个 DMU 想进一步减少它的非期望产出，它也必须成比例地减少它的期望产出。α 表示非“处置”度，表示在不同时减少期望产出的情况下，不能减少的非期望产出的比例。

Chen 等（2017）在 CRS 假设下给出了半可处置的生产可能集：

$$T_{\text{C}_{\text{Chen}}}^{\text{Semi}} = \left\{ (x,y,z) \middle| \sum_{j=1}^{n}\lambda_j x_j \leqslant x, \right. \tag{2.13a}$$

$$\sum_{j=1}^{n}\lambda_j y_j \geqslant y, \tag{2.13b}$$

$$\sum_{j=1}^{n}\lambda_j z_j \leqslant z \leqslant \frac{1}{\alpha}\sum_{j=1}^{n}\lambda_j z_j, \tag{2.13c}$$

$$\left.\lambda_j \geqslant 0, \forall\, j \in J\right\} \tag{2.13d}$$

相应的环境效率评价模型为

$$\min \quad \theta_k^{C_{\text{Chen}}} \tag{2.14}$$

$$\text{s.t.} \quad \sum_{j=1}^{n} \lambda_j x_{ij} \leqslant x_{ik},\ \forall i \in I \tag{2.14a}$$

$$\sum_{j=1}^{n} \lambda_j y_{rj} \geqslant y_{rk},\ \forall r \in R \tag{2.14b}$$

$$\sum_{j=1}^{n} \lambda_j z_{fj} \leqslant \theta_k^{C_{\text{Chen}}} z_{fk},\ \forall f \in F \tag{2.14c}$$

$$\frac{1}{\alpha_{fk}} \sum_{j=1}^{n} \lambda_j z_{fj} \geqslant \theta_k^{C_{\text{Chen}}} z_{fk},\ \forall f \in F \tag{2.14d}$$

$$\lambda_j \geqslant 0,\ \forall j \in J \tag{2.14e}$$

2.3.4 方向距离函数及其模型

实际上，除上述方法外，基于 DEA 的环境绩效评价还可以借助方向距离函数加以实现。方向距离函数通过设定方向向量，实现期望产出的增加和非期望产出的减少同时优化。方向距离函数模型的灵活性使其在多目标优化问题中表现突出，尤其适用于资源和环境约束下的绩效分析。

方向距离函数是由 Chung 等（1997）提出的一种基于 DEA 的效率测算方法，对于存在非期望产出的生产集合 $(x, y, z) \in T$，该方法会给定目标改进方向，并对待评价 DMU 在目标改进方向上所具有的效率进行计算，方向距离函数的一般定义如下：

$$\vec{D}_T(x, y, z; g) = \sup\left\{\beta : \left(x, y + \beta g_y, z - \beta g_z\right) \in T\right\} \tag{2.15}$$

其中，$g = \left(0, +g_y, -g_z\right)$ 表示方向向量。在式（2.15）中，DMU 的改进方向为在给定投入不变的情况下，向增加期望产出同时减少非期望产出的方向改进，在这样的方向向量设定下，所使用的方向距离函数也被称为考虑非期望产出的产出导向方向距离函数，其中 β 表示对无效率程度的测量。

方向距离函数同样假设非期望产出具有弱可处置性，而对于方向距离函数中 β 的求解，可借助模型（2.16）加以计算。

$$\beta^* = \max \beta \tag{2.16}$$

$$\text{s.t.} \quad \sum_{j=1}^{n} \lambda_j x_{ij} \leqslant x_{id}, \; i = 1,2,\cdots,m \tag{2.16a}$$

$$\sum_{j=1}^{n} \lambda_j y_{rj} \geqslant y_{rd} + \beta g_y, \; r = 1,2,\cdots,s \tag{2.16b}$$

$$\sum_{j=1}^{n} \lambda_j z_{hj} \leqslant z_{hd} - \beta g_z, \; h = 1,2,\cdots,q \tag{2.16c}$$

$$\lambda_j \geqslant 0, \; j = 1,2,\cdots,n \tag{2.16d}$$

方向距离函数被广泛应用于能源与环境效率评价中。例如，Zhou 等（2008）利用方向距离函数评估了中国电力行业的碳排放效率，并结合 Malmquist（马姆奎斯特）指数分析了各地区效率的动态变化。研究表明，技术进步是推动环境效率提高的重要因素。此外，Xu 等（2021）采用方向距离函数模型评估了全球航空业的燃料使用效率与排放控制绩效，为制定国际航空碳减排协议提供了量化依据。Pan 等（2024）提出了一种改进的非径向方向距离函数（modified non-radial directional distance function，MNDDF）方法，结合人工智能算法评估和预测电力企业在电力危机期间的环境绩效。研究发现，该方法不仅能够准确评估电力企业的历史环境效率，还通过灰色预测模型实现了对未来环境绩效的高精度预测，为电力企业制定资源优化配置和减排决策提供了依据。

2.4　DEA 成本分摊相关研究

成本分摊问题涉及在多个 DMU 之间合理地分配固定或共享成本，以实现成本最小化或效益最大化的目标。本节将详细介绍 DEA 成本分摊的几种代表性方法，主要包括基于“效率不变”原则的成本分摊方法和基于“效率最大化”原则的成本分摊方法。

2.4.1　基于“效率不变”的成本分摊研究

Cook 和 Kress（1999）建议在进行固定成本分摊时使用效率不变原则和帕累托最优性原则。具体而言，效率不变原则是指在分配前后 DMU 的效率不发生改变。帕累托最优性原则是指确保每个 DMU 要承担属于自己的责任，即所需要承担的成本份额不能转移给其他 DMU。

假设固定成本 R（如广告费、信息维护费及出于管理目的产生的其他费用）

要在 n 个 DMU 之间进行分配，DMU_j 所分得的固定成本为 r_j，则有 $\sum_{j=1}^{n} r_j = R$。为更好地对相关模型进行解释，下面引入不考虑固定成本分摊的产出导向 DEA 模型，以包络形式为例，如式（2.17）所示：

$$\max \quad \theta_d \tag{2.17}$$

$$\text{s.t.} \quad \sum_{j \in N} \lambda_{jd} x_{ij} \leqslant x_{id} \tag{2.17a}$$

$$\sum_{j \in N} \lambda_{jd} y_{rj} \geqslant \theta_d y_{rd} \tag{2.17b}$$

$$\lambda_{jd} \geqslant 0, \ \forall j \in J \tag{2.17c}$$

按照 Cook 和 Kress（1999）提出的使用效率不变原则进行固定成本分摊的思想，基于 CRS 假设，分配后的效率评价模型如式（2.18）所示，其中 $v_{m+1,j}$ 为 r_j 的权重。

$$\min \sum_{i \in I} v_i x_{id} + v_{m+1,j} r_d \tag{2.18}$$

$$\text{s.t.} \quad \sum_{r \in O} u_r y_{rj} - \left(\sum_{i \in I} v_i x_{ij} + v_{m+1,j} r_j \right) \leqslant 0, \ \forall j \in J \tag{2.18a}$$

$$\sum_{r \in O} u_r y_{rd} = 1 \tag{2.18b}$$

$$v_i \geqslant 0, \ \forall i \in I \tag{2.18c}$$

$$u_r \geqslant 0, \ \forall r \in O \tag{2.18d}$$

模型（2.18）的对偶模型为

$$\max \quad \theta_d' \tag{2.19}$$

$$\text{s.t.} \quad \sum_{j \in J} \lambda_{jd} x_{ij} \leqslant x_{id}, \ \forall i \in I \tag{2.19a}$$

$$\sum_{j \in J} \lambda_{jd} r_j \leqslant r_d \tag{2.19b}$$

$$\sum_{j \in J} \lambda_{jd} y_{rj} \geqslant \theta_d' y_{rd}, \ \forall r \in O \tag{2.19c}$$

$$\lambda_{jd} \geqslant 0, \ \forall j \in J \tag{2.19d}$$

若要满足效率不变原则，模型（2.18）中的 $v_{m+1,j}$ 必然不能作为最终单纯形的基，也就是说，对每一个 DMU_d，需要满足：

$$CV_{m+1} - z_{v_{m+1}} \geqslant 0 \Rightarrow CV_{m+1} - C_B B^{-1} A \geqslant 0 \Rightarrow r_d - \left| \sum_{j \in J} \lambda_{jd}^* r_j \right| \geqslant 0 \tag{2.20}$$

其中，C、V、C_B、B^{-1}、A 均为系数矩阵。此外，若保证效率值不变（即 $\theta_d = \theta_d{}'$），约束（2.19b）应当是冗余的。也就是说，模型（2.19）中的 λ_{jd}^* 即为模型（2.17）中关于 λ 的最优解。除效率不变原则外，分配结果还需要满足另一原则，即帕累托最小性原则。帕累托最小性原则要求在不违反效率不变原则的前提下，任何成本都不能从一个 DMU 转移至另一个 DMU。为实现帕累托最小性原则，对所有无效 DMU，应有 $r_d = \sum_{j \in J} \lambda_{jd}^* r_j$。

Cook 和 Zhu（2005）注意到上述 Cook 和 Kress（1999）的方法只提供了确定满足上述两个原则的固定成本分摊的约束条件，并没有给出具体的解决方案。然后，他们根据这两个原则建立了一个模型，并解释了该模型在 DMU 具有多个投入和多个产出的情况下是如何扩展的。Jahanshahloo 等（2005）根据 DMU 的投入比例提出，使用一个简单的公式分配固定成本，并证明了该公式得到的固定成本分摊结果也满足效率不变原则；然而，他们注意到所提出的方法与 Cook 和 Kress（1999）的方法都不能支持帕累托最小性原则。Lin（2011a）指出，当存在一些特殊约束时，Cook 和 Zhu（2005）提出的方法无法得到合理的固定成本分摊结果。为了获得公平的固定成本分摊结果，Lin（2011a）改进了 Cook 和 Zhu（2005）的方法，并根据单个 DMU 共享的固定资源量设定固定目标。当附加某些特殊约束时，其方法仍然能够实现可行的成本或资源分配。Lin（2011b）指出，Jahanshahloo 等（2005）的方法只考虑了 DMU 的投入。Lin（2011b）建议将 DMU 的投入产出规模和相对效率纳入考虑范围，此外 Lin（2011b）给出了一个成本分摊模型，该模型生成的固定成本分摊结果与 Jahanshahloo 等（2005）的方法得出的结果最接近。Mostafaee（2013）在分配固定成本时使用了规模收益率假设，提出的模型确保在固定成本分摊后，所有 DMU 的效率和规模收益率都保持不变。Lin 和 Chen（2016）也认为 Cook 和 Kress（1999）的方法不符合帕累托最小性原则，他们定义了一个债务比率的新概念，即分配给 DMU 的固定成本与可分配给该 DMU 的最低固定成本的比率。在此基础上，进一步提出了一个目标函数，旨在最大化 DMU 的最小债务比率，从而获得一个使所有 DMU 都满意的分配方案。Amirteimoori 和 Kordrostami（2005）提出了一种基于公共权重原理和效率不变原则的方法，即在固定成本分摊后，DMU 的效率保持不变。然而，Jahanshahloo 等（2017）证明了效率不变原则在 Amirteimoori 和 Kordrostami（2005）的方法中并不一定正确，他们进一步提出了两种基于公共权重原理和效率不变原则的固定成本分摊方法。之后，An 等（2020）将 Cook 和 Kress（1999）的方法扩展到两阶段网络系统之间的固定成本分摊问题，详细说明了如何利用效率不变原则和帕累托最小性原则在两阶段网络系统之间进行固定成本分摊。在此基础上，分别讨论了 DMU 在合作和非合作情况下的固定成本分摊模型。

2.4.2　基于“效率最大化”的成本分摊研究

基于 DEA 的固定成本分摊研究假设则是：通过一组公共权重评估，使所有 DMU 在固定成本分摊后都是有效的。很多学者在其相关的固定成本分摊研究中放宽了这一假设，只要求固定成本分摊后 DMU 的效率得到一定程度的提升。因此，将这一类研究使用的假设称为“效率最大化”假设。在这一框架下，学者提出了多种目标函数来优化成本分摊问题。Beasley（2003）首先提出了一个旨在使所有 DMU 的效率最大化的固定成本分摊模型。然后进一步指出，可能存在一组公共权重和一组固定成本分摊结果，可以评估所有 DMU 在固定成本分摊后的效率。Si 等（2013）正式证明了存在一个可行的成本分摊方案和一组公共权重，可以使所有的 DMU 在成本分摊后都被评估为有效，即基于效率最大化假设的资源与成本配置 DEA 模型，如式（2.21）所示。

$$E_d^* = \max \frac{\sum_{r\in O}\mu_r y_{rd}}{\sum_{i\in I} w_i x_{id} + R_d} \tag{2.21}$$

$$\text{s.t.} \quad \frac{\sum_{r\in O}\mu_r y_{rj}}{\sum_{i\in I} w_i x_{ij} + R_j} \leqslant 1,\ \forall j\in J \tag{2.21a}$$

$$\sum_{j\in J} R_j = R \tag{2.21b}$$

$$\mu_r, w_i, R_j \geqslant 0,\ \forall r\in O, i\in I, j\in J \tag{2.21c}$$

其中，E_d^* 表示 DMU_d 能够取得的最优效率值；μ_r 与 w_i 表示未知乘数（权重），分别附加到产出和投入，而固定成本权重设置为 1。模型（2.21）为非线性模型，可以通过 C-C 变换与变量替换将其等价转换为

$$E_d^* = \max \sum_{r\in O} u_r y_{rd} \tag{2.22}$$

$$\text{s.t.} \quad \sum_{i\in I} v_i x_{ij} + \sigma_j - \sum_{r\in O} u_r y_{rj} \geqslant 0,\ \forall j\in J \tag{2.22a}$$

$$\sum_{i\in I} v_i x_{id} + \sigma_d = 1 \tag{2.22b}$$

$$\sum_{j\in J} \sigma_j = \tau \times R \tag{2.22c}$$

$$u_r, v_i, \sigma_j, \tau \geqslant 0,\ \forall r\in O, i\in I, j\in J \tag{2.22d}$$

其中，$\tau=\dfrac{1}{\sum_{i\in I}v_i x_{id}+R_d}$，$u_r=\tau\times\mu_r$，$v_i=\tau\times w_i$，$\forall r,i$；$\sigma_j=\tau\times R_j$，$j=1,\cdots,n$。假设模型（2.22）的最优解为$\left(\tau_d^*,u_{dr}^*,v_{di}^*,\sigma_{dj}^*\right)$，则分摊给 DMU_d 的固定成本为 $R_{dj}^*=\dfrac{\sigma_{dj}^*}{\tau_d^*}$。

基于模型（2.22），在一组共同的权重下，存在可以使每个 DMU 和 DMU 集合均实现有效的成本分摊，其生产可能集（定义为 FS）满足式（2.23）～式（2.25），FS 为包含所有 DMU 确定的投入和产出权重以及固定成本分摊结果的集合，即（$u_r,v_i,R_j,\forall r,i,j$）满足以下约束条件：

$$R_j=\sum_{r\in O}u_r y_{rj}-\sum_{i\in I}v_i x_{ij},\ \forall j\in J \tag{2.23}$$

$$\sum_{j\in J}R_j=R \tag{2.24}$$

$$u_r,v_i,R_j\geqslant 0,\ \forall r\in O,i\in I,j\in J \tag{2.25}$$

若成本配置问题是一维情况，即只包含一个产出，则通过 FS 得到的成本分摊方案是唯一的，并且与使用比例共享方法得到的分摊方案相同。若成本配置问题是多维情况，即包含多个产出，则可以通过模型（2.26）分别计算出每个 DMU 的最大和最小成本。

$$\begin{aligned}&\max/\min\quad R_d \\ \text{s.t.}\ &R_j=\sum_{r\in O}u_r y_{rj}-\sum_{i\in I}v_i x_{ij},\ \forall j\in J\\ &\sum_{j\in J}R_j=R\\ &u_r,v_i,R_j\geqslant 0,\ \forall r\in O,i\in I,j\in J\end{aligned} \tag{2.26}$$

很明显，通过效率最大化原则分配给 DMU_d 的成本 R_d 必然在区间$\left[\underline{R_d},\overline{R_d}\right]$内。在使用效率最大化原则获得的约束条件下，Li 等（2013）定义了一个“满意度”的概念，该概念表示 DMU 对一组固定成本分摊结果的满意程度。最后，他们提出了一个最大化 DMU 之间的最小满意度的方法，来确保固定成本分摊结果的唯一性。关于满意度的定义如下：

$$\rho_d=\frac{\overline{R_d}-R_d}{\overline{R_d}-\underline{R_d}},\ \forall d\in J \tag{2.27}$$

按照公平的成本分摊原则，应该最大限度地提高每个 DMU 的满意度。因此，给出模型（2.28）：

$$\max_{u,v}\ \min_{d\in J}\ \rho_d = \frac{\overline{R_d} - R_d}{\overline{R_d} - \underline{R_d}} \tag{2.28}$$

$$\text{s.t.}\quad R_j = \sum_{r\in O} u_r y_{rj} - \sum_{i\in I} v_i x_{ij},\ \forall j \in J$$

$$\sum_{j\in J} R_j = R$$

$$u_r, v_i, R_j \geqslant 0,\ \forall r, i, j$$

模型（2.28）与模型（2.26）的区别在于目标函数，模型（2.28）首先识别出 n 个DMU中满意度最低的DMU，再对其进行最大化处理，换言之，就是模型(2.28)用于最大化所有 DMU 的满意度。模型（2.28）为多目标规划模型，为获取唯一的固定成本分摊方案，可采用 Li 等（2013）提出的算法求解。

除了上述方法，还有其他学者不断提出新的固定成本分摊思路与方法。Li 等（2020）做了类似的研究，在进行固定成本分摊时，不仅考虑了 DMU 对固定成本分摊结果的满意度，而且明确解释了 DMU 的效率排名。在效率最大化假设的约束下，Li 等（2018）考虑了 DMU 之间的博弈关系，利用合作博弈思想建立了模型，并利用博弈的核仁解生成最终的固定成本分摊结果。类似的方法也可以在 Meng 等（2020）中看到。另外，学者（如 Yu et al.，2016；Zhu et al.，2019；Ding et al.，2018；Li et al.，2019；Chu et al.，2020）还考虑采用“全效率”假设和博弈论在两阶段网络系统之间进行固定成本分摊。Xu 等（2022）研究了公平问题对固定成本分摊的影响，并通过最小化最大公平负效用来确定分摊方案。Xu 等（2024）进一步考虑了公平性问题，引入不平等厌恶概念，从乐观、悲观和混合三个视角提出相应模型、算法及定理，以确保分摊方案对 DMU 的公平性。

参 考 文 献

Amirteimoori A, Kordrostami S. 2005. Allocating fixed costs and target setting: a DEA-based approach. Applied Mathematics and Computation, 171(1): 136-151.

An Q X, Tao X Y, Xiong B B, et al. 2022. Frontier-based incentive mechanisms for allocating common revenues or fixed costs. European Journal of Operational Research, 302(1): 294-308.

An Q X, Wang P, Emrouznejad A, et al. 2020. Fixed cost allocation based on the principle of efficiency invariance in two-stage systems. European Journal of Operational Research, 283(2): 662-675.

Banker R D, Charnes A, Cooper W W. 1984. Some models for estimating technical and scale inefficiencies in data envelopment analysis. Management Science, 30(9): 1078-1092.

Beasley J E. 2003. Allocating fixed costs and resources via data envelopment analysis. European Journal of Operational Research, 147(1): 198-216.

Charnes A, Cooper W W, Rhodes E. 1978. Measuring the efficiency of decision making units. European Journal of Operational Research, 2(6): 429-444.

Chen L, Wang Y M, Lai F J. 2017. Semi-disposability of undesirable outputs in data envelopment analysis for environmental assessments. European Journal of Operational Research, 260(2): 655-664.

Chu J F, Wu J, Chu C B, et al. 2020. DEA-based fixed cost allocation in two-stage systems: leader-follower and satisfaction degree bargaining game approaches. Omega, 94: 102054.

Chung Y H, Färe R, Grosskopf S. 1997. Productivity and undesirable outputs: a directional distance function approach. Journal of Environmental Management, 51(3): 229-240.

Cook W D, Kress M. 1999. Characterizing an equitable allocation of shared costs: a DEA approach. European Journal of Operational Research, 119(3): 652-661.

Cook W D, Zhu J. 2005. Allocation of shared costs among decision making units: a DEA approach. Computers & Operations Research, 32(8): 2171-2178.

Ding T, Chen Y, Wu H Q, et al. 2018. Centralized fixed cost and resource allocation considering technology heterogeneity: a DEA approach. Annals of Operations Research, 268: 497-511.

Du K R, Lu H, Yu K. 2014. Sources of the potential CO_2 emission reduction in China: a nonparametric metafrontier approach. Applied Energy, 115: 491-501.

Fang L. 2013. A generalized DEA model for centralized resource allocation. European Journal of Operational Research, 228(2): 405-412.

Fang T, Fang D B, Yu B L. 2022. Carbon emission efficiency of thermal power generation in China: empirical evidence from the micro-perspective of power plants. Energy Policy, 165: 112955.

Färe R, Grosskopf S. 2004. Modeling undesirable factors in efficiency evaluation: comment. European Journal of Operational Research, 157(1): 242-245.

Färe R, Grosskopf S, Lovell C A K, et al. 1989. Multilateral productivity comparisons when some outputs are undesirable: a nonparametric approach. The Review of Economics and Statistics, 71(1): 90-98.

Farrell M J. 1957. The measurement of productive efficiency. Journal of the Royal Statistical Society, 120(3): 253-290.

Golany B, Roll Y. 1989. An application procedure for DEA. Omega, 17(3): 237-250.

Hailu A, Veeman T S. 2001. Non-parametric productivity analysis with undesirable outputs: an application to the Canadian pulp and paper industry. American Journal of Agricultural Economics, 83(3): 605-616.

Jahanshahloo G R, Hosseinzadeh Lotfi F, Moradi M. 2005. A DEA approach for fair allocation of common revenue. Applied Mathematics and Computation, 160(3): 719-724.

Jahanshahloo G R, Hosseinzadeh Lotfi F, Shoja N, et al. 2004. An alternative approach for equitable allocation of shared costs by using DEA. Applied Mathematics and Computation, 153(1): 267-274.

Jahanshahloo G R, Sadeghi J, Khodabakhshi M. 2017. Proposing a method for fixed cost allocation using DEA based on the efficiency invariance and common set of weights principles. Mathematical Methods of Operations Research, 85: 223-240.

Khodadadipour M, Hadi-Vencheh A, Behzadi M H, et al. 2021. Undesirable factors in stochastic DEA cross-efficiency evaluation: an application to thermal power plant energy efficiency. Economic Analysis and Policy, 69: 613-628.

Kuosmanen T. 2005. Weak disposability in nonparametric production analysis with undesirable outputs. American Journal of Agricultural Economics, 87(4): 1077-1082.

Li F, Liang L, Li Y J, et al. 2018. An alternative approach to decompose the potential gains from mergers. Journal of the Operational Research Society, 69(11): 1793-1802.

Li F, Yan Z Y, Zhu Q Y, et al. 2020. Allocating a fixed cost across decision making units with explicitly considering efficiency rankings. Journal of the Operational Research Society, 72(6): 1432-1446.

Li Y J, Li F, Emrouznejad A, et al. 2019. Allocating the fixed cost: an approach based on data envelopment analysis and cooperative game. Annals of Operations Research, 274(1): 373-394.

Li Y J, Yang M, Chen Y, et al. 2013. Allocating a fixed cost based on data envelopment analysis and satisfaction degree. Omega, 41(1): 55-60.

Lin R Y. 2011a. Allocating fixed costs or resources and setting targets via data envelopment analysis. Applied Mathematics and Computation, 217(13): 6349-6358.

Lin R Y. 2011b. Allocating fixed costs and common revenue via data envelopment analysis. Applied Mathematics and Computation, 218(7): 3680-3688.

Lin R Y, Chen Z P. 2016. Fixed input allocation methods based on super CCR efficiency invariance and practical feasibility. Applied Mathematical Modelling, 40(9/10): 5377-5392.

Liu X H, Tao X Y, Wen Y, et al. 2022. Improving carbon emission performance of thermal power plants in China: an environmental benchmark selection approach. Computers & Industrial Engineering, 169: 108249.

Lozano S, Villa G. 2004. Centralized resource allocation using data envelopment analysis. Journal of Productivity Analysis, 22(1/2): 143-161 .

Meng F Y, Wu L, Chu J F. 2020. Allocating the fixed cost based on data envelopment analysis in view of the Shapley value. Expert Systems, 37(5): e12539.

Meng M, Pang T T, Li X X. 2023. Assessing the total factor productivity of China's thermal power industry using a network DEA approach with cross-efficiency. Energy Reports, 9: 5196-5205.

Mostafaee A. 2013. An equitable method for allocating fixed costs by using data envelopment analysis. Journal of the Operational Research Society, 64(3): 326-335.

Pan Y H, Zhang C C, Lee C C, et al. 2024. Environmental performance evaluation of electric enterprises during a power crisis: evidence from DEA methods and AI prediction algorithms. Energy Economics, 130: 107285.

Scheel H. 2001. Undesirable outputs in efficiency valuations. European Journal of Operational Research, 132(2): 400-410.

Seiford L M, Zhu J. 2002. Modeling undesirable factors in efficiency evaluation. European Journal of Operational Research, 142(1): 16-20.

Si X L, Liang L, Jia G Z, et al. 2013. Proportional sharing and DEA in allocating the fixed cost. Applied Mathematics and Computation, 219(12): 6580-6590.

Song W, Bi G B, Wu J, et al. 2017. What are the effects of different tax policies on China's coal-fired power generation industry? An empirical research from a network slacks-based measure perspective. Journal of Cleaner Production, 142: 2816-2827.

Wang K, Wei Y M, Huang Z M. 2018. Environmental efficiency and abatement efficiency measurements of China's thermal power industry: a data envelopment analysis based materials balance approach. European Journal of Operational Research, 269(1): 35-50.

Wang X P, Li M Y. 2021. The threshold effect of cost-based environmental regulation on thermal power generation environmental governance efficiency. Environmental Science and Pollution Research, 28(17): 21706-21716.

Xie B C, Gao J, Zhang S, et al. 2018. The environmental efficiency analysis of China's power generation sector based on game cross-efficiency approach. Structural Change and Economic Dynamics, 46: 126-135.

Xu G C, Wu J, Zhu Q Y. 2022. Fixed cost allocation in two-stage system: a data-driven approach from the perspective of fairness concern. Computers & Industrial Engineering, 173: 108647.

Xu G C, Wu J, Zhu Q Y, et al. 2024. Fixed cost allocation based on data envelopment analysis from inequality aversion perspectives: an application to operational research. European Journal of Operational Research, 313(1): 281-295.

Xu Y, Park Y S, Park J D, et al. 2021. Evaluating the environmental efficiency of the US airline industry using a directional distance function DEA approach. Journal of Management Analytics, 8(1): 1-18.

Yang H L, Pollitt M. 2010. The necessity of distinguishing weak and strong disposability among undesirable outputs in DEA: environmental performance of Chinese coal-fired power plants. Energy Policy, 38(8): 4440-4444.

Yu M M, Chen L H, Hsiao B. 2016. A fixed cost allocation based on the two-stage network data envelopment approach. Journal of Business Research, 69(5): 1817-1822.

Zhou P, Ang B W, Poh K L. 2008. A survey of data envelopment analysis in energy and environmental studies. European Journal of Operational Research, 189(1): 1-18.

Zhu W W, Zhang Q, Wang H Q. 2019. Fixed costs and shared resources allocation in two-stage network DEA. Annals of Operations Research, 278(1): 177-194.

第二篇

资源利用与配置管理

第 3 章　基于技术非退化 DEA 的医院紧急医疗资源配置研究

3.1　引　　言

新冠疫情自 2019 年底暴发以来，迅速蔓延至全球，给各国公共卫生系统和经济带来了前所未有的冲击。尤其在疫情初期，医疗资源的供需矛盾尤为突出，医院面临床位紧张、物资短缺以及医护人员不足等一系列问题。为应对这一严峻挑战，武汉及全国各地的医疗系统采取了紧急资源调配措施，包括派遣医护人员和捐赠医疗物资，完善资源调度机制，以确保物资精准送达、提升救治响应速度，以透明信息稳信心，凝聚全民抗疫合力。如何在突发公共卫生事件中，通过科学合理的资源配置机制进行高效的医疗资源调度，成为减少疫情蔓延、提升救治效率的关键所在。资源配置问题不仅涉及物资的分配，还包括医疗人员、医疗设施、床位等多方面资源的优化配置。传统的医疗资源配置方法往往依赖经验和人工判断，缺乏系统性和科学性，难以满足复杂疫情应急响应的需求。因此，本章将探讨如何应用技术非退化 DEA 模型，优化医院在疫情期间的紧急医疗资源配置，为类似公共卫生事件中的资源调度提供理论支持和实践指导。

3.2　问题描述

随着突发公共卫生事件频繁发生，医疗资源配置问题逐渐成为社会关注的重点，尤其是在医院之间如何合理配置有限的医疗资源，以确保医疗服务的高效性与资源的最大化利用，已成为亟待解决的难题。为了让研究更契合现实，在特定场景下，一些不可忽视的约束条件逐渐显现。例如，需要为每家医院设定患者入院能力的下限，并且要考虑不同医院患者的结构特征。此外，在制定医疗资源配置策略时，需要从公平性与效率的角度出发，综合考虑诸如手术规模、预期绩效、危重症患者比例等多种因素。因此，在应对突发公共卫生事件时，如何高效地利用医疗资源并实现多重目标，成为一个重要挑战。然而，现有的基于 DEA 方法的资源配置方案，尚难以全面解决这一复杂问题。

为填补这一研究空白，本章提出了一种基于 DEA 的应急医疗资源配置方法，专门针对应对突发公共卫生事件（如新冠疫情）时医院间的资源调配问题。首先，采用 DEA 中的非退化生产技术，确保各医院（在 DEA 模型中称为 DMU）在资源配置过程中能够始终参考最先进的生产技术，以维持高效的医疗服务水平。其次，建立了两个模型来评估资源分配前后各 DMU 的效率变化。根据理论分析，资源配置后，始终存在一个可行的资源配置方案，使所有 DMU 都处于有效状态。基于这一发现，本章进一步提出了一个“资源分配可能集”，该集合能够保证所有 DMU 在资源分配后都有效，并且满足基本的医疗需求。

在此基础上，本章进一步考虑了双重目标的资源分配问题，构建了双目标优化模型。第一个目标是最大化 DMU 的产出目标可实现性，确保各医院在资源配置后的效率最大化；第二个目标是保证资源分配结果与各医院的操作规模、性能及实际运营条件相一致。为了在这两个目标之间进行权衡，本章采用了权衡模型对双目标模型进行求解，最终得到最优的资源分配方案。最后，本章通过新冠疫情期间武汉市 30 家医院的实际数据，说明所提出方法的应用性和有效性。

3.3 效率评价模型和资源分配可能集

在 DEA 框架下，每家医院被视为一个使用特定投入生产产出的 DMU。每个 DMU 的投入包括医生和护士、ICU 床位、个人防护装备及固定资产。其中，医生和护士、ICU 床位以及个人防护装备是可以在不同 DMU 之间重新分配的可变投入，而固定资产则被视为短期内无法调整的固定投入。在产出方面，医院的产出包括入院人数、出院人数和死亡人数，其中入院人数和出院人数被视为期望产出，而死亡人数则是非期望产出。为了简化模型构建，本章的符号定义如下。

通用参数：n 表示 DMU 数量；m 表示固定投入数量；s 表示期望产出数量；p 表示非期望产出数量；q 表示需要分配的资源投入数量。

数据参数：X_j 表示 DMU_j 的固定投入（$x_{ij}, i=1,\cdots,m$）向量；Y_j 表示 DMU_j 的期望产出（$y_{rj}, r=1,\cdots,s$）向量；Z_j 表示 DMU_j 的非期望产出（$z_{hj}, h=1,\cdots,p$）向量；F_j 表示 DMU_j 的资源（$f_{lj}, l=1,\cdots,q$）向量；β 表示资源最大变化率；ω_1 表示公平的相对重要性；ω_2 表示效率的相对重要性；ω_3 表示人道主义的相对重要性。

决策变量：W 表示固定投入的权重；U 表示产出的权重；φ 表示非期望产出的权重；π 表示资源投入的权重；ΔF_j 表示 DMU_j 的资源投入调整（Δf_{lj}, $l=1,\cdots,q$）。

医疗资源应在各医院之间合理分配，以确保其在突发公共卫生事件中被高效利用。此外，一些现实限制也不容忽视，如对每家医院的最低入院人数进行规定，以确保医院的正常运营，并保障不同病情患者的优先级排序。分配给各医院的医疗资源应与手术规模、预期绩效及危重症患者比例相匹配。因此，为了实现上述目标，本章将在建模部分进行理论分析，并相应提出若干假设和原则（如资源分配的有效性、最大化产出目标的可实现性、产出目标下界的提升等）。

3.3.1　资源配置前的效率评价

模型（3.1）为同时考虑非期望产出和固定投入的 DMU 效率评价模型。

$$\max \ \frac{U\cdot Y_d^T+\varphi\cdot\left(M-Z_d^T\right)-u_o}{W\cdot X_d^T+\pi\cdot F_d^T} \tag{3.1}$$

$$\text{s.t.}\ \ \frac{U\cdot Y_j^t+\varphi\cdot\left(M-Z_j^t\right)-u_o}{W\cdot X_j^t+\pi\cdot F_j^t}\leqslant 1,\ \forall j\in J,\forall t\in\mathcal{T} \tag{3.1a}$$

$$W\geqslant \mathbf{0}\in\mathbb{R}_+^m,\ U\geqslant \mathbf{0}\in\mathbb{R}_+^s,\ \varphi\geqslant \mathbf{0}\in\mathbb{R}_+^p,\ \pi\geqslant \mathbf{0}\in\mathbb{R}_+^q \tag{3.1b}$$

$$u_o\ \text{无约束} \tag{3.1c}$$

其中，u_o 表示自由变量；$\mathcal{T}=\{1,\cdots,T\}$ 表示生产周期指标的集合。生产期的时间单位可以是一天、一周、一个月、一年等。模型（3.1）在 VRS 的假设下采用单调递减变换方法处理非期望产出。具体来说，使用方程 $M-Z_j^t$ 对非期望产出进行转换，其中 M 是一个足够大的向量，以确保转换后的非期望产出为正。类似的方法也被 Seiford 和 Zhu（2002）、Wu 等（2018）和 Jiang 等（2020）使用。

约束（3.1a）通过结合历史数据和当前数据来构建生产可能集，从而确保了生产技术的非退化性（Diewert，1980；Tulkens and van den Eeckaut，1995；Ray and Kim，1995）。具体而言，利用各 DMU 在不同生产周期中的数据来构建生产可能集，能够确保始终包括历史上具备最先进生产技术的 DMU。因此，在对某个 DMU 进行评价并将其投影到有效前沿时，该 DMU 始终以历史上有着最先进生产技术的 DMU 为参考集。这一特性在医疗资源分配中尤为重要。可以假设，在进行资源配置后，DMU 将采用最先进的生产技术进行运作，从而确保医疗资源得到最优的利用。

模型（3.1）是一个非线性模型，利用 C-C 变换（Charnes and Cooper，1962）可以很容易地转化为如下线性模型。

$$\max\ \ U\cdot Y_d^T+\varphi\cdot\left(M-Z_d^T\right)-u_o \tag{3.2}$$

$$\text{s.t.}\ \ W\cdot X_d^T+\pi\cdot F_d^T=1 \tag{3.2a}$$

$$U \cdot Y_j^t + \varphi \cdot \left(M - Z_j^t\right) - W \cdot X_j^t - \pi \cdot F_j^t \leqslant 0, \quad \forall j \in J, \forall t \in \mathcal{T} \tag{3.2b}$$

$$u_o \text{ 无约束} \tag{3.2c}$$

3.3.2 考虑资源配置的效率评价

考虑到 DMU 之间的资源分配，进一步提出了模型（3.3），用于评估资源分配后 DMU_d（$\forall d \in J$）的效率。

$$E_d^{\mathrm{re}} = \max \frac{U \cdot Y_d^T + \varphi \cdot \left(M - Z_d^T\right) - u_o + \Phi_d^T}{W \cdot X_d^T + \pi \cdot \left(F_d^T + \Delta F_d^T\right)} \tag{3.3}$$

$$\text{s.t.} \quad \frac{U \cdot Y_j^T + \varphi \cdot \left(M - Z_j^T\right) - u_o + \Phi_j^T}{W \cdot X_j^T + \pi \cdot \left(F_j^T + \Delta F_j^T\right)} \leqslant 1, \ \forall j \in J \tag{3.3a}$$

$$\frac{U \cdot Y_j^t + \varphi \cdot \left(M - Z_j^t\right) - u_o}{W \cdot X_j^t + \pi \cdot F_j^t} \leqslant 1, \ \forall j \in J, \forall t \in \mathcal{T} \tag{3.3b}$$

$$\sum_{j \in J} \Delta F_j^T = \Delta F \tag{3.3c}$$

$$\Delta F_j^T + \beta F_j^T \geqslant \mathbf{0}, \ \forall j \in J \tag{3.3d}$$

$$\Delta F_j^T - \beta F_j^T \leqslant \mathbf{0}, \ \forall j \in J \tag{3.3e}$$

$$u_1 \cdot Y_{1j}^T + \Phi_j^T \geqslant u_1 Y_{1j}^{ts}, \ \forall j \in J \tag{3.3f}$$

$$W \geqslant \mathbf{0} \in \mathbb{R}_+^m, \ U \geqslant \mathbf{0} \in \mathbb{R}_+^s, \ \varphi \geqslant \mathbf{0} \in \mathbb{R}_+^p, \ \pi \geqslant \mathbf{0} \in \mathbb{R}_+^q \tag{3.3g}$$

$$u_o \text{ 无约束} \tag{3.3h}$$

$$\Delta F_j^T \in \mathbb{R}^q, \ \Phi_j^T \geqslant \mathbf{0}, \ \forall j \in J \tag{3.3i}$$

在模型（3.3）中，由于限制 $U \geqslant \mathbf{0} \in \mathbb{R}_+^s$，而 u_1 是产出权重向量中的第一个元素，因此有 $u_1 \geqslant 0$。注意到 ΔF_j^T（$\forall j \in J$）在（即令 $\Delta F_j^T \in \mathbb{R}^q$）符号上是自由的，这意味着一个 DMU_j 在为新的生产周期分配资源后，其每一项资源投入都可以高于、等于或低于其当前水平。与模型（3.2）类似，模型（3.3）的目标函数在追求 DMU_d 效率最大化的同时，进一步考虑了投入与产出的资源配置。约束（3.3a）保证资源分配后所有 DMU 的效率不大于 1，在式（3.3a）的分子中，Φ_j^T 为期望产出和非期望产出的加权和，表示 DMU_j（$\forall j \in J$）在进行资源分配时设定的产出目标。在约束（3.3b）中，资源分配前观察到的所有 DMU 的生产数据都被用于构

造生产可能集，这种考虑保证了 DMU 生产技术的非退化性。约束（3.3c）保证总资源在所有 DMU 之间得到充分分配。在管理实践中，大比例地改变资源分配是不合适的。因此，式（3.3d）和式（3.3e）共同保证了一个 DMU 的资源最大变动比例不超过 β。由于总资源量需要在各 DMU 之间进行充分的分配［即约束（3.3c)］，因此需要注意，在对 β 进行取值时，必须保证 $\beta \geqslant \dfrac{|\Delta F|}{\sum_{j\in J} F_j^T}$，这表明应该允许各 DMU 的资源量发生一定程度的变化，从而得到总的资源变化量（即 ΔF）。

在考虑应急医疗资源配置时，还应保证所分配的资源满足 DMU（或医院）的要求，使每个 DMU 至少可以接纳一定数量的患者。因此，在约束（3.3f）中，对每个 DMU 的第一个产出的目标设定了一个下界，其中 Y_{1j}^{ts}（$\forall j \in J$）是决策者设定的常数值。

定理 3.1　模型（3.3）存在一个可行解，使资源分配后的所有 DMU 都是有效的。

证明：令 $\left(U^*, \varphi^*, W^*, \pi^*, u_o^*\right)$ 为模型（3.1）的最优解。令

$$U' = U^*,\ \varphi' = \varphi^*,\ u_o' = u_o^*,\ \Delta F_j^{T'} = \Delta F \times \frac{F_j^T}{\sum\limits_{d\in J} F_d^T},\ \forall j \in J$$

令

$$\varPhi_j^{T'} = \eta \cdot \left[W^* \cdot X_j^T + \pi^* \cdot \left(F_j^T + \Delta F_j^{T'}\right)\right] - \left[U^* \cdot Y_j^T + \varphi^* \cdot \left(M - Z_j^T\right) - u_o^*\right],\ \forall j \in J$$

其中，η 表示参数。必须有足够大的 $\eta = \eta' \geqslant 1$ 使得

$$\begin{aligned}\varPhi_j^{T'} &= \eta' \cdot \left[W^* \cdot X_j^T + \pi^* \cdot \left(F_j^T + \Delta F_j^{T'}\right)\right] - \left[U^* \cdot Y_j^T + \varphi^* \cdot \left(M - Z_j^T\right) - u_o^*\right] \\ &> u_1^* Y_{1j}^{ts} - u_1^* \cdot Y_{1j}^T,\ \forall j \in J\end{aligned} \tag{3.4}$$

然后，令 $W' = \eta' \cdot W^*, \pi' = \eta' \cdot \pi^*$。接着，对于解 $\left(U_d', \varphi_d', W_d', \pi_d', u_d', \varPhi_{jd}^T\right)$，有

$$\frac{U' \cdot Y_j^T + \varphi' \cdot \left(M - Z_j^T\right) - u_o' + \varPhi_j^{T'}}{W' \cdot X_j^T + \pi' \cdot \left(F_j^T + \Delta F_j'\right)} = \frac{\begin{array}{c}U^* \cdot Y_j^T + \varphi^* \cdot \left(M - Z_j^T\right) \quad u_o^* \\ + \left\{\begin{array}{l}\eta \cdot \left[W^* \cdot X_j^T + \pi^* \cdot \left(F_j^T + \Delta F_j^{T'}\right)\right] \\ -\left[U^* \cdot Y_j^T + \varphi^* \cdot \left(M - Z_j^T\right) - u_o^*\right]\end{array}\right\}\end{array}}{\eta \cdot \left[W^* \cdot X_j^T + \pi^* \cdot \left(F_j^T + \Delta F_j^{T'}\right)\right]}$$

$$= 1,\ \forall j \in J$$

$$\frac{U'\cdot Y_j^t+\varphi'\cdot\left(M-Z_j^t\right)-u_o'}{W'\cdot X_j^t+\pi'\cdot F_j^t}=\frac{U^*\cdot Y_j^t+\varphi^*\cdot\left(M-Z_j^t\right)-u_o^*}{\eta'\cdot\left(W^*\cdot X_j^t+\pi^*\cdot F_j^t\right)}\leqslant 1,\ \forall j\in J,\forall t\in\mathcal{T}$$

因为$\left(U^*,\varphi^*,W^*,\pi^*,u_o^*\right)$是模型(3.1)的最优解[参考约束(3.1a)]并且$\eta'\geqslant 1$，所以

$$\sum_{j\in J}\Delta F_j^{T'}=\sum_{j\in J}\left(\Delta F\cdot\frac{F_j^T}{\sum_{d\in J}F_d^T}\right)=\Delta F$$

$$\Delta F_j^{T'}+\beta F_j^T=\Delta F\cdot\frac{F_j^T}{\sum_{d\in J}F_d^T}+\beta F_j^T=F_j^T\left(\frac{\Delta F}{\sum_{j\in J}F_j^T}+\beta\right)\geqslant 0,\ \forall j\in J$$

因为有$\beta\geqslant\frac{|\Delta F|}{\sum_{j\in J}F_j^T}$，所以

$$\Delta F_j^{T'}-\beta F_j^T=\Delta F\cdot\frac{F_j^T}{\sum_{d\in J}F_d^T}-\beta F_j^T=F_j^T\left(\frac{\Delta F}{\sum_{j\in J}F_j^T}-\beta\right)\leqslant 0,\ \forall j\in J$$

因为有$\beta\geqslant\frac{|\Delta F|}{\sum_{j\in J}F_j^T}$，并且$u_1'\cdot Y_{1j}^T+\Phi_j^{T'}=u_1^*\cdot Y_{1j}^T+\Phi_j^{T'}\geqslant u_1^*Y_{1j}^{ts}$[参考式(3.4)]。

所以$\left(U',\varphi',W',\pi',u_o',\Phi_j^{T'},\forall j,\Delta F_j^{T'},\forall j\right)$，满足模型（3.3）中的所有约束，且有$\frac{U'\cdot Y_j^T+\varphi'\cdot\left(M-Z_j^T\right)-u_o'+\Phi_j^{T'}}{W'\cdot X_j^T+\pi'\cdot\left(F_j^T+\Delta F_j^{T'}\right)}=1,\forall j$。因此，在资源重新分配后，存在一个可行的方案使所有的DMU都是有效的。

推论 3.1　模型（3.3）存在一个可行解，使被评价的DMU有效。

定理3.1表明，模型（3.3）存在一个可行解，使经过资源配置后的所有DMU有效。因此该可行解一定使被评价的DMU在资源配置后达到有效。所以，推论3.1成立。

3.3.3　资源分配可能集

基于上述观察，构建如下资源分配可能集（resource allocation probability set，RAPS），以实现决策者对资源的最有效利用。

$$\text{RAPS}=\left\{\left(\Delta F_j^T,\forall j\in J\right)\middle|\frac{U\cdot Y_j^T+\varphi\cdot\left(M-Z_j^T\right)-u_o+\Phi_j^T}{W\cdot X_j^T+\pi\cdot\left(F_j^T+\Delta F_j^T\right)}=1,\ \forall j\in J;\right. \tag{3.5a}$$

$$\frac{U\cdot Y_j^t+\varphi\cdot\left(M-Z_j^t\right)-u_o}{W\cdot X_j^t+\pi\cdot F_j^t}\leqslant 1,\ \forall j\in J,\forall t\in\mathcal{T}; \tag{3.5b}$$

$$\sum_{j\in J}\Delta F_j^T=\Delta F; \tag{3.5c}$$

$$\Delta F_j^T+\beta F_j^T\geqslant\mathbf{0},\ \forall j\in J; \tag{3.5d}$$

$$\Delta F_j^T-\beta F_j^T\leqslant\mathbf{0},\ \forall j\in J; \tag{3.5e}$$

$$u_1\cdot Y_{1j}^T+\Phi_j^T\geqslant u_1Y_{1j}^{ts},\ \forall j\in J; \tag{3.5f}$$

$$W\geqslant\mathbf{0}\in\mathbb{R}_+^m,U\geqslant\mathbf{0}\in\mathbb{R}_+^s,\varphi\geqslant\mathbf{0}\in\mathbb{R}_+^p,\pi\geqslant\mathbf{0}\in\mathbb{R}_+^q; \tag{3.5g}$$

$$u_o\ \text{无约束}; \tag{3.5h}$$

$$\left.\Delta F_j^T\in\mathbb{R}^q,\Phi_j^T\geqslant\mathbf{0},\forall j\in J\right\} \tag{3.5i}$$

约束（3.5a）确保所有 DMU 在资源分配后保持有效，这意味着每个医院在资源分配后都能保持生产效率，从而实现医疗资源的最优利用。具体来说，这种有效性保障了各个医院在资源配置后能够持续高效地使用资源，并有效地转化为产出。正如前述，模型通过利用所有 DMU 的历史数据来构建一个生产技术非退化的生产前沿面。值得注意的是，这个前沿面不仅由当期表现最优的 DMU 构成，还充分考虑了全期内所有技术最先进的 DMU，从而确保了生产技术的稳定性和可持续性。

从总体上看，所提出的资源分配方案具备以下几个显著特征。首先，它保证了每个 DMU 在资源配置后的效率有效性。换言之，资源的每一部分都被合理分配到具有高效生产能力的系统中，确保了资源的最优利用和产出的最大化。其次，通过使用 DMU 的历史数据构建生产可能集，模型确保了生产技术的非退化性，这意味着随着时间的推移，生产系统的效率和技术水平不会下降。除此之外，模型还设置了合理的约束，限制了每个 DMU 的资源变化幅度，从而使资源调整更符合实际的管理需求，避免了过度波动带来的不确定性和风险。最后，模型对每个 DMU 的产出目标设定了下界，确保每个医院在资源配置后能够接纳至少一定数量的患者，这一设定尤为重要，特别是在应对突发公共卫生事件时，它能有效保证资源配置的公平性和基本服务能力。

3.4 双目标分配模型

在 3.3 节中定义了资源分配可能集，并探讨了多个分配结果如何满足约束条件（3.5）。然而，在实际应用中，多个分配结果可能同时满足这些约束，因此需要进一步的优化和筛选。本节提出了一种基于 RAPS 的双目标资源分配模型，旨在从多个可行方案中选择一个最优的分配结果。

3.4.1 两个目标函数

为了得到最终的资源分配结果，需要在 RAPS 的基础上引入多个目标函数，以确保在多维约束下实现最优资源配置。本节将定义并详细说明两个关键目标函数，并阐述它们在优化过程中的作用。

在应急资源配置的背景下，决策者必须从理性决策的角度出发，为所有 DMU 找到一个有效且合理的资源分配方案。需要特别强调的是，在有限资源的重新配置过程中，决策者必须考虑一系列约束性因素，如各 DMU 的生产技术水平、管理能力等。当目标产出与实际生产能力之间存在较大差距时，DMU 可能因技术或管理上的局限性而无法实现预定的产出目标。在突发公共卫生事件中，这一问题尤为突出。若医院等医疗机构无法在新的生产周期内实现预定的产出目标，就将导致所需救治的患者无法被收治，从而引发严重后果。从这个角度出发，本章提出目标函数（3.6）用于产出目标设定。

$$\min \max_{j \in J} \Phi_j^T \tag{3.6}$$

其中，Φ_j^T 表示 DMU_j 的产出目标，定义为：当在 T 周期下进行目标设定时，DMU_j 需要增加的加权产出（包括期望产出和非期望产出）。Φ_j^T 的值越小，DMU_j 为实现产出目标需要对其产出做出的变化就越少。目标函数（3.6）旨在最小化所有 DMU 中的最大产出目标。因此，目标函数（3.6）能够为 DMU 寻求最接近的产出目标，同时确保分配后的所有 DMU 都是有效的。

医院在前一个生产周期中的生产效率，直接反映了其将医疗资源转化为实际产出的能力。通常，表现较好的医院能够更有效地利用资源，因此，优先将更多资源配置给这些医院是合理的。Jiang 等（2020）和 Dai 等（2021）强调了同样的观点。此外，医院的经营规模也应被充分考虑。规模较大的医院往往能够在现有管理框架下更加高效地消耗资源，因此资源的分配应考虑到医院的规模特性和运营效率。

此外，在实际资源配置的过程中，还需考虑到医院面临的特殊情况。例如，如何在不同感染程度的患者之间合理分配ICU床位，这一问题直接影响危重症患者的救治效果。考虑到这一点，危重症患者的比例应成为资源分配决策中的一个重要因素，以更好地满足实际医疗需求。基于以上分析，本节提出了一种资源分配模型，该模型在考虑每个 DMU 前期表现、手术规模以及危重症患者比例的基础上，旨在最小化分配结果的偏差，从而确保资源得到最优配置。为此，本节引入了以下目标函数进行优化求解。

$$\min \max_{j\in J,q\in Q} \left|\Delta F_{qj}^T - \Delta \hat{F}_{qj}^T\right| \tag{3.7}$$

目标函数（3.7）旨在寻找Q种再分配资源中再分配值ΔF_{qj}^T与理想值$\Delta \hat{F}_{qj}^T$偏差最大的指标。然后，将最大偏差最小化。值得注意的是，有些指标具有较大的维度，而有些指标具有较小的维度。考虑到指标之间的量纲差异，直接比较偏差是不合适的。为解决这一问题，考虑指标的相对偏差，通过对重新分配的指标进行标准化处理来实现。在计算重新分配的值之前，计算每个 DMU 的相应指标占所有 DMU 的指标总量（$F_{qj}^T / \sum_{\forall j\in J} F_{qj}^T$）的比率，以替代初始值（$F_{qj}^T$）。

$$\Delta \hat{F}_{gd}^T = \left(\omega_1 \cdot \alpha_d^T + \omega_2 \cdot E_d^T \middle/ \sum_{\forall j\in J} E_j^T + \omega_3 \cdot p_d^T\right) \cdot \left(\sum_{\forall j\in J} F_j^T + \Delta F\right) - F_d^T \tag{3.8}$$

其中，α_d^T表示 DMU_d 在生产周期T内的操作大小，$\sum \alpha_d^T = 1$，α_d^T由专家根据DMU_d的产出和投入规模进行评估；E_d^T表示DMU_d在生产周期T内的效率；$E_d^T / \sum_{\forall j\in J} E_j^T$（$\forall d \in J$）表示需要将更多的资源分配给具有高效率的DMU；$p_d^T$表示在生产周期$T$内$\mathrm{DMU}_d$在所有 DMU 危重症患者中的比例，对于$\mathrm{DMU}_d$，$p_d^T = Y_{1d}^T / \sum_{\forall j\in J} Y_{1j}^T$，其中$Y_{1d}^T$表示$\mathrm{DMU}_d$的危重症患者人数，即所有医院应将ICU 床位等更多的医疗设备分配给危重症患者，而不是轻症患者。注意到$\omega_1, \omega_2, \omega_3 > 0$，其中$\omega_1 + \omega_2 + \omega_3 = 1$，分别表示手术规模、效率和危重症患者比例的相对重要性。

目标函数（3.7）是从公平、实现目标、人道主义的角度提出的。首先，资源应坚持公平配置原则。将更多的资源分配给经营规模较小的 DMU 是不合理的。其次，在新冠疫情暴发期间，医疗资源严重短缺。前一期高效率的 DMU 比低效率的 DMU 更可能利用有限的医疗资源，因此，一个 DMU 在上一期表现越好，则应该分配给它越多资源。最后，在分配紧急医疗资源（即ICU床位和呼吸机）时不应忽视人道主义。医院旨在最大程度上延长危重症患者的生命。因此，应将更多的医疗设备配置到危重症患者比例较高的医院。

3.4.2 双目标资源分配模型

基于上述两个目标函数和资源分配可能集［式（3.5）］，提出如下的双目标资源分配模型：

$$\min \max_{j\in J} \Phi_j^T \tag{3.9}$$

$$\min \max_{j\in J,q\in Q} \left|\Delta F_{qj}^T - \Delta\hat{F}_{qj}^T\right| \tag{3.9a}$$

$$\text{s.t.} \quad \frac{U\cdot Y_j^T + \varphi\cdot\left(M - Z_j^T\right) - u_o + \Phi_j^T}{W\cdot X_j^T + \pi\cdot\left(F_j^T + \Delta F_j^T\right)} \leqslant 1,\ \forall j\in J \tag{3.9b}$$

$$\frac{U\cdot Y_j^t + \varphi\cdot\left(M - Z_j^t\right) - u_o}{W\cdot X_j^t + \pi\cdot F_j^t} \leqslant 1,\ \forall j\in J, \forall t\in \mathcal{T} \tag{3.9c}$$

$$\sum_{j\in J} \Delta F_j^T = \Delta F \tag{3.9d}$$

$$\Delta F_j^T + \beta F_j^T \geqslant \mathbf{0},\ \forall j\in J \tag{3.9e}$$

$$\Delta F_j^T - \beta F_j^T \leqslant \mathbf{0},\ \forall j\in J \tag{3.9f}$$

$$u_1\cdot Y_{1j}^T + \Phi_j^T \geqslant u_1 Y_{1j}^{ts},\ \forall j\in J \tag{3.9g}$$

$$W\cdot\sum_{j\in J} X_j^T + \pi\cdot\left(\sum_{j\in J} F_j^T + \Delta F\right) = n \tag{3.9h}$$

$$W\geqslant \mathbf{0}\in\mathbb{R}_+^m, U\geqslant \mathbf{0}\in\mathbb{R}_+^s, \varphi\geqslant \mathbf{0}\in\mathbb{R}_+^p, \pi\geqslant \mathbf{0}\in\mathbb{R}_+^q \tag{3.9i}$$

$$u_o \text{ 无约束} \tag{3.9j}$$

$$\Delta F_j^T \in\mathbb{R}^q, \Phi_j^T \geqslant \mathbf{0}, \forall j\in J \tag{3.9k}$$

与资源分配可能集中列出的约束条件相比，增加了一个新的约束条件 $W\cdot\sum_{j\in J} X_j^T + \pi\cdot\left(\sum_{j\in J} F_j^T + \Delta F\right) = n$，以避免产生平凡解。此外，考虑生产技术的非退化性，即 T 时期生产前沿面的构建是基于所有历史数据（t 从 1 到 $T-1$）的。例如，$T=1$ 只涉及第一个生产时期的原始数据，没有其他历史数据作为参考；当 $T=2$ 时，利用 DMU 的生产时段 1 和生产时段 2 的数据建立生产可能集。随着时期的增加，越来越多的 DMU 生产数据被纳入生产可能集，此时选择所有时期中最先进的 DMU 作为基准。这样，由于生产前沿面的非退化性，DMU 的生产技术将得到持续改进。

令 $\Phi = \max_{j\in J} \Phi_j^T$，$F = \max_{j\in J,q\in Q} \left|\Delta F_{qj}^T - \Delta\hat{F}_{qj}^T\right|$。将模型（3.9）转化为模型（3.10）。

$$\min \quad \Phi \tag{3.10}$$

$$\min \quad F \tag{3.10a}$$

$$\text{s.t.} \quad \frac{U \cdot Y_j^T + \varphi \cdot \left(M - Z_j^T\right) - u_o + \Phi_j^T}{W \cdot X_j^T + \pi \cdot \left(F_j^T + \Delta F_j^T\right)} \leqslant 1, \ \forall j \in J \tag{3.10b}$$

$$\frac{U \cdot Y_j^t + \varphi \cdot \left(M - Z_j^t\right) - u_o}{W \cdot X_j^t + \pi \cdot F_j^t} \leqslant 1, \ \forall j \in J, \forall t \in \mathcal{T} \tag{3.10c}$$

$$\sum_{j \in J} \Delta F_j^T = \Delta F \tag{3.10d}$$

$$\Delta F_j^T + \beta F_j^T \geqslant \mathbf{0}, \ \forall j \in J \tag{3.10e}$$

$$\Delta F_j^T - \beta F_j^T \leqslant \mathbf{0}, \ \forall j \in J \tag{3.10f}$$

$$u_1 \cdot Y_{1j}^T + \Phi_j^T \geqslant u_1 Y_{1j}^{ts}, \ \forall j \in J \tag{3.10g}$$

$$\Phi_j^T \leqslant \Phi, \ \forall j \in J \tag{3.10h}$$

$$\left| \Delta F_{qj}^T - \Delta \hat{F}_{qj}^T \right| \leqslant F, \ \forall j \in J, \forall q \in Q \tag{3.10i}$$

$$W \geqslant \mathbf{0} \in \mathbb{R}_+^m, U \geqslant \mathbf{0} \in \mathbb{R}_+^s, \varphi \geqslant \mathbf{0} \in \mathbb{R}_+^p, \pi \geqslant \mathbf{0} \in \mathbb{R}_+^q \tag{3.10j}$$

$$u_o \text{ 无约束} \tag{3.10k}$$

$$\Delta F_j^T \in \mathbb{R}^q, \Phi_j^T \geqslant \mathbf{0}, \forall j \in J \tag{3.10l}$$

模型（3.10）是一个无法直接求解的非线性模型。令

$$\Delta F_{qj}^{T'} = \pi_q \Delta F_{qj}^T, \forall q \in Q, \forall j \in J, \ \Delta F_j^{T'} = \left(\Delta F_{qj}^{T'}, \forall q \in Q\right)^T, \ \Delta F' = \left(\pi_q \Delta F_q, \forall q \in Q\right)$$

将模型（3.10）转化为线性模型（3.11）:

$$\min \quad \Phi \tag{3.11}$$

$$\min \quad F \tag{3.11a}$$

$$\text{s.t.} \ U \cdot Y_j^T + \varphi \cdot \left(M - Z_j^T\right) - W \cdot X_j^T - \pi \cdot F_j^T - \sum_{q \in Q} \Delta F_{qj}^{T'} - u_o + \Phi_j^T = 0, \ \forall j \in J \tag{3.11b}$$

$$U \cdot Y_j^t + \varphi \cdot \left(M - Z_j^t\right) - W \cdot X_j^t - \pi \cdot F_j^t - u_o \leqslant 0, \ \forall j \in J, \forall t \in \mathcal{T} \tag{3.11c}$$

$$\sum_{j \in J} \Delta F_{qj}^{T'} = \pi_q \Delta F_q, \ q \in Q \tag{3.11d}$$

$$\Delta F_{qj}^{T'} + \beta \pi_q F_{qj}^T \geqslant 0, \ \forall j \in J, q \in Q \tag{3.11e}$$

$$\Delta F_{qj}^{T'} - \beta \pi_q F_{qj}^T \leqslant 0, \ \forall j \in J, q \in Q \tag{3.11f}$$

$$u_1 \cdot Y_{1j}^T + \Phi_j^T \geqslant u_1 Y_{1j}^{ts}, \ \forall j \in J \tag{3.11g}$$

$$\Phi_j^T \leqslant \Phi, \ \forall j \in J \tag{3.11h}$$

$$\left|\Delta F_{qj}^{T'} - \pi \Delta \hat{F}_{qj}^T\right| \leqslant F, \ \forall j \in J, q \in Q \tag{3.11i}$$

$$W \cdot \sum_{j \in J} X_j^T + \pi \cdot \left(\sum_{j \in J} F_j^T + \Delta F \right) = n \tag{3.11j}$$

$$W \geqslant \mathbf{0} \in \mathbb{R}_+^m, U \geqslant \mathbf{0} \in \mathbb{R}_+^s, \varphi \geqslant \mathbf{0} \in \mathbb{R}_+^p, \pi \geqslant \mathbf{0} \in \mathbb{R}_+^q \tag{3.11k}$$

$$u_o \text{ 无约束} \tag{3.11l}$$

$$\Delta F_j^{T'} \in \mathbb{R}^q, \Phi_j^T \geqslant \mathbf{0}, \forall j \in J \tag{3.11m}$$

3.4.3　权衡模型

双目标模型（3.11）无法直接求解。因此，采用一个权衡模型计算该模型的一个非支配解，进而计算最终的资源分配结果。在执行权衡模型之前，需要获得两个目标函数（即 $\min \Phi$ 和 $\min F$ ）的最优结果的区间。为此，需要依次优化这两个目标函数。首先，对第一个目标函数（即 $\min \Phi$ ）进行优化，得到 Φ 能够达到的最小值，将这个 Φ 的下界记为 $\Phi_{\rm L}$ 。然后，在 Φ 处于下界水平的前提下，对第二个目标函数（即 $\min F$ ）进行优化，得到模型（3.11）所有非占优解中 F 的上界，把这个 F 的上界记为 $F_{\rm U}$ 。类似地，通过先优化目标函数 $\min F$ 再优化目标函数 $\min \Phi$ ，得到了 F 的下界（记为 $F_{\rm L}$ ）和 Φ 的上界（记为 $\Phi_{\rm U}$ ）。因此，Φ 和 F 的最优结果分别位于区间 $\left[\Phi_{\rm L}, \Phi_{\rm U}\right]$ 和 $\left[F_{\rm L}, F_{\rm U}\right]$。

模型（3.12）是基于前文所讨论的区间给出的，它采用折中考虑的方式同时优化两个目标函数。

$$\min \ I - \epsilon \times \left(I_1 + I_2\right) \tag{3.12}$$

$$\text{s.t.} \quad U \cdot Y_j^T + \varphi \cdot \left(M - Z_j^T\right) - W \cdot X_j^T - \pi \cdot F_j^T - \sum_{q \in Q} \Delta F_{qj}^{T'} - u_o + \Phi_j^T = 0, \ \forall j \in J \tag{3.12a}$$

$$U \cdot Y_j^t + \varphi \cdot \left(M - Z_j^t\right) - W \cdot X_j^t - \pi \cdot F_j^t - u_o \leqslant 0, \ \forall j \in J, \forall t \in \mathcal{T} \tag{3.12b}$$

$$\sum_{j \in J} \Delta F_{qj}^{T'} = \pi_q \Delta F_q, \ q \in Q \tag{3.12c}$$

$$\Delta F_{qj}^{T'} + \beta \pi_q F_{qj}^T \geqslant 0, \ \forall j \in J, q \in Q \tag{3.12d}$$

$$\Delta F_{qj}^{T'} - \beta \pi_q F_{qj}^T \leqslant 0,\ \forall j \in J, q \in Q \tag{3.12e}$$

$$u_1 \cdot Y_{1j}^T + \Phi_j^T \geqslant u_1 Y_{1j}^{ts},\ \forall j \in J \tag{3.12f}$$

$$\Phi_j^T \leqslant \Phi_L + I \times (\Phi_U - \Phi_L) + I_1,\ \forall j \in J \tag{3.12g}$$

$$\left| \Delta F_{qj}^{T'} - \pi \Delta \hat{F}_{qj}^T \right| \leqslant F_{\rm L} + I \times (F_{\rm U} - F_{\rm L}) + I_2,\ \forall j \in J, q \in Q \tag{3.12h}$$

$$W \cdot \sum_{j \in J} X_j^T + \pi \cdot \left(\sum_{j \in J} F_j^T + \Delta F \right) = n \tag{3.12i}$$

$$W \geqslant \mathbf{0} \in \mathbb{R}_+^m, U \geqslant \mathbf{0} \in \mathbb{R}_+^s, \varphi \geqslant \mathbf{0} \in \mathbb{R}_+^p, \pi \geqslant \mathbf{0} \in \mathbb{R}_+^q \tag{3.12j}$$

$$u_o \text{ 无约束} \tag{3.12k}$$

$$\Delta F_j^{T'} \in \mathbb{R}^q, \Phi_j^T \geqslant 0, \forall j \in J \tag{3.12l}$$

在模型（3.12）中，引入参数 I 来解决两个目标函数之间最优值的权衡问题。具体来说，$I \in [0,1]$ 表示同时考虑这两个目标函数值的增量比例。因此，当 Φ 的最优值从 $\Phi_{\rm U}$ 下降到 $\Phi_{\rm L} + I \times (\Phi_{\rm U} - \Phi_{\rm L})$ 时，F 的最优值需要相应地按比例 I 增加。此外，$I = 1$ 或 $I = 0$ 对应于两个目标函数的极值。

在模型（3.12）的目标函数中，ϵ 是一个非常小的正值。I_1 和 I_2 是两个目标函数对应的松弛量。这样的设定意味着在 I 最小化的条件下，松弛量是最大化的。这样的设置保证了模型（3.12）总能得到模型（3.11）的一个非占优解。

假设模型（3.12）的最优解为

$$\left(W^*, U^*, \varphi^*, \pi^*, u_o^*, \Phi_j^{T^*}, \Delta F_{qj}^{T'}, \forall q \in Q, \forall j \in J, I^*, I_1^*, I_2^* \right)$$

则分配给 DMU_j（$\forall j \in J$）的最终资源计算如下：

$$F_{qj}^{T^*} = F_{qj}^T + \Delta F_{qj}^{T^*},\ \forall q \in Q \tag{3.13}$$

其中，$\Delta F_{qj}^{T^*} = \Delta F_{qj}^{T'^*} / \pi_{qj}^*$。为了进一步获得产出指标的目标值，需要按比例增加期望产出并减少非期望产出。因此，使用以下公式。

$$U^* \cdot Y_j^T + \varphi^* \cdot \left(M - Z_j^T \right) + \Phi_j^{T^*} \triangleq U^* \cdot (1 + \beta_j) \cdot Y_j^T + \varphi^* \cdot \left[M - (1 - \beta_j) \right] \cdot Z_j^T,\ \forall j \in J \tag{3.14}$$

其中，β_j 表示期望（非期望）产出需要增加（减少）以实现产出目标的比例。通过简单的数学变换，可以推导出 $\beta_j = \Phi_j^{T^*} / \left(U^* \cdot Y_j^T + \varphi^* \cdot Z_j^T \right)$。那么，对于 DMU_j，调整后期望产出 $Y_j^{T^*}$ 和非期望产出 $Z_j^{T^*}$ 的最优结果可分别表示为

$$Y_j^{T^*} = (1 + \beta_j) \cdot Y_j^T \tag{3.15}$$

$$Z_j^{T^*} = \left(1-\beta_j\right)\cdot Z_j^T \tag{3.16}$$

在实际中，资源指标可能是整数，如医生数量。然而，模型（3.12）并不一定能保证得到整数的资源配置结果。为了解决这个问题，建议将 DMU 按照资源数量的小数部分进行降序排序，然后将小数部分构造的资源数量分配给排名靠前的 DMU。例如，假设有 5 家医院，分别标记为 H_1、H_2、H_3、H_4 和 H_5。这些医院之间总共需要分配 100 名医生。假设模型（3.12）得到的资源分配结果为(18.8, 20.4, 19.6, 21.2, 20.0)，此时小数部分合计可分配医生数量为 2 名。然后，按小数部分降序排序为 H_1、H_3、H_2、H_4 和 H_5。因此，剩余的两个医生名额被分配到 H_1 和 H_3，最终得到(19, 20, 20, 21, 20)的整数分配结果。

3.5 以武汉市 30 家医院为例进行实证研究

本节将所提出的方法应用于新冠疫情早期武汉市 30 家医院之间的应急医疗资源配置的案例研究。

3.5.1 投入产出指标和数据

基于现有的卫生系统调查研究（Clement et al.，2008；Yang，2017；Sun and Luo，2017；Nepomuceno et al.，2020），选取了适用的投入和产出指标。在人力资本投入方面，选取了医院中医生和护士的数量作为主要指标；对于固定投入，选择了固定资产作为代表指标；资源投入则以 ICU 床位数和个人防护用品数为衡量标准；此外，考虑到固定资产的调整周期较长，故将其视为固定投入；而其他更易变动的投入，如人力和物资，则视为可调资源。

在产出方面，区分为期望产出和非期望产出。期望产出包括入院人数（危重症入院人数和非危重症入院人数）和出院人数，反映了医院的服务能力和疗效。相较之下，死亡人数则被视为非期望产出，代表了医疗服务中未能达成预期效果的部分。需要注意的是，在面对突发公共卫生事件，如新冠疫情等时，住院患者的结构可能会发生显著变化。因此，在此案例的指标体系中，住院患者这一产出被进一步细分为危重症患者和非危重症患者，以更精确地反映医院在不同危机情境下的运营效率和应对能力。最终选取的评价指标如表 3.1 所示。

表 3.1　评价指标

类型	指标	符号
固定投入	固定资产	X_1

续表

类型	指标	符号
可变投入	医生数量	F_1
	护士数量	F_2
	ICU 床位数	F_3
	个人防护用品数	F_4
期望产出	危重症入院人数	Y_1
	非危重症入院人数	Y_2
	出院人数	Y_3
非期望产出	死亡人数	Z_1

根据湖北省卫生健康委员会发布的新冠疫情数据，得到武汉市 2020 年 1 月 21 日至 2020 年 3 月 3 日的疫情相关数据（即入院人数、出院人数和死亡人数）。其他难以收集的数据（即个人防护用品数），采用蒙特卡罗模拟获得。对前期绩效（定义为 Q）和运营规模赋予相同的权重（即 $\omega_1=\omega_2=0.4$），均高于对危重症患者比例赋予的权重（即 $\omega_3=0.3$）。为保证分配方案的可实现性，最大调整比例 β 设为 0.20。值得注意的是，该案例的具体模拟针对暴发的阈值周期，因此，周期 T 的设定值不会太大，设定每 7 天调整一次分配策略。假设在 $T(T=5)$ 期间，从外省医院派遣一批医务人员，社会筹集部分医疗物资支援武汉，其中 $\left[\Delta F_1,\Delta F_2,\Delta F_3,\Delta F_4\right]=[500,900,20,15\,000]$。表 3.2 给出了不同规模医院的最终生成数据。

表 3.2　不同规模医院的最终生成数据

分类	DMU	Y_1	Y_2	Y_3	Z_1	X_1	F_1	F_2	F_3	F_4	Q	规模
大型医院	1	531	120	74	30	28	878	1096	87	7318	591	0.058
	2	511	102	54	25	30	512	1123	99	5331	528	0.063
	3	603	107	94	29	15	651	967	92	5305	606	0.062
	4	634	149	68	21	16	583	915	89	5450	713	0.071
	5	507	148	86	20	27	782	902	70	7781	508	0.054
中型医院	6	324	86	40	9	14	246	276	28	3528	372	0.040
	7	215	68	20	24	8	279	315	29	2376	261	0.034
	8	204	79	29	12	7	269	286	22	2025	215	0.041
	9	273	91	18	20	11	155	372	24	2225	318	0.039
	10	296	76	27	16	9	161	322	18	3267	352	0.029
	11	347	45	32	17	9	203	369	25	3920	352	0.031

续表

分类	DMU	Y_1	Y_2	Y_3	Z_1	X_1	F_1	F_2	F_3	F_4	Q	规模
中型医院	12	320	76	38	7	7	157	376	27	2566	334	0.039
	13	250	67	34	15	8	286	492	25	2264	287	0.033
	14	257	100	22	19	10	179	423	15	2369	260	0.034
	15	333	91	18	13	6	236	488	28	3980	354	0.041
	16	231	80	40	18	5	206	291	26	2104	285	0.041
	17	319	62	36	20	11	209	340	22	2683	352	0.038
	18	269	79	28	22	5	220	398	17	3223	272	0.036
	19	286	91	27	14	6	154	439	27	2587	293	0.040
	20	256	90	36	18	14	292	278	25	2962	260	0.035
小型医院	21	140	20	12	0	2	135	113	3	631	155	0.014
	22	115	15	4	5	4	109	144	2	968	119	0.011
	23	139	0	5	12	3	131	145	1	760	151	0.010
	24	115	14	70	11	4	57	109	0	859	135	0.004
	25	62	14	10	6	4	88	113	5	521	79	0.020
	26	125	17	0	2	2	164	160	3	570	134	0.017
	27	141	37	8	10	4	53	158	2	653	150	0.013
	28	52	2	14	8	3	97	115	1	610	59	0.009
	29	129	19	7	2	4	138	184	5	991	149	0.020
	30	75	25	11	7	4	75	112	8	491	86	0.021

3.5.2　结果与分析

模型（3.13）用于计算表 3.3 中的资源分配结果，其中 α_j 表示每个资源的调整比例。表 3.3 展示了 30 家医院的效率绩效得分以及四类医疗资源投入的调整情况，其中 E^b 与 E^a 分别表示资源配置前后的效率。通过表 3.3，可以得出图 3.1，用于进一步分析。

表 3.3　效率评价和最终的资源调整情况

分类	DMU	E^b	E^a	ΔF_1	α_1	ΔF_2	α_2	ΔF_3	α_3	ΔF_4	α_4
大型医院	1	0.823	1	−175	−0.20	−211	−0.19	−10	−0.11	1464	0.20
	2	0.813	1	−102	−0.20	−224	−0.20	−19	−0.19	207	0.04
	3	1	1	72	0.11	−38	−0.04	−10	−0.11	1061	0.20

续表

分类	DMU	E^b	E^a	ΔF_1	α_1	ΔF_2	α_2	ΔF_3	α_3	ΔF_4	α_4
大型医院	4	1	1	117	0.20	118	0.13	0	0	1090	0.20
	5	1	1	−65	−0.08	10	0.01	7	0.10	1351	0.17
平均值或合计		0.927	1	−153	−0.03	−345	−0.06	−32	−0.06	5173	0.16
中型医院	6	1	1	40	0.16	51	0.18	4	0.14	706	0.20
	7	0.785	1	44	0.16	57	0.18	4	0.14	475	0.20
	8	1	1	45	0.17	52	0.18	3	0.14	405	0.20
	9	1	1	23	0.15	69	0.19	3	0.13	445	0.20
	10	1	1	24	0.15	60	0.19	2	0.11	653	0.20
	11	1	1	32	0.16	69	0.19	4	0.16	784	0.20
	12	1	1	23	0.15	70	0.19	4	0.15	513	0.20
	13	0.890	1	48	0.17	93	0.19	4	0.16	453	0.20
	14	1	1	27	0.15	80	0.19	2	0.13	474	0.20
	15	1	1	38	0.16	93	0.19	4	0.14	796	0.20
	16	1	1	33	0.16	54	0.19	4	0.15	421	0.20
	17	1	1	33	0.16	63	0.19	3	0.14	537	0.20
	18	1	1	35	0.16	75	0.19	2	0.12	645	0.20
	19	1	1	23	0.15	83	0.19	4	0.15	517	0.20
	20	1	1	49	0.17	51	0.18	4	0.16	592	0.20
平均值或合计		0.978	1	517	0.16	1020	0.19	51	0.14	8416	0.20
小型医院	21	1	1	19	0.14	18	0.16	0	0	126	0.20
	22	0.903	1	14	0.13	24	0.17	0	0	194	0.20
	23	1	1	18	0.14	24	0.17	0	0	152	0.20
	24	1	1	5	0.09	17	0.16	0	0	172	0.20
	25	1	1	12	0.14	19	0.17	0	0	104	0.20
	26	1	1	25	0.15	28	0.18	0	0	114	0.20
	27	1	1	4	0.08	27	0.17	0	0	131	0.20
	28	1	1	12	0.12	18	0.16	0	0	122	0.20
	29	0.856	1	19	0.14	32	0.17	0	0	198	0.20
	30	1	1	8	0.11	18	0.16	1	0.13	98	0.20
平均值或合计		0.976	1	136	0.12	225	0.17	1	0.01	1411	0.20

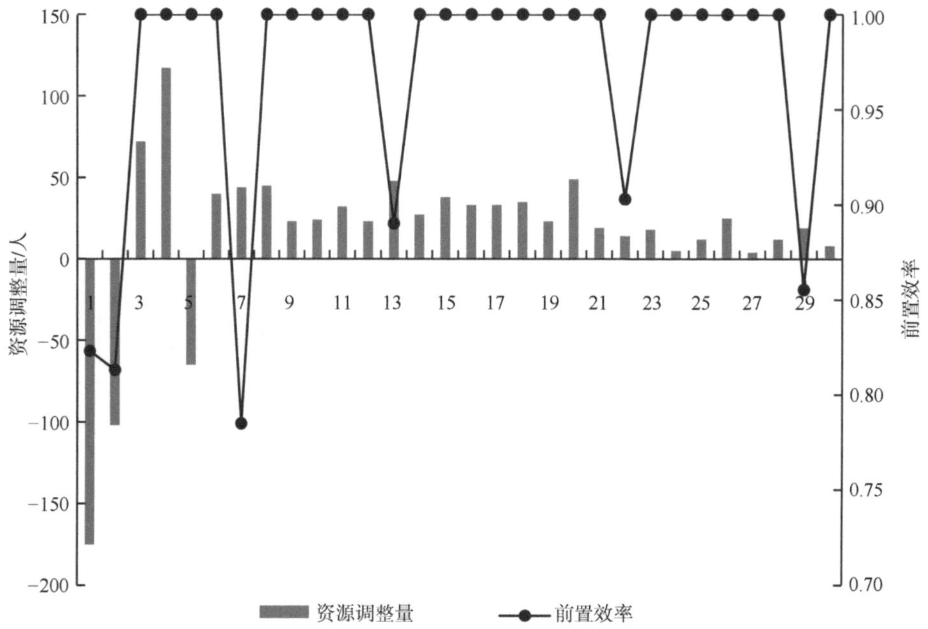

图 3.1　30 家医院的 F_1 资源调整量和前置效率

从表 3.3 可见，资源调整后所有医院的效率均为 1，表明该模型能够实现有限医疗资源的高效利用。此外，图 3.1 的绘制有助于直观展示这一调整结果，以资源 F_1 为例，可以观察到，相较于中小型医院，大型医院对 F_1 资源的调整幅度较大。具体来说，一些大医院（如 DMU_3 和 DMU_4）需要增加 F_1 资源，而其他大医院（如 DMU_1、DMU_2 和 DMU_5）则需要减少 F_1 资源。相反，所有中小型医院则普遍需要增加 F_1 资源，其中中型医院对 F_1 资源的需求较小型医院更为迫切。值得注意的是，大型医院在资源配置前的平均效率显著低于中小型医院，这表明大型医院存在较大的资源冗余和差异化问题，导致了 F_1 资源的无效利用；而中型医院则面临比小型医院更为严重的资源短缺问题。在 F_2、F_3、F_4 的资源调整分析中也出现了类似的趋势。

进一步分析表 3.3 中的冗余资源，可以发现大型医院的医护人员冗余最为严重，其次是 ICU 床位。为了提高整体效率，应将这些冗余的医护人员和 ICU 床位调配到中小型医院，增加中小医院的医务人员将提升其收治患者的能力，从而改善整体医疗资源的分配效率。

如表 3.3 所示，中小医院主要作为资源调整的接受者，而大型医院则是资源配置的分配者。具体而言，在资源 F_4 的调整中，除 DMU_2 和 DMU_5 外，所有医院的调整比例都接近最高门槛值 0.2。这一结果反映出疫情初期对口罩等个人防护用品的需求远超供应，暴露了医院在常态化防疫物资保障方面的不足，且储备不足的情况无法应对快速增长的患者需求。生产厂家也难以在短时间内生产足够的防护物资，从而导致疫情期间医疗资源的短缺。

除了 DMU_{30} 外，所有小型医院在 ICU 床位方面的调整量均为 0，显示其在这一方面的资源紧张。不同规模医院的资源调整幅度有所不同，尤其是大型医院，其调整幅度最为显著，既存在冗余，也有短缺。总体来看，中型医院的资源调整最为稳定，特别是在 F_1 和 F_2 资源的调整比例均为 0.15～0.19。这一情况也反映了中型医院在公共卫生专业人员方面的短缺问题。

3.6 本章小结

本章在效率分析框架下，提出了一种创新的基于非退化生产技术的应急资源配置双目标 DEA 模型。该模型的核心优势在于，通过引入 DEA 非退化生产技术，确保 DMU 在整个生产周期内始终能够选择最先进的生产技术作为参考，从而有效避免技术退化的问题。在效率最大化原则的指导下，所有 DMU 经过合理的资源配置后，都能实现 DEA 有效性。此外，本模型设定了双重目标：一方面确保产出目标的可实现性；另一方面强化了资源分配的公平性。为了更加贴合突发公共卫生事件中的实际应用，模型还增加了一些必要的约束条件，从而更好地适应应急管理实践中的复杂性与挑战。在求解双目标 DEA 模型的过程中，本章采用了权衡方法，以平衡两个目标之间的关系，并确保最终结果的合理性和可操作性。最后，本章通过对武汉市 30 家不同规模医院在新冠疫情期间的应急医疗资源配置进行案例分析，验证了所提出模型的有效性和实用性。

结果分析表明，初期的医疗资源配置存在不合理之处。具体而言，中型医院的效率表现最为突出，其次是小型医院，而大型医院的效率最为低下。进一步分析显示，大型医院效率低下的主要原因是冗余资源投入，特别是在医疗和护理人员以及 ICU 床位等方面。相比之下，中小型医院的低效率主要源于资源的相对短缺。针对这一问题，优化医疗资源结构显得尤为重要。为此，需要重新制定资源配置策略，特别是应将大型医院中的冗余资源向中小型医院转移。值得注意的是，ICU 床位的配置主要依赖于中型医院的支持，而非小型医院，这一现象可能与分级诊疗体系的分工与协作机制相关。在危重症患者救治中，大中型医院凭借其较高的医护人员专业化水平，能够更有效地应对复杂病例。

参考文献

Charnes A, Cooper W W. 1962. Programming with linear fractional functionals. Naval Research

Logistics Quarterly, 9(3/4): 181-186.

Clement J P, Valdmanis V G, Bazzoli G J, et al. 2008. Is more better? An analysis of hospital outcomes and efficiency with a DEA model of output congestion. Health Care Management Science, 11(1): 67-77.

Dai Q Z, Li Y J, Lei X Y, et al. 2021. A DEA-based incentive approach for allocating common revenues or fixed costs. European Journal of Operational Research, 292(2): 675-686.

Diewert W E. 1980. Aggregation problems in the measurement of capital//Usher D. The Measurement of Capital. Chicago: University of Chicago Press: 433-538.

Jiang H H, Wu J, Chu J F, et al. 2020. Better resource utilization: a new DEA bi-objective resource reallocation approach considering environmental efficiency improvement. Computers & Industrial Engineering, 144: 106504.

Nepomuceno T C C, Silva W M N, Nepomuceno K T C, et al. 2020. A DEA-based complexity of needs approach for hospital beds evacuation during the COVID-19 outbreak. Journal of Healthcare Engineering, 2020: 8857553.

Ray S C, Kim H J. 1995. Cost efficiency in the US steel industry: a nonparametric analysis using data envelopment analysis. European Journal of Operational Research, 80(3): 654-671.

Seiford L M, Zhu J. 2002. Modeling undesirable factors in efficiency evaluation. European Journal of Operational Research, 142(1): 16-20.

Sun J, Luo H Y. 2017. Evaluation on equality and efficiency of health resources allocation and health services utilization in China. International Journal for Equity in Health, 16(1): 127.

Tulkens H, van den Eeckaut P. 1995. Non-parametric efficiency, progress and regress measures for panel data: methodological aspects. European Journal of Operational Research, 80(3): 474-499.

Wu J, Chu J F, An Q X, et al. 2018. Resource reallocation and target setting for improving environmental performance of DMUs: an application to regional highway transportation systems in China. Transportation Research Part D: Transport and Environment, 61: 204-216.

Yang C C. 2017. Measuring health indicators and allocating health resources: a DEA-based approach. Health Care Management Science, 20(3): 365-378.

第4章　考虑环境绩效提升的资源配置与生产目标设定研究

4.1 引　言

随着全球环境压力的不断加剧，如何在有限资源的条件下优化资源配置、提升环境绩效，已成为当今各类组织和决策者亟待解决的重要问题。在资源有限、环境影响日益严峻的背景下，合理分配和调整资源的目的不仅是提升效率，还必须尽可能减少负面环境影响，这对于企业和政府而言，已成为重要的战略任务。尤其是决策者需要在多个 DMU 之间进行资源分配，力图通过科学的资源配置和目标设定，在提升整体效率的同时，实现环境绩效的最大化。

本章提出了一种基于 DEA 方法的资源分配方案与目标设定框架，旨在为决策者提供一种在资源受限情况下优化环境绩效的工具。具体而言，本章首先构建了一个能够确定各 DMU 在资源配置和目标设定过程中最大收益的模型，并引入了“满意度”概念，衡量 DMU 对资源配置和目标设定结果的满意程度。其次，在 DEA 公共权重框架下，提出了一种集中的资源配置和目标设定模型。该模型不仅能重新分配 DMU 的可自由调配的投入资源，还能为其设定产出目标，以提高环境效益。通过所提出的方法，能够得到一组资源配置和目标设定结果，这些调整后的 DMU 在新的生产周期内不仅能够保持环境有效性，而且可以最大限度地提升所有 DMU 的最小满意度，确保每个 DMU 的资源配置和目标设定都得到合理优化。最后，本章将该方法应用于我国 30 个省级（未统计西藏、港澳台地区）区域公路运输系统的资源配置与产出目标设定的案例研究中，展示了所提出方法在实际应用中的可行性与有效性。

4.2 问题描述

随着环境保护意识的不断提升和可持续发展目标的日益突出，传统的资源配置方法已难以满足现代生产对环境绩效优化的需求。在当今的生产与管理中，组织不仅面临如何通过最优资源配置提升生产效率的问题，同时还需要考虑如何降低生产过程中的非期望产出，如污染物、废水、废气等，以推动环境保护。这一问题在资源消耗较大、环境影响较强的行业尤为突出，如制造业、能源行业和化工行业，在这些行业中，如何在提升生产效率的同时减少有害排放，已成为亟待解决的关键问题。

本章的核心目标是提出一种新的资源分配和目标设定方法，通过 DEA 模型来同时优化生产效率和环境绩效。具体而言，本章首先构建了一个模型，用于确定在资源分配过程中每个 DMU 所能获得的最大收益。基于这些最大收益，引入了“满意度”概念，评估每个 DMU 对资源分配和目标设定结果的满意程度。然后，基于 DMU 的满意度，提出了一个集中优化模型，旨在实现所有 DMU 的最佳资源配置和目标设定。该方法不仅能够有效实现各 DMU 在新生产周期中的环境效益最大化，还能够通过优化资源配置，确保所有 DMU 之间的最小满意度得到最大化，从而在保证环境有效性的同时，提升整体的资源利用效率与环境绩效。

4.3　考虑非期望产出的 DEA 模型

假设有 n 个 DMU 需要评估。每个 DMU 有 m 个投入和 s 个产出。每个 DMU_j（$j=1,2,\cdots,n$）的投入和产出分别表示为向量 $X_j=(x_{1j},x_{2j},\cdots,x_{mj})^{\mathrm{T}}\in\mathbb{R}_+^m$ 和 $Y_j=(y_{1j},y_{2j},\cdots,y_{mj})^{\mathrm{T}}\in\mathbb{R}_+^s$。然后，根据 Charnes 等（1978）提出的 DEA，可以表示为模型（4.1）。

$$E_d=\max\frac{\mu_d^{\mathrm{T}}\cdot Y_d}{\omega_d^{\mathrm{T}}\cdot X_d} \tag{4.1}$$

$$\text{s.t.}\quad \frac{\mu_d^{\mathrm{T}}\cdot Y_j}{\omega_d^{\mathrm{T}}\cdot X_j}\leqslant 1,\ \ j=1,2,\cdots,n \tag{4.1a}$$

$$\omega_d\geqslant \mathbf{0} \tag{4.1b}$$

$$\mu_d\geqslant \mathbf{0} \tag{4.1c}$$

其中，$\mu_d=\left(\mu_{1d},\mu_{2d},\cdots,\mu_{sd}\right)^{\mathrm{T}}\in\mathbb{R}_+^s$ 和 $\omega_d=\left(\omega_{1d},\omega_{2d},\cdots,\omega_{md}\right)^{\mathrm{T}}\in\mathbb{R}_+^m$ 分别表示附加到产出和投入的权重向量；$\mathbf{0}$ 表示一个零向量。对每个 DMU_d 求解模型（4.1），可以得到它的效率 E_d 和最优解 $\left\{\omega_d^{\mathrm{T}},\mu_d^{\mathrm{T}}\right\}$。如果 $E_d=1$ 和 $\omega_d^{\mathrm{T}},\mu_d^{\mathrm{T}}>0$，则 DMU_d 是 DEA 有效的。

然而，模型（4.1）不能直接用于 DMU 的环境效率评估，因为它不能处理出现非期望产出的情况。一般来说，处理非期望产出的方法可以根据对非期望产出的假设分为两类：第一类最初是由 Färe 等（1989）提出的，他们假设非期望产出是弱可处置性的且不连续。在上述假设下，只有当所有产出（包括期望产出）按比例减少时，才能减少非期望产出。另一类方法假设非期望产出是强可处置性的。具体来说，它假设可以在不影响理想产出的情况下减少非期望产出。这种方法已被广泛接受并应用于许多出现非期望产出的高质量的研究（Hua et al.，2007；Wu et al.，2016）中。因此，在本章也对非期望产出采用了强可处置性假设，并使用这种数据转换法来处理非期望产出。

此外，由于本章考虑了资源的重新分配，所以应该对不可自由分配的投入加以区分。假设每个 DMU_j 使用 m 个可自由分配的投入（$X_j=(x_{1j},x_{2j},\cdots,x_{mj})^{\mathrm{T}}\in\mathbb{R}_+^m$）和 p 个不可自由分配的投入（$F_j=(f_{1j},f_{2j},\cdots,f_{pj})^{\mathrm{T}}\in\mathbb{R}_+^p$）以产生 s 个期望产出（$Y_j=(y_{1j},y_{2j},\cdots,y_{sj})^{\mathrm{T}}\in\mathbb{R}_+^s$）和 k 个非期望产出（$U_j=(u_{1j},u_{2j},\cdots,u_{kj})^{\mathrm{T}}\in\mathbb{R}_+^k$）。然后，给出了当非期望产出和不可自由分配的投入出现时 DMU 效率评估模型（4.2）。

$$E_d=\max\frac{\mu_d^{\mathrm{T}}\cdot Y_d+\upsilon_d^{\mathrm{T}}\cdot\left(V-U_d\right)}{\omega_d^{\mathrm{T}}\cdot X_d+\varphi_d^{\mathrm{T}}\cdot F_d} \tag{4.2}$$

$$\text{s.t.}\quad \frac{\mu_d^{\mathrm{T}}\cdot Y_j+\upsilon_d^{\mathrm{T}}\cdot\left(V-U_j\right)}{\omega_d^{\mathrm{T}}\cdot X_j+\varphi_d^{\mathrm{T}}\cdot F_j}\leqslant 1,\ j=1,2,\cdots,n \tag{4.2a}$$

$$\omega_d\geqslant\mathbf{0} \tag{4.2b}$$

$$\mu_d\geqslant\mathbf{0} \tag{4.2c}$$

$$\upsilon_d\geqslant\mathbf{0} \tag{4.2d}$$

$$\varphi_d\geqslant\mathbf{0} \tag{4.2e}$$

其中，$\omega_d=(\omega_{1d},\omega_{2d},\cdots,\omega_{md})^{\mathrm{T}}\in\mathbb{R}_+^m$，$\varphi_d=(\varphi_{1d},\varphi_{2d},\cdots,\varphi_{pd})^{\mathrm{T}}\in\mathbb{R}_+^p$，$\mu_d=(\mu_{1d},\mu_{2d},\cdots,\mu_{sd})^{\mathrm{T}}\in\mathbb{R}_+^s$ 和 $\upsilon_d=\left(\upsilon_{1d},\upsilon_{2d},\cdots,\upsilon_{kd}\right)^{\mathrm{T}}\in\mathbb{R}_+^k$ 分别表示对应于可自由分配的投入、不可自由分配的投入、期望产出和非期望产出的权重向量；V 表示用于对非期望产出的数据进行转换的合适向量，它应满足 $V-U_d>0$（$d=1,2,\cdots,n$）。

模型（4.2）是一个非线性规划问题。可以用 C-C 变换把它转换成线性形式。令 $t=1/\omega_d^{\mathrm{T}}X_d+\varphi_d^{\mathrm{T}}F_d$，$\omega_d'=t\omega_d$，$\mu_d'=t\mu_d$ 和 $\upsilon_d'=t\upsilon_d$。那么，上述模型（4.2）可以转化为等价的线性模型（4.3）。

$$E_d=\max\left\{\mu_d'^{\mathrm{T}}Y_d+\upsilon_d'^{\mathrm{T}}\left(V-U_d\right)\right\} \tag{4.3}$$

$$\text{s.t.}\quad \omega_d'^{\mathrm{T}}X_d+\varphi_d'^{\mathrm{T}}F_d=1 \tag{4.3a}$$

$$\mu_d'^{\mathrm{T}}Y_j+\upsilon_d'^{\mathrm{T}}\left(V-U_j\right)-\omega_d'^{\mathrm{T}}X_j-\varphi_d'^{\mathrm{T}}F_j\leqslant 0,\ j=1,2,\cdots,n \tag{4.3b}$$

$$\omega_d'\geqslant\mathbf{0} \tag{4.3c}$$

$$\mu_d'\geqslant\mathbf{0} \tag{4.3d}$$

$$\upsilon'_d \geqslant \mathbf{0} \tag{4.3e}$$

$$\varphi'_d \geqslant \mathbf{0} \tag{4.3f}$$

通过对每个DMU_d求解考虑环境因素（非期望产出）的模型（4.3），可以获得其环境效率E_d。如果$E_d = 1$且从模型（4.3）得到的所有最优权重都大于零，则DMU_d是环境有效的。

4.4 资源分配和目标设定模型

在实际应用中，决策者通常希望通过重新分配资源并为生产目标设定新的标准，以实现未来生产周期内更优的环境绩效。在这一过程中，随着资源投入的变化，DMU 的产出也可能发生相应的调整，因此需要对其进行有效的预测和估算。在资源分配与目标设定的框架下，每个 DMU 面临两大目标：首先，DMU 希望在新的资源配置下，确保其产出能够达到或维持有效的环境绩效；其次，DMU 还期望在新的生产条件下，最大化其整体收益。具体来说，模型通过加权期望产出与非期望产出变化的总和，减去 DMU 资源投入变化的总和，来衡量 DMU 从资源分配和目标设定中获得的潜在收益。通过这种方式，DMU 能够在环境绩效和经济效益之间找到平衡，不仅实现资源利用效率的提升，还能够确保在生产过程中对环境的影响降至最低。这一模型为决策者提供了一个系统化的工具，用以在确保环境可持续性的同时，推动资源配置的优化与效益最大化。

4.4.1 最大收益识别模型和满意度

本节提出了一个模型用来确定在对所有 DMU 进行资源分配和目标设定时每个 DMU 的最大收益。然后，引入了 DMU 对资源分配和目标设定结果的满意度的概念。

从单个 DMU 的角度来看，每个 DMU 都希望在资源分配和目标设定过程中优化其期望产出变化（增加）以及非期望产出变化（减少）的总和。此外，重新分配的资源的变化将导致每个 DMU 的成本变化（增加或减少）。这里，提出针对DMU_d（$d = 1,2,\cdots,n$）在资源分配和目标设定过程中确定其最大收益的模型如下。

$$\overline{\theta}_d = \max\left\{\mu_d^{\text{T}}\Delta Y_d + \upsilon_d^{\text{T}}\Delta U_d - \omega_d^{\text{T}}\Delta X_d\right\} \tag{4.4}$$

$$\text{s.t.}\quad \frac{\mu_d^{\text{T}}\left(Y_j + \Delta Y_j\right) + \upsilon_d^{\text{T}}\left[V - \left(U_j - \Delta U_j\right)\right]}{\omega_d^{\text{T}}\left(X_j - \Delta X_j\right) + \varphi_d^{\text{T}} F_j} = 1,\ \ j = 1,2,\cdots,n \tag{4.4a}$$

$$\frac{\mu_d^{\mathrm{T}} Y_j + \upsilon_d^{\mathrm{T}}\left(V - U_j\right)}{\omega_d^{\mathrm{T}} X_j + \varphi_d^{\mathrm{T}} F_j} \leqslant 1,\ \ j = 1, 2, \cdots, n \tag{4.4b}$$

$$\omega_d^{\mathrm{T}} \sum_{j=1}^{n}\left(X_j + \Delta X_j\right) + \varphi_d^{\mathrm{T}} \sum_{j=1}^{n} F_j = n \tag{4.4c}$$

$$\sum_{j=1}^{n} \Delta X_j = \mathbf{0} \tag{4.4d}$$

$$\alpha \times X_j + \Delta X_j \geqslant \mathbf{0},\ \ j = 1, 2, \cdots, n \tag{4.4e}$$

$$\alpha \times X_j - \Delta X_j \geqslant \mathbf{0},\ \ j = 1, 2, \cdots, n \tag{4.4f}$$

$$\beta \times Y_j \geqslant \Delta Y_j \geqslant \mathbf{0},\ \ j = 1, 2, \cdots, n \tag{4.4g}$$

$$\mathbf{0} \leqslant \Delta U_j \leqslant \gamma \times U_j,\ \ j = 1, 2, \cdots, n \tag{4.4h}$$

$$\Delta Y_j \geqslant \mathbf{0},\ \ j = 1, 2, \cdots, n \tag{4.4i}$$

$$\omega_d \geqslant \mathbf{0}, \mu_d \geqslant \mathbf{0}, \upsilon_d \geqslant \mathbf{0}, \varphi_d \geqslant \mathbf{0} \tag{4.4j}$$

其中，ΔX_j、ΔY_j和ΔU_j分别表示与DMU_j的投入、期望产出和非期望产出对应的调整量的向量。使用$\mu_d^{\mathrm{T}} \Delta Y_d + \upsilon_d^{\mathrm{T}} \Delta U_d - \omega_d^{\mathrm{T}} \Delta X_d$来表示$\mathrm{DMU}_d$在资源分配和目标设定之后可以获得的收益。在模型（4.4）中，约束（4.4a）确保调整后的 DMU 的产量在帕累托有效前沿上，即调整后的 DMU 在通过一组公共权重评估时都是环境有效的。约束（4.4b）表示将 DMU 先前的生产数据用作比较的基础，以评估新的调整后的 DMU 生产。约束（4.4c）用来避免平凡解。约束（4.4d）保证用于再分配的资源的总量保持不变。为了使模型有界，基于 Du 等（2014）的研究，使用约束（4.4e）、约束（4.4f）对投入和产出的变化施加约束。在这些约束组中，α、β和γ是参数，分别用来表示再分配资源、期望产出和非期望产出的最大变化比例。在本章的应用中，令$\alpha = 0.4$、$\beta = 1.5$和$\gamma = 0.4$。因为每个DMU_j的可自由分配的投入在资源分配过程中可以增加或减少，ΔX_j是自由变量。然而，ΔY_j和ΔU_j被限制为不小于零，以避免发生期望产出减少和非期望产出增加的情况。

模型（4.4）是一个非线性规划问题。令

$$\Delta \hat{Y}_j = \left(\Delta \hat{y}_{1j}, \Delta \hat{y}_{2j}, \cdots, \Delta \hat{y}_{sj}\right)^{\mathrm{T}} = \left(\mu_{1d} \Delta y_{1j}, \mu_{2d} \Delta y_{2j}, \cdots, \mu_{sd} \Delta y_{sj}\right)^{\mathrm{T}}$$

$$\Delta \hat{X}_j = \left(\Delta \hat{x}_{1j}, \Delta \hat{x}_{2j}, \cdots, \Delta \hat{x}_{mj}\right)^{\mathrm{T}} = \left(\omega_{1d} \Delta x_{1j}, \omega_{2d} \Delta x_{2j}, \cdots, \omega_{md} \Delta x_{mj}\right)^{\mathrm{T}}$$

$$\Delta \hat{U}_j = \left(\Delta \hat{u}_{1j}, \Delta \hat{u}_{2j}, \cdots, \Delta \hat{u}_{kj}\right)^{\mathrm{T}} = \left(\upsilon_{1d} \Delta u_{1j}, \upsilon_{2d} \Delta u_{2j}, \cdots, \upsilon_{kd} \Delta u_{kj}\right)^{\mathrm{T}}$$

然后，非线性模型（4.4）可以被转换为线性模型（4.5）。

$$\overline{\theta}_d = \max \sum_{r=1}^{s} \Delta \hat{y}_{rd} + \sum_{l=1}^{k} \Delta \hat{u}_{ld} - \sum_{i=1}^{m} \Delta \hat{x}_{ij} \tag{4.5}$$

$$\text{s.t.} \quad \mu_d^{\mathrm{T}} Y_j + \sum_{r=1}^{s} \Delta \hat{y}_{rj} + \upsilon_d^{\mathrm{T}} \left(V - U_j\right) + \sum_{l=1}^{k} \Delta \hat{u}_{lj}, \ j = 1, 2, \cdots, n \tag{4.5a}$$

$$-\omega_d^{\mathrm{T}} X_j - \sum_{i=1}^{m} \Delta \hat{x}_{ij} - \varphi_d^{\mathrm{T}} F_j \leqslant 0$$

$$\mu_d^{\mathrm{T}} Y_j + \upsilon_d^{\mathrm{T}} \left(V - U_j\right) - \omega_d^{\mathrm{T}} X_j - \varphi_d^{\mathrm{T}} F_j \leqslant 0, \ j = 1, 2, \cdots, n \tag{4.5b}$$

$$\omega_d^{\mathrm{T}} \sum_{j=1}^{n} X_j + \varphi_d^{\mathrm{T}} \sum_{j=1}^{n} F_j = n \tag{4.5c}$$

$$\sum_{j=1}^{n} \Delta \hat{X}_j = \mathbf{0} \tag{4.5d}$$

$$\alpha \times \omega_{id} x_{ij} - \Delta \hat{x}_{ij} \geqslant 0, \ i = 1, 2, \cdots, m; j = 1, 2, \cdots, n \tag{4.5e}$$

$$0 \leqslant \Delta \hat{y}_{rj} \leqslant \beta \times \mu_{rd} y_{rj}, \ r = 1, 2, \cdots, s; j = 1, 2, \cdots, n \tag{4.5f}$$

$$0 \leqslant \Delta \hat{u}_{lj} \leqslant \gamma \times \upsilon_{ld} u_{lj}, \ l = 1, 2, \cdots, k; j = 1, 2, \cdots, n \tag{4.5g}$$

$$\omega_d \geqslant \mathbf{0}, \mu_d \geqslant \mathbf{0}, \upsilon_d \geqslant \mathbf{0}, \varphi_d \geqslant \mathbf{0} \tag{4.5h}$$

其中，由于 $\sum_{j=1}^{n} \Delta \hat{X}_j = \mathbf{0}$，将约束（4.4c）简化为 $\omega_d^{\mathrm{T}} \sum_{j=1}^{n} X_j + \varphi_d^{\mathrm{T}} \sum_{j=1}^{n} F_j = n$。关于模型（4.5），给出下面的定理 4.1。

定理 4.1 模型（4.5）对于任意 DMU_d（$d = 1, 2, \cdots, n$）总存在可行解。

证明：假设模型（4.3）的最优解是 $\left\{\omega_d'^{*\mathrm{T}}, \varphi_d'^{*\mathrm{T}}, \mu_d'^{*\mathrm{T}}, \upsilon_d'^{*\mathrm{T}}\right\}$，令 $\beta = \omega_d'^{*\mathrm{T}} \sum_{j=1}^{n} X_j + \varphi_d'^{*\mathrm{T}} \sum_{j=1}^{n} F_j$，$\omega_d = \dfrac{n}{\beta} \omega_d'^{*}$，$\varphi_d = \dfrac{n}{\beta} \varphi_d'^{*}$，$\mu_d = \dfrac{n}{\beta} \mu_d'^{*}$，$\upsilon_d = \dfrac{n}{\beta} \upsilon_d'^{*}$，$\Delta \hat{Y}_j = (1, 1, \cdots, 1)^{\mathrm{T}} \times \left[\omega_d^{\mathrm{T}} X_j + \varphi_d^{\mathrm{T}} F_j - \mu_d^{\mathrm{T}} Y_j - \upsilon_d^{\mathrm{T}} \left(V - U_j\right)\right] / s$，$\forall j$，$\Delta \hat{X}_j = \mathbf{0}$，$\Delta U_j = \mathbf{0}$，$\Delta \hat{U}_j = \mathbf{0}$，$\forall j$。很容易证得解 $\left\{\omega^{\mathrm{T}}, \varphi^{\mathrm{T}}, \mu^{\mathrm{T}}, \upsilon^{\mathrm{T}}, \Delta \hat{X}_j, \Delta \hat{Y}_j, \Delta \hat{U}_j, \forall j\right\}$ 满足模型（4.5）中所有的约束。因此 $\left\{\omega^{\mathrm{T}}, \varphi^{\mathrm{T}}, \mu^{\mathrm{T}}, \upsilon^{\mathrm{T}}, \Delta \hat{X}_j, \Delta \hat{Y}_j, \Delta \hat{U}_j, \forall j\right\}$ 是模型（4.5）的可行解，并且模型（4.5）总是可行的。

定理 4.1 说明模型（4.5）总有一个可行解。通过对每个 DMU_d 求解模型（4.5），可以获得它的最大可能收益 $\overline{\theta}_d$。此外，一个 DMU 的收益不应小于其他 DMU 在追求最大收益而求解模型（4.5）时得到的最优解中所获得的最小收益。基于每个 DMU_j 在资源分配和目标设定过程中能够获得的最大和最小收益，给出定义 4.1 来表示每个 DMU_j 对给定的资源分配和目标设定结果的满意度。

定义 4.1　假设$\left\{\omega^{\mathrm{T}},\varphi^{\mathrm{T}},\mu^{\mathrm{T}},\upsilon^{\mathrm{T}},\Delta\hat{X}_j,\Delta\hat{Y}_j,\Delta\hat{U}_j,\forall j\right\}$是资源分配和目标设定的一个可行解。根据这个结果，$\mathrm{DMU}_j$ 的满意度定义为

$$S_j=\frac{\sum_{r=1}^{s}\Delta\hat{y}_{rd}+\sum_{l=1}^{k}\Delta\hat{u}_{ld}-\sum_{i=1}^{m}\Delta\hat{x}_{ij}-\underline{\theta}_j}{\overline{\theta}_j-\underline{\theta}_j} \tag{4.6}$$

从式（4.6）中可以看出，$S_j\in[0.1]$。如果 DMU_j 资源分配和目标设定的结果为其最大的收益 $\overline{\theta}_d$，则满意度为 1，即 $S_j=1$；如果 DMU_j 资源分配和目标设定的结果为其最小的收益 $\underline{\theta}_d$，则满意度为 0，即 $S_j=0$。

4.4.2　集中式资源分配和目标设定模型

上述模型（4.5）可以为每个 DMU 确定其在资源分配和目标设定过程中可能获得的最大收益，并生成其最优的资源分配和目标设置结果。然而，需要注意的是，模型（4.5）所得到的资源分配和目标设定结果往往偏向于某一特定的 DMU_d，因此不能确保所有 DMU 都能接受这一结果。这是因为每个 DMU 通常倾向于对自身最有利的资源配置和目标设定，而这些个别的偏好之间可能存在显著差异。因此，从每个 DMU 自身的视角出发，直接选择一个共同的、最优的资源配置和目标设定结果是具有挑战性的。为了克服这一问题，本节提出一种集中式的视角，旨在综合所有 DMU 的整体满意度。采用公共权重 DEA 模型，可以在所有 DMU 之间实现资源分配与目标设定，以确保公平性和协调性。具体而言，这一集中的资源分配和目标设定模型可以形式化为模型（4.7）。

$$\max\quad S_{\min} \tag{4.7}$$

$$\text{s.t.}\quad \mu^{\mathrm{T}}Y_j+\sum_{r=1}^{s}\Delta\hat{y}_{rd}+\upsilon^{\mathrm{T}}\left(V-U_j\right)+\sum_{l=1}^{k}\Delta\hat{u}_{ld},\ j=1,2,\cdots,n \tag{4.7a}$$

$$-\omega^{\mathrm{T}}X_j-\sum_{i=1}^{m}\Delta\hat{x}_{ij}-\varphi^{\mathrm{T}}F_j\leqslant 0$$

$$\mu^{\mathrm{T}}Y_j+\upsilon^{\mathrm{T}}\left(V-U_j\right)-\omega^{\mathrm{T}}X_j-\varphi^{\mathrm{T}}F_j\leqslant 0,\ j=1,2,\cdots,n \tag{4.7b}$$

$$\omega^{\mathrm{T}}\sum_{j=1}^{n}X_j+\varphi^{\mathrm{T}}\sum_{j=1}^{n}F_j=n \tag{4.7c}$$

$$\sum_{j=1}^{n}\Delta\hat{X}_j=\mathbf{0} \tag{4.7d}$$

$$S_j = \frac{\sum_{r=1}^{s}\Delta\hat{y}_{rd} + \sum_{l=1}^{k}\Delta\hat{u}_{ld} - \sum_{i=1}^{m}\Delta\hat{x}_{ij} - \underline{\theta}_j}{\overline{\theta}_j - \underline{\theta}_j} \geqslant S_{\min},\ j = 1,2,\cdots,n \tag{4.7e}$$

$$0 \leqslant \Delta\hat{u}_{lj} \leqslant \gamma \times \varphi_l u_{lj},\ l = 1,2,\cdots,k;\ j = 1,2,\cdots,n \tag{4.7f}$$

$$\alpha \times \omega_{ij} x_{ij} + \Delta\hat{x}_{ij} \geqslant 0,\ i = 1,2,\cdots,m;\ j = 1,2,\cdots,n \tag{4.7g}$$

$$\alpha \times \omega_{ij} x_{ij} - \Delta\hat{x}_{ij} \geqslant 0,\ i = 1,2,\cdots,m;\ j = 1,2,\cdots,n \tag{4.7h}$$

$$\mu_{rd}\overline{y}_{rj} - \Delta\hat{y}_{rj} \geqslant 0,\ r = 1,2,\cdots,s;\ j = 1,2,\cdots,n \tag{4.7i}$$

$$\Delta\hat{Y}_j \geqslant \mathbf{0},\ j = 1,2,\cdots,n \tag{4.7j}$$

$$S_{\min} \geqslant 0 \tag{4.7k}$$

$$\omega \geqslant \mathbf{0}, \mu \geqslant \mathbf{0}, \upsilon \geqslant \mathbf{0}, \varphi \geqslant \mathbf{0} \tag{4.7l}$$

模型（4.7）中的约束组具有与模型（4.5）中相同的含义。与定理 4.1 一样，很容易证明模型（4.7）总是可行的。模型（4.7）的约束条件不仅可以使用一组公共的权重来确保所有 DMU 都环境有效，而且可以得到资源分配和目标设置的结果，即最大化所有 DMU 之间的最小满意度。通过对所有 DMU 求解模型（4.7），可以得到最优解$\left\{\omega^{*\mathrm{T}},\varphi^{*\mathrm{T}},\mu^{*\mathrm{T}},\upsilon^{*\mathrm{T}},\Delta\hat{X}_j^*,\Delta\hat{Y}_j^*,\Delta\hat{U}_j^*,\forall j\right\}$。然后，最优的资源分配结果可以通过式（4.8）计算得到。

$$\Delta x_{ij}^* = \Delta\hat{x}_{ij}^* / \omega_i^*,\ i = 1,2,\cdots,m;\ j = 1,2,\cdots,n \tag{4.8}$$

同样地，每个 DMU 的产出目标可以通过式（4.9）和式（4.10）得到。

$$\Delta y_{rj}^* = \Delta\hat{y}_{rj}^* / \mu_r^*,\ r = 1,2,\cdots,s;\ j = 1,2,\cdots,n \tag{4.9}$$

$$\Delta u_{lj}^* = \Delta\hat{u}_{lj}^* / \upsilon_l^*,\ l = 1,2,\cdots,k;\ j = 1,2,\cdots,n \tag{4.10}$$

值得注意的是，本节的模型也可以用来解决一种或多种资源需要在一组 DMU 之间分配的经典的资源分配问题。假设与本期生产中的投入资源相比，下一期生产中的投入资源的变化表示为向量ΔR。然后，用约束$\sum_{j=1}^{n}\Delta\hat{X}_j = \Delta R$代替模型（4.7）中的约束$\sum_{j=1}^{n}\Delta\hat{X}_j = \mathbf{0}$，可以得到一个在所有 DMU 之间分配资源的新模型。

4.5 中国区域公路运输系统的应用

4.5.1 案例背景与数据概述

过去几十年，中国经济实现了跨越式发展（Ding and Li，2014）。根据国家统计局数据，2024 年中国的国内生产总值达到了 134.9 万亿元，约为 1978 年改革开放初期的 370 倍。特别是，2012 年中国成功超越日本，成为世界第二大经济体。然而，伴随经济的高速增长，中国在资源过度开发和环境污染方面面临着严峻挑战，这对可持续发展构成了严重威胁（Wu et al.，2016）。在众多行业中，公路运输作为一个高能耗、高污染的领域，成为环境压力的主要来源之一（Chang et al.，2013）。多项研究（Fu et al.，2013；Song et al.，2016；Wu et al.，2016）表明，中国公路运输行业长期存在环境效率低下的问题，亟须采取措施改善其环境绩效。

在中国的公路运输行业，资源配置问题普遍存在。每年，庞大的能源和资本投资需要合理分配到各区域公路运输系统中，以保障其有效运行。合理的资源分配不仅是提升区域公路运输系统环境绩效的关键因素，还能有效避免资源浪费。一方面，若某一区域的公路运输系统获得过多的资源，往往导致资源过度消耗而未能显著提升环境效率；另一方面，资源配置过少则可能导致系统运作不畅，严重影响环境效率。因此，合理配置资源，优化区域公路运输系统的资源分配，成为提升整体环境绩效的核心任务。

本节研究应用了上文提出的分析方法，针对我国 30 个省级（未统计西藏、港澳台地区）区域的公路运输系统，探讨其资源分配和环境绩效的优化问题。与 Wu 等（2016）的方法相似，这些区域的公路运输系统被视为 DMU，其中包括两个可自由分配的投入、三个不可自由分配的投入、两个期望产出和一个非期望产出。表 4.1 详细列出了各 DMU 的投入与产出变量。为进行案例分析，本节使用了来自《中国统计年鉴 2013》、《中国能源统计年鉴 2013》、《2013 年中国交通运输统计年鉴》和交通运输部网站在 2012 年的数据。值得注意的是，由于各省份的 CO_2 排放数据并未公开披露，本节采用估算方法来计算各区域的 CO_2 排放量。具体的估算方法可参考 Wu 等（2016）中发布的研究报告。表 4.2 提供了 30 个区域公路运输系统（DMU）的原始数据及其描述性统计分析结果。

表 4.1　DMU 的变量

类型	变量	符号	单位
可自由分配的投入	能源消耗	X_1	万吨/年
可自由分配的投入	资本投资	X_2	亿元
不可自由分配的投入	公路里程	F_1	千米
	乘客座位总数	F_2	个
	货物总吨位	F_3	吨
期望产出	客运量	Y_1	亿人/千米
	货运周转量	Y_2	10^3 万吨/千米
非期望产出	CO_2 排放量	U_1	吨

表 4.2　DMU 的原始数据和描述性统计分析

DMU	X_1/（万吨/年）	X_2/亿元	F_1/千米	F_2/个	F_3/吨	Y_1/（亿人/千米）	Y_2/（$\times 10^3$ 万吨/千米）	U_1/吨
北京	999	506	21 492	688 646	705 198	421	1 001	19 704 533
天津	461	506	15 391	357 103	304 727	315	7 844	9 442 013
河北	929	1 433	163 045	779 780	9 241 756	1 369	10 605	18 036 517
山西	843	936	137 771	410 503	4 179 485	423	3 341	16 431 661
内蒙古	1 351	988	163 763	398 179	2 946 074	436	5 870	28 612 138
辽宁	1 591	909	105 562	757 578	4 103 404	977	11 564	33 072 606
吉林	498	498	93 208	419 916	1 864 434	536	1 596	10 454 885
黑龙江	836	573	159 063	526 646	2 953 249	560	2 002	18 384 633
上海	1 887	520	12 541	548 591	1 698 934	182	20 373	39 407 962
江苏	1 492	1 226	154 118	1 639 611	5 254 975	1 872	7 904	30 228 290
浙江	1 221	1 119	113 550	1 032 800	2 534 201	1 318	9 183	25 079 856
安徽	576	465	165 157	946 386	4 318 585	1 825	9 818	11 742 232
福建	802	1 208	94 661	531 908	1 477 468	556	3 871	16 614 899
江西	481	457	150 595	492 156	1 821 929	956	3 434	9 809 084
山东	2 697	1 457	244 586	1 016 987	8 671 807	1 836	11 078	55 909 076
河南	962	813	249 649	1 400 262	6 445 077	2 084	9 490	19 145 039
湖北	1 409	1 031	218 151	894 766	1 588 247	1 361	4 440	30 294 409
湖南	922	1 172	234 040	1 075 748	1 767 915	1 637	3 977	18 769 284
广东	2 707	1 677	194 943	1 618 126	4 320 857	2 998	9 566	55 773 192
广西	746	792	107 906	905 561	1 789 790	1 048	4 111	15 605 033
海南	313	100	24 265	157 897	207 753	173	1 548	6 588 566
重庆	605	715	120 728	578 403	1 112 363	598	2 653	12 541 441
四川	888	1 743	293 499	1 139 068	2 337 831	1 310	2 238	17 806 158
贵州	544	589	164 542	598 186	754 429	632	1 175	10 954 916
云南	904	904	219 052	774 035	1 854 055	569	1 123	18 918 804
陕西	942	809	161 411	585 096	1 958 003	898	3 192	18 778 815
甘肃	352	253	131 201	405 846	988 821	666	2 352	6 731 119
青海	121	134	65 988	84 626	425 007	110	528	2 475 785
宁夏	159	106	26 522	160 423	869 615	121	1 066	3 133 778
新疆	534	388	165 909	637 151	1 943 109	536	1 615	11 066 140
最大值	2 707	1 743	293 499	1 639 611	9 241 756	2 998	20 373	55 909 076
最小值	121	100	12 541	84 626	207 753	110	528	2 475 785

续表

DMU	X_1/（万吨/年）	X_2/亿元	F_1/千米	F_2/个	F_3/吨	Y_1/（亿人/千米）	Y_2/（$\times10^3$万吨/千米）	U_1/吨
平均值	959.07	800.90	139 076.97	718 732.80	2 681 303.27	944.10	5 285.27	19 717 095.47
标准差	621.78	438.51	73 037.36	387 080.89	2 244 361.66	680.36	4 477.56	12 940 981.08

4.5.2　资源配置和目标设定结果

在区域公路运输系统中，可自由分配的投入，即能源消耗和资本投资，是需要在 DMU 之间分配的资源。在此案例研究中，假设这两种投入在新的生产周期中的总变化都为零；此外，在下一个生产周期中，三种不可自由分配的投入保持不变。基于本章提出的方法，在 DMU 之间分配所有资源，并给出 DMU 在新生产周期的新产出目标。除此之外，使用模型（4.3）评估 DMU 的原始的和新的环境效率。结果列于表 4.3 和表 4.4。

表 4.3　DMU 的计算结果（一）

DMU	变量					原始 CCR 效率/%	新 CCR 效率/%	满意度/%
	X_1/（万吨/年）	X_2/亿元	Y_1/（亿人/千米）	Y_2/（$\times10^3$万吨/千米）	U_1/吨			
北京	−399.56	−202.40	631.74	1 501.65	−7 881 813.16	1	1	0.547 6
天津	30.11	−35.55	14.58	4 539.35	−1 834 151.25	1	1	0.792 6
河北	40.49	82.47	83.62	7 365.07	−3 713 214.23	1	1	0.288 8
山西	−3 337.21	−374.32	289.80	5 011.65	−6 572 664.59	0.631 5	1	0.300 6
内蒙古	1.20	10.06	78.58	5 196.47	−5 889 257.38	0.795 4	1	0.469 3
辽宁	168.93	52.86	82.01	7 998.88	−6 578 641.35	0.863 0	1	0.543 4
吉林	32.32	15.05	100.40	1 128.97	−2 140 964.23	0.743 9	1	0.403 5
黑龙江	−1.95	−2.75	111.52	1 570.40	−3 667 246.88	0.567 5	1	0.465 9
上海	−754.86	−207.92	50.97	30 560.1	−15 763 185.00	1	1	0.731 5
江苏	74.31	68.80	69.51	6 308.39	−60 588 173.75	0.894 0	1	0.551 8
浙江	90.05	84.95	283.22	6 631.62	−4 924 343.84	0.853 8	1	0.691 9
安徽	133.38	82.91	5.61	982.93	−2 092 267.01	1	1	0.288 8
福建	55.84	77.01	267.24	2 752.75	−3 356 522.73	0.662 0	1	0.462 6
江西	115.78	95.57	1.65	708.41	−1 708 419.35	1	1	0.288 8
山东	277.83	51.91	268.72	7 166.32	−11 448 134.96	0.961 8	1	0.330 9
河南	21.14	27.57	407.42	7 336.26	−3 890 030.12	0.771 8	1	0.315 7

续表

DMU	变量					原始 CCR 效率/%	新 CCR 效率/%	满意度/%
	X_1/（万吨/年）	X_2/亿元	Y_1/（亿人/千米）	Y_2/（$\times10^3$万吨/千米）	U_1/吨			
湖北	108.81	69.49	189.94	3 280.37	−5 957 555.62	0.985 7	1	0.507 4
湖南	61.35	100.64	114.31	2 807.94	−3 665 168.19	1	1	0.506 6
广东	538.25	254.29	55.96	4 949.68	−10 360 715.92	1	1	0.288 8
广西	32.33	43.65	479.58	3 053.65	−3 095 972.93	0.935 5	1	0.517 7
海南	24.15	1.65	10.05	951.51	−1 312 194.41	1	1	0.427 1
重庆	32.49	30.97	23.36	1 909.07	−2 533 768.04	0.715 2	1	0.587 3
四川	−57.47	−87.85	161.06	1 887.10	−3 753 575.46	0.760 4	1	0.359 6
贵州	14.50	12.65	172.40	894.65	−2 245 116.89	0.922 8	1	0.583 9
云南	−361.68	−361.60	179.77	1 685.10	−7 567 521.72	0.446 9	1	0.657 4
陕西	21.70	23.22	49.08	2 447.94	−3 867 879.93	0.813 4	1	0.445 9
甘肃	27.03	12.32	10.94	1 326.65	−1 323 852.24	1	1	0.456 2
青海	−2.78	−3.74	7.52	409.48	−522 506.50	1	1	0.496 5
宁夏	1.14	1.03	5.54	852.24	−621 216.76	1	1	0.548 7
新疆	12.34	5.97	26.62	1 237.00	−2 215 631.80	0.540 4	1	0.507 2

表 4.4　DMU 的计算结果（二）

DMU	变化比率					原始公共权重效率/%	改进后新公共权重效率/%
	X_1/%	X_2/%	Y_1/%	Y_2/%	U_1/%		
北京	−40.00	−40.00	150.00	150.00	−40.00	0.4060	1
天津	6.52	7.02	4.63	57.87	−19.43	0.7514	1
河北	4.36	5.75	6.11	69.45	−20.59	0.6372	1
山西	−40.00	−40.00	68.50	150.00	−40.00	0.4061	1
内蒙古	0.09	1.02	18.00	88.52	−20.58	0.4654	1
辽宁	10.62	5.81	8.39	69.17	−19.89	0.6388	1
吉林	6.49	3.02	18.72	70.73	−20.48	0.6571	1
黑龙江	−0.23	−0.48	19.93	78.43	−19.95	0.4946	1
上海	−40.00	−40.00	27.99	150.00	−40.00	0.3812	1
江苏	4.98	5.61	3.71	79.81	−20.04	0.6222	1
浙江	7.38	7.59	21.50	72.21	−19.63	0.7368	1
安徽	23.15	17.84	0.31	10.01	−17.82	0.9948	1
福建	6.97	6.38	48.06	71.10	−20.20	0.5836	1

续表

DMU	变化比率					原始公共权重效率/%	改进后新公共权重效率/%
	X_1/%	X_2/%	Y_1/%	Y_2/%	U_1/%		
江西	24.09	20.92	0.17	20.63	−17.42	0.9965	1
山东	10.30	3.56	14.63	64.69	−20.48	0.6834	1
河南	2.20	3.39	19.55	77.30	−20.32	0.7490	1
湖北	7.72	6.74	13.95	73.89	−19.67	0.8261	1
湖南	6.65	8.59	6.98	70.61	−19.53	0.8620	1
广东	19.88	15.16	1.87	51.74	−18.58	0.9653	1
广西	4.33	5.51	45.76	74.29	−19.84	0.6911	1
海南	7.71	1.65	5.81	61.46	−19.92	0.8662	1
重庆	5.37	4.33	3.91	71.95	−20.20	0.6170	1
四川	−6.47	−5.04	12.29	84.31	−21.08	0.6216	1
贵州	2.66	2.15	27.29	76.16	−20.49	0.6344	1
云南	−40.00	−40.00	31.61	150.00	−40.00	0.4032	1
陕西	2.30	2.87	5.47	76.69	−20.60	0.7733	1
甘肃	7.69	4.88	1.64	56.41	−19.67	0.9374	1
青海	−2.30	−2.79	6.83	77.61	−21.10	0.8227	1
宁夏	0.72	0.98	4.58	79.97	−19.82	0.5542	1
新疆	2.31	1.54	4.91	76.62	−20.02	0.4757	1

在表 4.3 中，第 2～6 列列出了 DMU 的可自由分配的投入和产出的变化。表 4.3 的第 7 列和第 8 列列出了 DMU 原始 CCR 效率及调整后的新 CCR 效率。DMU 对最终资源分配结果的满意度列于表 4.3 的最后一列。表 4.4 中的第 2～6 列列出了 DMU 的可自由分配的投入和产出的变化比例。此外，DMU 的原始公共权重效率和改进后新公共权重效率分别列于表 4.4 的第 7 列和第 8 列。这里值得注意的是，用于 DMU 效率评估的公共权重集是由模型（4.7）得到的。

4.5.3　分析和讨论

1. 效率评价和改进结果分析

首先，通过自我评价和公共权重评价分析了 DMU 的环境效率。从 DMU 的原始 CCR 效率来看，12 个 DMU 表现为环境有效，另有 18 个 DMU 表现为环境无效，其中云南的环境效率最低（0.4469）。然而，模型（4.3）得到的总权重具有灵活性，这可能导致效率结果无法适用于所有 DMU。因此，采用模型（4.7）得到了最终公共权重集。使用该公共权重时，所有 DMU 均未被评为环境有效，这表明从集中的角度看，DMU 的环境绩效较差。通常，效率值大于 0.9 的 DMU 被认为表现良好，但仅有安徽、江西、广东和甘肃 4 个 DMU 的原始公共权重效率超过 0.9。由此，再次确认中国大多数地区公路运输系统的环境表现不佳，这与许多前期研究的结论一致。

为了提升 DMU 的环境绩效，建议为各 DMU 合理分配资源并设定新目标。调整后的效率评估显示，无论是自我评价还是公共权重评价，所有 DMU 均表现为环境有效。例如，假设四川在 2013 年减少 6.47%的能源消耗、5.04%的资本投入和 21.08%的 CO_2 排放量，同时客运量和货运周转量分别增加 12.29%和 84.31%，则在所有评价结果中，四川的环境绩效也能达到有效水平。

此外，还考虑了 DMU 对资源分配结果的满意度，表 4.3 显示所有 DMU 中最大化最小满意度仅为 0.2888，整体满意度水平不高，而天津的满意度最高，为 0.7926。这表明，尽管很难使所有 DMU 完全满意，但从集中的角度考虑，DMU 之间的满意度差异相对较小。即便如此，所提出的模型仍能最大化整体满意度，即使个别 DMU 的满意度提升有限。

2. 资源配置和目标设定结果分析

根据资源配置与目标设定的结果，可以得出以下主要结论。

首先，7 个 DMU 的能源消耗普遍下降，其中北京、山西、上海和云南的能源消耗减幅最大，均达到 40%。相比之下，黑龙江省的能源消耗减少幅度最小，仅为 0.23%。此外，其他 23 个 DMU 的能源需求有所增加。在资金投入方面，北京、山西、上海和云南的资本投入也减少了 40%，黑龙江、四川、青海减少幅度较小，而其他 23 个 DMU 的资本需求有所增加，但增幅相对较小。

其次，从新的目标设定结果来看，DMU 的期望产出具有显著的增长潜力，尤其是在货运周转量方面。从整体来看，DMU 的客运量和货运周转量分别可增加 4232.73 亿人/千米和 124 451.6×10^3 万吨/千米，增幅分别为 14.94%和 78.49%。在单个 DMU 层面，所有 DMU 的期望产出均有不同程度的增长，且 28 个 DMU 的货运周转量增幅超过 50%。其中，北京、山西、上海和云南的增幅最大，达到 150%。

最后，考虑到 DMU 非期望产出的减少，表 4.4 的结果表明，所有 DMU 的 CO_2 排放量预计都会减少。北京、山西、上海和云南的减排幅度最大，均能减少 40%的碳排放。这 4 个 DMU 在原始公共权重效率值中排名靠后。其他 DMU 的 CO_2 排放量减少幅度相对接近，约在 17.42%至 21.10%之间。

资源配置与目标设定结果为国家级决策提供了有力支持。根据表 4.3 和表 4.4 的计算，政府通过合理分配资源和设定新的生产目标，能够在不增加资源消耗的情况下，提升期望产出并减少非期望产出。所有 DMU 将通过资源分配提升生产效率，推动公路运输系统的整体环境效率提升。

3. 政策建议

基于以上分析，提出以下政策建议，以提升中国区域公路运输系统的环境绩效。

首先，政府应通过资源分配方法，优化区域公路运输系统的资源配置。目前，公路运输系统之间的资源分配存在不合理之处，导致资源未得到充分利用。政府可以参考本章提出的模型或其他合适的资源配置方法，重新分配投入资源，使每个区域公路运输系统的资源配置更符合其实际生产情况，从而提高整体环境绩效，减少资源浪费。

其次，政府应加大对新的物流和客运平台的投资，特别是互联网技术的应用。研究表明，各区域公路运输系统在提升客运量和货运周转量方面存在巨大潜力。例如，许多公共汽车和私家车存在座位空置、卡车负载不足的现象，表明供需之间缺乏有效的协调。通过推动新平台的开发，利用互联网技术加强供需双方的信息对接，可以显著提高资源使用效率。

最后，政府应加大对绿色交通建设的投入。我国区域公路运输系统的环境效率普遍较低，尤其是高速公路运输系统。从目标设定的结果来看，各地区在减少 CO_2 排放方面具有较大潜力。因此，政府应加强对污染治理的投资，推动公路运输系统的绿色转型。同时，应鼓励引入先进技术，如新能源汽车和高效汽车排放处理技术，替代传统运输工具，以减少 CO_2 排放，推动可持续交通发展。

4.6 本章小结

本章提出了一个资源分配与目标设定模型，旨在提升 DMU 的环境绩效。首先，引入了考虑非期望产出的 DEA 模型。其次，给出了一个最大收益识别模型，用于在资源分配和目标设定过程中帮助各 DMU 实现最大收益。基于各 DMU 的最大与最小收益目标，进一步引入了满意度的概念，衡量各 DMU 对资源分配与目标设定结果的接受程度。在此基础上，提出了一个集中式资源分配和目标设定模型，该模型具有两个优点：一是保证调整后的 DMU 在新的生产周期内仍保持环境有效，二是通过最大化各 DMU 的最小满意度，优化资源配置。最后，将该方法应用于我国 30 个区域公路运输系统的资源分配和目标设定的案例研究中。案例分析结果表明，在保持总投入水平不变的前提下，中国区域公路运输系统在增加期望产出和减少非期望产出方面具有显著潜力。

本章的研究为未来的工作指明了至少三个发展方向。首先，当前案例分析仅基于一年数据，未来可考虑收集两年或更多年的数据，并扩展模型，以实现区域公路运输系统的动态资源分配与目标设定。其次，建议为每个 DMU 设定最低可接受满意度，并相应调整资源分配与目标设定方法。最后，虽然本章将 CO_2 排放视为公路运输系统的非期望产出，但在实际应用中，CO_2 排放权往往被视为有限资源，需要在 DMU 之间进行分配。因此，进一步分析和分类现有的资源分配与目标设定方法，探讨如何在模型中处理 CO_2 排放权作为有限资源或非期望产出的不同情形，具有重要的研究价值。

参 考 文 献

Chang Y T, Zhang N, Danao D, et al. 2013. Environmental efficiency analysis of transportation system in China: a non-radial DEA approach. Energy Policy, 58: 277-283.

Charnes A, Cooper W W, Rhodes E. 1978. Measuring the efficiency of decision making units. European Journal of Operational Research, 2(6): 429-444.

Ding C, Li J Y. 2014. Analysis over factors of innovation in China's fast economic growth since its beginning of reform and opening up. AI & Society, 29: 377-386.

Du J, Cook W D, Liang L, et al. 2014. Fixed cost and resource allocation based on DEA cross-efficiency. European Journal of Operational Research, 235(1): 206-214.

Färe R, Grosskopf S, Lovell C A K, et al. 1989. Multilateral productivity comparisons when some outputs are undesirable: a nonparametric approach. The Review of Economics and Statistics, 70(1): 90-98.

Fu P H, Zhan Z G, Wu C J. 2013. Efficiency analysis of Chinese road systems with DEA and order relation analysis method: externality concerned. Procedia-Social and Behavioral Sciences, 96: 1227-1238.

Hua Z S, Bian Y W, Liang L. 2007. Eco-efficiency analysis of paper mills along the Huai River: an extended DEA approach. Omega, 35(5): 578-587.

Song M L, Zheng W P, Wang Z Y. 2016. Environmental efficiency and energy consumption of highway transportation systems in China. International Journal of Production Economics, 181: 441-449.

Wu J, Zhu Q Y, Chu J F, et al. 2016. Measuring energy and environmental efficiency of transportation systems in China based on a parallel DEA approach. Transportation Research Part D: Transport and Environment, 48: 460-472.

第5章　两阶段网络系统最优生产规模估计与拥塞效应研究

5.1　引　　言

在管理实践中，决策者通常会面临一个问题：组织是否可以通过扩大生产规模来增加产出。本章基于DEA方法，提出了针对两阶段网络系统的生产规模扩张分析、生产目标设定与拥塞效应分析的新方法。首先，采用强有效前沿固定技术来确保其在有效前沿上进行分析。其次，提出了一种模型来获得每个DMU的最大综合产出。然后，为生产规模扩张分析制定了一个两步法，以检查扩大DMU的生产规模（即增加投入和中间产物）是否会增加、维持或减少其产出（由于拥塞）。再次，考虑到DMU增加投入的能力有限，本章进一步提出了一个模型，为能够通过生产规模扩张而增加产出的DMU设定适当的生产规模扩张目标。本章的方法是在生产有效前沿上进行生产规模扩张分析。它还为判断DMU在生产规模扩张中是否面临拥塞提供了一个简单的充分必要条件。最后，本章通过一个简单的数值例子和中国农业的现实案例来说明所提出方法的有效性。

5.2　问题描述

两阶段网络系统变化效应是指当通过增加投入来增加中间产物时，系统的最终产出可能会发生变动，即最终产出增加、不变或减少。当系统的最终产出随着投入增加而减少时，一般认为该系统发生了拥塞。拥塞的出现意味着生产系统存在一定的资源冗余。例如，在农业生产过程中，过量的化肥使用可能会导致农产品减产；在交通运输过程中，过量的车辆行驶可能会导致道路瘫痪；在城市建设发展中，过度城镇化可能会抑制企业生产效率提升。事实证明，盲目增加投入并不能使系统产出如预期般增加，反而会出现边际效应递减现象，更甚者会造成系统减产。

正是因为诸如此类的资源冗余问题实际存在，在一个实际的两阶段网络生产过程中，决策者通常需要先判断一个企业是否能够通过扩大生产规模（即增加投入）来增加产出。如果可以，那么又可以扩大到什么程度呢？中间产物作为连接两个阶段的关键资源，它的变化可能会直接影响系统的最终产出。在现有关于这一问题的研究中存在明显的问题：其一，现有方法无法保证变化效应分析结果的准确性；其二，现有方法使用范围有限，可能无法适用于多种产出的情况；其三，现有方法并不能为 DMU 设定合理的生产目标，因为其并未考虑到 DMU 实际情况下投入增量能力有限。

由于上述现实背景的需要和现有变化效应分析方法的不足，本章从中间产物的链接作用角度出发，进行两阶段网络系统中间产物变化效应改进研究，提出一种基于 DEA 的两阶段网络系统变化效应分析的新方法，保证变化效应分析结果的准确性，以正确指导决策者进行企业规模扩张分析。本章的研究能很好地解决现实问题，具有很强的实践价值。

5.3 基础概念

5.3.1 两阶段网络与生产假设

Khoveyni 等（2019）首次提出了两阶段网络系统的变化效应分析研究，主要考虑了中间产物的链接作用，并构建了如图 5.1 所示的两阶段网络系统结构。在阶段一中，投入（X）被用来生产中间产物（Z）；在阶段二中，中间产物（Z）被当作投入用来生产产出（Y）。

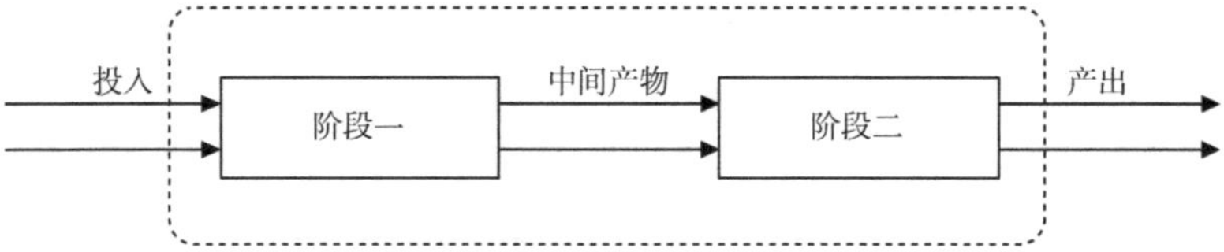

图 5.1　变化效应分析研究的两阶段网络系统结构

考虑到生产规模的变化，假设以上两个阶段的生产技术是相互独立的，并基于 VRS 假设构建了生产可能集。在第一阶段的生产中进行自由可处置性处理，即允许增加投入的同时不减少中间产物。换言之，在第一阶段本章假设不会发生拥塞。在第二阶段考虑了拥塞的情况，对其进行弱可处置性处理，即增加中间产物可能导致最终产出减少，允许第二阶段发生拥塞。Mehdiloozad 等（2018）和 Khoveyni 等（2019）也使用了类似的假设。因此，根据这些假设，第一阶段和第二阶段的生产可能集（分别定义为T_1和T_2）如下：

$$T_1=\left\{(X,Z)\left|\sum_{j=1}^{n}\lambda_j X_j\leqslant X,\sum_{j=1}^{n}\lambda_j Z_j\geqslant Z,\sum_{j=1}^{n}\lambda_j=1,\lambda_j\geqslant 0,\forall j\in N\right.\right\}\quad(5.1)$$

$$T_2 = \left\{ (Z, Y) \middle| \sum_{j=1}^{n} \alpha_j Z_j = Z, \sum_{j=1}^{n} \alpha_j Y_j \geqslant Y, \sum_{j=1}^{n} \alpha_j = 1, \alpha_j \geqslant 0, \forall j \in N \right\} \tag{5.2}$$

5.3.2 候选 DMU

本章专注于对两个阶段都有效的 DMU 进行生产规模扩张分析。这些 DMU 被称为候选 DMU。这些候选 DMU 之所以受到关注，是因为其在两个阶段都具有技术效率，提高产出的一种可能方法是检查生产规模的扩大是否能为这些候选 DMU 带来更多的产出。根据 Khoveyni 等（2019）的研究，候选 DMU 可以通过模型（5.3）进行识别，其中候选 DMU_o 的最优目标函数值等于 0。

$$\begin{aligned} \max \quad & \mathbf{1} \cdot B_o + \mathbf{1} \cdot G_o + \mathbf{1} \cdot H_o \\ \text{s.t.} \quad & \sum_{j \in N} \lambda_j X_j = X_o - B_o \\ & \sum_{j \in N} \lambda_j Z_j = Z_o + G_o \\ & \sum_{j \in N} \lambda_j = 1 \\ & \sum_{j \in N} \alpha_j Z_j = Z_o \\ & \sum_{j \in N} \alpha_j Y_j = Y_o + H_o \\ & \sum_{j \in N} \alpha_j = 1 \\ & \lambda_j \geqslant 0, \forall j \in N, \alpha_j \geqslant 0, \forall j \in N \\ & B_o \geqslant \mathbf{0} \in \mathbb{R}^m, G_o \geqslant \mathbf{0} \in \mathbb{R}^K, H_o \geqslant \mathbf{0} \in \mathbb{R}^s \end{aligned} \tag{5.3}$$

假设模型（5.3）的最优解为$\left(\lambda_j^*, \forall j \in N, \alpha_j^*, \forall j \in N, B_o^*, G_o^*, H_o^*\right)$。如果 $B_o^* = \mathbf{0}$，$G_o^* = \mathbf{0}$，$H_o^* = \mathbf{0}$，则 DMU_o 被分类到集合 E 中，集合 E 表示候选 DMU 的集合。为了便于分析，进一步考虑两组新的 DMU 集合（E_1 和 E_2）。如果 $B_o^* = \mathbf{0}$ 且 $G_o^* = \mathbf{0}$，则 DMU_o 属于 E_1；如果 $H_o^* = \mathbf{0}$，则 DMU_o 属于 E_2。E_1 和 E_2 是分别在第一阶段和第二阶段中表现为强有效的 DMU 集合。对于那些在第一阶段或第二阶段都无效的 DMU，可以先将它们投影到有效前沿，再进一步进行生产规模扩张分析。因此，本章在接下来的分析中，只关注候选 DMU。

5.3.3 两阶段有效前沿

本章提出用数学方法固定两个阶段的强有效前沿，以确保候选 DMU 的两个阶段只能沿着有效前沿移动。根据 Aparicio 等（2007）的定理，VRS 假设下第一阶段和第二阶段的有效前沿集可以分别表示为式（5.4）和式（5.5）。

$$F_1=\left\{(X,Z)\middle| X=\sum_{j\in E_1}\lambda_j X_j,\ Z=\sum_{j\in E_1}\lambda_j Z_j,\ \sum_{j\in E_1}\lambda_j=1,\right.$$
$$P^1\cdot Z_j-W\cdot X_j+u_o^1+\varphi_j^1=0,\ 0\leqslant\varphi_j^1\leqslant Mb_j^1, \tag{5.4}$$
$$\lambda_j\leqslant M\left(1-b_j^1\right),\ b_j^1\in\{0,1\},\ \lambda_j\geqslant 0,\ \forall j\in E_1,$$
$$\left.W\geqslant\mathbf{1}\in\mathbb{R}^m,P^1\geqslant\mathbf{1}\in\mathbb{R}^K,u_o^1\text{ 无约束}\right\}$$

$$F_2=\left\{(Z,Y)\middle| Z=\sum_{j\in E_2}\alpha_j Z_j,\ Y=\sum_{j\in E_2}\alpha_j Y_j,\ \sum_{j\in E_2}\alpha_j=1,\right.$$
$$U\cdot Y_j-P^2\cdot Z_j+u_o^2+\varphi_j^2=0,\ 0\leqslant\varphi_j^2\leqslant Mb_j^2, \tag{5.5}$$
$$\alpha_j\leqslant M\left(1-b_j^2\right),\ b_j^2\in\{0,1\},\ \alpha_j\geqslant 0,\ \forall j\in E_2,$$
$$\left.U\geqslant\mathbf{1}\in\mathbb{R}^s,\ P^2\text{ 无约束},\ u_o^2\text{ 无约束}\right\}$$

在式（5.4）和式（5.5）中，M 是一个非常大的正值。E_1 和 E_2 分别表示在第一阶段和第二阶段中表现为强有效的 DMU 集合。中间产物在 F_2 中表现为弱可处置性。F_1 和 F_2 提供了第一阶段和第二阶段的有效前沿集。这些集合将用于满足生产规模扩张分析中每个候选 DMU 的两个阶段仅在有效前沿上移动的要求。这是因为生产规模扩张也是一个生产目标设定过程。在为候选 DMU 设定新的生产目标后，要求其仍在有效前沿进行生产是合理的。

5.4 基于生产前沿的生产规模扩张分析方法

本节旨在解决现有方法存在的问题，提出新的变化效应分析模型，应用于企业规模扩张分析，为企业扩大生产规模提供正确指导。本节根据式（5.4）和式（5.5）制定的生产前沿，为候选 DMU［由模型（5.3）确定］制定了生产规模扩张分析步骤。由于候选 DMU 可能面临拥塞的情况，本节正式给出了“两阶段网络系统生产规模扩张拥塞”的定义，随后将进一步说明，该定义实际上与 DEA 中拥塞的传统定义是一致的。

定义 5.1　两阶段网络系统生产规模扩张拥塞定义：若不存在$\Delta X_o \geqslant \mathbf{0} \in \mathbb{R}_+^m$，$\Delta Z_o \geqslant \mathbf{0} \in \mathbb{R}_+^K$和$\Delta Y_o \geqslant \mathbf{0} \in \mathbb{R}_+^s$，以及在$\Delta X_o$和$\Delta Z_o$中也不存在任何一个大于 0 的元素，使$\left(X_o + \Delta X_o, Z_o + \Delta Z_o\right) \in T_1$和$\left(Z_o + \Delta Z_o, Y_o + \Delta Y_o\right) \in T_2$，则候选$\text{DMU}_o(X_o, Z_o, Y_o)$发生了拥塞。

传统的 DEA 拥塞定义为：如果一个或多个投入的减少与一个或更多个产出的增加相关联，则该有效 DMU 面临拥塞。定义 5.1 指出，如果无法通过增加投入和中间产物水平来增加或保持最终产出水平，那么在生产规模扩张中的DMU_o就会出现拥塞情况。也就是说，增加投入和中间产物总会导致至少一项产出的减少。定义 5.1 侧重于 DMU 在生产规模扩张后的状态。这表明，对于DMU_o，如果对其进行生产规模扩张，则总会产生一个拥塞的目标 DMU，即目标 DMU 的产出水平可以通过降低其投入和中间产物水平来提高，这符合 DEA 中拥塞的传统定义（Tone and Sahoo，2004；Mehdiloozad et al.，2018）。

5.4.1　最大综合产出确定模型

使用综合产出可确保本章方法适用于存在多个产出的情景，模型（5.6）旨在确定候选DMU_o通过增加投入和中间产物可以实现的最大综合产出。

$$\begin{aligned} \text{OP}_o^* = \max \mathcal{P} \cdot \left(Y_o + \Delta Y_o\right) & \\ \text{s.t.}\ \left(X_o + \Delta X_o, Z_o + \Delta Z_o\right) \in F_1 & \\ \left(Z_o + \Delta Z_o, Y_o + \Delta Y_o\right) \in F_2 & \\ \Delta X_o \geqslant \mathbf{0} \in \mathbb{R}^m, \Delta Z_o \geqslant \mathbf{0} \in \mathbb{R}^K, \Delta Y_o \geqslant \mathbf{0} \in \mathbb{R}^s & \end{aligned} \tag{5.6}$$

其中，$\mathcal{P}$表示附加到综合产出的权重的参数向量，本章设置$\mathcal{P} = \left(\dfrac{1}{\max\limits_{j\in N} y_{1j} - \min\limits_{j\in N} y_{1j}}, \cdots, \dfrac{1}{\max\limits_{j\in N} y_{sj} - \min\limits_{j\in N} y_{sj}}\right)$作为 RAM 系数（Cooper et al.，1999）。RAM 的使用被视为规范数据的一种方式。因此，使用 RAM 系数也可以被视为对归一化产出的总结。模型（5.6）使DMU_o的综合产出最大化，并使其能够在增加投入和中间产物时，又限制候选DMU_o只在生产有效前沿上移动。

定理 5.1　模型（5.6）总是可行的，并且目标函数值有界。

证明：正如模型（5.3）所要求的，候选DMU_o在第一阶段和第二阶段都位于强有效前沿上。因此，对于模型（5.6）中的候选DMU_o $\left(X_o, Z_o, Y_o\right)$，则有$\left(X_o, Z_o\right) \in F_1$以及$\left(Z_o, Y_o\right) \in F_2$。因此，必须存在一个可行解$\Big(\lambda_j', \varphi_j^{1\prime}, b_j^{1\prime}, \forall j \in E_1,$

$\alpha'_j,\varphi_j^{2'},b_j^{2'},\forall j\in E_2,P^{1'},W',u_o^{1'},U',P^{2'},u_o^{2'}\big)$来满足$F_1$和$F_2$中的所有约束，并在第一阶段和第二阶段识别$\mathrm{DMU}_o$（即$X_o=\sum_{j\in E_1}\lambda'_jX_j,Z=\sum_{j\in E_1}\lambda'_jZ_j,Z=\sum_{j\in E_2}\alpha'Z_j$以及$Y=\sum_{j\in E_2}\alpha'Y_j$）。然后，可以让$\Delta X'_o=\mathbf{0}$，$\Delta Y'_o=\mathbf{0}$，$\Delta Z'_o=\mathbf{0}$。因此，解$(\lambda'_j,\varphi_j^{1'},b_j^{1'},\forall j\in E_1,\alpha'_j,\varphi_j^{2'},b_j^{2'},\forall j\in E_2,U',P^{1'},P^{2'},W',u_o^{1'},u_o^{2'},\Delta X'_o,\Delta Z'_o,\Delta Y'_o)$满足模型（5.6）中的所有约束。因此，模型（5.6）总是可行的。

根据F_1的定义［式（5.4）］，当有$(X,Z)\in F_1$时，那么$X=\sum_{j\in E_1}\lambda_jX_j$，$Z=\sum_{j\in E_1}\lambda_jZ_j$以及$\sum_{j\in E_1}\lambda_j=1$。因此，$(X,Z)$是第一阶段中现有的极有效的DMU的凸组合。因此，$F_1$中的生产可能集$(X,Z)$是有界的。同样可以看到，$F_2$中的生产可能集$(Z,Y)$也是有界的。在模型（5.6）中，有$(X_o+\Delta X_o,Z_o+\Delta Z_o)\in F_1$和$(Z_o+\Delta Z_o,Y_o+\Delta Y_o)\in F_2$。因此，当在模型（5.6）的目标函数中最大化$\mathcal{P}\cdot(Y_o+\Delta Y_o)$时，目标函数值也是有界的。

定理5.1证明了模型（5.6）总是可行的，并且在目标函数值上是有界的。同样，可以证实本章之后的模型，即式（5.7）～式（5.10），在各自的目标函数中也表现出可行性和有界性。假设模型（5.6）的最优解为$\big(\lambda_j^*,\varphi_j^{1*},b_j^{1*},\forall j\in E_1,\alpha_j^*,\varphi_j^{2*},b_j^{2*},\forall j\in E_2,U^*,P^{1*},P^{2*},W^*,u_o^{1*},u_o^{2*},\Delta X_o^*,\Delta Z_o^*,\Delta Y_o^*\big)$。

模型（5.6）获得了候选DMU_o通过增加投入和中间产物可以实现的最大综合产出，即OP_o^*。也就是说，DMU_o可以沿着有效前沿从(X_o,Z_o,Y_o)移动到$(X_o+\Delta X_o^*,Z_o+\Delta Z_o^*,Y+\Delta Y_o^*)$，以实现其最大综合产出。如果$\mathrm{DMU}_o$只有一个产出，要求$\mathrm{DMU}_o$产生最大综合产出就相当于要求它达到最大产出水平，即$Y^{\max}$。

定理5.2 在模型（5.6）的最优解中，如果$\Delta Y_o^*\neq 0\in\mathbb{R}^s$，即$\Delta Y_o^*$中至少有一个元素为正，则$\mathrm{DMU}_o$在生产规模扩张中不会面临拥塞。$\Delta X_o^*$必须至少有一个正元素，$\Delta Z_o^*$必须至少有一个正元素。

证明：不难发现，如果$\Delta Y_o^*\neq\mathbf{0}\in\mathbb{R}^s$，则$\mathrm{DMU}_o$未面临拥塞。因为如果有$\Delta Y_o^*\neq\mathbf{0}\in\mathbb{R}^s$并且$\Delta Y_o^*\geqslant\mathbf{0}\in\mathbb{R}^s$，则必须有$\mathrm{OP}_o^*=\mathcal{P}\cdot(Y_o+\Delta Y_o^*)>\mathcal{P}\cdot Y_o$。因此，$\mathrm{DMU}_o$可以通过增加投入和中间产物来增加产出，并且$\mathrm{DMU}_o$没有面临拥塞。结论“$\Delta X_o^*$中必须至少有一个正元素，$\Delta Z_o^*$中必须至少有一个正元素”可以用反证法来证明。已知$(Z_o,Y_o)\in F_2$和$(Z_o+\Delta Z_o^*,Y_o+\Delta Y_o^*)\in F_2$。如果$\Delta Y_o^*$中至少有一个元素为正，而$\Delta Z_o^*$中的所有元素均为零，则$(Z_o+\Delta Z_o^*,Y_o+\Delta Y_o^*)$占优于$(Z_o,Y_o)$，

并且 $\left(Z_o+\Delta Z_o^*,Y_o+\Delta Y_o^*\right)$ 中至少一个产出大于 $\left(Z_o,Y_o\right)$ 中的相应产出。这与 $\left(Z_o,Y_o\right)\in F_2$ 的事实相反，也就是说，$\left(Z_o,Y_o\right)$ 不应被任何其他 DMU 占优。因此，ΔZ_o^* 中至少有一个正元素。同样，可以证明 ΔX_o^* 中至少有一个正元素。

推论 5.1　在模型（5.6）的最优解中，如果 $\Delta Y_o^*=\mathbf{0}\in\mathbb{R}^s$，则 DMU_o 的综合产出不能通过增加投入和中间产物来增加。

推论 5.2　如果 DMU_o 在生产规模扩张中面临拥塞，则 $\Delta Y_o^*=\mathbf{0}\in\mathbb{R}^s$，$\text{OP}_o^*=\mathcal{P}\cdot Y_o$。

定理 5.2 表明，如果 $\Delta Y_o^*\neq\mathbf{0}\in\mathbb{R}^s$，则 DMU_o 在生产规模扩张中不会面临拥塞，可以将其综合产出增加到 OP_o^*。然而，增加 DMU_o 的综合产出需要增加投入和中间产物中的至少一个元素；而推论 5.1 表明，如果 $\Delta Y_o^*=\mathbf{0}\in\mathbb{R}^s$，则 DMU_o 本身产生的产出水平在其任何当前产出都不能减少的限制下已经产生其最大综合产出。显然，对于在生产规模扩张中面临拥塞的候选 DMU_o，$\Delta Y_o^*=\mathbf{0}\in\mathbb{R}^s$，因为增加投入和中间产物会导致至少一个产出减少。

基于上述分析，可以将候选 DMU 分为两组，即可以通过增加投入和中间产物来提高其产出的候选 DMU 组，以及不能通过增加投入和中间产物提高产出的候选 DMU 组，将这两个集合分别表示为 E_A 和 E_B。显然，$E=E_A\cup E_B$。

5.4.2　生产规模扩张分析两步法

基于候选 DMU 的有效前沿集和最大综合产出，本节提出了一种新的方法来对候选 DMU 进行生产规模扩张分析。主要思想包括两个步骤：首先，检查 DMU_o 需要增加的最小投入量和中间产物量，以实现最大综合产出；其次，计算候选 DMU_o 在保持其综合产出最大化的同时可以具有的最大投入和中间产物水平。同时可以根据上述结果分析候选 DMU 是否面临拥塞。具体生产规模扩张分析步骤如下。

步骤 1：模型（5.7）用于确定候选 DMU_o 需要增加的最小投入和中间产物量，以实现最大综合产出 OP_o^*。

$$
\begin{aligned}
\min\quad & \rho_1\cdot\Delta X_o+\rho_2\cdot\Delta Z_o\\
\text{s.t.}\quad & \left(X_o+\Delta X_o,Z_o+\Delta Z_o\right)\in F_1\\
& \left(Z_o+\Delta Z_o,Y_o+\Delta Y_o\right)\in F_2\\
& \mathcal{P}\cdot\left(Y_o+\Delta Y_o\right)=\text{OP}_o^*\\
& \Delta X_o\geqslant\mathbf{0}\in\mathbb{R}^m,\Delta Z_o\geqslant\mathbf{0}\in\mathbb{R}^K,\Delta Y_o\geqslant\mathbf{0}\in\mathbb{R}^s
\end{aligned}
\tag{5.7}
$$

在模型（5.7）中，OP_o^* 是模型（5.6）为 DMU_o 确定的最大综合产出；在目标函数中，ρ_1 与 ρ_2 为 RAM 系数，$\rho_1=\left(\dfrac{1}{\max\limits_{j\in N}x_{1j}-\min\limits_{j\in N}x_{1j}},\cdots,\dfrac{1}{\max\limits_{j\in N}x_{mj}-\min\limits_{j\in N}x_{mj}}\right)$ 和 $\rho_2=\left(\dfrac{1}{\max\limits_{j\in N}z_{1j}-\min\limits_{j\in N}z_{1j}},\cdots,\dfrac{1}{\max\limits_{j\in N}z_{Kj}-\min\limits_{j\in N}z_{Kj}}\right)$。第一组和第二组约束确保候选 DMU_o 只能在有效前沿上移动。约束 $\mathcal{P}\cdot(Y_o+\Delta Y_o)=\mathrm{OP}_o^*$ 表示提高候选 DMU 的产出以实现最大综合产出 OP_o^*。由目标函数可知，模型（5.7）确定了 DMU_o 的最小投入增量和中间产物增量，以实现最大综合产出 OP_o^*。

E_A 中包含可以通过增加投入和中间产物来增加产出的候选 DMU，对于这些 DMU 需要求解模型（5.7）。E_B 中所包含的 DMU 已经具有其相应的最大综合产出，因此，E_B 中的 DMU 投入最小增量及其中间产物增量都是零。将模型（5.7）最优解表示为 $\left(\lambda_j^*,\varphi_j^{1*},b_j^{1*},\forall j\in E_1,\alpha_j^*,\varphi_j^{2*},b_j^{2*},\forall j\in E_2,U^*,P^{1*},P^{2*},W^*,u_o^{1*},u_o^{2*},\Delta X_o^{L*},\Delta Z_o^{L*},\Delta Y_o^{L*}\right)$，设 $X_o^{L*}=X_o+\Delta X_o^{L*}$ 和 $Z_o^{L*}=Z_o+\Delta Z_o^{L*}$。然后，$\left(X_o^{L*},Z_o^{L*}\right)$ 表示 DMU_o 需要增加的最小投入和中间产物增量，以实现其最大综合产出 OP_o^*。对于 E_B 中的候选 DMU_o (X_o,Z_o,Y_o) 来说，$\left(X_o^{L*},Z_o^{L*}\right)=(X_o,Z_o)$。

步骤 2：模型（5.8）用于计算候选 DMU_o 可以增加的最大投入和中间产物水平，同时将综合产出保持在最大水平，即 OP_o^*。

$$
\begin{aligned}
\max\quad & \rho_1\cdot\Delta X_o+\rho_2\cdot\Delta Z_o\\
\text{s.t.}\quad & \left(X_o^{L*}+\Delta X_o,Z_o^{L*}+\Delta Z_o\right)\in F_1\\
& \left(Z_o^{L*}+\Delta Z_o,Y_o+\Delta Y_o\right)\in F_2\\
& \mathcal{P}\cdot\left(Y_o+\Delta Y_o\right)=\mathrm{OP}_o^*\\
& \Delta X_o\geqslant \mathbf{0}\in\mathbb{R}^m,\Delta Z_o\geqslant \mathbf{0}\in\mathbb{R}^K,\Delta Y_o\geqslant \mathbf{0}\in\mathbb{R}^s
\end{aligned}
\tag{5.8}
$$

在模型（5.8）中，对于候选 DMU_o，从 $\left(X_o^{L*},Z_o^{L*}\right)$ 开始增加投入和中间产物，模型（5.7）将其确定为实现最大综合产出的最小投入和中间产物水平，然后，模型（5.8）将投入和中间产物的加权增量之和最大化，以确定在将综合产出保持在最大水平（即 OP_o^*）的同时，可以增加多少投入和中间产物。模型（5.8）需要求解所有候选 DMU，即 E_A 和 E_B 中的候选 DMU。E_B 中的候选 DMU 也可能增加其投入和中间产物，同时将其综合产出保持在最大水平。

将模型（5.8）的最优解表示为$\left(\lambda_j^*,\varphi_j^{1*},b_j^{1*},\forall j\in E_1,\alpha_j^*,\varphi_j^{2*},b_j^{2*},\forall j\in E_2,U^*,P^{1*},P^{2*},W^*,u_o^{1*},u_o^{2*},\Delta X_o^{U*},\Delta Z_o^{U*},\Delta Y_o^{U*}\right)$。根据此最优解，假设$X_o^{U*}=X_o^{L*}+\Delta X_o^{U*}$以及$Z_o^{U*}=Z_o^{L*}+\Delta Z_o^{U*}$，则$\left(X_o^{U*},Z_o^{U*}\right)$表示$\mathrm{DMU}_o$在将其综合产出保持在$\mathrm{OP}_o^*$的同时可以达到的最大投入和中间产物水平。

5.4.3　情景讨论

根据上述步骤计算的结果，可以按照以下情景对候选 DMU 的生产规模扩张进行分析。

情景 A*（最终产出增加情景）：对于候选$\mathrm{DMU}_o\left(X_o,Z_o,Y_o\right)$，若它的投入和中间产物从$\left(X_o,Z_o\right)$增加到$\left(X_o^{L*},Z_o^{L*}\right)$，其产出有潜力从$\mathcal{P}\cdot Y_o$增加到最大综合产出水平$\mathrm{OP}_o^*$。

情景 B*（最终产出维持情景）：对于候选$\mathrm{DMU}_o\left(X_o,Z_o,Y_o\right)$，若它的投入和中间产物从$\left(X_o^{L*},Z_o^{L*}\right)$增加到$\left(X_o^{U*},Z_o^{U*}\right)$，其最终产出维持在其最大综合产出水平$\mathrm{OP}_o^*$。

事实上，情景 A*和情景 B*显示了候选 DMU 在进行生产规模扩张时将经历的不同阶段。在情景 A*中，候选 DMU 可以通过增加投入和中间产物来增加其产出。在情景 B*中，扩大生产规模不会为候选 DMU 产生更多产出。以下定理 5.3 将表明，如果候选 DMU 在情景 B*之后进一步扩大生产规模，它将面临拥塞。对于E_A中的候选DMU_o，X_o^{L*}中至少有一个元素大于X_o中的对应元素，Z_o^{L*}中至少一个元素也大于Z_o中的相应元素（具体参照定理 5.2 证明）。

定理 5.3　当且仅当$X_o=X_o^{L*}=X_o^{U*}$，$Z_o=Z_o^{L*}=Z_o^{U*}$以及$\mathcal{P}\cdot Y_o=\mathrm{OP}_o^*$时，$\mathrm{DMU}_o$在生产规模扩张中面临拥塞。

证明：首先，证明如果DMU_o面临拥塞，则$X_o=X_o^{L*}=X_o^{U*}$，$Z_o=Z_o^{L*}=Z_o^{U*}$以及$\mathcal{P}\cdot Y_o=\mathrm{OP}_o^*$。可以用反证法来证明这一点。如果$X_o=X_o^{L*}$、$Z_o=Z_o^{L*}$、$\mathcal{P}\cdot Y_o=\mathrm{OP}_o^*$为假，在模型（5.7）的最优解$\left(\lambda_j^*,\varphi_j^{1*},b_j^{1*},\forall j\in E_1,\alpha_j^*,\varphi_j^{2*},b_j^{2*},\forall j\in E_2,U^*,P^{1*},P^{2*},W^*,\Delta X_o^{L*},\Delta Z_o^{L*},\Delta Y_o^{L*}\right)$中，$\Delta X_o^{L*},\Delta Z_o^{L*},\Delta Y_o^{L*}$中至少一个元素为正。如定理 5.2 所证，如果$\Delta Y_o^{L*}$至少有一个正元素，则$\Delta X_o^{L*}$和$\Delta Z_o^{L*}$也至少包含一个正元素。因此，在$\Delta X_o^{L*}$和$\Delta Z_o^{L*}$中必须至少存在一个正元素。由于$\left(X_o+\Delta X_o^{L*},Z_o+\Delta Z_o^{L*}\right)\in F_1$与$\left(Z_o+\Delta Z_o^{L*},Y_o+\Delta Y_o^{L*}\right)\in F_2$。因此，$\Delta X_o^{L*}\geqslant\mathbf{0}\in\mathbb{R}^m$，$\Delta Z_o^{L*}\geqslant\mathbf{0}\in$

$\mathbb{R}^K$，$\Delta Y_o^{L*} \geqslant \mathbf{0} \in \mathbb{R}^s$，并且$\Delta X_o^{L*}$或$\Delta Z_o^{L*}$中至少一个元素为正，才能使该前提条件成立，而该假设与DMU_o面临拥塞的说法相矛盾。因此，必须有$X_o = X_o^{L*}$、$Z_o = Z_o^{L*}$以及$\mathcal{P} \cdot Y_o = \text{OP}_o^*$。同样可以证明，必须有$X_o = X_o^U$和$Z_o = Z_o^U$。如果$\text{DMU}_o$面临拥塞，则$X_o = X_o^{L*} = X_o^{U*}$、$Z_o = Z_o^{L*} = Z_o^{U*}$以及$\mathcal{P} \cdot Y_o = \text{OP}_o^*$。其次，如果$X_o = X_o^{L*} = X_o^{U*}$、$Z_o = Z_o^{L*} = Z_o^{U*}$以及$\mathcal{P} \cdot Y_o = \text{OP}_o^*$，则$\text{DMU}_o$面临拥塞。这一结论也可使用反证法得出，此处省略其证明。

定理5.3提供了识别生产规模扩张中面临拥塞的候选DMU的充分必要条件。通过观察模型（5.7）和模型（5.8）的计算结果，可以很容易地获得面临拥塞的DMU集合。从定理5.3的证明中不难发现，如果候选DMU_o在分别处于X_o^{U*}和Z_o^{U*}的水平时坚持进一步扩大其生产规模，则必然会导致拥塞。也就是说，候选DMU的至少一个产出将会减少。

基于上述分析，则有相关建议：①对于E_A中的DMU，建议通过增加投入和中间产物来扩大其生产规模，这可能会导致其产出增加；②对于E_A中的DMU，建议决策者不要扩大生产规模，因为这样做不会增加产出，有时甚至会导致拥塞（即产出减少）。

5.4.4　投入资源限制下的生产规模扩张目标设定

在管理实践中，DMU增加投入资源的能力通常有限，可能会导致最大综合产出OP_o^*是一个不可行的目标。因此，本节研究了如何在考虑候选DMU有限的投入增量能力的情况下，为情景A*中的候选DMU设定生产规模扩张目标的问题。

假设DMU_o对其投入资源存在限制，最多只能增加ΔX^M的投入（即$\Delta X \leqslant \Delta X^M$）。在这种约束下，可以使用模型（5.9）来确定$\text{DMU}_o$的最大综合产出。

$$
\begin{aligned}
\max\quad & \mathcal{P} \cdot \left(Y_o + \Delta Y_o\right) \\
\text{s.t.}\quad & \left(X_o + \Delta X_o, Z_o + \Delta Z_o\right) \in F_1 \\
& \left(Z_o + \Delta Z_o, Y_o + \Delta Y_o\right) \in F_2 \\
& \Delta X_o \leqslant \Delta X_o^M \\
& \Delta X_o \geqslant \mathbf{0} \in \mathbb{R}^m, \Delta Z_o \geqslant \mathbf{0} \in \mathbb{R}^K, \Delta Y_o \geqslant \mathbf{0} \in \mathbb{R}^s
\end{aligned}
\tag{5.9}
$$

模型（5.9）确定了DMU_o在投入资源约束下可以获得的最大综合产出。假设模型（5.9）的最优解为$\left(\lambda_j^*, \varphi_j^{1*}, b_j^{1*}, \forall j \in E_1, \alpha_j^*, \varphi_j^{2*}, b_j^{2*}, \forall j \in E_2, U^*, P^{1*}, P^{2*}, W^*, u_o^{1*}, u_o^{2*}, \Delta X_o^*, \Delta Z_o^*, \Delta Y_o^*\right)$。然后，在投入资源限制下，$\text{DMU}_o$的最大综合产出可以计算

为 $\mathrm{OP}_o^T=\mathcal{P}\cdot\left(Y_o+\Delta Y_o^*\right)$。

给定综合产出目标 OP_o^T，在投入资源的约束下，通过查看需要消耗的最小投入和中间产物来计算最终的生产规模扩张目标。

$$
\begin{aligned}
\min\quad & \rho_1\cdot\Delta X_o+\rho_2\cdot\Delta Z_o \\
\text{s.t.}\quad & \left(X_o+\Delta X_o,Z_o+\Delta Z_o\right)\in F_1 \\
& \left(Z_o+\Delta Z_o,Y_o+\Delta Y_o\right)\in F_2 \\
& \Delta X_o\leqslant \Delta X_o^M \\
& \mathcal{P}\cdot\left(Y_o+\Delta Y_o\right)=\mathrm{OP}_o^T \\
& \Delta X_o\geqslant \mathbf{0}\in\mathbb{R}^m,\Delta Z_o\geqslant \mathbf{0}\in\mathbb{R}^K,\Delta Y_o\geqslant \mathbf{0}\in\mathbb{R}^s
\end{aligned}
\tag{5.10}
$$

其中，OP_o^T 表示给定投入限制下 DMU_o 的最大综合产出。该模型检查了 DMU_o 需要增加的最小投入和中间产物，以达到最大综合产出 OP_o^T。将模型（5.10）的最优解表示为 $\left(\lambda_j^*,\varphi_j^{1*},b_j^{1*},\forall j\in E_1,\alpha_j^*,\varphi_j^{2*},b_j^{2*},\forall j\in E_2,U^*,P^{1*},P^{2*},W^*,u_o^{1*},u_o^{2*},\Delta X_o^{T*},\Delta Z_o^{T*},\Delta Y_o^{T*}\right)$。然后，$\mathrm{DMU}_o$ 的生产规模扩张目标为 $\left(\Delta X_o^{T*},\Delta Z_o^{T*},\Delta Y_o^{T*}\right)$，这表明 DMU_o 可以将其投入由 X_o 增加到 $X_o+\Delta X_o^{T*}$（在投入限制内），然后其中间产物可以扩展至 $Z_o+\Delta Z_o^{T*}$，因此可以将其产出增加到 $Y_o+\Delta Y_o^{T*}$（在投入约束下获得最大综合产出 OP^T）。很明显，如果有一个候选 DMU_o 的 $\Delta X^M\geqslant X_o^{L*}-X_o$，那么必须有 $\left(\Delta X_o^{T*},\Delta Z_o^{T*},\Delta Y_o^{T*}\right)=\left(\Delta X_o^{L*},\Delta Z_o^{L*},\Delta Y_o^{L*}\right)$ 和 $\mathrm{OP}_o^T=\mathrm{OP}^*$。也就是说，$\mathrm{DMU}_o$ 有足够的能力来增加其投入，以达到最大综合产出。否则，必须有 $\mathrm{OP}_o^T<\mathrm{OP}^*$。另外，决策者根据生产实践设置每个候选 DMU 的投入增量约束。因此，模型（5.10）获得的生产规模扩张目标对 DMU 来说是可实现的，这为生产改进提供了直接指导。

总之，5.4.2 节的两步法有助于确定 DMU 是否可以通过扩大生产规模来提高产量。此外，计算结果显示了每个候选 DMU 通过增加投入和中间产物来增加产出的最大潜力。然而，在为 DMU 设定生产规模扩张目标时，还必须考虑其在增加投入方面的实际能力，此时应该使用模型（5.9）和模型（5.10）。

5.5 方法应用

先用一个简单的例子来说明如何使用本章方法对 DMU 进行生产规模扩展分析。该例考虑了 9 个 DMU（即 D_1～D_9），每个 DMU 都有一个投入、一个中间产物和一个产出。表 5.1 列出了本例的原始数据。

表 5.1　数值示例的原始数据

类型	D_1	D_2	D_3	D_4	D_5	D_6	D_7	D_8	D_9
投入（X）	1	2	3	4	5	6	7	8	6
中间产物（Z）	1	3	4	5	4	6	6.3	6.4	3
产出（Y）	3	9	10	10	5	9	7	5	3

本章使用模型（5.3）将候选 DMU 识别为 D_1、D_2、D_3、D_4、D_6、D_7和 D_8。然后，使用两步法对这些候选 DMU 进行生产规模扩展分析，结果列于表 5.2 中。注意，对于候选 DMU 中的 D_1、D_2、D_3和 D_4，模型（5.8）的最大目标函数值 OP_j^* 等于 10/7。

表 5.2　生产规模扩张分析结果

候选 DMU	模型（5.9）			模型（5.10）		
	X^{L*}	Z^{L*}	$Y^{\max}$	X^{U*}	Z^{U*}	$Y^{\max}$
D_1	3	4	10	4	5	10
D_2	3	4	10	4	5	10
D_3	3	4	10	4	5	10
D_4	4	5	10	4	5	10
D_6	6	6	9	6	6	9
D_7	7	6.3	7	7	6.3	7
D_8	8	6.4	5	8	6.4	5

以 D_1 为例来说明两阶段网络系统的生产规模扩张过程，图 5.2 清楚地显示了本章方法如何对 D_1 进行生产规模扩张分析。在情景 A*中，当其投入和中间产物从(1, 1)增加到(3, 4)时，其产出可以从 3 增加到最大水平 $Y_1^{\max}=10$。在这种情况下，D_1 经历了产出增加的情况，这意味着决策者可以适当地增加投入和中间产物，以获得更大的产出。在情景 B*中，当投入和中间产物从(3, 4)增加到(4, 5)时，D_1 的最终产出保持在最大水平，即 10。同样也可以对 D_2 和 D_3 进行生产规模扩张分析。D_2 历经了情景 A*和情景 B*，D_3 历经了情景 B*。根据定理 5.3，如果继续扩大生产规模，所有其他 DMU（即 D_4、D_6、D_7 和 D_8）都会出现拥塞。

从上述生产规模扩张分析中可以看出，只有 D_1 和 D_2 可以通过扩大生产规模来提高产量。假设 DMU 只能将投入增加 10%。然后可以使用模型（5.10）来获得 D_1 和 D_2 的生产规模扩张目标。结果列于表 5.3 中，以 D_1 为例来解释。从生产规模扩张分析中可以看出，如果 D_1 能够将投入从 1 增加到 3，它就有可能将产出

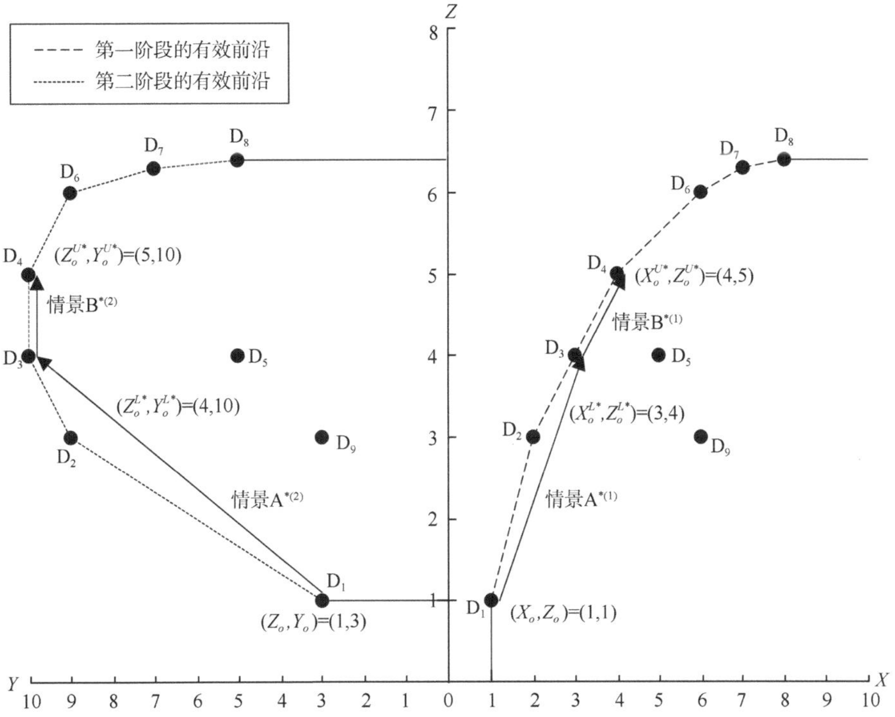

图 5.2　D_1 生产规模扩张分析

表 5.3　生产规模扩张目标

候选 DMU	原始数据			模型（5.10）		
	X_o	Z_o	Y_o	X^T	Z^T	Y^T
D_1	1	1	3	1.1	1.2	3.6
D_2	2	3	9	2.2	3.2	9.2

从 3 增加到 10，因此中间产物从 1 增加至 3。当考虑 D_1 的投入增量能力时，生产规模扩张目标表明，D_1 应将其投入增加到 1.1，因此其中间产物可以增加到 1.2，从而其产量可以增加到 3.6。因此，考虑 DMU 的投入增量能力将为 DMU 设定更容易实现的生产目标。

将 Khoveyni 等（2019）的计算结果列于表 5.4 中进行比较。Khoveyni 等（2019）的方法的第 I 阶段检查了 DMU 可以增加的最大投入和中间产物，以实现最大产出。在第 II 阶段，其检查了维持候选 DMU 最大产出所需的最小投入和中间产物。可以看出，Khoveyni 等（2019）的方法和本章方法产生了不同的生产规模扩张分析结果，特别是对于情景 B*。以 D_1 为例，在情景 A*中，两种方法都建议将投入和中间产物从(1, 1)增加到(3, 4)，因此其产出可以从 3 增加到最大水平 $Y_1^{\max}=10$。

然而，在情景 B*中，本章方法表明，当投入和中间产物从(3, 4)增加到(4, 5)时，D_1 的最终产出保持在最大水平，即 10，而 Khoveyni 等（2019）的方法建议将投入和中间产物从(3, 4)增加到(7.18, 5)。因为(4, 5)在强有效前沿上，所以很明显(7.18, 5)不在第 I 阶段的强有效前沿上。因此，Khoveyni 等（2019）的方法不能总是保证 DMU 在生产规模扩张分析时始终处于有效前沿，而本章方法总是保证这一点。

表 5.4　Khoveyni 等（2019）方法的第 Ⅰ、Ⅱ 阶段结果

候选 DMU	阶段 I					阶段 II			
	s_j^{-*}	q_j^*	s_j^{+*}	$\overline{x}_j$	$\overline{z}_j$	η_j^*	δ_j^*	$\overline{\overline{x}}_j$	$\overline{\overline{z}}_j$
D_1	6.18	4	7	7.18	5	4.18	1	3	4
D_2	5.18	2	1	7.18	5	4.18	1	3	4
D_3	4.18	1	0	7.18	5	未使用			
D_4	3.18	0	0	7.18	5	3.18	0	4	5
D_6	不可行					未使用			
D_7	不可行					未使用			
D_8	不可行					未使用			

注：s_j^{-*} 为阶段 I 投入松弛变量，s_j^{+*} 为阶段 I 产出松弛变量，q_j^* 为中间产出松弛变量，$\overline{x}_j$ 为达到产出最大水平时投入的最大值，$\overline{z}_j$ 为达到产出最大水平时中间产物的最大值；η_j^* 为阶段 II 投入松弛变量，δ_j^* 为阶段 II 中间产物松弛变量，$\overline{\overline{x}}_j$ 为维持产出最大水平时投入的最小值，$\overline{\overline{z}}_j$ 为维持产出最大水平时中间产物的最小值

随后将本章方法应用于中国农业的案例研究。每个地区的农业产业都是一个由生产阶段和销售阶段组成的两阶段过程。在生产阶段，利用总播种面积（x_{1j}，单位：1000 公顷[①]）、化肥总消耗量（x_{2j}，单位：万吨）和农业机械功率（x_{3j}，单位：万千瓦）来生产中间产物，即粮食总产量（z_{1j}，单位：万吨，）、油料作物总产量（z_{2j}，单位：万吨）、蔬菜总产量（z_{3j}，单位：万吨）。在销售阶段，采用中间产物来产生农业总产值（y_{1j}，单位：亿元）。对国家统计局收集的 2020 年我国 28 个地区（由于缺乏数据，黑龙江、山东、河南、港澳台地区被排除在外）的数据进行了调查。该案例的原始数据列于表 5.5 中。请注意，当生产阶段投入（即总播种面积、化肥总消耗量和农业机械功率）和中间产物（粮食总产量、油料作物总产量）的增加总是导致第二阶段（即销售阶段）农业总产量减少时，农业产业在生产规模扩张中会出现拥塞。

① 1 公顷=10 000 米 ^{2}。

表 5.5　农业产业原始数据

地区	x_{1j}	x_{2j}	x_{3j}	z_{1j}	z_{2j}	z_{3j}	y_{1j}
北京（DMU_1）	98.18	6.06	120.20	30.53	0.33	137.90	107.57
天津（DMU_2）	419.17	15.29	365.10	228.18	0.31	266.50	228.76
河北（DMU_3）	8 089.44	285.71	7 965.70	3 795.89	119.52	5 198.20	3 413.34
山西（DMU_4）	3 541.51	107.41	1 595.30	1 424.27	14.31	861.20	1 075.94
内蒙古（DMU_5）	8 882.81	207.69	4 056.60	3 664.10	217.25	1 075.10	1 699.01
辽宁（DMU_6）	4 287.78	137.57	2 471.30	2 338.83	99.66	1 960.00	2 056.82
吉林（DMU_7）	6 150.99	225.29	3 896.90	3 803.17	81.41	464.90	1 231.84
上海（DMU_8）	255.16	6.89	6 775.10	91.44	0.72	252.90	138.00
江苏（DMU_9）	7 478.40	280.75	102.10	3 729.06	93.01	5 728.10	4 102.16
浙江（DMU_{10}）	2 014.50	69.61	5 213.80	605.70	32.09	1 945.50	1 593.96
安徽（DMU_{11}）	8 817.99	289.90	1 813.20	4 019.22	162.47	2 330.90	2 525.42
福建（DMU_{12}）	1 631.27	100.81	6 799.50	502.32	22.73	1 630.20	1 818.18
江西（DMU_{13}）	5 644.37	108.81	1 260.20	2 163.88	122.70	1 642.70	1 689.88
湖北（DMU_{14}）	7 974.39	267.32	2 591.00	2 727.43	344.45	4 119.40	3 492.54
湖南（DMU_{15}）	8 400.13	223.73	10 964.70	3 015.12	260.67	4 110.10	3 364.77
广东（DMU_{16}）	4 451.81	219.80	10 463.70	1 267.56	113.52	3 706.80	3 769.26
广西（DMU_{17}）	6 107.32	247.85	4 626.10	1 370.02	73.88	3 830.80	3 268.80
海南（DMU_{18}）	676.86	42.61	6 589.00	145.47	7.69	572.80	874.81
重庆（DMU_{19}）	3 372.54	89.83	2 495.40	1 081.42	67.07	2 092.60	1 596.13
四川（DMU_{20}）	9 849.89	210.82	3 901.40	3 527.43	392.91	4 813.40	4 701.88
贵州（DMU_{21}）	5 475.35	78.78	615.60	1 057.63	103.40	2 990.90	2 781.80
云南（DMU_{22}）	6 989.67	196.65	1 498.00	1 895.86	63.09	2 507.90	2 902.24
西藏（DMU_{23}）	272.08	4.40	4 754.00	102.87	5.08	84.30	103.99
陕西（DMU_{24}）	4 160.85	201.91	2 582.40	1 274.83	59.11	1 957.70	2 807.07
甘肃（DMU_{25}）	3 931.82	80.36	2 786.70	1 202.21	61.45	1 478.50	1 423.85
青海（DMU_{26}）	571.42	5.45	576.80	107.42	30.21	151.40	188.60
宁夏（DMU_{27}）	1 174.23	38.06	2 388.00	380.49	6.65	566.40	397.91
新疆（DMU_{28}）	6 280.01	248.23	2 289.50	1 583.40	54.85	1 714.90	2 936.33

模型（5.3）中找到了 16 个候选 DMU，分别是 DMU_1、DMU_2、DMU_3、DMU_5、DMU_7、DMU_8、DMU_9、DMU_{10}、DMU_{11}、DMU_{12}、DMU_{14}、DMU_{16}、DMU_{20}、

DMU_{21}、DMU_{23}和DMU_{26}，这意味着只有16个地区是有效的。对于DMU_3、DMU_9、DMU_{11}、DMU_{14}、DMU_{16}和DMU_{20}，模型（5.6）产生的最大产出是它们的当前产出水平，因为它们的产出不能通过增加投入和中间产物来增加。对于其他候选DMU，模型（5.6）生成的最大产出列于表5.6的最后一列。表5.6和表5.7显示了生产规模扩张分析的计算结果。根据国家统计局的数据，2018年至2020年，中国农业产业投资的平均增长率约为5.3%。因此，在为这些地区设定生产规模扩张目标时，可以假设这些地区有最大的能力将投入增加5.3%。然后，使用模型（5.9）和模型（5.10）来设定候选DMU的生产规模扩张目标，结果如表5.8所示。

表5.6　模型（5.7）计算结果

候选DMU	x_{1j}^{L*}	x_{2j}^{L*}	x_{3j}^{L*}	z_{1j}^{L*}	z_{2j}^{L*}	z_{3j}^{L*}	$y_{1j}^{\max}$
DMU_1	9 849.89	210.82	3 901.40	3 527.43	392.91	4 813.40	4 701.88
DMU_2	9 849.89	210.82	3 901.40	3 527.43	392.91	4 813.40	4 701.88
DMU_3	8 089.44	285.71	7 965.70	3 795.89	119.52	5 198.20	3 413.34
DMU_5	8 882.81	248.07	4 056.60	3 664.10	251.77	4 937.19	4 128.74
DMU_7	7 956.53	284.37	3 896.90	3 803.17	115.48	4 973.95	3 553.05
DMU_8	7 486.01	214.75	6 775.10	2 537.81	270.56	4 328.81	4 293.48
DMU_9	7 478.40	280.75	102.10	3 729.06	93.01	5 728.10	4 102.16
DMU_{10}	8 770.32	212.62	5 213.80	3 075.48	337.03	4 592.09	4 515.36
DMU_{11}	8 817.99	289.90	1 813.20	4 019.22	162.47	2 330.90	2 525.42
DMU_{12}	7 465.94	214.79	6 799.50	2 529.41	269.52	4 324.69	4 290.01
DMU_{14}	7 974.39	267.32	2 591.00	2 727.43	344.45	4 119.40	3 492.54
DMU_{16}	4 451.81	219.80	10 463.70	1 267.56	113.52	3 706.80	3 769.26
DMU_{20}	9 849.89	210.82	3 901.40	3 527.43	392.91	4 813.40	4 701.88
DMU_{21}	9 849.89	210.82	3 901.40	3 527.43	392.91	4 813.40	4 701.88
DMU_{23}	9 148.55	211.99	4 754.00	3 233.82	356.61	4 669.63	4 580.71
DMU_{26}	9 849.89	210.82	3 901.40	3 527.43	392.91	4 813.40	4 701.88

表5.7　模型（5.8）计算结果

候选DMU	x_{1j}^{U*}	x_{2j}^{U*}	x_{3j}^{U*}	z_{1j}^{U*}	z_{2j}^{U*}	z_{3j}^{U*}	$y_{1j}^{\max}$
DMU_1	9 849.89	210.82	3 901.40	3 527.43	392.91	4 813.40	4 701.88
DMU_2	9 849.89	210.82	3 901.40	3 527.43	392.91	4 813.40	4 701.88
DMU_3	8 089.44	285.71	7 965.70	3 795.89	119.52	5 198.20	3 413.34
DMU_5	8 882.81	248.07	4 056.60	3 664.10	251.77	4 937.19	4 128.74
DMU_7	7 956.53	284.37	3 896.90	3 803.17	115.48	4 973.95	3 553.05

续表

候选 DMU	x_{1j}^{U*}	x_{2j}^{U*}	x_{3j}^{U*}	z_{1j}^{U*}	z_{2j}^{U*}	z_{3j}^{U*}	$y_{1j}^{\max}$
DMU_8	7 486.01	214.75	6 775.10	2 537.81	270.56	4 328.81	4 293.48
DMU_9	7 478.40	280.75	102.10	3 729.06	93.01	5 728.10	4 102.16
DMU_{10}	8 770.32	212.62	5 213.80	3 075.48	337.03	4 592.09	4 515.36
DMU_{11}	8 817.99	289.90	1 813.20	4 019.22	162.47	2 330.90	2 525.42
DMU_{12}	7 465.94	214.79	6 799.50	2 529.41	269.52	4 324.69	4 290.01
DMU_{14}	7 974.39	267.32	2 591.00	2 727.43	344.45	4 119.40	3 492.54
DMU_{16}	4 451.81	219.80	10 463.70	1 267.56	113.52	3 706.80	3 769.26
DMU_{20}	9 849.89	210.82	3 901.40	3 527.43	392.91	4 813.40	4 701.88
DMU_{21}	9 849.89	210.82	3 901.40	3 527.43	392.91	4 813.40	4 701.88
DMU_{23}	9 148.55	211.99	4 754.00	3 233.82	356.61	4 669.63	4 580.71
DMU_{26}	9 849.89	210.82	3 901.40	3 527.43	392.91	4 813.40	4 701.88

表 5.8　生产规模扩张目标设定结果

候选 DMU	x_{1j}^{T}	x_{2j}^{T}	x_{3j}^{T}	z_{1j}^{T}	z_{2j}^{T}	z_{3j}^{T}	y_{1j}^{T}	产出增量/%
DMU_1	103.38	6.24	126.57	32.44	0.45	141.85	115.46	7.33
DMU_2	441.39	16.10	384.45	228.18	4.58	277.49	347.77	52.02
DMU_{10}	2121.27	71.00	5213.80	664.53	37.76	1945.50	2159.95	35.51
DMU_{12}	1717.73	103.75	6799.50	534.80	25.51	1683.87	1881.88	3.50
DMU_{21}	5514.12	82.96	615.60	1113.74	103.40	3044.95	3135.74	12.72
DMU_{23}	277.51	4.63	4850.43	102.87	5.08	98.43	124.99	20.19
DMU_{26}	586.16	5.74	604.96	111.06	30.21	161.74	202.65	7.45

从生产规模扩张分析的计算结果可以看出，16 个候选 DMU 中有 10 个有潜力通过生产规模扩张来增加产出。它们是 DMU_1、DMU_2、DMU_5、DMU_7、DMU_8、DMU_{10}、DMU_{12}、DMU_{21}、DMU_{23} 和 DMU_{26}，所有其他候选 DMU（即 DMU_3、DMU_9、DMU_{11}、DMU_{14}、DMU_{16} 和 DMU_{20}）都不能通过增加对农业的投入来提高产出。以 DMU_5 为例，如果其投入分别从 8882.81、207.69 和 4056.60 增加到 8882.81、248.07 和 4056.60，则其中间产物分别从 3664.10、217.25 和 1075.10 增加到 3664.10、251.77 和 4937.19，这可能导致其产出从 1699.01 增加到最大水平 4128.74（DMU_5 的情景 A*）。DMU_5 不经历情景 B*，因为不存在投入和中间产物的增加将产出水平保持在最大值的情况，即 $\left(X_5^{L*}, Z_5^{L*}\right) = \left(X_5^{U*}, Z_5^{U*}\right)$。同样，可以对其他有可能通过增加投入来增加产出的候选 DMU 进行生产规模扩张分析。根

据定理 5.3，DMU_3、DMU_9、DMU_{11}、DMU_{14}、DMU_{16} 和 DMU_{20}（即河北、江苏、安徽、湖北、广东和四川地区）在生产规模扩张方面面临拥塞。

生产规模扩张分析的第一步显示了一个地区通过增加投入可以达到的最大农业总产出。然而，DMU 通常无法实现最大总产出。例如，对于 DMU_1（北京），结果表明，如果它能将投入从(98.18, 6.06, 120.20)增加到(9849.89, 210.82, 3901.40)，它的农业总产量可以从 107.57 增加到 4701.88，但这样的生产扩张目标不适用于北京。因此，在设定生产规模扩张目标时，必须考虑 DMU 的实际投入增加能力。考虑了 DMU 在增加投入方面的有限能力后，可实现的生产规模扩张目标如表 5.8 所示。结果表明，北京应将投入从(98.18, 6.06, 120.20)增加到(103.38, 6.24, 126.57)，因此中间产物从(30.53, 0.33, 137.90)增加到(32.44, 0.45, 141.85)，其农业总产值可以从 107.57 增加到 115.46。因此，生产规模扩张目标变得合适，可以指导该地区的未来发展。此外，可以发现 DMU_2（天津）通过扩大生产规模来提高其农业总产量具有巨大的潜力。如果能够将投入增加小部分（不超过 6%），其农业总产量可以增加 52.02%。此外，尽管 DMU_5、DMU_7 和 DMU_8（即内蒙古、吉林和上海）可以通过扩大生产规模来提高农业总产量，但本章方法表明，不建议采取这一做法，因为它们增加投入的能力有限，无法找到合适的可实现目标，因此，这些地区应保持目前的生产规模。

本章将 Khoveyni 等（2019）的计算结果列于表 5.9 和表 5.10 中进行比较。这两种方法都为候选 DMU_1、DMU_2、DMU_3、DMU_9、DMU_{11}、DMU_{14}、DMU_{16}、DMU_{20}、DMU_{21} 和 DMU_{26} 产生了一致的生产规模扩张结果。然而，候选 DMU_5、DMU_7、DMU_8、DMU_{10}、DMU_{12} 和 DMU_{23} 的结果出现了差异，判断这些 DMU 无法通过增加投入和中间产物达到最大产出水平（即 4701.88），我们认为其模型不可行。因此，其结果无法对这些 DMU 进行生产规模扩张分析。相反，本章方法确定了这些 DMU（即 DMU_5、DMU_7、DMU_8、DMU_{10}、DMU_{12} 和 DMU_{23}）通过增加投入和中间产物来扩大产出的潜力。例如，本章方法表明，DMU_{10} 可以将其投入和中间产物分别从(2014.50, 69.61, 5213.80)和(605.70, 32.09, 1945.50)增加到(8770.32, 212.62, 5213.80)和(3075.48, 337.03, 4592.09)。因此，产出可以从 1593.96 增加到 4515.36。类似的情况也适用于 DMU_5、DMU_7、DMU_8、DMU_{12} 和 DMU_{23}。Khoveyni 等（2019）的方法遇到了这个问题，因为其使用最大产出（即 $Y^{\max}$）作为 DMU 的期望产出目标。然而，通过增加投入和中间产物，DMU 可能无法实现这一目标，使其模型不可行。相比之下，本章方法通过将最大综合产出作为期望产出目标来解决这个问题。

表 5.9　Khoveyni 等（2019）方法的第Ⅰ阶段结果

候选 DMU	s_{1j}^{-*}	s_{2j}^{-*}	s_{3j}^{-*}	q_{1j}^{*}	q_{2j}^{*}	q_{3j}^{*}	s_{1j}^{+*}	$\overline{x}_{1j}$	$\overline{x}_{2j}$	$\overline{x}_{3j}$	$\overline{z}_{1j}$	$\overline{z}_{2j}$	$\overline{z}_{3j}$
DMU_1	9751.71	204.76	3781.20	3496.90	392.58	4675.50	4594.31	9849.89	210.82	3901.40	3527.43	392.91	4813.40
DMU_2	9430.72	195.53	3536.30	3299.25	392.60	4546.90	4473.12	9849.89	210.82	3901.40	3527.43	392.91	4813.40
DMU_3	不可行												
DMU_5	不可行												
DMU_7	不可行												
DMU_8	不可行												
DMU_9	不可行												
DMU_{10}	不可行												
DMU_{11}	不可行												
DMU_{12}	不可行												
DMU_{14}	不可行												
DMU_{16}	不可行												
DMU_{20}	0	0	0	0	0	0	0	9849.89	210.82	3901.40	3527.43	392.91	4813.40
DMU_{21}	4374.54	132.04	3285.80	2469.80	289.51	1822.50	1920.08	9849.89	210.82	3901.40	3527.43	392.91	4813.40
DMU_{23}	不可行												
DMU_{26}	9278.47	205.37	3324.60	3420.01	362.70	4662.00	4513.28	9849.89	210.82	3901.40	3527.43	392.91	4813.40

表 5.10　Khoveyni 等（2019）方法的第Ⅱ阶段结果

候选 DMU	η_{1j}^{-*}	η_{2j}^{-*}	η_{3j}^{-*}	δ_{1j}^{*}	δ_{2j}^{*}	δ_{3j}^{*}	$\overline{\overline{x}}_{1j}$	$\overline{\overline{x}}_{2j}$	$\overline{\overline{x}}_{3j}$	$\overline{\overline{z}}_{1j}$	$\overline{\overline{z}}_{2j}$	$\overline{\overline{z}}_{3j}$
DMU_1	0	0	0	0	0	0	9849.89	210.82	3901.40	3527.43	392.91	4813.40
DMU_2	0	0	0	0	0	0	9849.89	210.82	3901.40	3527.43	392.91	4813.40
DMU_3	未使用											
DMU_5	未使用											
DMU_7	未使用											
DMU_8	未使用											
DMU_9	未使用											
DMU_{10}	未使用											
DMU_{11}	未使用											
DMU_{12}	未使用											
DMU_{14}	未使用											
DMU_{16}	未使用											

续表

候选 DMU	η_{1j}^{-*}	η_{2j}^{-*}	η_{3j}^{-*}	δ_{1j}^{*}	δ_{2j}^{*}	δ_{3j}^{*}	$\bar{\bar{x}}_{1j}$	$\bar{\bar{x}}_{2j}$	$\bar{\bar{x}}_{3j}$	$\bar{\bar{z}}_{1j}$	$\bar{\bar{z}}_{2j}$	$\bar{\bar{z}}_{3j}$
DMU_{20}	0	0	0	0	0	0	9849.89	210.82	3901.40	3527.43	392.91	4813.40
DMU_{21}	0	0	0	0	0	0	9849.89	210.82	3901.40	3527.43	392.91	4813.40
DMU_{23}	未使用											
DMU_{26}	0	0	0	0	0	0	9849.89	210.82	3901.40	3527.43	392.91	4813.40

首先，评估该组织目前是否需要扩大生产规模以实现更大的产出至关重要。本章引入了一个简单但充分必要的条件来识别生产规模扩张中的拥塞。以河北（即 DMU_3）为例，由于预计农业总产值将下降，该省在扩大生产规模方面面临拥塞，促使决策者避免扩大农业生产规模。同样，如果一个组织的生产规模扩大而产出没有相应增加，建议决策者不要进一步扩大，以避免资源浪费。因此，明智地评估组织是否可以通过可扩展的生产实现更高的产出，对于决策者有效地部署资源至关重要。

其次，在制定实际的生产规模扩张目标时，考虑各地区农业产业的投入增量能力至关重要。以北京（DMU_1）为例，生产规模扩张的结果表明，通过将投入从(98.18, 6.06, 120.20)增加到(9849.89, 210.82, 3901.40)，可以将农业总产量从107.57 增加到 4701.88。然而，该生产规模扩张目标不切实际，极具挑战性，需要北京大幅增加对农业部门的投入。然而，当考虑北京的投入增量能力（最高限制为 5.3%）时，一个更实际、更可实现的生产规模扩张目标出现了。具体而言，计算表明，北京应将其投入从(98.18, 6.06, 120.20)增加到(103.38, 6.24, 126.57)，中间产物从(30.53, 0.33, 137.90)增加到(32.44, 0.45, 141.85)，其农业总产量可以从107.57 增加到 115.46。因此，考虑投入增量能力对于地区制定合理的生产规模扩张目标和增加农业总产值至关重要。

最后，表 5.8 中概述的生产规模扩张目标结果为各地区提高农业生产提供了宝贵的实践指导。例如，在北京（DMU_1）等地区，适度增加投入可以产生 7.33%的显著产出增量，强调了平衡扩张的重要性。相反，对于天津（DMU_2），建议采取更积极的战略，特别是在增加总播种面积和农业机械功率方面，以实现 52.02%的农业总产值大幅增长。每个地区都有独特的考虑因素，如浙江（DMU_{10}）需要采取全面的方法，福建（DMU_{12}）倾向于谨慎、适度的增长。贵州（DMU_{21}）受益于对总播种面积和农业机械功率增量的关注，而西藏（DMU_{23}）和青海（DMU_{26}）应采取平衡的方法，对投入因素给予不同的重视。这些影响指导决策者制定扩张战略，以有效实现产出增长最大化。

5.6 本章小结

本章开发了一种基于生产前沿的两阶段网络系统的生产规模扩张分析和目标设定的新方法。首先，本章采用了强有效前沿固定技术，以确保生产规模扩张仅在有效前沿上进行；其次，本章提出了一个两步法来进行 DMU 的生产规模扩张分析，以找到其产出增加的情景和产量保持的情景；再次，本章提出了一种方法，通过考虑 DMU 增加投入的能力有限，为 DMU 设定实际的生产规模扩张目标；最后，通过一个简单的数值例子和中国农业的案例来说明本章所提出方法的有效性。

本章在几个方面进行了改进与创新。首先，本章方法为 DMU 带来了有意义的信息，这些信息可用于支持决策者决定 DMU 是否适合进行生产规模扩张；其次，所提出的方法总是让 DMU 在有效前沿上进行生产规模扩张，这与候选 DMU 的原始状态是一致的；再次，当存在多个产出时，本章方法总是适用的，因为综合产出被用作优化目标；最后，提供了一个简单的充分必要条件来判断候选 DMU 在生产规模扩张中是否面临拥塞。

本章还能从两个方面做进一步的拓展研究。首先，本章只检查了是否可以通过扩大生产规模来增加产出，但缩小规模有时可能会为某些 DMU 产生更高的产出（例如，对于面临拥塞的 DMU，这可能是真的）。进一步的研究可能会考虑进行这样的分析，以减少投入和中间产物来提高 DMU 的产出。其次，在现实世界中，DMU 的投入和产出数据可能表现出不确定性，本章方法也可以扩展到同时考虑拥塞和不确定的数据情境来分析生产规模的扩张。

参考文献

Aparicio J, Ruiz J L, Sirvent I. 2007. Closest targets and minimum distance to the Pareto-efficient frontier in DEA. Journal of Productivity Analysis, 28(3): 209-218.

Cooper W W, Park K S, Pastor J T. 1999. RAM: a range adjusted measure of inefficiency for use with additive models, and relations to other models and measures in DEA. Journal of Productivity Analysis, 11(1): 5-42.

Khoveyni M, Fukuyama H, Eslami R, et al. 2019. Variations effect of intermediate products on the second stage in two-stage processes. Omega, 85: 35-48.

Mehdiloozad M, Zhu J, Sahoo B K. 2018. Identification of congestion in data envelopment analysis under the occurrence of multiple projections: a reliable method capable of dealing with negative data. European Journal of Operational Research, 265(2): 644-654.

Tone K, Sahoo B K. 2004. Degree of scale economies and congestion: a unified DEA approach. European Journal of Operational Research, 158(3): 755-772.

第 6 章　基于生产规模调整的两阶段网络 DEA 评价方法研究

6.1 引　　言

已有的方法会遭遇网络 DEA 陷阱，本章为两阶段网络系统提出了一种新的 DEA 方法，该方法考虑了子阶段的生产规模与中间产物水平之间的调整，从而有效避免了此问题。本章引入了几个显式的生产公理来构建生产可能集，并基于生产可能集和具有生产规模调整的前沿投影过程，开发了新模型。与现有方法假设中间产物可以自由设定为决策变量不同，本章方法使用径向投影技术来投影 DMU 的中间产物。相应地，由此产生的乘数网络 DEA 模型允许对中间产物的权重进行灵活调整，同时保持单位两个阶段之间的总价值流等价性。该方法使用包络或乘数网络 DEA 模型来识别整体效率、子阶段效率和前沿投影，即本章方法中的原始对偶对应。本章方法还通过为每个组织生成一对独特的子阶段效率来避免子阶段效率的不确定性。此外，通过引入生产规模调整，清楚地解释了前沿投影过程的实践意义，最后通过一个数值例子说明了本章方法的有效性。

6.2 问 题 描 述

两阶段网络系统结构如图 5.1 所示。在阶段一中，投入（X）被用来生产中间产物（Z）；在阶段二中，中间产物（Z）被当作投入用来生产产出（Y），其中分配给投入、中间产物和产出的权重分别为向量 W、P^1 、P^2 和 U。

基于此两阶段网络系统，Kao 和 Hwang（2008）提出了模型（6.1）：

$$\max \quad U\cdot Y_o \tag{6.1}$$

$$\text{s.t.}\quad P\cdot Z_j - W\cdot X_j \leqslant 0,\ \forall j\in N \tag{6.1a}$$

$$U\cdot Y_j - P\cdot Z_j \leqslant 0,\ \forall j\in N \tag{6.1b}$$

$$W\cdot X_o = 1 \tag{6.1c}$$

$$U\geqslant \mathbf{0},\ P\geqslant \mathbf{0},\ W\geqslant \mathbf{0} \tag{6.1d}$$

假设该模型的最优解为(U^c,P^c,W^c)，则整体效率通过$\Theta_o^C=U^c\cdot Y_o/(W^c\cdot X_o)$计算，而两个子阶段的效率分别通过$\Theta_o^{1C}=P^c\cdot Z_o/(W^c\cdot X_o)$以及$\Theta_o^{2C}=U^c\cdot Y_o/(P^c\cdot Z_o)$计算。在模型（6.1）中，分配给中间产物的权重是相同的。显然，$\Theta_o^C=\Theta_o^{1C}\times\Theta_o^{2C}$。

模型（6.1）评估了每个 DMU 的整体效率和各阶段效率。然而，该模型的最优解可能不是唯一的（Kao and Hwang，2008），这表明当获得不同的最优解时，可能会导致各阶段效率不同。

网络 DEA 陷阱 1：在确定 DMU 的阶段效率时，多个可能的最优解会导致结果的不确定性。

为了避开网络 DEA 陷阱 1，涌现了类似多目标规划、加性两阶段网络 DEA 等方法的研究，但所有这些研究都局限于乘数形式，没有考虑 DMU 的前沿投影。正如 Chen 等（2010）、Lim 和 Zhu（2016）指出的那样，模型（6.1）的对偶模型（即包络形式）并不能直接为无效的 DMU 提供前沿投影，因此提出了一种与模型（6.1）的对偶模型等价的形式，如模型（6.2）所示。

$$\min\ \Theta_o \tag{6.2}$$

$$\text{s.t.}\ \sum_{j=1}^{n}\lambda_j X_j\leqslant\Theta_o X_o \tag{6.2a}$$

$$\sum_{j=1}^{n}\lambda_j Z_j\geqslant\tilde{Z}_o \tag{6.2b}$$

$$\sum_{j=1}^{n}\alpha_j Z_j\leqslant\tilde{Z}_o \tag{6.2c}$$

$$\sum_{j=1}^{n}\alpha_j Y_j\geqslant Y_o \tag{6.2d}$$

$$\lambda_j\geqslant 0,\ \forall j\in N \tag{6.2e}$$

$$\alpha_j\geqslant 0,\ \forall j\in N \tag{6.2f}$$

$$\tilde{Z}_o\geqslant 0 \tag{6.2g}$$

其中，$\tilde{Z}_o$表示决策变量，是要确定的一组新的中间产物。假设模型（6.2）的最优解为$(\Theta_o^c,\lambda_j^c,\tilde{Z}_o^c,\alpha_j^c,\forall j\in N)$。Chen 等（2010）表明$(\Theta_o^c X_o,\tilde{Z}_o^c,Y_o)$可被视为$\text{DMU}_o$的前沿投影。

模型（6.2）提供了DMU_o的整体效率（即Θ_o^c）和前沿投影（即$(\Theta_o^c X_o,\tilde{Z}_o^c,Y_o)$）。然而，它没有提供足够的信息来计算这两个阶段的效率。正如 Chen 等（2014）、Lim 和 Zhu（2016，2019）指出的那样，需要求解乘数和包络模型以获得整体效率、阶段效率和前沿投影。

网络 DEA 陷阱 2：原始对偶对应不再适用于模型（6.2）。

网络 DEA 陷阱 3：对于将中间产物的目标设置为 $\tilde{Z}_o^c$ 的实际解释尚不明确。

为了解决网络 DEA 陷阱 2，Lim 和 Zhu（2016，2019）试图根据由两阶段网络 DEA 模型的包络形式获得的前沿投影来定义两个阶段的效率（Chen et al.，2010）。然而，其方法需要包络模型和多模型提供的信息来获得阶段效率。这意味着原始对偶对应在其方法中仍然不成立。

网络 DEA 的两个阶段要求将中间产物向相反方向调整以提高绩效，这为前沿投影过程带来了矛盾，因为在确定无效 DMU 的前沿投影时，很难确定是应该增加还是减少中间产物水平。例如，在进行前沿投影时，可能需要减少中间产物。然而，这对第一阶段意味着什么？中间产物是第一阶段的产出，而传统的 DEA 在进行前沿投影时通常建议增加或保持 DMU 的产出。

本章通过生产规模调整过程，进一步提出了一种两阶段网络 DEA 方法。采用这一过程有助于清楚地解释前沿投影过程，具有理论支持和实际意义。根据之前的两阶段网络 DEA 研究（Chen et al.，2010；Kao and Hwang，2008；Liang et al.，2008），本章将两阶段网络系统作为一个整体进行分析，并采用 CRS 假设，讨论了显式生产公理，并建立了两阶段网络系统的生产技术。然后，基于生产可能集和前沿投影过程，开发了两阶段网络 DEA 模型，用于绩效评估和前沿投影，这些模型被进一步证明可以避免已知的网络 DEA 陷阱。

6.3 基础概念

6.3.1 生产可能集与生产公理

在两阶段网络系统的第一阶段，投入（X）被用来生产中间产物（Z）；在第二阶段，中间产物（Z）被当作投入用来生产产出（Y），将 $T=\left\{(X,Z,Y)\in R_+^{m+k+s}\mid X\text{能生产}Z，Z\text{能生产}Y\right\}$ 作为两阶段网络系统的生产可能集，对于生产系统中的 DMU，生产可能集通常需要满足以下公理。

公理 6.1 可行性：所有观测到的 DMU 都属于生产可能集，即 $\left(x_j,y_j,z_j\right)\in T,\forall j\in J$。

公理 6.2 锥凸性：若 $\left(x_j,y_j,z_j\right)\in T$，则有 $\left(kx_j,ky_j,kz_j\right)\in T,\forall j\in J,k\geqslant 0$。

公理 6.3 可自由处置性：若 $\left(x_j,y_j,z_j\right)\in T,x_j'\geqslant x_j,y_j'\leqslant y_j,z_j'\geqslant z_j$，则有

$\left(x'_j, y'_j, z'_j\right) \in T, \forall j \in J$。

公理 6.4　凸性：若 $\left(x_j, y_j, z_j\right) \in T, \forall j \in J$，则 $\left(\sum \lambda_j x_j, \sum \lambda_j y_j, \sum \lambda_j z_j\right) \in T$，$\lambda_j \geqslant 0, \sum \lambda_j = 1, \forall j \in J$。

基于观测到的 $\mathrm{DMU}_j\left(X_j, Z_j, Y_j\right)$（$\forall j \in N$），$T_N$ 是所有可能的 DMU 的集合，$\left(X, Z, Y\right) \in R_+^{m+k+s}$，其中存在 $\lambda_j \geqslant 0$（$\forall j \in N$）和 $\alpha_j \geqslant 0$（$\forall j \in N$）满足下列条件。

$$\sum_{j=1}^{n} \lambda_j X_j \leqslant X \tag{6.3a}$$

$$\sum_{j=1}^{n} \lambda_j Z_j \geqslant Z \tag{6.3b}$$

$$\sum_{j=1}^{n} \alpha_j Z_j \leqslant Z \tag{6.3c}$$

$$\sum_{j=1}^{n} \alpha_j Y_j \geqslant Y \tag{6.3d}$$

$$\lambda_j \geqslant 0, \ \forall j \in N \tag{6.3e}$$

$$\alpha_j \geqslant 0, \ \forall j \in N \tag{6.3f}$$

约束（6.3a）和约束（6.3b）表示第一阶段的可能结果，显示与生产可能集中的结果相比，可以使用更多的投入来产生更少的中间产物。此外，约束（6.3c）和约束（6.3d）表明，在给定的中间产物水平下，无法产生更多的最终产出。

6.3.2　前沿投影过程

传统的 DEA 模型，根据在执行前沿投影时 DMU 是希望减少投入还是增加产出被分为投入导向和产出导向模型。本章首先介绍了采用生产规模调整过程的两阶段网络系统的投入导向的前沿投影过程。

如果考虑了投入导向，那么前沿投影过程会检查生产产出所消耗的投入量。因此，前沿投影变成了一个三步过程，如图 6.1 所示。首先，检查在保持第二阶段的产出水平（也是整个系统的产出水平）的同时消耗了多少中间产物，即在确保最终产出水平不降低的同时，将中间产物减少到最小比例；其次，调整第一阶段的生产规模，使其产生的中间产物水平与第二阶段调整后的中间产物消耗水平相匹配。最后，如有必要，将第一阶段的投入进一步减少到最小水平，以找到投影目标。

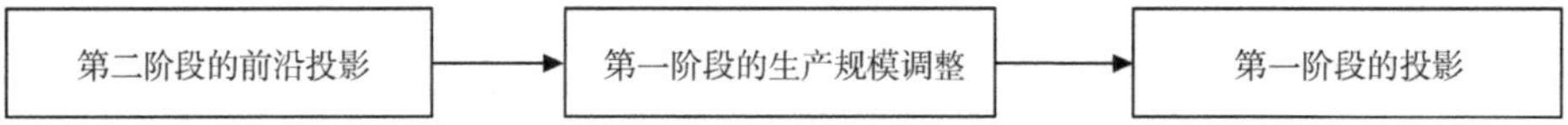

图 6.1　前沿投影过程

以上的第二步中需要改变第一阶段的生产规模。为了有一种特定的方法来进行调整而不失一般性，提出了假设 6.1。

假设 6.1　当生产规模变化时，阶段的生产技术效率保持不变。

假设 6.1 意味着一个 DMU 的生产规模可以通过按比例扩大或缩小其投入和产出水平来改变。例如，如果一个 DMU 可以使用 3 的投入来产生 2 的产出，然后，该 DMU 想要增加其生产规模，即投入消耗增加至 6，则预计将生产 4 的产出。显然，这一假设在理论上得到了 DEA 中基本锥凸性公理（即公理 6.2）的支持。

从技术角度来说，生产规模的调整是通过按比例缩小第一阶段的投入和产出水平来适应调整后的中间产物水平的。具体而言，如果第二阶段需要将中间产物水平降至 $\Theta_o^{2*}Z_o\left(\Theta_o^{2*}\leqslant 1\right)$，则与第二阶段匹配后的第一阶段的生产规模将为 $\left(\Theta_o^{2*}X_o,\Theta_o^{2*}Z_o\right)$；但是如果第二阶段是有效的，则不需要调整第一阶段的生产规模，也就是说，若 $\Theta_o^{2*}=1$，DMU_o 第一阶段的生产规模就不需要调整。产出导向的前沿投影过程与之相似。

6.4　模 型 构 建

6.4.1　投入导向的包络模型

基于生产可能集 T_N 以及上述的前沿投影过程，提出投入导向的两阶段网络 DEA 包络模型如下：

$$\min\ \Theta_o^2 \tag{6.4}$$

$$\min\ \Theta_o^1$$

$$\text{s.t.}\ \sum_{j=1}^{n}\lambda_j X_j \leqslant \Theta_o^1\times\Theta_o^2 X_o \tag{6.4a}$$

$$\sum_{j=1}^{n}\lambda_j Z_j \geqslant \Theta_o^2 Z_o \tag{6.4b}$$

$$\sum_{j=1}^{n}\alpha_j Z_j \leqslant \Theta_o^2 Z_o \tag{6.4c}$$

$$\sum_{j=1}^{n}\alpha_j Y_j \geqslant Y_o \tag{6.4d}$$

$$\lambda_j \geqslant 0,\ \forall j \in N \tag{6.4e}$$

$$\alpha_j \geqslant 0,\ \forall j \in N \tag{6.4f}$$

根据前沿投影过程，模型（6.4）首先将 DMU_o 的中间产物从 Z_o 调整到 $\Theta_o^2 Z_o$，以查看产生 Y_o 需要消耗多少中间产物。其次，调整第一阶段的生产规模，以适应调整后的中间产物水平。也就是说，第一阶段的投入和产出（即中间产物）乘以 Θ_o^2，变为 $(\Theta_o^2 X_o, \Theta_o^2 Z_o)$。最后，将第一阶段调整后的投入进一步调整为 $\Theta_o^1 \times \Theta_o^2 X_o$，来调查需要消耗多少投入来产生中间产物 $\Theta_o^2 Z_o$。

模型（6.4）是一个非线性双目标模型。根据之前列出的前沿投影过程，需要按顺序来优化目标函数，即首先最小化 Θ_o^2，然后在 Θ_o^2 最小化的条件下找到 Θ_o^1 的最小值。

$$\min\ \ \Theta_o \tag{6.5}$$

$$\text{s.t.}\ \sum_{j=1}^{n}\lambda_j X_j \leqslant \Theta_o X_o \tag{6.5a}$$

$$\sum_{j=1}^{n}\lambda_j Z_j \geqslant \Theta_o^2 Z_o \tag{6.5b}$$

$$\sum_{j=1}^{n}\alpha_j Z_j \leqslant \Theta_o^2 Z_o \tag{6.5c}$$

$$\sum_{j=1}^{n}\alpha_j Y_j \geqslant Y_o \tag{6.5d}$$

$$\lambda_j \geqslant 0,\ \forall j \in N \tag{6.5e}$$

$$\alpha_j \geqslant 0,\ \forall j \in N \tag{6.5f}$$

定理 6.1　令 $\Theta_o = \Theta_o^1 \times \Theta_o^2$，根据前沿投影过程求解模型（6.4）等价于求解模型（6.5）。

证明：首先证明对模型求解时 Θ_o^2 始终处于最小值。假设模型（6.5）的最优解为 $\left(\Theta_o^*, \Theta_o^{2*}, \lambda_j^*, \alpha_j^*, \forall j \in N\right)$。此时将 Θ_o^2 最小化时的最优解表示为 $\left(\Theta_o^{2\prime}, \alpha_j',\ \forall j \in N\right)$，很显然有 $\Theta_o^{2\prime} \leqslant \Theta_o^{2*}$。然后使用反证法证明 $\Theta_o^{2\prime} < \Theta_o^{2*}$ 不成立。如果 $\Theta_o^{2\prime} < \Theta_o^{2*}$，令 $\lambda_j' = \dfrac{\Theta_o^{2\prime}}{\Theta_o^{2*}}\lambda_j^*, \forall j \in N$ 和 $\Theta_o' = \dfrac{\Theta_o^{2\prime}}{\Theta_o^{2*}}\Theta_o^*$。不难发现 $\left(\Theta_o', \Theta_o^{2\prime}, \lambda_j', \alpha_j', \forall j \in N\right)$

满足模型（6.5）的所有约束，因此它是模型（6.5）的一个可行解。又有 $0<\Theta_o^{2\prime}<\Theta_o^{2*}$，并且 $\frac{\Theta_o^{2\prime}}{\Theta_o^{2*}}<1$，因此 $\Theta_o^{\prime}=\frac{\Theta_o^{2\prime}}{\Theta_o^{2*}}<\Theta_o^{*}$。这与 $\left(\Theta_o^{*},\Theta_o^{2*},\lambda_j^{*},\alpha_j^{*},\forall j\in N\right)$ 是模型（6.5）的最优解的假设相矛盾。因此，$\Theta_o^{2\prime}<\Theta_o^{2*}$ 不成立，进而 $\Theta_o^{2\prime}=\Theta_o^{2*}$。因此，当对模型求解时 Θ_o^2 始终处于最小值。

现在令 $\Theta_o=\Theta_o^1\times\Theta_o^{2\prime}$，因为当对模型求解时 Θ_o^2 始终处于最小值 $\Theta_o^{2\prime}$，所以模型（6.5）可以转换为模型（6.6）。

$$\min\quad \Theta_o^1\times\Theta_o^{2\prime} \tag{6.6}$$

$$\text{s.t.}\quad \sum_{j=1}^{n}\lambda_j X_j\leqslant\Theta_o^1\times\Theta_o^{2\prime}X_o \tag{6.6a}$$

$$\sum_{j=1}^{n}\lambda_j Z_j\geqslant\Theta_o^{2\prime}Z_o \tag{6.6b}$$

$$\sum_{j=1}^{n}\alpha_j Z_j\leqslant\Theta_o^{2\prime}Z_o \tag{6.6c}$$

$$\sum_{j=1}^{n}\alpha_j Y_j\geqslant Y_o \tag{6.6d}$$

$$\lambda_j\geqslant 0,\ \forall j\in N \tag{6.6e}$$

$$\alpha_j\geqslant 0,\ \forall j\in N \tag{6.6f}$$

因为 $\Theta_o^{2\prime}$ 是保持不变的，所以模型（6.6）等价于模型（6.7）。

$$\begin{aligned}
&\min\quad \Theta_o^1\\
&\text{s.t.}\quad \sum_{j=1}^{n}\lambda_j X_j\leqslant\Theta_o^1\times\Theta_o^{2\prime}X_o\\
&\sum_{j=1}^{n}\lambda_j Z_j\geqslant\Theta_o^{2\prime}Z_o\\
&\sum_{j=1}^{n}\alpha_j Z_j\leqslant\Theta_o^{2\prime}Z_o\\
&\sum_{j=1}^{n}\alpha_j Y_j\geqslant Y_o\\
&\lambda_j\geqslant 0,\ \forall j\in N,\ \alpha_j\geqslant 0,\ \forall j\in N
\end{aligned} \tag{6.7}$$

仔细观察模型（6.7），可以确定这是一个旨在确定 Θ_o^1 的最小值，同时将 Θ_o^2 的值保持在最小值的模型，相当于求解模型（6.4）的过程。因此，根据前沿投影过程求解模型（6.4）等价于求解模型（6.5）。证毕。

两阶段网络 DEA 包络模型（6.2）（Chen et al.，2010）与本章提出模型（6.5）的主要区别在于中间产物的投影方式不同。模型（6.2）通过将 DMU_o 视为自由设定的决策变量，为其设定了新的中间产物水平，在 Galagedera（2019）中也可以看到使用这种技术处理中间产物，中间产物的投影通过最小化其人为设定值与各样本中观测值之间的最大比率得以实现。然而，本章提出的模型（6.5）中采用了径向投影技术，即通过找到应保留的中间产物的最小比例来投影中间产物，以在 DMU_o 的第二阶段生产产出。径向投影技术确实在 DEA 模型中得到了广泛的应用，如标准的 CRS 和 VRS 模型。之后讨论也将表明，本章的建模方法将有助于克服已知的网络 DEA 陷阱。

假设模型（6.5）的最优解为 $(\Theta_o^*,\Theta_o^{2*},\lambda_j^*,\alpha_j^*,\forall j\in N)$。$\Theta_o^{2*}$ 被定义为 DMU 在第二阶段的效率得分。$\Theta_o^{1*}=\Theta_o^*/\Theta_o^{2*}$ 被定义为第一阶段的效率。Θ_o^* 是两个阶段效率的乘积，被定义为整个系统的整体效率。根据 6.3.2 节讨论的前沿投影过程，可以发现这些定义为效率的值与传统包络 DEA 模型中单位效率的定义一致。在之后对模型（6.5）的对偶乘数模型［即模型（6.8）］的讨论中（主要在定理 6.2 中），将提供其基本原理的详细解释。另外，根据前沿投影过程和定理 6.1 的证明，可以推断出模型（6.5）唯一确定了整体效率和子阶段效率。当且仅当 $\Theta_o^*=1$ 时，DMU_o 是（弱）有效的。换言之，当且仅当 $\Theta_o^{1*}=\Theta_o^{2*}=1$ 时，DMU_o 是（弱）有效的。

根据包络模型（6.5），$\text{DMU}_o\left(X_o,Z_o,Y_o\right)$ 的前沿投影为 $\left(\Theta_o^*X_o,\Theta_o^{2*}Z_o,Y_o\right)$ 或 $\left(\Theta_o^{1*}\times\Theta_o^{2*}X_o,\Theta_o^{2*}Z_o,Y_o\right)$。中间产物根据第二阶段的要求进行调整，为便于第一阶段的生产规模调整和绩效改进，投入也进行了相应调整。

上述分析表明，仅通过求解新的投入导向的两阶段网络 DEA 包络模型［即模型（6.5）］，就可以同时确定整体效率、阶段效率和前沿投影。

6.4.2　投入导向的乘数模型

为了验证本章方法是否具有原始对偶对应性，本节检查了模型（6.5）的对偶模型，如模型（6.8）所示。

$$\max \quad u\cdot Y_o \tag{6.8}$$

$$\text{s.t.}\quad p^1\cdot Z_j-w\cdot X_j\leqslant 0,\ \forall j\in N \tag{6.8a}$$

$$u \cdot Y_j - p^2 \cdot Z_j \leqslant 0, \ \forall j \in N \tag{6.8b}$$

$$w \cdot X_o = 1 \tag{6.8c}$$

$$p^1 \cdot Z_o - p^2 \cdot Z_o = 0 \tag{6.8d}$$

$$u \geqslant \mathbf{0}, \ p^1 \geqslant \mathbf{0} \tag{6.8e}$$

$$p^2 \geqslant \mathbf{0}, \ w \geqslant \mathbf{0} \tag{6.8f}$$

乘数模型（6.8）和现有乘数模型（6.1）（Kao and Hwang，2008；Liang et al.，2008）的区别在于对中间产物所附权重的要求不同。模型（6.1）要求 DMU 的两个阶段为中间产物附加相同的权重。然而，模型（6.8）只要求 DMU_o 的两个阶段生成相同的加权中间产物之和，新模型（6.8）在处理每个阶段的中间产物时具有更大的灵活性。也就是说，DMU 的两个阶段可以分别对中间产物赋予有偏好的权重。从整个系统的角度来看，当 DMU_o 确定其最优权重时，模型（6.8）要求第一阶段创建的总价值流等于第二阶段使用的总价值流（称为“总价值流等价性”）。Kao 和 Hwang（2008）以及 Liang 等（2008）的乘数模型要求 $p^1 = p^2$，这导致 $p^1 \cdot Z_o = p^2 \cdot Z_o$，因此总值流等价性也适用于此模型。换句话说，Kao 和 Hwang（2008）以及 Liang 等（2008）的乘数模型是模型（6.8）的特例。

假设模型（6.8）的最优解为 $(u^*, p^{1*}, p^{2*}, w^*)$，根据模型（6.8）计算出的最优权重，$\mathrm{DMU}_o$ 的整体效率为 $u^* \cdot Y_o$，或者说 $u^* \cdot Y_o / (w^* \cdot X_o)$，两个子阶段的效率分别为 $p^{1*} \cdot Z_o / (w^* \cdot X_o)$ 和 $u^* \cdot Y_o / (p^{2*} \cdot Z_o)$，因为 $p^{1*} \cdot Z_o - p^{2*} \cdot Z_o = 0$，所以整体效率是子阶段效率的乘积，即 $u^* \cdot \dfrac{Y_o}{w^* \cdot X_o} = p^{1*} \cdot Z_o / (w^* \cdot X_o) \times u^* \cdot Y_o / \ (p^{2*} \cdot Z_o)$。

还要注意，在模型（6.8）中，效率是根据标准 DEA 效率的定义计算的，即加权产出之和与加权投入之和的比率。以下讨论将表明 $\Theta_o^* = u^* \cdot Y_o / (w^* \cdot X_o)$，$\Theta_o^{1*} = p^{1*} \cdot Z_o / (w^* \cdot X_o)$，$\Theta_o^{2*} = u^* \cdot Y_o / (p^{2*} \cdot Z_o)$，这明确表明，通过模型（6.5）获得的值 $\Theta_o^*, \Theta_o^{1*}, \Theta_o^{2*}$ 可以定义为 DMU_o 的整体和子阶段效率。由于模型（6.5）和模型（6.8）之间存在对偶性，这两个模型提供的整体效率是相同的，即 $\Theta_o^* = u^* \cdot Y_o / (w^* \cdot X_o)$。

定理 6.2　对于每个 DMU_o，模型（6.8）求得的子阶段效率与包络模型（6.5）求得的相同。换言之，$\Theta_o^{1*} = p^{1*} \cdot Z_o / (w^* \cdot X_o)$，$\Theta_o^{2*} = u^* \cdot Y_o / (p^{2*} \cdot Z_o)$。

证明：假设包络模型（6.5）的最优解为 $\left(\Theta_o^*, \Theta_o^{2*}, \lambda_j^*, \alpha_j^*, \forall j \in N\right)$，乘数模型（6.8）的最优解为 $(u^*, p^{1*}, p^{2*}, w^*)$。此处需要证明的是 $\Theta_o^{1*} = \Theta_o^* / \Theta_o^{2*} = p^{1*} \cdot Z_o / (w^* \cdot X_o)$ 和 $\Theta_o^{2*} = u^* \cdot Y_o / (p^{2*} \cdot Z_o)$。因为已经有 $\Theta_o^* = \Theta_o^{1*} \times \Theta_o^{2*} = p^{1*} \cdot Z_o /$

$(w^* \cdot X_o) \times u^* \cdot Y_o / (p^{2*} \cdot Z_o)$，仅需证明 $\Theta_o^{1*} = p^{1*} \cdot Z_o / (w^* \cdot X_o)$ 或者 $\Theta_o^{2*} = u^* \cdot Y_o / (p^{2*} \cdot Z_o)$，因此可得 $\Theta_o^{2*} = u^* \cdot Y_o / (p^{2*} \cdot Z_o)$ 或者 $\Theta_o^{1*} = p^{1*} \cdot Z_o / (w^* \cdot X_o)$。接下来，证明了 $\Theta_o^{2*} = u^* \cdot Y_o / (p^{2*} \cdot Z_o)$。首先给出了以下引理。

引理 6.1　Θ_o^2 的最优值可以使用模型（6.9）获得。

$$\min \quad \Theta_o^2 \tag{6.9}$$

$$\text{s.t.} \quad \sum_{j=1}^{n} \alpha_j Z_j \leqslant \Theta_o^2 Z_o \tag{6.9a}$$

$$\sum_{j=1}^{n} \alpha_j Y_j \geqslant Y_o \tag{6.9b}$$

$$\alpha_j \geqslant 0, \ \forall j \in N \tag{6.9c}$$

证明：模型（6.9）实际上是 CCR 模型。如 6.3.2 节所示，前沿投影过程的第一步是根据第二阶段绩效改进的要求调整中间产物水平。因此，这实际上是一个使用 CCR 模型进行第二阶段绩效评估的过程。此外，从定理 6.1 的结论中可以很容易地得到这一结果，即当对该模型求解时，Θ_o^2 始终处于最小值。引理 6.1 得证。

引理 6.2　求解模型（6.8）相当于分别求解模型（6.10）和模型（6.11）。

$$\max \quad p^1 \cdot Z_o \tag{6.10}$$

$$\text{s.t.} \quad p^1 \cdot Z_j - w \cdot X_j \leqslant 0, \ \forall j \in N \tag{6.10a}$$

$$w \cdot X_o = 1 \tag{6.10b}$$

$$p^1 \geqslant \mathbf{0}, \quad w \geqslant \mathbf{0} \tag{6.10c}$$

$$\max \quad u \cdot Y_o \tag{6.11}$$

$$\text{s.t.} \quad u \cdot Y_j - p^2 \cdot Z_j \leqslant 0, \ \forall j \in N \tag{6.11a}$$

$$p^2 \cdot Z_o = 1 \tag{6.11b}$$

$$u \geqslant \mathbf{0}, \ p^2 \geqslant \mathbf{0} \tag{6.11c}$$

证明：基于 C-C 变换，乘数模型（6.8）可以转换为以下形式。

$$\max \quad u \cdot Y_o \big/ \left(w \cdot X_o\right) \tag{6.12}$$

$$\text{s.t.} \quad p^1 \cdot Z_j \big/ \left(w \cdot X_j\right) \leqslant 1, \ \forall j \in N \tag{6.12a}$$

$$u \cdot Y_j \Big/ \left(p^2 \cdot Z_j\right) \leqslant 1, \ \forall j \in N \tag{6.12b}$$

$$p^1 \cdot Z_o \Big/ \left(p^2 \cdot Z_o\right) = 1 \tag{6.12c}$$

$$u \geqslant \mathbf{0}, p^1 \geqslant \mathbf{0}, p^2 \geqslant \mathbf{0}, w \geqslant \mathbf{0} \tag{6.12d}$$

因为总有 $p^1 \cdot Z_o / \left(p^2 \cdot Z_o\right) = 1$，所以上述模型等价于模型（6.13）。

$$\max \quad u \cdot Y_o \Big/ \left(p^2 \cdot Z_o\right) \times p^1 \cdot Z_o \Big/ \left(w \cdot X_o\right) \tag{6.13}$$

$$\text{s.t.} \quad p^1 \cdot Z_j \Big/ \left(w \cdot X_j\right) \leqslant 1, \ \forall j \in N \tag{6.13a}$$

$$u \cdot Y_j \Big/ \left(p^2 \cdot Z_j\right) \leqslant 1, \ \forall j \in N \tag{6.13b}$$

$$p^1 \cdot Z_o \Big/ \left(p^2 \cdot Z_o\right) = 1 \tag{6.13c}$$

$$u \geqslant \mathbf{0}, p^1 \geqslant \mathbf{0}, p^2 \geqslant \mathbf{0}, w \geqslant \mathbf{0} \tag{6.13d}$$

现在证明通过求解模型（6.13）确定的子阶段效率与通过求解模型（6.14）和模型（6.15）获得的子阶段效率相等。

$$\max \quad p^1 \cdot Z_o \Big/ \left(w \cdot X_o\right) \tag{6.14}$$

$$\text{s.t.} \quad p^1 \cdot Z_j \Big/ \left(w \cdot X_j\right) \leqslant 1, \ \forall j \in N \tag{6.14a}$$

$$p^1 \geqslant \mathbf{0}, \quad w \geqslant \mathbf{0} \tag{6.14b}$$

以及

$$\max \quad u \cdot Y_o \Big/ \left(p^2 \cdot Z_o\right) \tag{6.15}$$

$$\text{s.t.} \quad u \cdot Y_j \Big/ \left(p^2 \cdot Z_j\right) \leqslant 1, \ \forall j \in N \tag{6.15a}$$

$$u \geqslant \mathbf{0}, \ p^2 \geqslant \mathbf{0} \tag{6.15b}$$

假设模型（6.13）、模型（6.14）和模型（6.15）的最优解分别为 $\left(u^*, p^{1*}, p^{2*}, w^*\right)$、$\left(p^{1\prime}, w'\right)$ 和 $\left(u', p^{2\prime}\right)$。不难发现 $\left(p^{1*}, w^*\right)$ 满足模型（6.14）的所有约束，因此它必然是模型（6.14）的一个可行解。因此有① $p^{1\prime} \cdot Z_o \big/ \left(w' \cdot X_o\right) \geqslant p^{1*} \cdot Z_o \Big/ \left(w^* \cdot X_o\right)$。类似地，$\left(u^*, p^{2*}\right)$ 是模型（6.15）的一个可行解，并且有② $u' \cdot Y_o \Big/ \left(p^{2\prime} \cdot Z_o\right) \geqslant u^* \cdot Y_o \Big/ \left(p^{2*} \cdot Z_o\right)$。结合①与②可得：③ $u' \cdot Y_o \Big/ \left(p^{2\prime} \cdot Z_o\right) \times p^{1\prime} \cdot Z_o \big/ \left(w' \cdot X_o\right) \geqslant u^* \cdot Y_o \Big/ \left(p^{2*} \cdot Z_o\right) \times p^{1*} \cdot Z_o \Big/ \left(w^* \cdot X_o\right)$。

令 $t_1 = p^{1\prime} \cdot Z_o$，$t_2 = p^{2\prime} \cdot Z_o$，$p^{1\prime\prime} = p^{1\prime} t_2 / t_1$，$w'' = w' t_2 / t_1$。不难发现 $\left(u', p^{1\prime\prime}, p^{2\prime}, w''\right)$ 满足模型（6.13）的所有约束，因此有：④ $u^* \cdot Y_o \Big/ \left(p^{2*} \cdot Z_o\right) \times p^{1*} \cdot Z_o \Big/ \left(w^* \cdot X_o\right) \geqslant u' \cdot Y_o \Big/ \left(p^{2\prime} \cdot Z_o\right) \times p^{1\prime\prime} \cdot Z_o \big/ \left(w'' \cdot X_o\right) = u' \cdot Y_o \Big/ \left(p^{2\prime} \cdot Z_o\right) \times p^{1\prime} \cdot Z_o \big/ \left(w' \cdot X_o\right)$。

结合③和④可得：⑤ $u' \cdot Y_o \Big/ \left(p^{2'} \cdot Z_o\right) \times p^{1'} \cdot Z_o \Big/ \left(w' \cdot X_o\right) = u^* \cdot Y_o \Big/ \left(p^{2*} \cdot Z_o\right) \times p^{1*} \cdot Z_o \Big/ \left(w^* \cdot X_o\right)$。

根据①、②以及⑤可得：⑥ $p^{1'} \cdot Z_o \Big/ \left(w' \cdot X_o\right) = p^{1*} \cdot Z_o \Big/ \left(w^* \cdot X_o\right)$；⑦ $u' \cdot Y_o \Big/ \left(p^{2'} \cdot Z_o\right) = u^* \cdot Y_o \Big/ \left(p^{2*} \cdot Z_o\right)$。因此，模型（6.14）和模型（6.15）为每个 DMU 确定了与模型（6.13）生成的子阶段效率相同的效率。引理 6.2 成立。

引理 6.1 指出，通过包络模型获得的第二阶段最佳效率等价于求解模型（6.7）找到的目标函数的最优值。从引理 6.2 中，可以了解到通过乘数模型（6.8）获得的第二阶段的效率与模型（6.11）确定的效率相等。很容易验证模型（6.9）和模型（6.14）是对偶模型，这意味着由包络模型（6.5）和乘数模型（6.8）确定的第二阶段效率是相同的，则有 $\Theta_o^{2*} = u^* \cdot Y_o / (p^{2*} \cdot Z_o)$。由于已经知道由包络模型(6.5)和乘数模型（6.8）确定的每个 DMU 的整体效率是相同的，并且在这两个模型中，整体效率都是两个子阶段效率的乘积。证毕。

本章通过对偶乘数模型（6.8）获得了每个 DMU 的整体效率和子阶段效率。定理 6.2 指出，通过包络模型（6.5）和乘数模型（6.8）获得的每个 DMU 的整体效率和子阶段效率是相同的。因此，本章提出的方法类似于标准 DEA 方法，具有原始对偶对应性。此外，各个阶段的效率得分是唯一确定的。因此，本章提出的方法避免了之前所有的网络 DEA 陷阱。

本文所提方法的评价结果与模型（6.1）的评价结果相比，存在以下关系：① $\Theta_o^* \geqslant \Theta_o^c$；② $\Theta_o^{1*} \geqslant \Theta_o^{1c}$；③ $\Theta_o^{2*} \geqslant \Theta_o^{2c}$。与本章方法相比，Kao 和 Hwang（2008）以及 Liang 等（2008）开发的集中式模型（6.1）分别为每个 DMU 提供了较低的整体和子阶段效率。这是由于两种方法对中间产物的处理方式不同，模型（6.5）使用了径向投影思想，并考虑根据当前水平按比例变化来投影中间产物；而非径向自由处置能够发现 DMU 绩效指标的更多无效率之处，因此，现有的模型（6.1）通常提供较低的整体和子阶段效率。然而，使用径向投影思想处理中间产物带来了实质性的优点，如避免了已知的网络 DEA 陷阱。

如果 DMU_o 的两阶段网络系统中只有一个中间产物，则有：① $\Theta_o^* = \Theta_o^c$；② $\Theta_o^{1*} = \Theta_o^{1c}$；③ $\Theta_o^{2*} = \Theta_o^{2c}$。此时集中式模型（6.1）等价于乘数模型（6.8）。然而，应该注意的是，在更一般的多重中间产物情况下，这种等价性并不成立。

6.4.3　产出导向的包络模型

产出导向的模型通过调整子阶段的产出来提高 DMU 的绩效。根据 6.4.1 节的讨论，可以很容易推导出产出导向的前沿投影过程。首先，检查在当前投入水平下，第一阶段可以产生多少中间产物；其次，如果有需要，第二阶段需要增加其生产规模，以适应调整后第一阶段生产的中间产物水平；最后，通过调整系统的最终产出来提高第二阶段的效率。这种产出导向的包络模型如下：

$$\max \quad B_o \tag{6.16}$$

$$\text{s.t.} \quad \sum_{j=1}^{n} \lambda_j X_j \leqslant X_o \tag{6.16a}$$

$$\sum_{j=1}^{n} \lambda_j Z_j \geqslant B_o^1 Z_o \tag{6.16b}$$

$$\sum_{j=1}^{n} \alpha_j Z_j \leqslant B_o^1 Z_o \tag{6.16c}$$

$$\sum_{j=1}^{n} \alpha_j Y_j \geqslant B_o Y_o \tag{6.16d}$$

$$\lambda_j \geqslant 0, \ \forall j \in N \tag{6.16e}$$

$$\alpha_j \geqslant 0, \ \forall j \in N \tag{6.16f}$$

与投入导向的模型（6.5）类似，如定理 6.1 的证明所示，可以证明当模型优化时，B_o^1 会自动最大化。将该模型的最优解表示为$\left(B_o^*, B_o^{1*}, \lambda_j^*, \alpha_j^*, \forall j \in N\right)$。与标准 DEA 方法类似，基于这种产出导向的包络模型，DMU_o 的整体效率最优解可以计算为$1/B_o^*$，第一阶段和第二阶段的效率分别为$1/B_o^{1*}$ 和 B_o^{1*}/B_o^*。这种产出导向的模型将前沿投影识别为$\left(X_o, B_o^{1*}Z_o, B_o^*Y_o\right)$。具体而言，该模型通过计算在保持当前投入水平的同时需要增加多少中间产物，为第一阶段设定前沿投影。然后，第二阶段根据变化后的中间产物水平调整其生产规模，并通过增加最终产出来提高绩效。最终产出的调整包括生产规模调整和第二阶段的绩效提升。

6.4.4 产出导向的乘数模型

产出导向的包络模型（6.16）的对偶模型如下：

$$\min \quad w \cdot X_o \tag{6.17}$$

$$\text{s.t.} \quad p^1 \cdot Z_j - w \cdot X_j \leqslant 0, \ \forall j \in N \tag{6.17a}$$

$$u \cdot Y_j - p^2 \cdot Z_j \leqslant 0, \ \forall j \in N \tag{6.17b}$$

$$u \cdot Y_o = 1 \tag{6.17c}$$

$$p^1 \cdot Z_o - p^2 \cdot Z_o = 0 \tag{6.17d}$$

$$u \geqslant \mathbf{0},\ p^1 \geqslant \mathbf{0} \tag{6.17e}$$

$$p^2 \geqslant \mathbf{0},\ w \geqslant \mathbf{0} \tag{6.17f}$$

基于这种产出导向的乘数模型（6.17）的最优解，可以用模型（6.8）中类似的方式来计算每个 DMU 的整体效率和子阶段效率。与定理 6.2 类似，模型（6.16）和模型（6.17）每个 DMU 获得的整体效率和子阶段效率是相同的。对于投入导向的模型（6.5）和产出导向的模型（6.16）的最优解，存在：① $\Theta_o^* = 1/B_o^*$；② $\Theta_o^{1*} = 1/B_o^{1*}$；③ $\Theta_o^{2*} = B_o^{1*}/B_o^*$。这表明对于每个 DMU，投入导向的模型和产出导向的模型产生了相同的整体效率与子阶段效率。

6.5 方法应用

考虑表 6.1 中给出的 6 个 DMU，每个 DMU 都有一个投入、一个中间产物和一个产出，效率评价结果如表 6.2 所示。投入导向的模型（6.5）和产出导向的模型（6.16）分别用于获得 DMU 的前沿投影，其结果如表 6.3 和表 6.4 所示。结果表明，6 个 DMU 中没有一个是整体有效的，因为没有一个 DMU 在两个阶段都是有效的。本章方法产生至少一个有效的第一阶段和至少一个有效的第二阶段（见定理 6.2 证明），在这个例子中，DMU_C 在第一阶段是有效的，而 DMU_B 在第二阶段是有效的。对于每个 DMU，当使用投入导向的模型（6.5）和产出导向的模型（6.16）时，可以获得不同的生产目标。如果使用投入导向的模型（6.5），而第二阶段效率低下，则第一阶段需要减少其生产规模以符合调整后的中间产物水平。

表 6.1　数值示例的原始数据

DMU	投入 X	中间产物 Z	产出 Y
A	1	2	4
B	4	5	15
C	3	9	15
D	5	10	20
E	6	16	46
F	7	11	15

表 6.2　效率评价结果

DMU	第一阶段效率 Θ_j^{1*}	第二阶段效率 Θ_j^{2*}	整体效率 Θ_j^*
A	0.6667	0.6667	0.4444
B	0.4167	1.0000	0.4167
C	1.0000	0.5556	0.5556
D	0.6667	0.6667	0.4444
E	0.8889	0.9583	0.8519
F	0.5238	0.4545	0.2381

表 6.3　投入导向的模型（6.5）的前沿投影结果

DMU	投入 Θ_j^*X	中间产物 $\Theta_j^{2*}Z$	产出 Y
A	0.44	1.33	4
B	1.67	5.00	15
C	1.67	5.00	15
D	2.22	6.67	20
E	5.11	15.33	46
F	1.67	5.00	15

表 6.4　产出导向的模型（6.16）的前沿投影结果

DMU	投入 X	中间产物 Z/Θ_j^{1*}	产出 Y/Θ_j^*
A	1	3	9
B	4	12	36
C	3	9	27
D	5	15	45
E	6	18	54
F	7	21	63

通过投入导向的包络模型（6.5），DMU_D 的前沿投影过程可以描述为以下三个步骤，如图 6.2 所示。首先，减少中间产物以提高 DMU_D 在第二阶段的效率，即点 $(Z_d,Y_d)=(10,20)$ 移动到 $(\Theta_d^{2*}Z_d,Y_d)=(6.67,20)$；其次，第一阶段的生产规模需要从 $(X_d,Y_d)=(5,10)$ 降到 $(\Theta_d^{2*}X_d,\Theta_d^{2*}Z_d)=(3.33,6.67)$；最后，通过减少投入，将第一阶段投影到前沿，即从点 $(\Theta_d^{2*}X_d,\Theta_d^{2*}Z_d)=(3.33,6.67)$ 投影至 $(\Theta_d^{*}X_d,\Theta_d^{2*}Z_d)=(2.22,6.67)$。如果第二阶段是有效的，则不需要调整第一阶段的生产规模（见 DMU_B）。

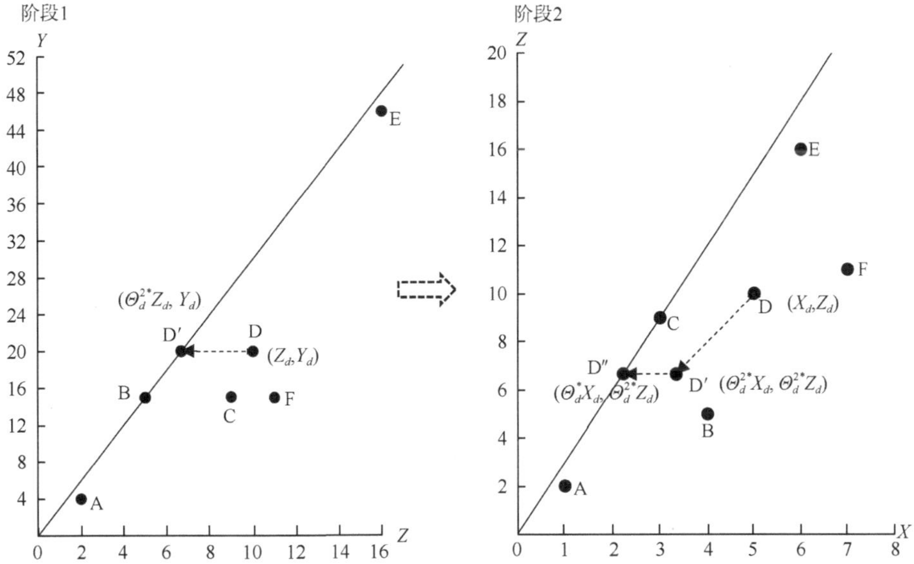

图 6.2　投入导向的模型（6.5）的前沿投影过程

当使用产出导向的模型（6.16）用于前沿投影，第一阶段效率低下时，第二阶段需要增加其生产规模以匹配第一阶段。图 6.3 说明了 DMU_D 如何投影到有效前沿上。首先，DMU_D 增加了中间产物来提高第一阶段的绩效，即点 $\left(X_d, Z_d\right)=$

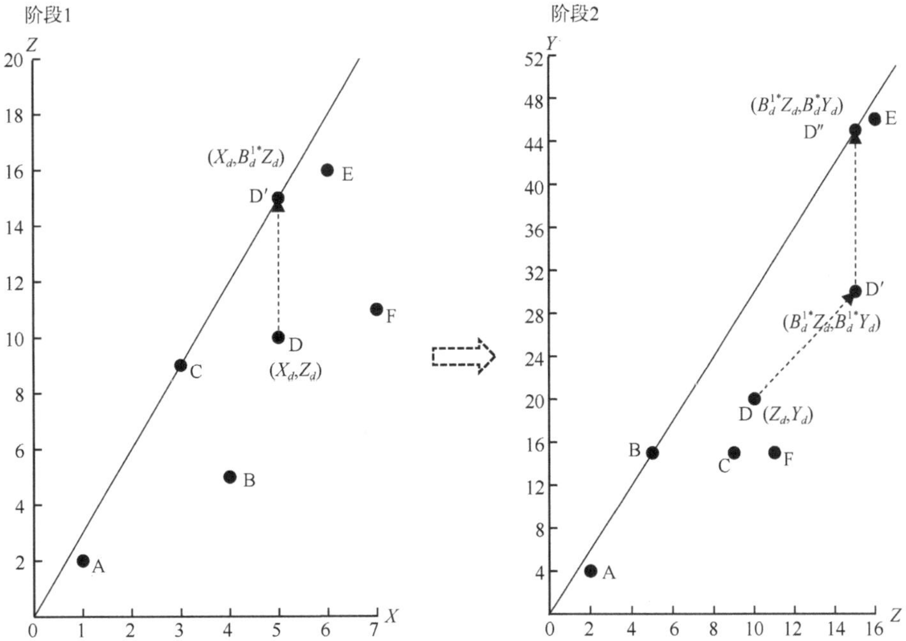

图 6.3　产出导向的模型（6.16）的前沿投影过程

$(5,10)$ 移动到 $\left(X_d, B_d^{1*} Z_d\right)=(5,15)$；其次，第二阶段的生产规模需要从 $\left(Z_d, Y_d\right)=(10,20)$ 扩大至 $\left(B_d^{1*} Z_d, B_d^{1*} Y_d\right)=(15,30)$；最后，通过增加产出，将点 $\left(B_d^{1*} Z_d, B_d^{1*} Y_d\right)=(15,30)$ 投影至 $\left(B_d^{1*} Z_d, B_d^{*} Y_d\right)=(15,45)$。

6.6 本章小结

本章通过考虑前沿投影的生产规模调整过程，提出了一种新的网络 DEA 方法，同时提供了几个显式公理来构建生产可能集。本章提出了一个三步投影过程，为中间产物的投影提供了实际意义。基于生产可能集和前沿投影过程建立了新模型。讨论了新模型的特点，并指出采用本章方法可以避免一些已知的网络 DEA 陷阱。

本章方法在以下几个方面与现有方法不同。首先，两阶段网络系统的前沿投影过程包括调整后的中间产物与后续阶段的生产规模之间的生产规模调整过程，采用这一过程有助于从实践的角度清楚地解释前沿投影过程。其次，本章方法考虑使用径向投影技术来投影中间产物。同时，只要保持总价值流等价性，本章的乘数两阶段网络 DEA 模型就允许中间产物权重的灵活性，无论是包络形式模型还是乘数形式模型，都会产生两阶段网络系统的整体效率、子阶段效率和前沿投影。最后，本章方法总能为每个被评估的 DMU 确定一对唯一的子阶段效率。

本章还能从两个方面做进一步的拓展研究。首先，本章模型是在 CRS 假设下开发的，未来研究可以考虑在 VRS 假设下构建模型；其次，与标准 DEA 类似，当数据不可扩展时，如比率变量和比例，本章建议的方法将不适用，未来研究可以考虑在提出的新的两阶段网络效率分析框架下处理不可扩展的数据。

参考文献

Chen Y, Cook W D, Kao C, et al. 2014. Network DEA pitfalls: divisional efficiency and frontier projection//Cook W D, Zhu J. Data Envelopment Analysis: A Handbook on the Modeling of Internal Structures and Networks. Boston: Springer: 31-54.

Chen Y, Cook W D, Zhu J. 2010. Deriving the DEA frontier for two-stage processes. European Journal of Operational Research, 202(1): 138-142.

Galagedera D U A. 2019. Modelling social responsibility in mutual fund performance appraisal: a two-stage data envelopment analysis model with non-discretionary first stage output. European Journal of Operational Research, 273(1): 376-389.

Kao C, Hwang S N. 2008. Efficiency decomposition in two-stage data envelopment analysis: an application to non-life insurance companies in Taiwan. European Journal of Operational Research, 185(1): 418-429.

Liang L, Cook W D, Zhu J. 2008. DEA models for two-stage processes: game approach and efficiency decomposition. Naval Research Logistics, 55(7): 643-653.

Lim S, Zhu J. 2016. A note on two-stage network DEA model: frontier projection and duality. European Journal of Operational Research, 248(1): 342-346.

Lim S, Zhu J. 2019. Primal-dual correspondence and frontier projections in two-stage network DEA models. Omega, 83: 236-248.

第三篇

环境绩效管理

第7章 碳交易背景下的环境绩效评价方法研究

7.1 引 言

传统的DEA环境绩效评价方法没有考虑碳交易，忽略了碳交易背景对环境绩效的影响，所以应用于实施碳交易的环境中得到的结果会与实际的环境绩效不符。因此本章主要考虑碳交易背景下的组织效率评价，提出了一种新的非参数方法，用于对考虑碳排放权交易的DMU的绩效评估。本章讨论了显式生产公理，并提出了一种考虑碳排放权交易的新生产技术。基于新的生产可能集提出碳交易背景下新的一系列模型和方法，随后对组织进行绩效评价和减排潜力测算以及下一阶段减排目标设定。然后探究不同的碳交易价格（即碳排放许可证交易价格）对效率的影响，为组织提供最优的碳价参考建议。最后将提出的模型方法切实应用到当下中国碳排放较为严重的火力发电行业中，测量各组织的生产效率和减排潜力，进一步提出履行减排责任的管理启示。

7.2 问题描述

人类对全球气候的影响越来越大。人类活动不断向大气中排放大量温室气体，加剧了温室效应，造成人为气候变化。地球现在的变暖速度比近几百万年来的任何时候都要快得多。联合国政府间气候变化专门委员会（Intergovernmental Panel on Climate Change，IPCC）明确指出，二氧化碳是全球长期变暖的主要驱动因素。《巴黎协定》的签署减缓了全球变暖的步伐，一些缔约方就二氧化碳减排计划给出了实质性承诺。

一些《巴黎协定》缔约方（如欧盟、中国、加拿大和澳大利亚）也采用ETS为减排提供经济激励，以实现二氧化碳减排。ETS通常按照“限额与交易”（cap and trade，CAP）原则运作。“限额”是指允许的温室气体排放总量，“交易”是指企业之间可以进行排放配额的交易。尽管一些缔约方提出了具体的二氧化碳减排计划，但有必要引入适当的方法来调查组织的环境效率并确定其二氧化碳减排潜力。

更重要的是，还必须考察碳排放交易机制对组织生产技术和减排潜力的影响。在DEA 中，生产技术也称为生产可能集。它依据 DMU 的实际投入产出观测数据，通过数学规划形式刻画 DMU 的可能投入产出集合（Banker et al.，1984）。常规生产技术的制定需要使用一些标准生产公理。当采用排放交易时，一些标准公理（如弱可处置性和锥凸性）需要重新表述。因此，需要相应调整生产技术的数学公式。具体来说，由于排放交易的存在，需要将 DMU 更多可能的生产添加到生产技术（或生产可能集）中。

现有研究仅将二氧化碳排放视为非期望产出，并建立了效率评估的生产可能集。然而，现有研究均未注意到碳排放交易机制的采用会导致生产可能集（或生产技术）在构建时的改变。具体来说，在对生产技术进行生产公理分析时，假设DMU 的生产属于二氧化碳排放量变化时的生产技术。如果采用碳排放交易机制，那么这种变化就需要交易 ETS 中的碳排放许可证数量以适应 DMU 二氧化碳排放量的变化，从而导致其货币产出的额外变化。然而现有的生产公理分析中并没有考虑碳排放许可证与货币产出之间的这种交易关系，导致以往研究构建的生产技术并没有考虑到 DMU 新生成的货币产出是否额外增加或减少。因此，如果采用碳排放交易机制，传统的生产公理可能无法准确反映实践。因此，必须重新研究生产技术。

本章提出了一种考虑碳排放许可证交易的 DMU 绩效评估新方法，以填补上述的研究空白。考虑到碳排放许可证交易，本章提供了明确的生产公理，建立了新的生产技术。此外，还提出了几种模型来估计二氧化碳排放减排潜力并评估DMU 的效率。此外，还分析了碳排放交易机制对二氧化碳减排潜力和 DMU 效率的影响。本章通过提供一种考虑碳排放许可证交易的新型非参数生产技术来分析碳排放许可证交易的影响机制。最后，将本章方法应用于中国火电行业的案例研究。

7.3 碳交易背景下生产技术假设

基于碳交易背景，本节提出假设 7.1 和假设 7.2 以进行后续的分析。

假设 7.1 DMU 所拥有的二氧化碳排放许可证等于其上一阶段的二氧化碳排放水平。

假设 7.2 在该生产系统中，如果 DMU 当期的减排责任小于其碳排放许可证水平，那么该 DMU 必须进入碳交易平台交易其剩余的碳排放许可证给那些达不到其减排责任的 DMU。

由于 DMU 在一个生产周期内会产生一定量的二氧化碳，因此必须持有并使用相同数量的碳排放许可证来支持其生产。因此，当假设 DMU 的新生产减少了其碳排放时，它将保留一些未使用的排放许可证，这些排放许可证水平将在碳交易市场上出售以产生额外的货币产出。因此，假设 7.1 假设 DMU 拥有的碳排放许可证等于其在采用碳排放许可证交易时排放的二氧化碳量。例如，某火力发电厂在一个生产期内排放 1.0×10^8 吨二氧化碳，则应持有和使用 1.0×10^8 吨碳排放许可证。另外，如果公司的生产发生变化，其二氧化碳排放量减少到 8×10^7 吨，则剩余 2×10^7 吨未使用的排放许可证将会被放在交易市场上去转化为额外收入，即潜在的货币收入。假设 7.2 限定了冗余碳排放许可证的处理路径为进入碳交易市场进行出售，假设的目的在于可以使碳排放总配额被充分利用，避免了碳排放许可证的浪费。

在 DEA 中，生产可能集表示为 $T=\left\{\left(X,Y,g,b\right)\middle|X\text{可以生产}Y\text{、}g\text{和}b\right\}\in\mathbb{R}_+^{m+s+2}$。其中本节用到的符号含义如下：

X——投入；

X_j——第 j 个 DMU 的投入，$X_j=(x_{1j},x_{2j},\cdots,x_{mj})$；

Y——期望产出（不包括货币产出）；

Y_j——第 j 个 DMU 的产出，$Y_j=(y_{1j},y_{2j},\cdots,y_{sj})$；

g——货币产出（也属于期望产出）；

b——非期望产出（一般指生产中的副产物，如发电产生的二氧化碳）；

m——投入的类别，即 m 种投入；

s——期望产出 Y 的类别，即 s 种产出；

λ_j,μ_j——DMU_j 的强度变量；

T——生产可能集，即包含了所有生产可能的情况。

一般认为 T 满足下列的生产公理。

公理 7.1　可行性：所有参与评估的 DMU 的生产集合都属于 T，即 $\left(X_j,Y_j,g_j,b_j\right)\in T,\forall j\in J$。

公理 7.2　凸性：当 $\sum_{j=1}^{n}u_j=1$ 和 $u_j\geqslant0,\forall j\in J$ 时，$(X_j,Y_j,g_j,b_j)\in T$ 表示 $\left(\sum_{j=1}^{n}u_jX_j,\sum_{j=1}^{n}u_jY_j,\sum_{j=1}^{n}u_jg_j,\sum_{j=1}^{n}u_jb_j\right)\in T$。

公理 7.3　自由可处置性（投入和期望产出）：已知 $(X,Y,g,b)\in T$，若有 $X'\geqslant X$、$Y'\leqslant Y$、$g'\leqslant g$ 和 $b'=b$，则 $\left(X',Y',g',b'\right)\in T$。

公理 7.4　弱可处置性（非期望产出）：已知 $\left(X,Y,g,b\right)\in T$，$0\leqslant\alpha\leqslant1$，那么 $\left(X,\alpha Y,\alpha g,\alpha b\right)\in T$。

公理 7.5　锥凸性：若 $\beta\geqslant0,(X,Y,g,b)\in T$，则 $\left(\beta X,\beta Y,\beta g,\beta b\right)\in T$。

公理 7.6　最小性公理：满足公理 7.1～公理 7.3（或公理 7.1、公理 7.3 和公理 7.5）的最小集合。

公理 7.1 说明所有的 DMU 都属于该生产可能集；公理 7.2 表示生产可能集内的 DMU 的线性组合属于该生产可能集；公理 7.3 表明增加投入、减少期望产出和非期望产出不改变的生产结构仍属于该生产可能集，所以投入和期望产出具有自由可处置性；公理 7.6 保证了生产可能集的唯一性；公理 7.4 意在表明，在给定的投入资源水平下，生产中非期望产出（b）的减少需要同时减少期望产出（Y 和 g）。例如，如果 DMU 的期望产出和货币产出减少 10%，同时保持该 DMU 的投入不变，则 DMU 的二氧化碳排放量可能会减少 10%。

定义 7.1　当在生产中考虑碳交易时，生产可能集 $T^{\text{NTRD}}=\left(X,Y,g,b\right)\in\mathbb{R}_{+}^{m+s+2}$ 为满足公理 7.1～公理 7.4 的交集，有下列约束：

$$\sum_{j=1}^{n}\left(\lambda_j+\mu_j\right)X_j\leqslant X \tag{7.1a}$$

$$\sum_{j=1}^{n}\lambda_j Y_j\geqslant Y \tag{7.1b}$$

$$\sum_{j=1}^{n}\lambda_j g_j\geqslant g \tag{7.1c}$$

$$\sum_{j=1}^{n}\lambda_j b_j=b \tag{7.1d}$$

$$\sum_{j=1}^{n}\left(\lambda_j+\mu_j\right)=1 \tag{7.1e}$$

$$\lambda_j\geqslant 0,\ \forall j\in J \tag{7.1f}$$

$$\mu_j\geqslant 0,\ \forall j\in J \tag{7.1g}$$

公理 7.4 表明在给定的投入水平下，DMU 可以产生与当前水平成比例减少的产出水平。然而，在考虑碳排放许可证交易时，该公理并不能反映实际情况。具体而言，可以考虑以下情况。

情景 7.1：基于公理 7.4，有 $\left(X,Y,g,b\right)\in T$ 、$0\leqslant\alpha\leqslant 1$ 的条件，则 $\left(X,\alpha Y,\alpha g,\alpha b\right)\in T$ 。这说明给定投入 X ，DMU 可生成的产出水平为 αY 、αg 、αb 。因此该 DMU 的碳排放也应减少到 αb 去适应该生产。具体而言，根据假设 7.1，该 DMU 拥有的碳排放许可证水平为 b ，该碳排放许可证水平大于其二氧化碳产生水平。因此，DMU 将出售超出的碳排放许可证的超额部分 $\left(1-\alpha\right)b$ ，所以该 DMU 的货币产出变为 $\alpha g+c\left(1-\alpha\right)b$ 。

基于情景 7.1，本章提出以下公理。

公理 7.4*　碳交易背景下非期望产出的弱可处置性：如果有 $(X,Y,g,b)\in T$、$0\leqslant\alpha\leqslant 1$ 的条件，则 $(X,\alpha Y,\alpha g+c(1-\alpha)b,\alpha b)\in T$。

定义 7.2　考虑碳交易背景，本章提出的生产技术 $T^{\mathrm{TRD}}=(X,Y,g,b)\in\mathbb{R}_{+}^{m+s+2}$ 为满足公理 7.1、公理 7.2、公理 7.3 和公理 7.4*的交集。

定理 7.1　生产技术 T^{TRD} 为 $(X,Y,g,b)\in\mathbb{R}_{+}^{m+s+2}$ 的所有 DMU 的集合，当 $\lambda_j\geqslant 0,\forall j\in J$ 和 $\mu_j\geqslant 0,\forall j\in J$ 时，约束条件（7.2）为真。

$$\sum_{j=1}^{n}\left(\lambda_j+\mu_j\right)X_j\leqslant X \tag{7.2a}$$

$$\sum_{j=1}^{n}\lambda_j Y_j\geqslant Y \tag{7.2b}$$

$$\sum_{j=1}^{n}\left(\lambda_j g_j+c\mu_j b_j\right)\geqslant g \tag{7.2c}$$

$$\sum_{j=1}^{n}\lambda_j b_j=b \tag{7.2d}$$

$$\sum_{j=1}^{n}\left(\lambda_j+\mu_j\right)=1 \tag{7.2e}$$

$$\lambda_j\geqslant 0,\ \forall j\in J \tag{7.2f}$$

$$\mu_j\geqslant 0,\ \forall j\in J \tag{7.2g}$$

证明：根据公理 7.1、公理 7.2、公理 7.3 和公理 7.4*，存在满足这些公理的生产，若 $(X,Y,g,b)\in\mathbb{R}_{+}^{m+s+2}$ 满足上述生产，则应满足约束（7.3）。

$$\sum_{j=1}^{n}u_j X_j\leqslant X \tag{7.3a}$$

$$\sum_{j=1}^{n}u_j\alpha_j Y_j\geqslant Y \tag{7.3b}$$

$$\sum_{j=1}^{n}u_j\left[\alpha_j g_j+c\left(1-\alpha_j\right)b_j\right]\geqslant g \tag{7.3c}$$

$$\sum_{j=1}^{n}u_j\alpha_j b_j=b \tag{7.3d}$$

$$\sum_{j=1}^{n} u_j = 1 \tag{7.3e}$$

$$\mu_j \geqslant 0,\ \forall j \in J \tag{7.3f}$$

$$0 \leqslant \alpha_j \leqslant 1,\ \forall j \in J \tag{7.3g}$$

设置$\varphi_j = 1 - \alpha_j, \forall j \in J$，$\varphi_j \geqslant 0, \forall j \in J$，其中$0 \leqslant \alpha_j \leqslant 1$。上述约束则可以转为约束（7.4）。

$$\sum_{j=1}^{n} u_j \left(\alpha_j + \varphi_j\right) X_j \leqslant X \tag{7.4a}$$

$$\sum_{j=1}^{n} u_j \alpha_j Y_j \geqslant Y \tag{7.4b}$$

$$\sum_{j=1}^{n} u_j \alpha_j g_j + c u_j \varphi_j b_j \geqslant g \tag{7.4c}$$

$$\sum_{j=1}^{n} u_j \alpha_j b_j = b \tag{7.4d}$$

$$\sum_{j=1}^{n} u_j \left(\alpha_j + \varphi_j\right) = 1 \tag{7.4e}$$

$$u_j \geqslant 0,\ \forall j \in J \tag{7.4f}$$

$$0 \leqslant \alpha_j \leqslant 1,\ \forall j \in J \tag{7.4g}$$

$$\varphi_j \geqslant 0,\ \forall j \in J \tag{7.4h}$$

设置$\lambda_j = u_j \alpha_j$，$\mu_j = u_j \varphi_j$，则约束（7.4）完全等价于约束（7.2）。证毕。

定理 7.2　如有$\left(X, Y, g, b\right) \in T^{\mathrm{NTRD}}$，则必有$\left(X, Y, g, b\right) \in T^{\mathrm{TRD}}$。

证明：如果$\left(X, Y, g, b\right) \in T^{\mathrm{NTRD}}$，那么约束（7.2）中的所有条件都满足，比较约束（7.2）和约束（7.1）可以发现，只有$\sum_{j=1}^{n} \lambda_j g_j \geqslant g$和$\sum_{j=1}^{n} \left(\lambda_j g_j + c\mu_j b_j\right) \geqslant g$不同，其余约束完全相同。又因为$\mu_j \geqslant 0, \forall j \in J$，$c \geqslant 0$且$b_j \geqslant 0, \forall j \in J$。所以$\sum_{j=1}^{n} \lambda_j g_j \geqslant g$可以推出$\sum_{j=1}^{n} \left(\lambda_j g_j + c\mu_j b_j\right) \geqslant g$，如有$\left(X, Y, g, b\right) \in T^{\mathrm{NTRD}}$，则必有$\left(X, Y, g, b\right) \in T^{\mathrm{TRD}}$。

公理 7.5 表明，观察到的 DMU 的比例扩张或缩减也属于T。但是，该公理未能反映考虑碳排放许可证交易时的实际情况。当碳排放许可证交易被纳入生产结构中后，可以考虑以下两种情况。

情景 7.2：在公理 7.5 中，如果$0 \leqslant \beta < 1$，则生产结构为$\left(\beta X, \beta Y, \beta g, \beta b\right)$的

DMU 的二氧化碳产出被要求为βb，根据假设 7.1，该 DMU 拥有的碳排放许可证水平为b，该水平大于其二氧化碳的产生水平。因此，该 DMU 将出售其碳排放许可权的超额部分$(1-\beta)b$，从而将货币输出增加到$\beta g+c(1-\beta)b$。

情景 7.3：在公理 7.5 中，如果$\beta>1$，则该 DMU 产生的二氧化碳量增加到βb。此时该 DMU 的碳排放许可证水平并不能覆盖其实际碳排放量。因此，DMU 必须购买额外的碳排放许可证水平，这会导致成本增加，从而其货币产出将会减少到$\beta g+c(1-\beta)b$。

在管理实践中，假设 DMU 可以无限制地按比例扩大其生产通常是不合理的。此外，现实世界中的任何组织都不会购买无限量的碳排放许可证。本章考虑到这一点，对β设置一个上界，即$0\leqslant\beta\leqslant\beta^{U}$，其中$\beta^{U}\geqslant1$是$\beta$的预定上界。

基于上述情况的分析，本章提出下面的公理 7.5*。

公理 7.5*　碳交易背景下的凸锥性：如果有以下条件，$(X,Y,g,b)\in T, 0\leqslant\beta\leqslant\beta^{U}$且$\beta^{U}\geqslant1$，那么有$(\beta X,\beta Y,\beta g+c(1-\beta)b,\beta b)\in T$。

定理 7.3　若生产可能集 T 满足生产公理 7.3 和公理 7.5*，那么T满足公理 7.4*。

证明：如果生产可能集T满足生产公理 7.5*，有$(X,Y,g,b)\in T$，$0\leqslant\beta\leqslant\beta^{U}$且$\beta^{U}\geqslant1$，则$(\beta X,\beta Y,\beta g+c(1-\beta)b,\beta b)\in T$，$T$也满足生产公理 7.3，因此有$X'\geqslant\beta X$，$Y'\leqslant\beta Y$，$g'\leqslant\beta g+c(1-\beta)b$和$b'=\beta b$，可推出$(X',Y',g',b')\in T$。因此得到，$\alpha=\beta\in[0,1]$，$X'\geqslant\alpha X$，$Y'\leqslant\alpha Y$，$g'\leqslant\alpha g+c(1-\alpha)b$以及$b'=\alpha b$，也可以推出$(X',Y',g',b')\in T$。其中$X\geqslant\alpha X$一定成立，因为$\alpha\in[0,1]$，所以$T$满足公理 7.4*。

定义 7.3　设$T^{\text{TRD-C}}$为考虑碳排放许可证交易的 CRS 生产技术，$T^{\text{TRD-C}}=(X,Y,g,b)\in\mathbb{R}_{+}^{m+s+2}$为满足公理 7.1、公理 7.2、公理 7.3 和公理 7.5*的交集。

定理 7.4　$T^{\text{TRD-C}}$为$(X,Y,g,b)\in\mathbb{R}_{+}^{m+s+2}$的所有 DMU 的集合，对于$\lambda_j\geqslant0,\forall j\in J$和$u_j\geqslant0,\forall j\in J$，$T^{\text{TRD-C}}$满足约束条件（7.5）。

$$\sum_{j=1}^{n}\lambda_j X_j\leqslant X \tag{7.5a}$$

$$\sum_{j=1}^{n}\lambda_j Y_j\geqslant Y \tag{7.5b}$$

$$\sum_{j=1}^{n}\left[\lambda_j g_j+c\left(u_j-\lambda_j\right)b_j\right]\geqslant g \tag{7.5c}$$

$$\sum_{j=1}^{n}\lambda_j b_j = b \tag{7.5d}$$

$$0 \leqslant \lambda_j \leqslant \beta^{\mathrm{U}} u_j,\ \forall j \in J \tag{7.5e}$$

$$u_j \geqslant 0,\ \forall j \in J \tag{7.5f}$$

证明：根据公理 7.1～公理 7.3 和公理 7.5*，如果$(X,Y,g,b)\in \mathbb{R}_{+}^{m+s+2}$满足上述定理，那么它将满足约束（7.6）。

$$\sum_{j=1}^{n}u_j\beta_j X_j \leqslant X \tag{7.6a}$$

$$\sum_{j=1}^{n}u_j\beta_j Y_j \geqslant Y \tag{7.6b}$$

$$\sum_{j=1}^{n}u_j\left[\beta_j g_j + c\left(1-\beta_j\right)b_j\right] \geqslant g \tag{7.6c}$$

$$\sum_{j=1}^{n}u_j\beta_j b_j = b \tag{7.6d}$$

$$u_j \geqslant 0,\ \forall j \in J \tag{7.6e}$$

$$0 \leqslant \beta_j \leqslant \beta^{\mathrm{U}},\ \forall j \in J \tag{7.6f}$$

令$\lambda_j = u_j\beta_j, \forall j \in J$。因为$\beta_j \geqslant 0, \forall j \in J, u_j \geqslant 0, \forall j \in J$，所以$\lambda_j \geqslant 0, \forall j \in J$。则约束（7.6）等价于约束（7.5）。

7.4 碳交易背景下的组织效率评价模型

7.4.1 最大减排潜力测算模型

碳减排潜力，就是 DMU 减少二氧化碳排放的潜力。碳减排潜力显示了考虑改进生产技术以促进高效生产的 DMU 在减少二氧化碳排放方面的能力。碳减排潜力指标关系着企业的碳排放水平和国家总体减排目标的实现。只有 DMU 了解了自身减排潜力后，才能为实现自身减排责任更好地对下一阶段的生产结构做出调整。所以确定 DMU 自身的碳减排潜力是非常具有实际意义的。

碳减排潜力测算的主要思想是将 DMU 的生产与生产可能集中的生产进行比较，以确定其二氧化碳减少量，同时保持其他投入和产出的水平。当不考虑碳交易时，本章采用生产技术T^{NTRD}，模型（7.7）为不考虑碳交易时 DMU 的二氧化碳减排潜力测算。Kuosmanen（2005）、Kuosmanen 和 Podinovski（2009）以及 Lee（2018）等的研究中也有类似的生产结构。

$$\Delta b_d^{\text{NTRD}} = \max \Delta b_d \tag{7.7}$$

$$\text{s.t.} \quad \sum_{j=1}^{n} \left(\lambda_j + \mu_j\right) X_j \leqslant X_d \tag{7.7a}$$

$$\sum_{j=1}^{n} \lambda_j Y_j \geqslant Y_d \tag{7.7b}$$

$$\sum_{j=1}^{n} \lambda_j g_j \geqslant g_d \tag{7.7c}$$

$$\sum_{j=1}^{n} \lambda_j b_j = b_d - \Delta b_d \tag{7.7d}$$

$$\sum_{j=1}^{n} \left(\lambda_j + \mu_j\right) = 1 \tag{7.7e}$$

$$\lambda_j \geqslant 0,\ \forall j \in J \tag{7.7f}$$

$$\mu_j \geqslant 0,\ \forall j \in J \tag{7.7g}$$

$$\Delta b_d \geqslant 0 \tag{7.7h}$$

其中，Δb_d 表示 DMU_d 的减排潜力。从约束条件中可以发现，投入产出之间都是相互独立的，不存在相互转换关系。

当考虑碳交易背景时，货币产出和二氧化碳排放指标存在部分相互转化关系，所以碳交易背景下的减排潜力测算模型如下：

$$\Delta b_d^{\text{TRD}} = \max \Delta b_d \tag{7.8}$$

$$\text{s.t.} \quad \sum_{j=1}^{n} \left(\lambda_j + \mu_j\right) X_j \leqslant X_d \tag{7.8a}$$

$$\sum_{j=1}^{n} \lambda_j Y_j \geqslant Y_d \tag{7.8b}$$

$$\sum_{j=1}^{n} \left(\lambda_j g_j + c\mu_j b_j\right) \geqslant g_d \tag{7.8c}$$

$$\sum_{j=1}^{n} \lambda_j b_j = b_d - \Delta b_d \tag{7.8d}$$

$$\sum_{j=1}^{n} \left(\lambda_j + \mu_j\right) = 1 \tag{7.8e}$$

$$\lambda_j \geqslant 0,\ \forall j \in J \tag{7.8f}$$

$$\mu_j \geqslant 0,\ \forall j \in J \tag{7.8g}$$

$$\Delta b_d \geqslant 0 \tag{7.8h}$$

其中，c 表示碳交易市场中的碳交易价格。通过模型（7.7）和模型（7.8），输入相应的投入产出指标，运用 MATLAB 软件，DMU_d 在碳交易背景下的最大减排潜力 $\Delta b_d^{\mathrm{TRD}}$ 和不考虑碳交易背景时的最大减排潜力 $\Delta b_d^{\mathrm{NTRD}}$ 可以很容易得到。通过比较上述模型（7.7）和模型（7.8），给出了如下的命题 7.1、定理 7.5 和定理 7.6 及一些注解。

命题 7.1 $b_d^{\mathrm{NTRD}} \leqslant \Delta b_d^{\mathrm{TRD}}, \forall d \in J$。

证明：由定理 7.2 可知，模型（7.7）的任意解一定是模型（7.8）的可行解，所以命题 7.1 得证。

注解 7.1 命题 7.1 表明，DMU 采用碳排放交易机制后，具有更多减少二氧化碳排放的潜力。这符合并支持政府采用排放交易系统来刺激 DMU 减少二氧化碳排放的目的。

定理 7.5 关于模型（7.8）的最优目标函数值 $\Delta b_d^{\mathrm{TRD}}(c)$，其作为碳交易价格 c 的函数，$\Delta b_d^{\mathrm{TRD}}(c)$ 随着 c 的增加单调不减。

证明：令当 $0 \leqslant c' \leqslant c''$ 且 $c = c'$ 时，模型（7.8）的解为 $\left(\lambda_j', \forall j \in J, \mu_j', \forall j \in J, \Delta b_d'\right)$，即有 $\Delta b_d^{\mathrm{TRD}}(c') = \Delta b_d'$，$\sum_{j=1}^{n}\left(\lambda_j' g_j + c'\mu_j' b_j\right) \geqslant g_d$。在约束（7.8c）中，已知 $\mu_j' \geqslant 0, \forall j \in J$ 和 $b_j \geqslant 0, \forall j \in J$，因为 $c'' \geqslant c' > 0$，所以 $\sum_{j=1}^{n}\left(\lambda_j' g_j + c''\mu_j' b_j\right) \geqslant g_d$ 也成立，可以得到当 $c = c''$ 时，$\left(\lambda_j', \mu_j', \forall j \in J, \Delta b_d'\right)$ 也是模型（7.8）的可行解。所以 $\Delta b_d^{\mathrm{TRD}}(c'') \geqslant \Delta b_d^{\mathrm{TRD}}(c') = \Delta b_d'$。

注解 7.2 定理 7.5 表明，如果提高碳交易价格，DMU 更有可能减少二氧化碳排放。这种情况表明，政府可以通过适当提高碳交易价格来刺激 DMU 减少二氧化碳排放。

定理 7.6 关于模型（7.8）的最优目标函数值 $\Delta b_d^{\mathrm{TRD}}(c)$，其作为碳交易价格 c 的函数，存在一个临界点 $c^{\mathrm{thres}} > 0$，如果 $c \geqslant c^{\mathrm{thres}}$，则模型（7.8）的最优解 $\Delta b_d^{\mathrm{TRD}}(c)$ 随着 c 的增加保持不变。

证明：首先考虑模型（7.9）：

$$\Delta b_d^{\mathrm{TRD}*} = \max \Delta b_d \tag{7.9}$$

$$\text{s.t.} \quad \sum_{j=1}^{n}\left(\lambda_j + \mu_j\right) X_j \leqslant X_d \tag{7.9a}$$

$$\sum_{j=1}^{n}\lambda_j Y_j \geqslant Y_d \tag{7.9b}$$

$$\sum_{j=1}^{n}\lambda_j b_j = b_d - \Delta b_d \tag{7.9c}$$

$$\sum_{j=1}^{n}\left(\lambda_j + \mu_j\right)=1 \tag{7.9d}$$

$$\lambda_j \geqslant 0,\ \forall j \in J \tag{7.9e}$$

$$\mu_j \geqslant 0,\ \forall j \in J \tag{7.9f}$$

$$\Delta b_d \geqslant 0 \tag{7.9g}$$

模型（7.9）和模型（7.8）相比仅少了一个约束条件 $\sum_{j=1}^{n}\left(\lambda_j g_j + c\mu_j b_j\right)\geqslant g_d$。不难证明模型（7.8）的最优解为模型（7.9）的可行解，因此有 $\Delta b_d^{\text{TRD}} \leqslant \Delta b_d^{\text{TRD*}}$，$\forall d \in J$。令模型（7.9）的最优解为 $\left(\lambda_j', \mu_j', \forall j \in J, \Delta b_d'\right)$。令 $c^{\text{thres}} = \min\left\{c \middle| \sum_{j=1}^{n}\left(\lambda_j' g_j + c\mu_j' b_j\right)\geqslant g_d\right\}$，如果 $c \geqslant c^{\text{thres}}$，那么 $\sum_{j=1}^{n}\left(\lambda_j' g_j + c\mu_j' b_j\right)\geqslant g_d$，所以 $c \geqslant c^{\text{thres}}$，则 $\left(\lambda_j', \mu_j', \forall j \in J, \Delta b_d'\right)$ 也是模型（7.8）的可行解。因此有 $\Delta b_d^{\text{TRD}} \geqslant \Delta b_d^{\text{TRD*}}$，又因为 $\Delta b_d^{\text{TRD}} \leqslant \Delta b_d^{\text{TRD*}}$，所以可以得到 $\Delta b_d^{\text{TRD}} = \Delta b_d^{\text{TRD*}}$。因此，如果在模型（7.8）中存在碳交易价格 $c \geqslant c^{\text{thres}}$ 的情况，模型（7.8）的最优目标函数值为 $\Delta b_d^{\text{TRD}}\left(c\right) = \Delta b_d^{\text{TRD*}}$，且随着 c 的增大而保持不变。

注解 7.3 定理 7.6 表明，当碳交易价格上升到阈值以上时，DMU 的二氧化碳减排潜力不变。也就是说，尽管碳交易价格之后继续上涨，但 DMU 的二氧化碳减排潜力并没有提高。这种情况与管理实践是一致的，碳交易价格不可能一直无上限增大，过高的价格反而会影响减排目标实现的进程。作为组织的决策者也不能总是通过提高碳交易价格来刺激 DMU 减少二氧化碳排放。此属性称为“有限增强性”。

总之，通过对考虑碳交易背景的组织最大减排潜力的研究发现，首先，组织在碳交易背景下将会表现出更大的减少二氧化碳排放的潜力（命题 7.1）；其次，提高碳交易价格，在一定限度内，会增加 DMU 的碳减排潜力（定理 7.5）；最后，因为碳交易价格存在有限增强性，所以当碳交易价格增加到阈值以上时，DMU 的二氧化碳减排潜力变得恒定（定理 7.6）。

7.4.2 环境绩效评价模型

7.3 节构建了碳交易背景下的生产可能集，本节主要提出新的效率评价模型去评价组织环境绩效。先给出传统的 DEA 效率评价模型——RAM 模型。RAM 模型是由 Aida 等（1998）和 Cooper 等（1999）首先提出的。本章将考虑改进 RAM 模型，使其适用于碳交易背景下的环境绩效评估。模型（7.10）为传统的 RAM 模型。

$$\Theta_d^{\mathrm{NTRD}}=\min\left[1-\frac{1}{m+s+2}\left(R_X\cdot\Delta X_d+R_Y\cdot\Delta Y_d+R_g\cdot\Delta g_d+R_b\cdot\Delta b_d\right)\right] \tag{7.10}$$

$$\text{s.t.}\ \sum_{j=1}^{n}\left(\lambda_j+\mu_j\right)X_j\leqslant X_d-\Delta X_d \tag{7.10a}$$

$$\sum_{j=1}^{n}\lambda_j Y_j\geqslant Y_d+\Delta Y_d \tag{7.10b}$$

$$\sum_{j=1}^{n}\lambda_j g_j\geqslant g_d+\Delta g_d \tag{7.10c}$$

$$\sum_{j=1}^{n}\lambda_j b_j=b_d-\Delta b_d \tag{7.10d}$$

$$\sum_{j=1}^{n}\left(\lambda_j+\mu_j\right)=1 \tag{7.10e}$$

$$\lambda_j\geqslant 0,\ \forall j\in J \tag{7.10f}$$

$$\mu_j\geqslant 0,\ \forall j\in J \tag{7.10g}$$

$$\Delta X_d\geqslant 0\in\mathbb{R}_+^m,\ \Delta Y_d\geqslant 0\in\mathbb{R}_+^s,\ \Delta g_d\geqslant 0,\ \Delta b_d\geqslant 0 \tag{7.10h}$$

其中，R_X 表示 m 种投入的 min-max（最小-最大）标准化的集合，$R_X=\left(\frac{1}{\max\limits_{j\in J}\{x_{1j}\}-\min\limits_{j\in J}\{x_{1j}\}},\cdots,\frac{1}{\max\limits_{j\in J}\{x_{mj}\}-\min\limits_{j\in J}\{x_{mj}\}}\right)$；同理，$R_Y,R_g,R_b$ 表示相应产出的 min-max 标准化，$R_Y=\left\{\frac{1}{\max\limits_{j\in J}\{y_{1j}\}-\min\limits_{j\in J}\{y_{1j}\}},\cdots,\frac{1}{\max\limits_{j\in J}\{y_{sj}\}-\min\limits_{j\in J}\{y_{sj}\}}\right\}$，$R_g=\frac{1}{\max\limits_{j\in J}\{g_j\}-\min\limits_{j\in J}\{g_j\}}$，$R_b=\frac{1}{\max\limits_{j\in J}\{b_j\}-\min\limits_{j\in J}\{b_j\}}$。目标函数 $\Theta_d^{\mathrm{NTRD}}\in[0,1]$ 为不考虑碳交易背景的 DMU_d 效率。

当考虑碳交易背景时，本节采用前文提出的生产技术构建碳交易背景下的

RAM 模型，如式（7.11）所示，其中T^{TRD}表示考虑碳交易背景的生产可能集。

$$\Theta_d^{\mathrm{TRD}} = \min\left[1 - \frac{1}{m+s+2}\left(R_X \cdot \Delta X_d + R_Y \cdot \Delta Y_d + R_g \cdot \Delta g_d + R_b \cdot \Delta b_d\right)\right] \tag{7.11}$$

$$\text{s.t.} \quad \sum_{j=1}^{n}\left(\lambda_j + \mu_j\right) X_j \leqslant X_d - \Delta X_d \tag{7.11a}$$

$$\sum_{j=1}^{n}\lambda_j Y_j \geqslant Y_d + \Delta Y_d \tag{7.11b}$$

$$\sum_{j=1}^{n}\left(\lambda_j g_j + c\mu_j b_j\right) \geqslant g_d + \Delta g_d \tag{7.11c}$$

$$\sum_{j=1}^{n}\lambda_j b_j = b_d - \Delta b_d \tag{7.11d}$$

$$\sum_{j=1}^{n}\left(\lambda_j + \mu_j\right) = 1 \tag{7.11e}$$

$$\lambda_j \geqslant 0,\ \forall j \in J \tag{7.11f}$$

$$\mu_j \geqslant 0,\ \forall j \in J \tag{7.11g}$$

$$\Delta X_d \geqslant 0 \in \mathbb{R}_+^m,\ \Delta Y_d \geqslant 0 \in \mathbb{R}_+^s,\ \Delta g_d \geqslant 0,\ \Delta b_d \geqslant 0 \tag{7.11h}$$

其中，R_X、R_Y、R_g、R_b和模型（7.10）中的含义一样，目标函数$\Theta_d^{\mathrm{TRD}} \in [0,1]$表示考虑碳交易背景的$\mathrm{DMU}_d$效率。

令$\left(\lambda_j^*, \mu_j^*, \forall j \in J, \Delta X_d^*, \Delta Y_d^*, \Delta g_d^*, \Delta b_d^*\right)$为模型（7.11）的最优解。在模型（7.11）等式的右边，因为目标函数的效率设定，碳排放交易程度降低。也就是说，当焦点 DMU 的二氧化碳减排水平因为顾及自身绩效必须减少时，该 DMU 的额外货币产出会被忽略。这说明当需要考虑效率目标函数时，DMU 自身的减排能力会有所降低，无法达到最大减排潜力。有这样的结论是因为模型（7.11）创建的主要目的是比较焦点DMU和其余DMU可能的生产以确定焦点DMU投入和产出的进一步改进。更重要的是，一个 DMU 的生产目标设定是一种事前设置（事前评估），这种事前设置表示在该 DMU 的上一个生产阶段已经完全利用了自身的碳排放许可证。因此，二氧化碳排放的减少限制并不意味着该 DMU 可以有冗余的二氧化碳排放许可证去出售。

命题 7.2　$\Theta_d^{\mathrm{TRD}} \leqslant \Theta_d^{\mathrm{NTRD}}, \forall d \in J$。

证明：命题 7.2 的证明过程可参照命题 7.1 的证明过程，与其证明过程相似，故在此省略。

推论 7.1　碳交易背景下的效率随着碳交易价格的增加呈现单调不增趋势。

命题 7.3　$\Delta b_d^{\text{TRD}} \geqslant \Delta b_d^*, \forall d \in J$ 。

证明：可以参考命题 7.1 的证明过程，较为简单，故此处省略。

注解 7.4　命题 7.2 表明考虑碳交易背景后，相较于传统不考虑碳交易的效率评估，DMU_d 的效率变低了。一个 DMU 的低效率意味着该 DMU 有额外的空间用于投入和产出的改进。该结论说明排放交易系统的引入为想要改进生产的 DMU 带来了更多的潜力。推论 7.1 也表明了主要决策者可以通过适当地增加碳交易价格来增进 DMU 生产改进的潜力。

注解 7.5　命题 7.3 表明 DMU_d 的二氧化碳减排目标 Δb_d^* 不大于其最大减排潜力 Δb_d^{TRD}，因为模型（7.11）需要考虑所有 DMU 的投入产出的改进，无法同时满足最大化自身减排潜力，所以 $\Delta b_d^{\text{TRD}} > \Delta b_d^*$ 。

7.5　碳交易价格灵敏度分析

本节探讨碳交易价格与碳减排潜力和 DMU 效率之间的关系。这些关系在定理 7.5 和推论 7.1 中进行了理论上的讨论和证明，表明碳交易价格的提高会提高 DMU 的碳减排潜力以及扩大投入产出上的改进空间。

7.5.1　碳交易价格对减排潜力的灵敏度分析

首先，在中国经济金融研究数据库（China Stock Market & Accounting Research Database，CSMAR）上收集了国内 2013～2021 年的碳交易价格数据，并进行了简单的数据处理，发现重要的碳交易价格集中区间为[10,50]，单位为元/吨，因此本节的碳交易价格区间设为[10,50]，为了便于数据的可视化和分析，设定步长为 5 来研究不同碳交易价格对效率的影响。参与实验的 DMU 是随机生成的。每个 DMU 均有一个相同的投入指标、期望产出指标、货币产出指标和二氧化碳排放产出（非期望产出）指标。DMU 的实验随机数据生成结果见表 7.1。

表 7.1　实验随机数据生成结果

DMU	投入	期望产出	货币产出	非期望产出
A	71	247	993	70
B	36	407	1338	89
C	54	262	1292	53
D	22	428	557	70
E	27	280	919	11
F	57	277	983	43

续表

DMU	投入	期望产出	货币产出	非期望产出
G	28	199	688	75
H	56	225	1002	94
I	98	206	1640	54
J	34	315	1891	87

基于模型（7.4），得到每个 DMU 的碳减排潜力结果，如表 7.2 所示。图 7.1 显示了 DMU 的二氧化碳减排潜力随碳交易价格变化的趋势。

表 7.2　不同碳交易价格下的碳减排潜力

DMU	10	15	20	25	30	35	40	45	50
A	55.71	59.13	60.30	60.30	60.30	60.30	60.30	60.30	60.30
B	0.00	0.00	0.00	0.00	0.00	0.00	0.00	0.00	0.00
C	17.04	18.05	21.44	24.49	28.42	31.93	34.57	36.62	38.48
D	0.00	0.00	0.00	0.00	0.00	0.00	0.00	0.00	0.00
E	0.00	0.00	0.00	0.00	0.00	0.00	0.00	0.00	0.00
F	27.71	27.88	28.45	28.96	29.63	30.23	30.68	31.03	31.35
G	67.18	67.18	67.18	67.18	67.18	67.18	67.18	67.18	67.18
H	80.10	85.16	85.16	85.16	85.16	85.16	85.16	85.16	85.16
I	0.00	3.21	14.00	23.68	33.45	41.30	45.91	45.91	45.91
J	0.00	0.00	0.00	0.00	0.00	0.00	0.00	0.00	24.76

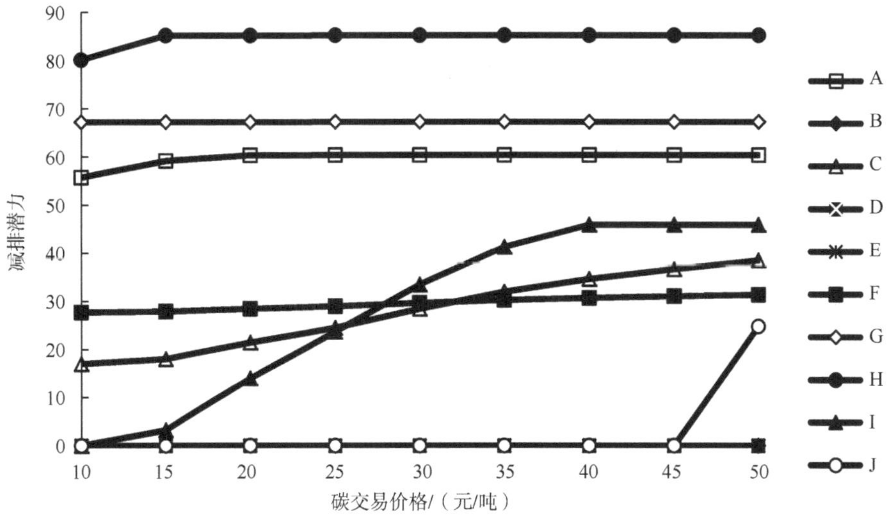

图 7.1　不同碳交易价格下减排潜力的变化趋势

从计算结果中可以得到几点：首先，DMU_A、DMU_C、DMU_F、DMU_H、DMU_I和DMU_J的二氧化碳减排潜力随着碳交易价格的上涨而增加。例如，当碳交易价格从 10 元/吨增加到 50 元/吨时，DMU_C的二氧化碳减排潜力从 17.04 增加到 38.48。在DMU_A中可以发现碳交易价格的“有限增强性”。具体来说，当碳交易价格增加到高于 16.48 元/吨时，DMU_A的二氧化碳减排潜力保持在 60.30，说明DMU_A的碳交易价格门槛为 16.48 元/吨，在高于这个门槛后，碳交易价格的变化对DMU_A无影响。此外，一些 DMU（即DMU_I和DMU_J）在碳交易价格非常低时没有任何减少其二氧化碳排放的潜力，即减排潜力为 0，但当碳交易价格上涨时，它们的减排潜力变为正值。其次，随着碳交易价格的提高，DMU_B、DMU_D、DMU_E和DMU_G的二氧化碳减排潜力得以维持。这一发现表明，碳交易价格的提高并不影响这些 DMU 的基准目标。总体而言，碳交易价格的提高，扩展了 DMU 的生产技术，从而提高了部分 DMU 的二氧化碳减排潜力。然而，由于碳交易价格的有限增强性，这种减排能力的增加是有限的，符合上文提出的注解 7.3。

7.5.2　碳交易价格对效率的灵敏度分析

为了研究碳交易价格对效率的影响，本章使用模型（7.11）来进行实验数据的效率测量。表 7.3 给出了当碳交易价格在 10 元/吨到 50 元/吨变化时，模型(7.11）计算的 DMU 效率。图 7.2 给出了在不同碳交易价格时清晰的效率变化情况。

表 7.3　不同碳交易价格设置下的效率评估结果

DMU	10	15	20	25	30	35	40	45	50
A	0.6578	0.6578	0.6578	0.6578	0.6523	0.6411	0.6084	0.5756	0.5423
B	1.0000	1.0000	1.0000	1.0000	1.0000	1.0000	1.0000	1.0000	1.0000
C	0.8470	0.8470	0.8470	0.8470	0.8395	0.8266	0.7982	0.7677	0.7368
D	1.0000	1.0000	1.0000	1.0000	1.0000	1.0000	1.0000	1.0000	1.0000
E	1.0000	1.0000	1.0000	1.0000	1.0000	1.0000	1.0000	1.0000	1.0000
F	0.8157	0.8157	0.8157	0.8157	0.8144	0.8115	0.7908	0.7633	0.7358
G	0.6722	0.6722	0.6722	0.6722	0.6692	0.6486	0.6081	0.5650	0.5219
H	0.6128	0.6128	0.6128	0.6128	0.6050	0.5874	0.5501	0.5128	0.4751
I	1.0000	0.7794	0.7339	0.7165	0.6905	0.6612	0.6200	0.5788	0.5373
J	1.0000	1.0000	1.0000	1.0000	1.0000	1.0000	1.0000	1.0000	0.9236
平均效率	0.8606	0.8385	0.8339	0.8322	0.8271	0.8176	0.7976	0.7763	0.7473

从表 7.3 的结果中可以得到以下观察结果。首先，当碳交易价格从 10 元/吨增

加到 50 元/吨时，DMU_B、DMU_D 和 DMU_E 仍保持最大效率（即效率为 1）。其他 DMU 的效率（即 10 个 DMU 中的另外 7 个）随着碳交易价格从 10 元/吨逐渐增加到 50 元/吨呈下降趋势。例如，当碳交易价格从 10 元/吨增加到 50 元/吨时，DMU_I 的效率从 1 下降到 0.5373。此外，图 7.2 也直观地显示了 DMU 的平均效率随着碳交易价格的增加而降低。这些观察结果与推论 7.1 的结论一致，即决策者可以通过适当增加碳交易价格来激励 DMU 对其生产进行额外的改进以提高效率（因为随着碳交易价格的增加，效率会降低）。因此，调整碳交易价格可产生一种新的生产技术，DMU 有可能对其投入和产出进行额外改进。

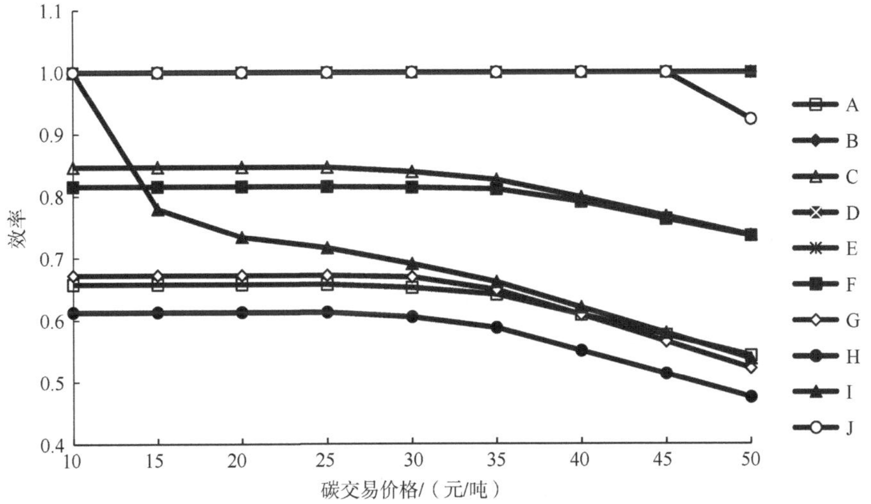

图 7.2　不同碳交易价格下效率的变化趋势

综上所述，本节首先使用随机数据将本章提出的新方法与不考虑碳交易背景的现有方法进行比较。对比结果表明，在考虑碳交易背景时，DMU 通常具有更大的碳减排潜力，并且它们的效率相较于传统模型测得的效率更低，在考虑目标绩效时，DMU 的减排能力小于减排潜力。这与命题 7.1 和命题 7.2 中的发现一致。另外，对碳交易价格灵敏度的分析表明，提高碳交易价格一般会导致 DMU 减排潜力的增加和 DMU 效率的降低。此外，在计算结果中可以清楚地看到碳交易价格的“有限增强性”。这些结果与定理 7.5 和推论 7.1 中的发现一致。这些结果刻画了碳交易价格和减排潜力及组织环境绩效之间的关系，在理论上成立的结论也通过随机算例得到验证。以上的减排潜力和组织环境绩效研究将被借鉴到对中国火力发电行业的研究中。

7.6 案例研究

为验证提出模型的可用性，将提出的绩效评估和分配方法应用于中国火电行业的案例研究中，进行应用实践。中国是一个煤炭资源丰富的大国，虽然也存在水力发电、风力发电、太阳能发电、核能发电等方式，但火力发电方式仍然是近年来电力来源的主要方式，位列第一。在火力发电过程中，可燃物（能源）、资金、劳动力的投入在经过发电装置转化为电能的同时，也排放了大量的二氧化碳，对环境造成了很严重的破坏，如雾霾、酸雨等。所以，火力发电行业在碳交易试点时期就被所有试点纳入减排行业。根据《2019 年全球能源与二氧化碳状况报告》（Global energy & CO_2 status report 2019），火力发电行业排放了 130 亿吨二氧化碳，占 2018 年能源相关二氧化碳排放总量的 38%。通过以上量化数字很容易得到：火力发电行业是中国亟待进行二氧化碳减排的一个行业。所以对火力发电行业进行调查，对于实现中国的二氧化碳减排目标至关重要。此类调查还旨在估算二氧化碳减排潜力，并为中国每个地区的火力发电设定生产目标，为其未来的生产提供决策意见。

在分析生产绩效的投入产出指标中，本节所呈现的分析使用了 2011～2016 年从我国 29 个地区（未统计新疆、西藏、港澳台地区）收集的数据。2017～2019 年的部分数据因缺失而不采用，因此，仅考虑 2011～2016 年的数据。将每个地区作为一个 DMU，对其火力发电行业的生产数据进行分析。根据对火力发电行业的分析研究，本节选择能源消耗、装机容量和劳动力作为每个地区的投入，其中装机容量和劳动力数据分别来自《中国电力年鉴》（2012～2017 年）和国家统计局。产出包括各地区的发电量、二氧化碳排放量和环境污染防治金（即货币产出），其中发电量数据来自国家统计局，每个地区的二氧化碳排放量采用 IPCC 部门方法计算，该方法已在之前的研究中被广泛采用。在此案例研究中，环境污染防治金作为国家用来促进减排的补贴或激励，被选为案例中受 DMU 碳排放交易影响的货币产出。根据《中国统计年鉴 2016》与《中国统计年鉴 2017》，2011～2016 年中国在环境污染治理上的平均投资约为 8667.72 亿元人民币，约占平均 GDP 的 1%。此外，中国政府出台了“谁污染谁治理”的政策。因此，每个地区的火力发电行业都必须在环保治理方面进行投资，才能达到政府要求的环保标准。因此，本节假设火力发电行业产生收入的 1%为环境污染防治金。各地区的投入产出指标描述如下：

x_1——能源消耗；

x_2——装机容量；

x_3——劳动力；

y——发电量；

m——环境污染防治金；

z——二氧化碳排放量。

表 7.4 对 29 个地区的生产数据进行了描述性统计分析，描述了 2011～2016 年我国火力发电行业生产的基本特征。我国火力发电行业的能源消耗和二氧化碳排放量的均值大体为下降趋势，2016 年能源投入最小值为 302.18 万吨标准煤，最大值为 9485.61 万吨标准煤；二氧化碳排放量最小值为 342.75 万吨，最大值为 16 525.78 万吨，说明我国火力发电行业的能源投入减少和二氧化碳的控排行为已经在为国家的绿色环境做加法，另外从投入产出指标可以看出不同区域之间的能源消耗、二氧化碳排放量和发电量差异很大，说明了不同区域间的火力发电水平参差不齐。

表 7.4　原始数据的描述性统计

年份	统计量	x_1/万吨标准煤	x_2/万千瓦	x_3/万人	y/(亿千瓦·时)	m/($\times 10^2$万元)	z/万吨
2011	平均值	4 311.64	2 592.38	11.25	1 296.60	505.71	7 524.69
	中位数	3 619.47	1 918.00	9.75	913.63	392.86	6 289.74
	标准差	3 066.93	1 887.07	5.59	972.43	412.61	5 423.89
	最小值	320.13	230.00	1.45	91.78	28.36	424.50
	最大值	11 507.06	6 480.00	21.46	3 562.63	1 505.97	20 257.88
2012	平均值	4 131.63	2 747.41	11.59	1 274.45	528.15	7 203.76
	中位数	3 518.58	2 118.00	9.88	882.45	360.99	5 947.80
	标准差	2 963.20	1 969.37	5.73	981.18	431.81	5 238.08
	最小值	328.08	230.00	1.98	114.70	38.88	458.54
	最大值	11 261.95	6 982.00	22.50	3 669.74	1 614.69	19 803.46
2013	平均值	3 672.93	2 898.03	13.63	1 417.45	566.72	6 389.13
	中位数	3 083.53	2 127.00	13.36	1 011.60	409.57	5 176.75
	标准差	2 640.27	2 115.73	7.37	1 082.30	452.62	4 663.78
	最小值	314.73	235.00	1.85	134.43	44.36	447.37
	最大值	9 509.50	7 555.00	32.18	4 099.24	1 701.18	16 703.65
2014	平均值	3 398.37	3 082.86	13.56	1 399.11	544.42	5 897.48
	中位数	2 775.83	2 138.00	13.42	933.34	350.27	4 545.15
	标准差	2 505.75	2 256.30	7.20	1 099.99	440.20	4 426.80
	最小值	295.77	242.00	1.89	129.86	42.46	419.13
	最大值	9 273.31	8 073.00	30.80	4 049.84	1 636.14	16 278.23

续表

年份	统计量	x_1/万吨标准煤	x_2/万千瓦	x_3/万人	y/(亿千瓦・时)	m/($\times10^2$万元)	z/万吨
2015	平均值	3 183.22	3 321.24	13.31	1 391.70	564.34	5 471.57
	中位数	2 484.19	2 261.00	13.00	962.35	344.30	4 332.00
	标准差	2 408.77	2 440.94	7.14	1 175.34	497.20	4 247.99
	最小值	308.17	318.00	1.96	122.00	38.21	416.92
	最大值	9 100.82	8 754.00	30.71	4 502.09	2 009.55	15 912.01
2016	平均值	3 301.28	3 492.38	13.01	1 453.43	531.41	5 650.83
	中位数	2 652.76	2 322.00	12.35	900.20	324.42	4 619.34
	标准差	2 493.62	2 558.31	7.01	1 278.72	486.18	4 390.93
	最小值	302.18	402.00	2.16	152.19	39.30	342.75
	最大值	9 485.61	9 540.00	31.27	5 142.88	1 987.83	16 525.78

关于碳交易价格，因为中国在 2011 年和 2012 年尚未采用碳排放交易制度，因此，无碳交易价格一说。2013 年开始试点实行碳交易，2013～2016 年平均碳交易价格见表 7.5（数据来自 CSMAR）。起初的碳交易均价为 66.854 元/吨，随后逐渐减少，2016 年调整为 27.097 元/吨。为了削减实验的烦琐度，本节使用平均碳交易价格作为所有地区的碳交易价格。

表 7.5 平均碳交易价格（单位：元/吨）

指标	2013 年	2014 年	2015 年	2016 年
平均碳交易价格	66.854	43.691	31.329	27.097

7.6.1 火力发电行业最大减排潜力研究

模型（7.7）和模型（7.8）用于计算各地区二氧化碳减排潜力，结果列在表 7.6 中。DMU 的平均减排潜力也被计算出来，列在表 7.6 的最后一列。

表 7.6 地区二氧化碳的减排潜力（单位：万吨）

地区	2011 年	2012 年	2013 年	2014 年	2015 年	2016 年	平均值
安徽	1 823.88	1 753.88	1 274.01	1355.72	1275.37	1 220.12	1 450.50
北京	492.17	340.50	120.52	0.00	0.00	0.00	158.87
重庆	0.00	2 374.81	1 392.68	1 592.19	1 690.20	1 596.98	1 441.14
福建	534.55	838.67	347.02	288.55	682.28	1 040.30	621.90
甘肃	1 084.05	1 119.13	1 077.80	1 139.86	1 356.07	1 539.61	1 219.42

续表

地区	2011年	2012年	2013年	2014年	2015年	2016年	平均值
广东	0.00	0.00	0.00	0.00	0.00	0.00	0.00
广西	1 704.39	1 733.71	1 242.83	1 365.12	1 644.50	1 909.53	1 600.01
贵州	3 085.87	3 506.79	3 008.36	2 999.84	3 133.56	3 365.06	3 183.25
海南	0.00	0.00	0.00	0.00	0.00	0.00	0.00
河北	0.00	0.00	5 708.48	4 833.85	0.00	4 265.24	2 467.93
黑龙江	4 476.07	4 623.89	4 064.06	3 846.68	3 903.13	4 390.45	4 217.38
河南	6 935.92	5 086.63	3 790.92	3 548.51	3 709.08	3 882.74	4 492.30
湖北	5 376.10	5 584.62	2 832.73	2 780.02	2 794.95	2 927.75	3 716.03
湖南	4 024.60	3 763.26	2 877.22	2 814.68	3 187.14	3 538.27	3 367.53
内蒙古	7 849.89	8 072.48	0.00	0.00	0.00	6 422.94	3 724.22
江苏	0.00	0.00	0.00	0.00	0.00	0.00	0.00
江西	1 636.64	1 570.90	1 306.36	1 373.76	1 564.35	1 491.67	1 490.61
吉林	3 924.96	3 797.38	3 124.92	2 898.62	2 968.32	3 036.80	3 291.83
辽宁	5 435.67	5 127.96	4 674.92	4 225.32	3 803.32	3 904.92	4 528.68
宁夏	0.00	0.00	0.00	0.00	0.00	0.00	0.00
青海	0.00	0.00	0.00	0.00	0.00	0.00	0.00
陕西	3 413.75	4 188.40	0.00	0.00	3 109.34	3 333.34	2 340.80
山东	9 720.17	10 051.56	6 932.54	7 115.17	0.00	0.00	5 636.57
上海	57.57	29.49	0.00	0.00	0.00	0.00	14.51
山西	8 710.32	8 640.18	8 537.86	8 551.32	8 739.71	8 801.97	8 663.56
四川	4 087.44	4 133.97	3 629.23	3 281.46	3 083.85	3 254.48	3 578.40
天津	0.00	371.34	310.84	604.18	394.12	324.70	334.20
云南	3 390.56	3 502.60	3 171.59	2 764.33	2 704.69	2 816.46	3 058.37
浙江	0.00	0.00	0.00	0.00	0.00	0.00	0.00
平均值	2 681.54	2 765.94	2 049.13	1 978.59	1 715.31	2 174.60	2 227.52

从计算结果可以得出几个结论。首先，广东、海南、江苏、宁夏、青海和浙江地区在2011～2016年没有任何减少二氧化碳排放的潜力，换句话说，所有这些地区都始终使用火力发电行业的前沿技术，走在火力发电的前列。因为，这些地区（宁夏和青海除外）大部分属于东南沿海地区，受益于东南沿海地区发达的经济。因此，这些地区拥有额外的资源去支持它们在火力发电行业采用先进技术（尤其是污染处理技术），以提升效率并减少排放。其次，表7.6各地区平均减排潜力

表明山西的二氧化碳减排潜力最大，其次是山东。此外，东北地区（黑龙江、吉林、辽宁等）、西南地区（四川、贵州、云南等）和中部地区（河南、湖北、湖南等）也具有很大的减排潜力，其目前的二氧化碳排放量水平分布在 3000 万吨到 5000 万吨不等。平均而言，大部分地区都有可能具有减少超过 2000 万吨二氧化碳排放量的能力。这一发现也可以说明区域的火力发电厂也应当积极响应减排号召，提升自身减排能力，依据现在的区域二氧化碳排放现状来看，我国火力发电行业实现二氧化碳低排放还有很长的路要走，要实现“双碳”目标依然需要火力发电行业做出积极有效的减排行动。

7.6.2 火力发电行业效率评价研究

基于 7.6.1 节准备数据的充分性，本节使用模型（7.10）和模型（7.11）来计算区域的效率。表 7.7 列出了效率评估结果。此外，通过模型（7.10）和模型（7.11）获得的 DMU 二氧化碳减排目标列于表 7.8 中。基于效率评估和二氧化碳减排目标得到以下结果。首先，6 个 DMU（广东、海南、江苏、宁夏、青海和浙江）在 2011～2016 年的效率为 1。这表明这 6 个地区始终处在有效前沿上。因此，要求这些地区减少目标设定结果中的二氧化碳排放量是不必要的，它们已经实现了高效生产、高效排放。其次，东南地区的绩效表现普遍优于其他地区，部分原因可能来自东南地区的地理优势，其地处沿海，发达的第三产业极大促进了东南地区的经济发展。最后，各地区火力发电行业效率普遍较高，2011～2016 年 DMU 平均效率约为 0.9，虽然在 2013 年采用碳排放交易机制后，平均效率从 2012 年的 0.9067 下降到 0.8940，但是在 2013～2016 年，平均效率整体呈上升趋势，说明我国火力发电行业生产绩效逐步改善。

表 7.7 效率评估结果

地区	2011 年	2012 年	2013 年	2014 年	2015 年	2016 年
安徽	0.9525	0.9488	0.9505	0.9494	0.9522	0.9529
北京	0.9340	0.9387	0.9521	1.0000	1.0000	1.0000
重庆	1.0000	0.9189	0.9441	0.9175	0.9349	0.9442
福建	0.9696	0.9482	0.9687	0.9764	0.9591	0.9412
甘肃	0.9478	0.9469	0.9046	0.8945	0.9190	0.9167
广东	1.0000	1.0000	1.0000	1.0000	1.0000	1.0000
广西	0.9306	0.9204	0.9017	0.8882	0.9015	0.8981
贵州	0.9171	0.9067	0.8538	0.8532	0.8804	0.8822
海南	1.0000	1.0000	1.0000	1.0000	1.0000	1.0000

续表

地区	2011 年	2012 年	2013 年	2014 年	2015 年	2016 年
河北	1.0000	1.0000	0.8429	0.8614	1.0000	0.8654
黑龙江	0.8332	0.8214	0.7466	0.8034	0.8343	0.8376
河南	0.8016	0.8088	0.7771	0.7940	0.8262	0.8118
湖北	0.8052	0.7799	0.8201	0.8211	0.8753	0.8783
湖南	0.8607	0.8419	0.8201	0.8318	0.8504	0.8575
内蒙古	0.7956	0.7961	1.0000	1.0000	1.0000	0.8132
江苏	1.0000	1.0000	1.0000	1.0000	1.0000	1.0000
江西	0.9215	0.9170	0.9075	0.9044	0.9179	0.9508
吉林	0.8781	0.8791	0.7813	0.8353	0.8746	0.8894
辽宁	0.8092	0.8162	0.7596	0.8215	0.8713	0.8731
宁夏	1.0000	1.0000	1.0000	1.0000	1.0000	1.0000
青海	1.0000	1.0000	1.0000	1.0000	1.0000	1.0000
陕西	0.9064	0.8906	1.0000	1.0000	0.8921	0.8902
山东	0.7720	0.7432	0.7101	0.7460	1.0000	1.0000
上海	0.9932	0.9895	1.0000	1.0000	1.0000	1.0000
山西	0.8195	0.8145	0.7683	0.7742	0.7786	0.7660
四川	0.8183	0.8067	0.7248	0.7608	0.7883	0.8124
天津	1.0000	0.9874	0.9865	0.9690	0.9874	0.9881
云南	0.8869	0.8729	0.8059	0.8411	0.8773	0.8822
浙江	1.0000	1.0000	1.0000	1.0000	1.0000	1.0000
平均值	0.9156	0.9067	0.8940	0.9049	0.9283	0.9190

表 7.8　二氧化碳减排目标（单位：万吨）

地区	2011 年	2012 年	2013 年	2014 年	2015 年	2016 年
安徽	1247.73	1216.04	1175.44	1230.84	1074.08	910.51
北京	408.52	265.94	66.96	0.00	0.00	0.00
重庆	0.00	2260.39	1338.50	1476.38	1367.19	1224.39
福建	92.35	165.08	287.31	85.80	304.60	524.08
甘肃	613.69	733.03	819.27	897.79	833.43	849.60
广东	0.00	0.00	0.00	0.00	0.00	0.00
广西	1346.06	1364.06	970.74	1161.14	1169.22	1240.15
贵州	2348.20	2899.81	2468.17	2646.90	2554.86	2710.19
海南	0.00	0.00	0.00	0.00	0.00	0.00

续表

地区	2011 年	2012 年	2013 年	2014 年	2015 年	2016 年
河北	0.00	0.00	5708.48	4726.10	0.00	4143.21
黑龙江	3953.24	4204.80	3666.66	3580.07	3361.38	3680.35
河南	4969.95	3477.56	2822.88	2870.74	2788.34	2905.17
湖北	4822.83	5077.10	2305.80	2449.90	2199.57	2176.32
湖南	3658.70	3107.95	2430.85	2557.41	2653.65	2836.06
内蒙古	7556.90	7675.08	0.00	0.00	0.00	6135.49
江苏	0.00	0.00	0.00	0.00	0.00	0.00
江西	1286.39	1151.46	1009.11	1219.84	1116.28	956.40
吉林	3554.98	3516.82	2784.25	2685.38	2471.78	2363.18
辽宁	4496.80	4336.73	4008.09	3777.10	3334.12	3310.05
宁夏	0.00	0.00	0.00	0.00	0.00	0.00
青海	0.00	0.00	0.00	0.00	0.00	0.00
陕西	2592.63	3721.10	0.00	0.00	3109.34	3242.66
山东	7778.14	8541.58	6235.35	6613.77	0.00	0.00
上海	19.66	0.00	0.00	0.00	0.00	0.00
山西	8298.24	8158.34	8218.16	8182.41	8441.52	8325.16
四川	3702.60	3841.25	3278.71	3089.06	2616.91	2643.37
天津	0.00	260.30	310.84	519.51	336.27	227.45
云南	3068.18	3295.11	2887.77	2634.66	2466.09	2484.94
浙江	0.00	0.00	0.00	0.00	0.00	0.00

此外，在表 7.8 中，不可忽视的一个现象是，2013 年部分地区的碳减排目标突然下调，比如内蒙古地区在 2012 年的碳减排目标为 7675.08 万吨，但在 2013 年减排目标为 0。类似的情况也可以在北京和陕西地区看到。中国于 2013 年正式启动碳排放交易制度，实行“限额与交易”原则，这意味着各组织面临着限量排放，那么如果其组织的碳排放许可证水平不能覆盖其二氧化碳排放量，该组织就需要从市场上购买额外的碳排放许可证。在 2013 年，如果组织的碳排放量超过允许的碳排放许可证，就意味着会给组织带来不确定的成本。某些地区（如北京、内蒙古、陕西）的一些组织可能不愿意承担面临不确定成本的风险，所以选择提前采用先进技术，减少二氧化碳排放。这就解释了为什么这些地区的碳减排目标在 2013 年突然下降。但也观察到后来，在 2015 年和 2016 年，一些地区的碳减排目标再次上升。例如，陕西的碳减排目标从 2014 年的 0 提高到 2015 年的 3109.34

万吨，内蒙古的减排目标在 2016 年提高为 6135.49 万吨。再观察内蒙古的原始生产数据，发现其基本投入（即装机容量和劳动力）大幅增加，即该地区火力发电行业生产规模达到较高水平，克服了技术难题，具备采用浙江、江苏等地区先进技术的条件，以进一步提高二氧化碳减排水平。陕西也存在类似的情况。综上所述，总结出处理二氧化碳排放的技术进步也可能导致 DMU 的碳减排目标出现波动的结论。

7.7 本章小结

本章首先讨论了碳排放权交易对生产公理的影响，建立了新的生产可能集。在新生产可能集构建的基础上创建了最大减排潜力测算模型、组织效率评价模型。最大减排潜力测算模型，可计算出组织进行碳减排的最大潜力，有助于组织宏观认识到当前的碳排放能力和自身具有的减排潜力；RAM 效率模型的提出很好地衡量了碳交易背景下组织的技术效率，更准确地测量了参与碳交易市场的组织的效率，有助于组织意识到当前生产的效率；最大减排潜力测算模型和组织效率评价模型的创建有助于组织设定下一生产阶段最优的减排目标和切实履行组织最优减排责任。在案例研究中探究了中国火力发电行业引入碳排放交易制度后对其行业的效率影响，结果显示：在碳交易背景下，相较于传统的不考虑碳交易背景的 DEA 方法的效率评估结果，中国火力发电行业的整体组织效率有所降低；而且，在碳交易背景下组织各自的减排潜力也有所增长。以上发现的作用有：第一，可以促进组织间开展生产技术革新或者更新设备等活动来提高各自的环境绩效；第二，减排潜力的增大可以促使组织加大减排活动的力度，积极参与并进行二氧化碳减排，有利于推动国内“双碳”目标的实现。

参考文献

Aida K, Cooper W W, Pastor J T, et al. 1998. Evaluating water supply services in Japan with RAM: a range-adjusted measure of inefficiency. Omega, 26(2): 207-232.

Banker R D, Charnes A, Cooper W W. 1984. Some models for estimating technical and scale inefficiencies in data envelopment analysis. Management Science, 30(9): 1078-1092.

Cooper W W, Park K S, Pastor J T. 1999. RAM: a range adjusted measure of inefficiency for use with additive models, and relations to other models and measures in DEA. Journal of Productivity Analysis, 11(1): 5-42.

Kuosmanen T. 2005. Weak disposability in nonparametric production analysis with undesirable outputs. American Journal of Agricultural Economics, 87(4): 1077-1082.

Kuosmanen T, Podinovski V. 2009. Weak disposability in nonparametric production analysis: reply to Färe and Grosskopf. American Journal of Agricultural Economics, 91(2): 539-545.

Lee C Y. 2018. Mixed-strategy Nash equilibrium in data envelopment analysis. European Journal of Operational Research, 266(3): 1013-1024.

第8章 碳数据不确定情形下的环境绩效评价方法研究

8.1 引　　言

当前的测量技术无法得到精确的二氧化碳排放数据，这种不确定性使得以前的方法在分析能源环境效率（energy and environmental efficiency，EEE）时存在问题。本章将SMAA-2与DEA相结合，改进的SMAA-DEA方法有效处理了二氧化碳数据的不确定性，同时考虑了所有可能的投入和产出权重，从而提供有意义的信息（如最大能源环境效率、平均能源环境效率和排名可接受性指数），来指导制定有效的政策以提高效率。最后，将模型应用于中国交通运输行业，评估其能源环境效率。

8.2 问 题 描 述

统计数据显示，2022年，中国交通运输行业能源消耗量约为4亿吨，占全国能源消费总量的7.47%，能源消耗与碳排放问题依然突出。为了解决这个问题，研究人员评估中国交通运输部门的能源环境效率，以获得有用的信息，提高其绩效，并采取措施节约能源和减少二氧化碳排放。

交通运输部门的能源环境效率评估已被广泛关注，但很少有研究在评估能源环境效率时考虑二氧化碳排放数据的不确定性，因此能源环境效率评估结果可能无法反映现实。此外，以往的研究仅根据被评估交通运输部门最偏好的权重来评估能源环境效率，这降低了能源环境效率评估结果的公平性和可比性，忽略了使用其他可行权重的能源环境效率分析。

本章重点关注和评估中国省级交通运输部门的能源环境效率问题，假设二氧化碳排放数据（非期望产出）是不确定的。为此，首先扩展了Lahdelma和Salminen（2006）的研究，将不确定的非期望产出考虑在内。提出了一种改进的SMAA-DEA方法，有效处理不确定的二氧化碳排放数据，并且包含所有可能的投入和产出权重。其次，应用改进的SMAA-DEA方法对2017年我国30个省级（西藏、港澳台地区因数据不完整，未统计在内）交通运输部门的能源环境效率进行了评估和分析，提供了能源环境效率结果和排名。此外，基于案例分析讨论并给出了政策启示。

8.3 已有方法及问题

8.3.1 确定性非期望产出的 DEA 方法

假设有 n 个 DMU，记为 DMU_j（$j=1,2,\cdots,n$），每个 DMU 消耗 m 个投入 x_{ij}（$i=1,2,\cdots,m$）来产生 s 个期望产出 y_{rj}（$r=1,2,\cdots,s$），以及 h 个非期望产出 z_{dj}（$d=1,2,\cdots,h$）。非期望产出使 CCR 模型不适用于能源环境效率评估。Seiford 和 Zhu（2002）提出一种转换方法用于处理非期望产出。首先，将每个非期望产出 z_{dj} 乘 "−1"，然后加上选定的正常数 M_d，以确保转换后的非期望产出值为正，即 $\overline{z}_{dj}=M_d-z_{dj}>0,\forall d,j$。本章也以这种方式转换数据以处理非期望产出，当考虑非期望产出时，使用以下模型来评估 DMU 的能源环境效率。

$$
\begin{aligned}
&\theta_k=\max\frac{\sum_{r=1}^{s}u_{rk}y_{rk}+\sum_{d=1}^{h}\mu_{dk}\overline{z}_{dk}}{\sum_{i=1}^{m}v_{ik}x_{ik}}\\
&\text{s.t.}\quad \frac{\sum_{r=1}^{s}u_{rk}y_{rj}+\sum_{d=1}^{h}\mu_{dk}\overline{z}_{dj}}{\sum_{i=1}^{m}v_{ik}x_{ij}}\leqslant 0,\ \forall j\\
&\qquad v_{ik},u_{rk},\mu_{dk}\geqslant 0,\ \forall i,r,d
\end{aligned}
\tag{8.1}
$$

其中，θ_k 表示 DMU_k 的能源环境效率；v_{ik},u_{rk},μ_{dk} 分别表示 DMU 的投入、期望产出和非期望产出权重。将模型（8.1）的最优解表示为 $\left(\theta_k^*,v_{ik}^*,u_{rk}^*,\mu_{dk}^*\right),\forall k$。那么，最优权重 $\left(v_{ik}^*,u_{rk}^*,\mu_{dk}^*\right)$ 是允许 DMU_k 最大化其能源环境效率 (θ_k^*) 的最有利权重。θ_k^* 的取值范围在 0 到 1 之间，如果 $\theta_k^*=1$，则 DMU_k 是（弱）有效的；如果 $\theta_k^*<1$，则 DMU_k 是无效的。

模型（8.1）可被应用于具有精确数据的能源环境效率评估问题，但当存在不确定数据（如二氧化碳排放数据不确定）时则失效。此外，应该注意的是，在模型（8.1）中，所有 DMU 的评估方式并不相同，因为每个 DMU 选择自己最偏好的权重来最大化其能源环境效率。权重基准的不一致导致效率的不公平和不可比性，从而降低了 DMU 接受评估结果的积极性。此外，使用其他可行的权重可以产生有助于决策的相关偏好信息，因此忽略其他权重基准将导致评估结果不全面且有偏差。扩展上述方法来处理不确定的二氧化碳排放数据并考虑所有权重的方法将为决策者提供更可靠的效率信息。

8.3.2 不确定性非期望产出的 DEA 方法

SMAA 是 Lahdelma 等（1998）提出的一种有效方法，以在数据不确定、不精确或随机时，来协助多准则决策（multi-criteria decision making，MCDM）。该方法探索整个权重空间，以确定每种替代方案成为首选方案的概率。后来，Lahdelma 和 Salminen（2001）提出了 SMAA-2 方法，它是 SMAA 的扩展，考虑了从最佳到最差的所有排名，然后定义了排名可接受性指数和整体可接受性指数，以提供广泛的决策支持。

考虑一个 MCDM 问题，其中包含 n 个 DMU 以及 q 个属性，属性的权重向量表示为 $(w_1, w_2, \cdots, w_q)$。假设 DMU_j（$j = 1,2,\cdots,n$）的第 p 个标准值是不确定的，用空间 $\Omega \subseteq R^{n\times q}$ 中的联合密度函数 $f(\xi)$ 来表示不确定性 ξ_{pj}。完全未知或仅部分已知的权重向量，可以通过可行权重集合 W 中具有联合密度函数 $f(\xi)$ 的权重分布来表示（Lahdelma and Salminen，2001）。

$$W = \left\{ w \in R^n \mid w_p \geqslant 0, \sum_{p=1}^{q} w_p = 1 \right\} \tag{8.2}$$

效用函数 $u(\xi_k, w)$ 将随机评估值和权重分布映射为每个 DMU 的值分布。这使以下排序函数能够从最佳排名到最差排名进行排序。

$$\mathrm{rank}\left(\mathrm{DMU}_j, \xi, w\right) = 1 + \sum_{k=1}^{n} \rho\left(u\left(\xi_k, w\right) > u\left(\xi_j, w\right)\right) \tag{8.3}$$

其中，$\rho(\mathrm{true}) = 1$ 且 $\rho(\mathrm{false}) = 0$。DMU_j 获得排名 r 的权重空间表示如下：

$$W_j^r(\xi) = \left\{ w \in W \mid \mathrm{rank}\left(\mathrm{DMU}_j, \xi, w\right) = r \right\} \tag{8.4}$$

其中，任何权重 $w \in W_j^r(\xi)$ 都有利于 DMU_j 获得第 r 名的排名位置。

Lahdelma 和 Salminen（2001）提出了两个主要指数——排名可接受性和整体可接受性——为评估的 DMU 提供详细的排名信息。本章在分析中按如下方式使用它们。

（1）排名可接受性指数 b_j^r。该指数反映了确保 DMU_j 获得排名 r 的权重，即该指数基于所有可行权重向量中有多少可以使 DMU_j 被评为第 r 名。因此，可以获得每个 DMU 从最佳到最差的排名以及相应的概率。在给定属性值分布和有利排名权重空间的情况下，指数 b_j^r 的计算公式为

$$b_j^r = \int_{\Omega} f(\xi) \int_{W_j^r(\xi)} f(w) \mathrm{d}w \mathrm{d}\xi \tag{8.5}$$

由式(8.5)可知，$b_j^r = 0$ 表示 DMU_j 无法获得第 r 名的排名；$b_j^r = 1$ 表示 DMU_j 始终获得第 r 名的排名。指数 b_j^r 的多维积分可以通过蒙特卡罗模拟在足够的精度下计算。

（2）整体可接受性指数 a_j^h。该指数通过对指数 b_j^r 进行聚合，提供了 DMU 的完整排名，用以补充和改进 b_j^r 所生成的粗略排名。基于效用理论，Lahdelma 和 Salminen（2001）提出通过线性加权和的方法来聚合不同排名的指数 b_j^r。因此，为了获得完整的排名并全面比较 DMU，整体可接受性指数 a_j^h 通过以下方式聚合排名可接受性而得出。

$$a_j^h = \sum_{r=1}^{m} b_j^r \alpha^r \tag{8.6}$$

其中，α^r 表示等级 r 的共同权重，满足 $1 = \alpha^1 \geqslant \alpha^2 \geqslant \cdots \geqslant \alpha^n \geqslant 0$。指数 a_j^h 衡量了 DMU 整体排名的可接受性。

8.4 改进的 SMAA-DEA 能源环境效率评估模型

本节将 SMAA-2 与 DEA 结合起来，得到一种改进的 SMAA-DEA 能源环境效率评估方法，该方法可以有效处理不确定碳排放数据，并同时考虑所有可能的投入与产出权重。

在交通运输部门能源环境效率评估模型中，每个 DMU 对应于中国的一个省级交通运输部门。有 n 个省级交通运输部门，记为 DMU_j（$j = 1, 2, \cdots, n$），每个部门使用 m 个不同的投入 x_{ij}（$i = 1, 2, \cdots, m$）来产生 s 个不同的期望产出 y_{rj}（$r = 1, 2, \cdots, s$）以及一个非期望产出 z_j（本章中使用二氧化碳排放量）。联合密度函数 $f(\hat{z}_j)$ 表示空间 $\Omega \subseteq R^{n\times 1}$ 中不确定的二氧化碳排放量 $\hat{z}_j$。z_j^{L} 和 z_j^{U} 表示实际的下限和上限，$\hat{z}_j \in [z_j^{\mathrm{L}}, z_j^{\mathrm{U}}]$。投入和产出的权重向量为 $w = (w_1^x, w_2^x, \cdots, w_m^x, w_1^y, w_2^y, \cdots, w_s^y, w^z)$。为了计算 DMU_j 的能源环境效率，使用加权投入和产出。

$$0 \leqslant E_k(w) = \frac{\sum_{r=1}^{s} w_r^y y_{rk} + w^z \hat{z}_k}{\sum_{i=1}^{m} w_i^x x_{ik}} \leqslant 1,\ k = 1,2,\cdots,n \tag{8.7}$$

其中，$\hat{z}_k = M - \hat{z}_j > 0$，$M = \max_j \{z_j^{\mathrm{U}}\} + \min_j \{z_j^{\mathrm{L}}\}$。如上所述，SMAA-2 使用随机权重向量 w（在可行权重空间 W 中具有联合密度函数 $f(w)$）来模拟不精确的权重（Lahdelma and Salminen，2006）。完全未知的权重偏好信息用 W 中的均匀权重分布来表示，即 $f(w) = 1/\mathrm{Vol}(W)$，其定义如下。

$$W = \left\{ w \in R^{m+s+1} \middle| \sum_{r=1}^{s} w_r^y y_{rk} + w^z \hat{z}_k - \sum_{i=1}^{m} w_i^x x_{ik} \leqslant 0, \right. \\ \left. \sum_{i=1}^{m} w_i^x + \sum_{r=1}^{s} w_r^y + w^z = 1,\ w \geqslant \varepsilon \right\} \tag{8.8}$$

结合式（8.7）和式（8.8），每个权重向量为 DMU 产生一定的效率得分。接下来，与 Lahdelma 和 Salminen（2006）一致，引入了两个随机效率度量，即最大效率 $E_k^{\max}$ 和平均效率 E_k^{ave}。$E_k^{\max}$ 是 DMU_k 的最佳效率得分，可以通过在随机准则和权重分布上最大化 $E_k(w)$ 来计算。

$$E_k^{\max} = \max_{\xi \in \Omega : f(\xi) > 0, w \in W : f(w) > 0} E_k(w) \tag{8.9}$$

E_k^{ave} 指定了 DMU_k 在相同标准和分布上的预期效率。该平均效率反映了考虑所有权重或偏好的评估 DMU_k 的综合绩效。

$$E_k^{\mathrm{ave}} = \int_{\xi \in \Omega} f(\xi) \int_{w \in W} f(w) E_k(w) \mathrm{d}w \mathrm{d}\xi \tag{8.10}$$

除了最大效率和平均效率之外，模型还从排名可接受性和整体可接受性的角度提供了每个 DMU 可能的排名及相应的概率。

考虑到 DMU_k 的效率得分 $E_k(w)$，排序函数定义如下。

$$\mathrm{rank}(\mathrm{DMU}_k, w) = 1 + \sum_{l=1}^{n} \rho\left(E_j(w) > E_k(w)\right) \tag{8.11}$$

其中，$\rho(\mathrm{true}) = 1$ 且 $\rho(\mathrm{false}) = 0$。然后，定义集合 $W_k^r(w)$，其中任何权重 $w \in W_k^r(w)$ 有利于 DMU_k 获得第 r 名的排名位置。

$$W_k^r(w) = \{ w \in W \mid \mathrm{rank}(\mathrm{DMU}_k, w) = r \} \tag{8.12}$$

此外，排名可接受性指数 b_k^r 表示在权重空间 W 中评估的 DMU_k 获得排名 r 的概率。这个指标是通过对有利排名权重进行以下多维积分计算得出的。

$$b_k^r = \int_{\Omega} f(\xi) \int_{W_k^r(\xi)} f(w) \mathrm{d}w \mathrm{d}\xi \tag{8.13}$$

然后，整体可接受性指数 a_k^h 定义如下。

$$a_k^h = \sum_{r=1}^{m} b_k^r \alpha^r \tag{8.14}$$

其中，$\alpha^r = \dfrac{\sum_{i=r}^{m} 1/i}{\sum_{i=1}^{m} 1/i}$，这与 Barron 和 Barrett（1996）以及 Ang 等（2021）的设置相同。

总之，当投入与产出数据准确已知时，传统的 DEA 模型是适用的。在计算效率的过程中，它选择最有利的投入与产出权重，并且无法区分有效的 DMU，所有有效的 DMU 都会得到 1 的效率得分。此外，即使只考虑无效的 DMU，得分也可能无法产生 DMU 的完整排名。SMAA-2 是一种处理不确定或不精确信息数据的有效方法，并能够探索所有可能的权重。SMAA-2 与 DEA 结合后，形成了 SMAA-DEA 方法，增强了 DEA 对 DMU 进行完整排名的能力，并且有效地处理了具有不确定或不精确信息的投入和产出指标，同时考虑了所有可能的投入与产出权重。

8.5 交通行业应用

交通运输部门的能源消耗和二氧化碳排放量经常被批评过高。为解决这些问题可通过提高交通运输部门的能源环境效率来实现环境保护和经济发展的更好平衡。本节采用 2017 年数据对我国 30 个省级交通运输部门的能源环境效率进行分析，涵盖省、自治区、直辖市。为了评估能源环境效率，使用 8.4 节中提出的改进的 SMAA-DEA 方法。

8.5.1 数据选取与描述

在本节中，投入与产出考虑交通领域能源环境效率研究中使用的典型变量。投入包括劳动力、固定资产投资和能源消耗。期望产出为客运周转量、货运周转量和交通增值，非期望产出为二氧化碳排放量。以下是所选投入和产出变量的详细描述。

（1）劳动力。该投入指标常用于效率评估。在本节中，劳动力以交通运输部门的就业人员数量来表示，数据来源于《中国统计年鉴 2018》。

（2）固定资产投资。由于中国没有交通运输行业的官方资本存量数据，因此采用固定资产投资作为资本存量的代表性指标，数据来源于《中国统计年鉴2018》。

（3）能源消耗。能源消耗以吨标准煤为单位，数据来源于《中国能源统计年鉴 2018》。

（4）客运周转量和货运周转量。两者都是交通运输部门的重要统计指标，从非财务角度衡量运营绩效，数据来源于《中国统计年鉴 2018》。

（5）交通增值。遵从 Watanabe 和 Tanaka（2007）以及 Chang 等（2013）的建议，交通运输部门的增值是该部门的生产总值。选择该变量是为了从财务角度捕捉运营绩效，数据来源于 2018 年各省份统计年鉴。

（6）二氧化碳排放量。目前尚无省级交通运输部门二氧化碳排放的官方统计数据。IPCC 发布了国家温室气体清单指南，本节遵循常见做法，使用其建议的基于燃料的碳足迹模型来计算二氧化碳排放量。

$$CO_2\text{排放量} = \sum_{i=1}^{l} E_i \times NCV_i \times CEF_i \times COF_i \times \frac{44}{12} \tag{8.15}$$

其中，CO_2 排放量表示各省级交通运输部门的二氧化碳排放量；E 表示燃烧的碳质燃料的量；NCV（net calorific value，净热值）、CEF 和 COF 分别表示相应碳质燃料的净热值、碳含量因子和碳氧化因子。这些因素的乘积乘 44/12，是因为二氧化碳和碳的分子量分别为 44 和 12。如上所述，二氧化碳排放数据不精确，受到测量仪器误差、专家偏见或排放生成过程自然变化的影响（Zha et al.，2016）。IPCC 报告了 95%置信区间 $CEF \times COF \times \frac{44}{12}$ 的低值和高值，用它来计算二氧化碳排放量的低值和高值。

表 8.1 总结了 30 个省级交通运输部门变量的描述性统计，还给出了二氧化碳排放量下限和上限的统计描述，分别记为 CO_2 排放量 ^{L} 和 CO_2 排放量 ^{U}。

表 8.1　变量的描述性统计

变量		单位	最大值	最小值	平均值	标准差
投入	劳动力	10^3 人	706.34	32.64	240.61	146.83
	固定资产投资	亿元	1 872.55	55.04	737.99	492.39
	能源消耗	万吨标准煤	3 278.28	193.46	1 182.90	682.50
期望产出	客运周转量	亿人千米	2 012.47	99.19	775.17	505.92
	货运周转量	亿吨千米	27 919.79	519.46	6 322.44	6 516.76
	交通增值	亿元	3 580.94	103.69	1 283.90	883.78
非期望产出	CO_2 排放量 ^{L}	万吨	6 531.53	373.66	2 280.97	1 347.30
	CO_2 排放量 ^{U}	万吨	7 296.18	418.68	2 667.82	1 507.29

8.5.2 结果与分析

在本节中，将权重向量的数量设定为 1 000 000。权重向量数量越大，效率结果越准确，但所需的计算时间也越长。此外，考虑到不确定的二氧化碳排放数据分布，通过概率密度函数建模，假设二氧化碳排放量在[CO_2 排放量 ^{L},CO_2 排放量 ^{U}]内均匀分布。在每次迭代中，通过“随机抽取”算法从可行权重空间 W 中提取投入与产出权重，W 由式（8.8）定义。同样，基于概率分布函数随机抽取二氧化碳排放量，范围在最小值和最大值之间。然后，将投入与产出权重以及投入与产出数据代入式（8.7），计算出每个省级交通运输部门的能源环境效率。整个过程的计算通过 MATLAB 进行。当完成所有迭代后，获得最大能源环境效率、平均能源环境效率以及其他有助于决策的指标。表 8.2 报告了 30 个省级交通运输部门的随机效率［最大能源环境效率（θ^{Max}）和平均能源环境效率（θ^{Ave}）］以及相应的排名。图 8.1 展示了每个省份的最大和平均能源环境效率。

表 8.2　随机效率及相应排名

编号	省份	θ^{Max}	排名 ^{Max}	θ^{Ave}	排名 ^{Ave}
1	北京	0.474	27	0.199	28
2	天津	1.000	1	0.676	2
3	河北	1.000	1	0.743	1
4	山西	0.585	21	0.346	17
5	内蒙古	0.510	25	0.317	22
6	辽宁	1.000	1	0.372	11
7	吉林	0.714	16	0.370	12
8	黑龙江	0.572	23	0.258	25
9	上海	1.000	1	0.343	18
10	江苏	0.802	12	0.407	8
11	浙江	0.551	24	0.327	20
12	安徽	0.801	13	0.469	7
13	福建	0.649	19	0.368	14
14	江西	1.000	1	0.524	5
15	山东	0.695	17	0.361	15
16	河南	1.000	1	0.580	3
17	湖北	0.578	22	0.290	24
18	湖南	0.887	11	0.375	10
19	广东	0.741	15	0.388	9
20	广西	0.634	20	0.340	19

续表

编号	省份	θ^{Max}	排名 Max	θ^{Ave}	排名 Ave
21	海南	0.912	10	0.483	6
22	重庆	0.474	26	0.305	23
23	四川	0.404	28	0.211	27
24	贵州	0.795	14	0.251	26
25	云南	0.350	30	0.136	30
26	陕西	0.676	18	0.369	13
27	甘肃	0.938	9	0.326	21
28	青海	1.000	1	0.358	16
29	宁夏	1.000	1	0.538	4
30	新疆	0.356	29	0.144	29
均值		0.737		0.372	

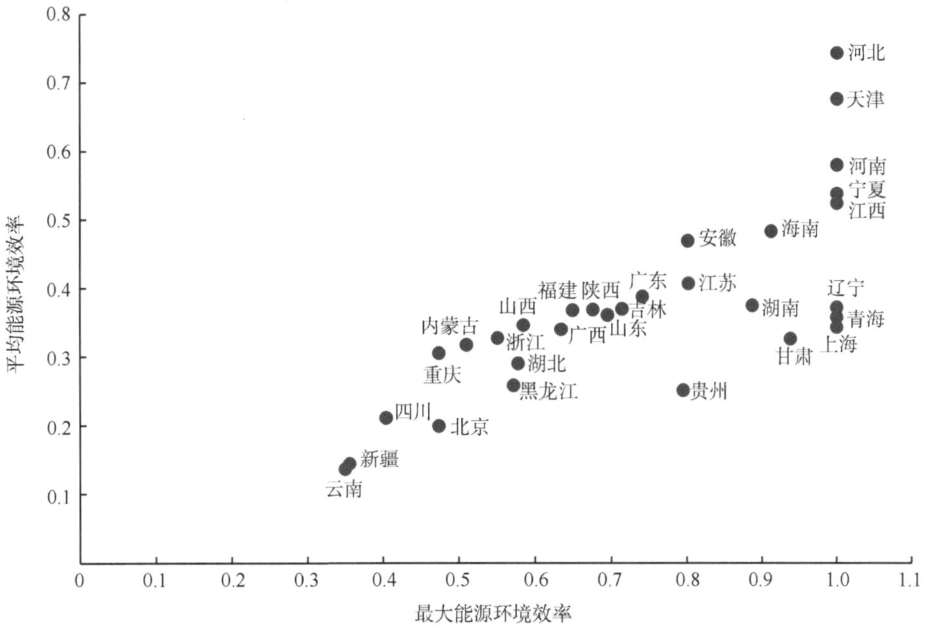

图 8.1　最大和平均能源环境效率

考虑表 8.2 和图 8.1 的综合结果。一方面，从最大能源环境效率角度来看，在能源环境效率方面有 8 个省份是有效的：天津、河北、辽宁、上海、江西、河南、青海和宁夏。被评为“有效”意味着至少存在一组投入和产出权重，可以让该省份获得 100%的效率。一半省份的能源环境效率最高值低于全国平均值 0.737，其中有 5 个省份（北京、重庆、四川、云南和新疆）的能源环境效率最高值低于 0.5。

这一发现表明能源环境效率仍有很大的改进空间。另一方面，在考虑所有可行投入与产出权重时，只有河北、天津、江西、河南、宁夏 5 个省份的平均能源环境效率超过 0.5，其余 25 个省份的平均能源环境效率低于 0.5，这进一步意味着存在相当大的改进空间。

根据两种能源环境效率测量结果，30 个省份的排名有所不同，如图 8.2 所示。其中，辽宁、上海和青海在使用最大能源环境效率（θ^{Max}）时获得第一名，但从平均能源环境效率（θ^{Ave}）来看，它们分别排在第 11 名、18 名和 16 名。这一发现意味着实现最大能源环境效率（θ^{Max}）的省份并不总是表现出最佳效率。换句话说，能源环境效率对权重的选择很敏感，这表明基于一组特定权重的能源环境效率值缺乏稳健性，并且可能具有不公平和非可比性，因为并非所有省份都在相同的基础上进行评估。本章定义的平均能源环境效率（θ^{Ave}）考虑了所有可能的投入和产出权重，不仅在同一基础上对所有省份进行评估，而且避免了可行权重不同带来的敏感性问题，即平均能源环境效率增强了鲁棒性、可靠性，以及评价结果的可比性。

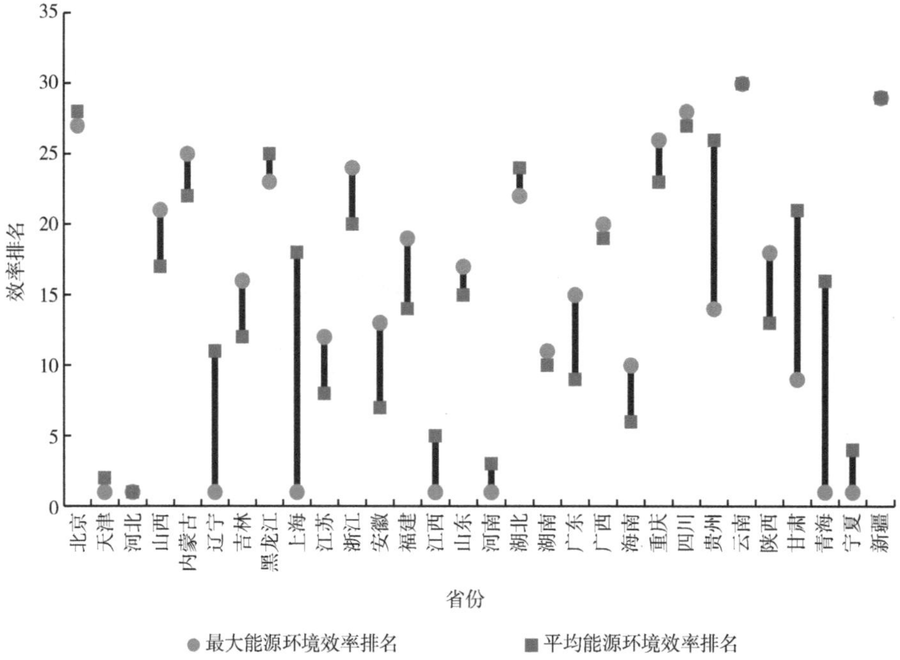

图 8.2 最大和平均能源环境效率排名

此外，在更大范围内分析了平均能源环境效率（θ^{Ave}）。将 30 个省份划分为东部、中部、西部和东北 4 个地区。东部地区是指北京、天津、河北、上海、江苏、浙江、福建、山东、广东、海南。中部地区仅包括山西、安徽、江西、河南、湖北、湖南 6 省。西部地区包括内蒙古、广西、重庆、四川、贵州、云南、陕西、甘肃、青海、宁夏、新疆。只有 3 个省份属于东北地区：辽宁、吉林和黑龙江。

图 8.3 显示了 4 个地区 30 个省级交通运输部门的平均能源环境效率(θ^{Ave})。通过结合表 8.2 和图 8.3 可以看出，全国能源环境效率处于较低水平，平均值为 0.372，只有 11 个省份的平均能源环境效率高于或等于全国平均水平。超过或等于全国平均水平的省份在东部地区为天津（0.676）、河北（0.743）、江苏（0.407）、广东（0.388）、海南（0.483）；中部地区为安徽（0.469）、江西（0.524）、河南（0.580）、湖南（0.375）；西部地区为宁夏（0.538）；东北地区为辽宁（0.372）。此外，东部和中部地区的平均能源环境效率表现优于全国平均水平，平均值分别为 0.430 和 0.431；其次是东北地区的 0.333 和西部地区的 0.300。这些发现意味着能源环境效率具有很大的改进潜力。

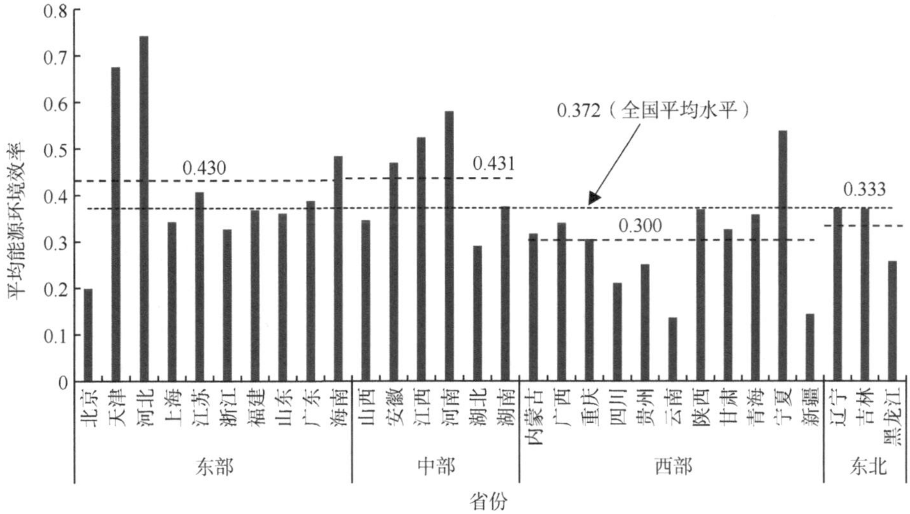

图 8.3　4 个地区 30 个省份的平均能源环境效率

能源环境效率潜力尚未开发的主要原因是地方政府在研究年份以牺牲节能减排为代价来促进交通运输业的快速扩张，这不可避免地导致了本节所观察到的低能源环境效率。因此，国家和地方政府应平衡能源利用、经济增长和污染物排放，针对各地区发展差距较大情况，中央政府应统筹协调。

对于上述两个随机能源环境效率测量之外的信息，可以通过求解式（8.13）获得 30 个省级交通运输部门的排名可接受性指数（b_k^r）。与以往研究仅提供每个省份的具体排名相比，排名可接受性指数说明了每个省份获得第 1 名至第 30 名可能排名的概率，从而为决策者提供更丰富的信息。表 8.3 列出了可接受性指数的排名结果。可以看出，虽然有 9 个省份可以利用最佳选择权重获得第一名，但排名可接受性指数表明其中有 6 个省份不太可能做到这一点。具体而言，河北、天津和宁夏排名第一的概率较高，分别为 58.54%、22.75%和 13.77%，而辽宁、上海、江西、河南、青海排名第一的可接受度较低，这意味着它们获得第一名的概率非常低。其中，云南、新疆、北京、上海排名垫底，概率分别为 56.28%、22.11%、11.42%、8.89%，黑龙江、山东、湖北、广东、四川排名第 30 位，概率接近 0。

表 8.3　可接受性指数的排名结果（单位：%）

编号	b^1	b^2	b^3	b^4	b^5	b^6	b^7	b^8	b^9	b^{10}	b^{11}	b^{12}	b^{13}	b^{14}	b^{15}
1	0	0	0	0	0	0.00	0.00	0.01	0.01	0.08	0.08	0.18	0.24	0.30	0.33
2	22.75	33.85	18.11	10.52	6.57	3.69	2.12	1.16	0.53	0.29	0.16	0.12	0.09	0.04	0.01
3	58.54	19.62	7.77	8.21	4.31	1.07	0.36	0.10	0.01	0.00	0.00	0.00	0.00	0.00	0
4	0	0	0	0	0.00	0.09	0.46	1.31	4.10	5.96	7.34	11.03	8.80	9.22	7.55
5	0	0	0	0	0	0	0	0.00	0.05	0.49	1.72	3.91	7.75	8.41	8.41
6	0.01	0.06	0.33	1.23	2.16	3.08	5.17	6.51	6.52	7.58	6.08	5.13	4.74	4.87	5.17
7	0	0	0	0.03	0.38	0.84	2.91	8.04	9.03	8.12	9.62	9.06	7.52	6.48	6.05
8	0	0	0	0.00	0.00	0.00	0.00	0.01	0.05	0.13	0.17	0.25	0.44	0.60	0.84
9	0.59	5.42	4.44	3.94	3.70	3.12	2.84	3.85	3.57	2.86	2.13	1.98	1.71	1.60	1.63
10	0	0.00	0.04	6.82	6.74	6.09	10.91	7.33	10.79	6.11	7.42	5.56	5.97	5.15	3.92
11	0	0	0.00	0.00	0.03	0.10	0.32	0.55	1.18	2.07	2.93	4.68	5.65	5.79	5.83
12	0	2.58	4.90	9.29	13.35	11.60	15.18	11.57	8.20	5.17	3.63	2.99	2.25	2.10	1.81
13	0	0.01	0.06	0.72	0.84	3.40	3.77	5.75	6.92	7.93	9.29	8.09	7.02	6.64	7.24
14	0.13	1.78	12.41	19.64	12.31	22.54	11.10	10.37	4.81	3.16	1.24	0.38	0.10	0.03	0.00
15	0	0	0	0.00	3.68	3.51	2.88	4.69	4.84	7.14	6.12	6.60	5.30	5.93	5.64
16	4.03	20.01	25.98	9.64	13.39	7.65	9.45	4.60	3.33	0.96	0.47	0.21	0.12	0.08	0.04
17	0	0	0	0	0	0	0.00	0.00	0.01	0.10	0.37	0.86	1.71	2.13	3.29
18	0.00	0.00	0.00	1.12	4.29	6.58	5.23	6.34	5.45	7.38	5.23	6.71	4.90	4.10	4.28
19	0	0	0.11	1.98	4.51	7.57	7.29	7.82	8.41	7.59	6.20	4.21	5.05	4.29	4.37
20	0	0	0	0	0	0	0.00	0.05	0.21	0.94	1.94	4.00	10.03	11.58	11.24
21	0	2.33	11.22	14.95	7.28	10.22	6.45	4.12	4.06	4.28	3.06	2.49	2.63	2.41	2.06
22	0	0	0	0	0	0	0	0	0	0.00	0.05	0.25	0.65	1.23	2.85
23	0	0	0	0	0	0	0	0	0	0	0	0	0	0	0.00
24	0	0.00	0.01	0.06	0.10	0.22	0.38	0.52	0.73	0.95	0.85	0.84	0.78	1.15	1.34
25	0	0	0	0	0	0	0	0	0	0	0	0	0	0	0
26	0	0	0	0	0	0.01	0.63	3.68	5.03	11.63	15.12	11.04	8.79	8.79	8.54
27	0	0	0.01	0.22	0.80	1.23	1.77	3.02	6.00	4.42	3.82	5.06	3.96	3.57	3.93
28	0.18	1.55	1.81	4.59	7.33	2.41	7.42	5.34	2.94	2.28	3.00	2.51	1.89	1.99	1.69
29	13.77	12.80	12.80	7.02	8.21	4.99	3.35	3.27	3.23	2.39	1.97	1.85	1.91	1.56	1.91
30	0	0	0	0	0	0	0	0	0	0	0	0	0	0	0

续表

编号	b^{16}	b^{17}	b^{18}	b^{19}	b^{20}	b^{21}	b^{22}	b^{23}	b^{24}	b^{25}	b^{26}	b^{27}	b^{28}	b^{29}	b^{30}
1	0.44	0.48	0.65	0.78	1.17	1.78	2.56	3.64	5.08	5.51	12.86	21.60	24.84	5.94	11.42
2	0.00	0.00	0.00	0	0	0	0	0	0	0	0	0	0	0	0
3	0	0	0	0	0	0	0	0	0	0	0	0	0	0	0
4	6.80	6.37	5.91	5.52	5.46	5.09	3.29	2.96	1.77	0.93	0.02	0.02	0.00	0	0
5	6.82	6.60	6.26	7.33	7.71	6.68	6.65	8.26	8.04	4.00	0.92	0	0	0	0
6	5.08	4.44	4.24	3.83	4.01	4.25	3.72	3.74	4.10	2.20	0.80	0.67	0.24	0.03	0
7	5.39	4.76	4.53	4.93	5.02	2.83	2.36	1.37	0.51	0.23	0	0	0	0	0
8	1.19	1.80	2.00	2.83	3.49	4.14	7.40	12.83	17.10	23.58	14.20	4.70	1.66	0.57	0.00
9	1.53	1.82	1.73	1.70	1.78	2.05	2.46	2.94	3.24	4.19	5.22	6.40	9.90	2.76	8.89
10	3.07	2.91	2.19	2.46	2.98	2.03	0.76	0.45	0.16	0.06	0.04	0.03	0.00	0.00	0
11	8.84	7.38	8.79	9.12	8.05	8.07	8.13	6.94	4.01	1.39	0.17	0.00	0	0	0
12	1.04	0.77	0.70	0.70	0.77	0.60	0.51	0.22	0.06	0.03	0.00	0	0	0	0
13	6.69	7.12	5.64	5.29	3.24	2.13	1.64	0.53	0.06	0.00	0	0	0	0	0
14	0.00	0	0	0	0	0	0	0	0	0	0	0	0	0	0
15	5.32	5.34	5.51	4.79	4.98	4.96	5.34	3.75	2.22	0.90	0.30	0.12	0.11	0.02	0.00
16	0.03	0.02	0.00	0.00	0.00	0	0	0	0	0	0	0	0	0	0
17	4.08	4.69	5.44	5.14	5.85	6.89	11.06	10.16	18.14	12.17	5.10	2.59	0.17	0.03	0.00
18	3.58	4.08	3.62	4.45	4.10	5.05	4.93	6.08	2.25	0.25	0.01	0	0	0	0
19	4.21	3.45	3.10	2.96	2.98	2.70	3.42	1.95	1.55	1.87	1.05	0.50	0.17	0.38	0.28
20	12.22	12.01	13.62	9.44	7.49	3.60	1.20	0.41	0.02	0	0	0	0	0	0
21	2.53	2.08	2.51	2.84	2.91	4.09	3.23	1.63	0.56	0.07	0.01	0	0	0	0
22	4.21	5.67	9.19	13.63	16.23	19.69	14.23	8.79	2.81	0.53	0	0	0	0	0
23	0.00	0.00	0.02	0.06	0.18	0.34	0.80	2.00	4.53	13.92	22.83	31.24	21.83	1.24	1.01
24	1.30	1.50	1.79	2.07	2.56	3.05	3.57	5.32	9.27	16.34	27.12	13.85	4.34	0.00	0
25	0	0.00	0.00	0.01	0.02	0.06	0.06	0.07	0.09	0.16	0.35	3.73	12.36	26.81	56.28
26	8.75	8.96	5.43	2.34	0.90	0.30	0.05	0.01	0.00	0	0	0	0	0	0
27	3.41	4.13	3.24	4.09	4.24	5.17	6.20	10.50	6.10	4.02	3.68	4.93	2.46	0	0
28	1.73	1.78	1.90	1.95	2.08	2.45	3.32	2.91	6.55	6,76	4.00	6.61	9.98	1.07	0
29	1.72	1.84	1.97	1.74	1.77	1.99	3.06	2.48	1.65	0.60	0.14	0.00	0	0	0
30	0	0.00	0.01	0.02	0.04	0.04	0.07	0.09	0.12	0.28	1.17	3.01	11.92	61.13	22.11

注：数字 0 表示对应等级的概率为零，而数字 0.00 表示对应等级的概率非常接近零

根据表 8.3 的结果，图 8.4 直观地描绘了 30 个省级交通运输部门的排名区间（最佳排名到最差排名）。对于每个部门，柱形长度代表排名间隔，柱形两端的数字代表最佳和最差的排名。可以清楚地看到，排名差异很大，这意味着交通运输

部门的能源环境效率在很大程度上受到变量权重选择的影响，进一步证实了考虑其他可行权重反映的偏好信息的必要性。分析显示，西部地区省份的排名可能低于东部、中部和东北地区，具体来说，11 个省份中有 7 个省份的最佳排名不高于第 5 位；其中，重庆、四川、云南、新疆的最佳排名分别为第 10 名、15 名、17 名、17 名，但概率接近零，这意味着这些省份很难达到最佳排名。

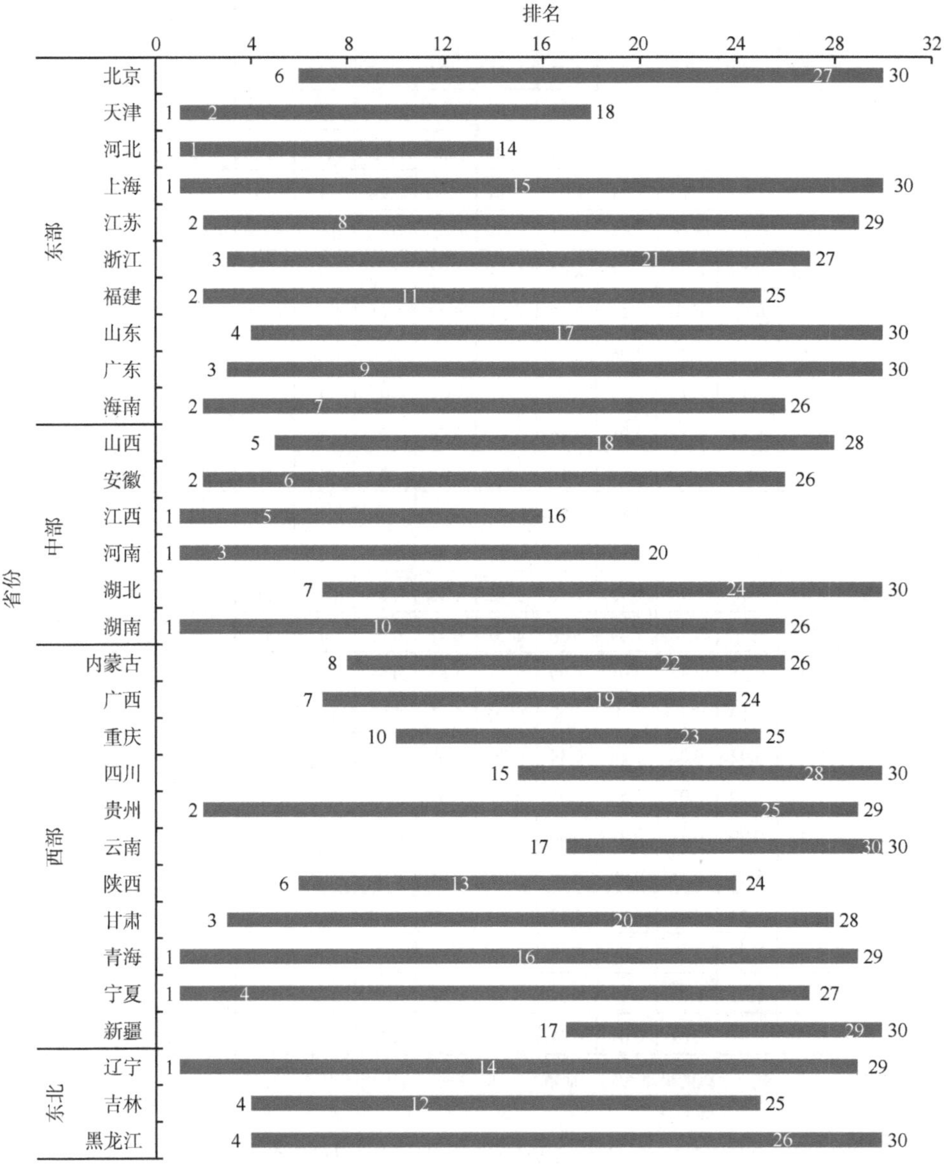

图 8.4　30 个省份的排名区间

通过求解式（8.14），得到 30 个省级交通运输部门的整体可接受性指数（a_k^h），如表 8.4 所示。列出了相应的等级，也在图 8.4 中以白色数字显示。从综合所有可能排名的整体可接受性指数来看，效率最高的上海、青海和辽宁分别排第 15 名、16 名和 14 名，这意味着尽管这些交通运输部门的表现在选择的某些最优权重下相对较好，甚至达到第 1 名，但在考虑所有权重时，它们可能表现不佳，这证实了选择一组特定的投入和产出权重可能会导致结果有偏差。综合权重来看，交通运输行业排名前 10 的省份分别为：东部地区的天津（2）、河北（1）、江苏（8）、广东（9）、海南（7）；中部地区的安徽（6）、江西（5）、河南（3）、湖南（10）；西部地区的宁夏（4）。以同样的衡量标准来看，西部地区的 6 个省份，即内蒙古、重庆、四川、贵州、云南和新疆，排在倒数 10 名内，可见西部地区能源环境效率水平相对较差。

表 8.4　30 个省份的整体可接受性指数(a_k^h)和相应排名

地区	省份	a_k^h	排名	地区	省份	a_k^h	排名
东部	北京	4.23	27	西部	内蒙古	14.06	22
	天津	71.43	2		广西	16.87	19
	河北	85.25	1		重庆	11.47	23
	上海	22.26	15		四川	4.06	28
	江苏	30.26	8		贵州	7.70	25
	浙江	15.09	21		云南	1.43	30
	福建	23.45	11		陕西	22.66	13
	山东	21.45	17		甘肃	16.12	20
	广东	25.89	9		青海	21.95	16
	海南	36.71	7		宁夏	49.55	4
中部	山西	19.07	18		新疆	1.74	29
	安徽	39.09	6	东北	辽宁	22.30	14
	江西	46.23	5		吉林	22.76	12
	河南	57.00	3		黑龙江	7.35	26
	湖北	9.84	24				
	湖南	23.69	10				

8.6　本章小结

交通运输行业由于能源消耗和二氧化碳排放较高而备受关注，减排压力巨大。准确测算交通运输行业的能源环境效率至关重要，可以提高交通运输行业的绩效，为可持续发展提供有效指导。

由于测量仪器误差、专家偏差以及排放生成过程中的自然变化，二氧化碳排放数据不精确。以往的研究很少考虑交通运输部门能源环境效率评估中二氧化碳排放数据的不精确性。此外，在效率评估中考虑所有可能的投入和产出权重将提供稳健、可靠和全面的评估结果。本章将 SMAA-2 引入 DEA 中，并提出一种改进的 SMAA-DEA 方法以有效处理不精确的二氧化碳排放数据，同时考虑所有可能的投入和产出权重。本章通过评估我国 30 个省级交通运输部门的能源环境效率来展示本章的方法，为决策者提供有用的信息，如随机能源环境效率结果（最大能源环境效率和平均能源环境效率）和排名可接受性指数数据。分析结果表明，我国省级交通运输部门的能源环境效率较低，还有很大的提升空间。各省份之间以及四个地理区域之间的能源环境效率存在差异，东部和中部地区的表现好于全国整体，东北地区的能源环境效率表现排名第三，西部地区最弱。

本章研究至少可以通过两种方式进行扩展。首先，案例分析仅考虑了 2017 年的数据集，应使用多年度面板数据来提供能源环境效率的动态视角；其次，在未来评估能源环境效率的研究中，除了二氧化碳数据的不精确性之外，还应考虑其他投入和产出值的不确定性。

参 考 文 献

Ang S, Zhu Y X, Yang F. 2021. Efficiency evaluation and ranking of supply chains based on stochastic multicriteria acceptability analysis and data envelopment analysis. International Transactions in Operational Research, 28(6): 3190-3219.

Barron F H, Barrett B E. 1996. Decision quality using ranked attribute weights. Management Science, 42(11): 1515-1523.

Chang Y T, Zhang N, Danao D, et al. 2013. Environmental efficiency analysis of transportation system in China: a non-radial DEA approach. Energy Policy, 58: 277-283.

Lahdelma R, Hokkanen J, Salminen P. 1998. SMAA: stochastic multiobjective acceptability analysis. European Journal of Operational Research, 106(1): 137-143.

Lahdelma R, Salminen P. 2001. SMAA-2: stochastic multicriteria acceptability analysis for group decision making. Operations Research, 49(3): 444-454.

Lahdelma R, Salminen P. 2006. Stochastic multicriteria acceptability analysis using the data envelopment model. European Journal of Operational Research, 170(1): 241-252.

Seiford L M, Zhu J. 2002. Modeling undesirable factors in efficiency evaluation. European Journal of Operational Research, 142(1): 16-20.

Watanabe M, Tanaka K. 2007. Efficiency analysis of Chinese industry: a directional distance function approach. Energy Policy, 35(12): 6323-6331.

Zha Y, Zhao L L, Bian Y W. 2016. Measuring regional efficiency of energy and carbon dioxide emissions in China: a chance constrained DEA approach. Computers & Operations Research, 66: 351-361.

第 9 章 两阶段“污染”-“治理”系统环境绩效评价方法研究

9.1 引 言

污染治理系统作为现代生产系统中减少环境污染必不可少的辅助系统，已受到广泛关注。污染治理系统是一个由“污染”阶段（即生产阶段）和“治理”阶段（即污染治理阶段）组成的两阶段网络系统。这两个阶段通过生产阶段产生的污染物联系在一起。对两阶段“污染”-“治理”系统进行环境绩效评估，确定系统中的低效率并为其投入和产出设定目标，能为决策者在今后生产中更好地利用资源和提高绩效提供有价值的指导。

本章基于 DEA 方法，考虑两阶段“污染”-“治理”系统中投入和产出调整之间的协调性，提出了一种新的两阶段“污染”-“治理”系统环境绩效评估与投入和产出目标设定方法。首先，利用博弈论中的领导者-追随者博弈分析，在系统的两个子阶段之间存在支配关系的情况下，提出基于 SBM 的评估模型来用于生产目标的设定。根据领导者-追随者模型得出的结果，定义了每个阶段对设定目标的不满意程度。其次，考虑到两个阶段的投入和产出调整之间的协调问题，结合讨价还价博弈理论提出了一个模型，该模型可以生成一组协调调整方案，即考虑到两个阶段的不满意程度的讨价还价方案。利用讨价还价博弈模型生成的解决方案的特性是公平性，使每个系统的两个阶段之间的目标设定结果协调一致。最后，通过对我国 30 个省级区域（未统计西藏、港澳台地区）的案例研究，对所提的方法进行了检验与说明。

9.2 两阶段“污染”-“治理”系统生产可能集

假设有一个“污染”-“治理”系统需要评估，每个“污染”-“治理”系统都被视为一个 DMU。每个 DMU_j（$j=1,2,\cdots,n$）在第一阶段（生产阶段）使用 m 个投入 x_{ij}^1（$i=1,2,\cdots,m$），生产出 τ 个期望产出 y_{rj}^1（$r=1,2,\cdots,\tau$）和 g 个污染物

z_{kj}（$k=1,2,\cdots,g$）。第二阶段（污染治理阶段）旨在处理第一阶段产生的污染物 z_{kj}（$k=1,2,\cdots,g$），在这个子系统中，还有一些其他投入 x_{pj}^2（$p=1,2,\cdots,t$）来处理污染物，并产生一些其他产出 y_{qj}^2（$r=1,2,\cdots,v$）。两阶段“污染”–“治理”系统可以用图 9.1 描述。

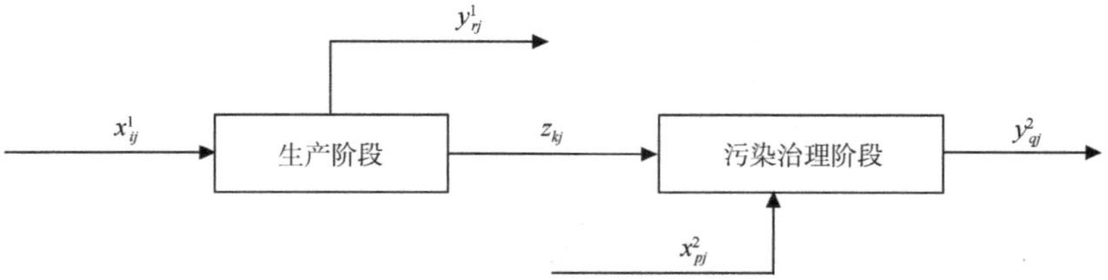

图 9.1　两阶段“污染”–“治理”系统

根据上述对两阶段“污染”–“治理”系统的说明，在 DEA 框架和 CRS 假设下，其生产可能集可表示为

$$P=\left\{\left(x_i^1,y_r^1,z_k,x_p^2,y_q^2,\forall i,r,k,p,q\right)\right| \tag{9.1}$$

$$\sum_{j=1}^{n}\lambda_j x_{ij}^1 \leqslant x_i^1,\forall i; \tag{9.1a}$$

$$\sum_{j=1}^{n}\lambda_j y_{rj}^1 \geqslant y_r^1,\forall r; \tag{9.1b}$$

$$\sum_{j=1}^{n}\lambda_j z_{kj}=\sum_{j=1}^{n}\alpha_j z_{kj}=z_k,\forall k; \tag{9.1c}$$

$$\sum_{j=1}^{n}\alpha_j x_{pj}^2 \leqslant x_p^2,\forall p; \tag{9.1d}$$

$$\sum_{j=1}^{n}\alpha_j y_{qj}^2 \geqslant y_q^2,\forall q; \tag{9.1e}$$

$$\left.\lambda_j,\alpha_j \geqslant 0,\ \forall j\right\} \tag{9.1f}$$

在生产可能集（9.1）中，约束（9.1c）对生产阶段和污染治理阶段之间的联系（污染物 z_{kj}）施加了严格的等式约束，这一约束的目的是保证生产阶段产生的所有污染物都在污染治理阶段得到处理。此外，在生产可能集 P 中使用等式约束来处理中间污染物产物也意味着假定了它的弱可处置性，其详细的理论机制已在 Liu 等（2015）的研究中进行了明确讨论。

9.3 领导者–追随者模型

在本节中，结合博弈论中的领导者–追随者模型，提出了为“污染”–“治理”系统设定生产目标的若干模型。其结果也是所提出的讨价还价博弈方法的基础。这些模型可能不会为 DMU 产生协调的生产目标，但适用于 DMU 的两个阶段之间存在支配关系的情况。

本章选择基于 SBM 方法来构建模型。采用这种方法是因为，它是一种非径向和非导向的效率评估方法，可以在评估中识别出 DMU 所有投入和产出中的所有无效松弛部分。正如之前的研究一样，两阶段网络系统中中间产物的设置会对其两个阶段的效率产生影响（An et al.，2017；Chen and Zhu，2004）。一个阶段的效率值越小，相应阶段就越需要调整其当前的投入和产出以实现有效生产。因此，在设定中间污染物目标时，生产阶段和污染治理阶段都希望获得更高的效率，以相对较小的努力实现有效生产。因此，当两阶段网络系统中的某一个阶段在决策中具有优先权时，它会观察另一阶段的最低效率；然后，根据另一阶段的决策来获得自己的目标效率。因此，采用领导者–追随者博弈方法是恰当的。

9.3.1 生产阶段作为领导者

给出当第一阶段（生产阶段）被视为博弈中的领导者时可以使用的模型。在这种情况下，阶段一（生产阶段）将要求阶段二（污染治理阶段）先提高效率。根据本节给出的生产可能集（9.1），建立了模型（9.2），以获得 DMU_d 第二阶段的效率。

$$E_d^{2f}=\min\frac{1-\dfrac{1}{t}\sum_{p=1}^{t}\dfrac{s_{pd}^2}{x_{pd}^2}}{1+\dfrac{1}{v}\sum_{q=1}^{v}\dfrac{s_{qd}^2}{y_{qd}^2}} \tag{9.2}$$

$$\text{s.t.}\ \sum_{j=1}^{n}\lambda_j x_{ij}^1=x_{id}^1-s_{id}^1,\ \forall i \tag{9.2a}$$

$$\sum_{j=1}^{n}\lambda_j y_{rj}^1=y_{rd}^1+s_{rd}^1,\ \forall r \tag{9.2b}$$

$$\sum_{j=1}^{n}\lambda_j z_{kj}=\sum_{j=1}^{n}\alpha_j z_{kj}=\overline{z}_{kd},\ \forall k \tag{9.2c}$$

$$\sum_{j=1}^{n}\alpha_j x_{pj}^2 = x_{pd}^2 - s_{pd}^2,\ \forall p \tag{9.2d}$$

$$\sum_{j=1}^{n}\alpha_j y_{qj}^2 = y_{qd}^2 + s_{qd}^2,\ \forall q \tag{9.2e}$$

$$\lambda_j,\alpha_j \geqslant 0 \tag{9.2f}$$

$$s_{id}^1, s_{rd}^1, \overline{z}_{kd}, s_{pd}^2, s_{qd}^2 \geqslant 0,\ \forall i,r,k,p,q \tag{9.2g}$$

其中，s_{id}^1、s_{rd}^1、s_{pd}^2、s_{qd}^2 分别表示 DMU_d 在生产阶段和污染治理阶段的投入与产出松弛量。DMU_d 在污染治理阶段的效率被定义为模型（9.2）目标函数的最优值，其计算方法是相比于有效前沿，各项投入（产出）可以缩减（增加）的平均比例。此外，$\overline{z}_{kd}$（$\forall k$）表示 DMU_d 调整后的中间污染物数量。在该模型中，约束（9.2c）表示中间污染物是自由决定的［自由链接，如 Tone 和 Tsutsui（2009）所定义的］，它们可以根据该模型的最优解而增加或减少。采取这种方式建立模型是合理的，因为中间污染物的数量应根据两个阶段的情况进行调整，以提高整个系统的效率，仅仅因为它们是生产阶段的非期望产出而减少它们并不是最佳选择。

通过求解上述模型（9.2），可以得到 DMU_d 污染治理阶段的效率 $E_d^{2\text{f}}$。然后，采用模型（9.3）计算 DMU_d 生产阶段的效率。

$$E_d^{11} = \min \frac{1-\dfrac{1}{m}\sum_{i=1}^{m}\dfrac{s_{id}^1}{x_{id}^1}}{1+\dfrac{1}{s}\sum_{r=1}^{s}\dfrac{s_{rd}^1}{y_{rd}^1}} \tag{9.3}$$

$$\text{s.t.}\ \sum_{j=1}^{n}\lambda_j x_{ij}^1 = x_{id}^1 - s_{id}^1,\ \forall i \tag{9.3a}$$

$$\sum_{j=1}^{n}\lambda_j y_{rj}^1 = y_{rd}^1 + s_{rd}^1,\ \forall r \tag{9.3b}$$

$$\sum_{j=1}^{n}\lambda_j z_{kj} = \sum_{j=1}^{n}\alpha_j z_{kj} = \overline{z}_{kd},\ \forall k \tag{9.3c}$$

$$\sum_{j=1}^{n}\alpha_j x_{pj}^2 = x_{pd}^2 - s_{pd}^2,\ \forall p \tag{9.3d}$$

$$\sum_{j=1}^{n}\alpha_j y_{qj}^2 = y_{qd}^2 + s_{qd}^2,\ \forall q \tag{9.3e}$$

$$1-\frac{1}{t}\sum_{p=1}^{t}\frac{s_{pd}^{2}}{x_{pd}^{2}}-E_{d}^{2\mathrm{f}}\times\left(1+\frac{1}{v}\sum_{q=1}^{v}\frac{s_{qd}^{2}}{y_{qd}^{2}}\right)\leqslant 0 \tag{9.3f}$$

$$\lambda_j,\alpha_j\geqslant 0 \tag{9.3g}$$

$$s_{id}^{1},s_{rd}^{1},\overline{z}_{kd},s_{pd}^{2},s_{qd}^{2}\geqslant 0,\ \forall i,r,k,p,q \tag{9.3h}$$

很容易验证模型（9.3）总是可行的。模型（9.3）可以计算生产阶段的效率，同时保持污染治理阶段的效率不大于模型（9.2）产生的预定值 $E_d^{2\mathrm{f}}$ 。关于模型（9.3），有定理 9.1。

定理 9.1　假设模型（9.3）中的 $E_d^{2\mathrm{f}}$ 是[0,1]范围内的参数。对于每个 DMU_d ，E_d^{11} 在 $E_d^{2\mathrm{f}}$ 中是非递增的。

证明：设两个值 $E_d^{2\mathrm{f}'}$ 和 $E_d^{2\mathrm{f}''}$ 满足 $0\leqslant E_d^{2\mathrm{f}'}\leqslant E_d^{2\mathrm{f}''}\leqslant 1$ 。若模型（9.3）中令 $E_d^{2\mathrm{f}}=E_d^{2\mathrm{f}''}$ ，则模型（9.3）实际上是改变后的模型（9.3）（令 $E_d^{2\mathrm{f}}=E_d^{2\mathrm{f}'}$ ）的松弛形式。由于模型（9.3）是一个最小化问题，则必然有 $E_d^{11'}\geqslant E_d^{11''}$ ，其中 $E_d^{11'}$ 和 $E_d^{11''}$ 分别是当 $E_d^{2\mathrm{f}}=E_d^{2\mathrm{f}'}$ 和 $E_d^{2\mathrm{f}}=E_d^{2\mathrm{f}''}$ 时模型（9.3）的最优目标函数值。

定理 9.1 说明了生产阶段和污染治理阶段在设定目标效率时存在冲突。追随者阶段的效率越小，领导者阶段就越有可能获得更高的效率。正如前文所解释的，这两个阶段都打算对其投入和产出进行最小限度的调整，因为它们试图提高整个系统的效率以实现有效生产。所以，在领导者-追随者博弈中，领导者会让追随者先计算其效率，即看到追随者在调整中可以达到的最小效率，以便稍后领导者可以根据追随者的最小效率进一步达到其最大效率。由于调整后整个系统都需要达到高效率，因此追随者阶段就不得不选择其最低效率指导其投入和产出的调整。通过为每个 DMU 求解此模型，可以得到两个阶段的中间污染物、投入和产出的目标。

9.3.2　污染治理阶段作为领导者

同样，当污染治理阶段被视为领导者时，生产阶段将需要先计算其效率，并找到投入和产出的调整目标。这可以通过模型（9.4）来实现。

$$E_d^{1\mathrm{f}}=\min\ \frac{1-\dfrac{1}{m}\displaystyle\sum_{i=1}^{m}\frac{s_{id}^{1}}{x_{id}^{1}}}{1+\dfrac{1}{s}\displaystyle\sum_{r=1}^{s}\frac{s_{rd}^{1}}{y_{rd}^{1}}} \tag{9.4}$$

$$\text{s.t.}\quad \sum_{j=1}^{n}\lambda_j x_{ij}^1 = x_{id}^1 - s_{id}^1,\ \forall i \tag{9.4a}$$

$$\sum_{j=1}^{n}\lambda_j y_{rj}^1 = y_{rd}^1 + s_{rd}^1,\ \forall r \tag{9.4b}$$

$$\sum_{j=1}^{n}\lambda_j z_{kj} = \sum_{j=1}^{n}\alpha_j z_{kj} = \overline{z}_{kd},\ \forall k \tag{9.4c}$$

$$\sum_{j=1}^{n}\alpha_j x_{pj}^2 = x_{pd}^2 - s_{pd}^2,\ \forall p \tag{9.4d}$$

$$\sum_{j=1}^{n}\alpha_j y_{qj}^2 = y_{qd}^2 + s_{qd}^2,\ \forall q \tag{9.4e}$$

$$\lambda_j,\alpha_j \geqslant 0 \tag{9.4f}$$

$$s_{id}^1, s_{rd}^1, \overline{z}_{kd}, s_{pd}^2, s_{qd}^2 \geqslant 0,\ \forall i,r,k,p,q \tag{9.4g}$$

通过求解模型（9.4），可以得到作为追随者的生产阶段的效率 $E_d^{1\mathrm{f}}$ 。然后，可以利用下面的模型（9.5）来计算效率 E_d^{21} 。

$$E_d^{21} = \min \frac{1-\dfrac{1}{t}\sum_{p=1}^{t}\dfrac{s_{pd}^2}{x_{pd}^2}}{1+\dfrac{1}{v}\sum_{q=1}^{v}\dfrac{s_{qd}^2}{y_{qd}^2}} \tag{9.5}$$

$$\text{s.t.}\quad \sum_{j=1}^{n}\lambda_j x_{ij}^1 = x_{id}^1 - s_{id}^1,\ \forall i \tag{9.5a}$$

$$\sum_{j=1}^{n}\lambda_j y_{rj}^1 = y_{rd}^1 + s_{rd}^1,\ \forall r \tag{9.5b}$$

$$\sum_{j=1}^{n}\lambda_j z_{kj} = \sum_{j=1}^{n}\alpha_j z_{kj} = \overline{z}_{kd},\ \forall k \tag{9.5c}$$

$$\sum_{j=1}^{n}\alpha_j x_{pj}^2 = x_{pd}^2 - s_{pd}^2,\ \forall p \tag{9.5d}$$

$$\sum_{j=1}^{n}\alpha_j y_{qj}^2 = y_{qd}^2 + s_{qd}^2,\ \forall q \tag{9.5e}$$

$$1-\frac{1}{m}\sum_{i=1}^{m}\frac{s_{id}^1}{x_{id}^1} - E_d^{1\mathrm{f}} \times \left(1+\frac{1}{s}\sum_{r=1}^{s}\frac{s_{rd}^1}{y_{rd}^1}\right) \leqslant 0 \tag{9.5f}$$

$$\lambda_j,\alpha_j \geqslant 0 \tag{9.5g}$$

$$s_{id}^{1}, s_{rd}^{1}, \bar{z}_{kd}, s_{pd}^{2}, s_{qd}^{2} \geqslant 0,\ \forall i, r, k, p, q \tag{9.5h}$$

从模型（9.5）中可以看出，生产阶段的效率一定不会大于模型（9.4）中确定的效率。通过求解该模型，可以得到调整后的最优中间污染物数量，以及每个 DMU 两个阶段的投入和产出目标。根据模型（9.5）和定理 9.1，有推论 9.1。

推论 9.1　假设模型（9.5）中的 $E_{d}^{1\mathrm{f}}$ 是[0,1]范围内的参数。对于每个 DMU_{d}，E_{d}^{21} 在 $E_{d}^{1\mathrm{f}}$ 中是非递增的。

推论 9.1 说明了为什么污染治理阶段在获得生产阶段的效率计算结果后才做出决定。

不难看出，在模型（9.3）或模型（9.5）中，最优解将使追随者的效率等于模型（9.2）或模型（9.4）得出的效率。放宽模型（9.3）和模型（9.5）中的约束条件，是为了避免在实际计算中由于计算软件的精度限制而出现不可行的情况。需要注意的是，模型（9.2）～模型（9.5）均属于非线性模型，但可以通过 C-C 变换（Charnes and Cooper，1962）将其转换为线性模型。

假设 DMU_{d} 在模型（9.3）或模型（9.5）中的最优解为 $(\lambda_{j}^{*}, \alpha_{j}^{*}, s_{id}^{1*}, s_{rd}^{1*}, \bar{z}_{kd}^{*}, s_{pd}^{2*}, s_{qd}^{2*}, \forall j, i, r, k, p, q)$。在两阶段“污染”–“治理”系统的一个阶段支配另一个阶段的条件下（领导者–追随者讨价还价博弈情景），调整后的中间污染物数量为 $\bar{z}_{kd}^{*}$（$\forall k$）。两个阶段的投入和产出的新目标值可通过式（9.6）计算得出。

$$\left\{\left(\bar{x}_{id}^{1}, \bar{y}_{rd}^{1}, \bar{x}_{pd}^{2}, \bar{y}_{qd}^{2}, \forall i, r, p, q\right)\right| \tag{9.6}$$

$$\bar{x}_{id}^{1} = \sum_{j=1}^{n} \lambda_{j}^{*} x_{ij}^{1} + s_{id}^{1*},\ \forall i; \tag{9.6a}$$

$$\bar{y}_{rd}^{1} = \sum_{j=1}^{n} \lambda_{j}^{*} y_{rj}^{1} - s_{rd}^{1*},\ \forall r; \tag{9.6b}$$

$$\bar{x}_{pd}^{2} = \sum_{j=1}^{n} \alpha_{j}^{*} x_{pj}^{2} + s_{pd}^{2*},\ \forall p; \tag{9.6c}$$

$$\left.\bar{y}_{qd}^{2} = \sum_{j=1}^{n} \alpha_{j}^{*} y_{qj}^{2} - s_{qd}^{2*},\ \forall q\right\} \tag{9.6d}$$

如前所述，上述模型可用于某一阶段（生产阶段或污染治理阶段）主导另一阶段的情景。不过，这里需要指出的是，由于两个阶段之间存在支配关系，目标设定的结果通常并不协调，追随者阶段通常会付出更大的努力来调整其投入和产出以实现有效生产。

9.4 协调目标设定的讨价还价博弈模型

在大多数实际情况下，“污染”-“治理”系统的两个阶段之间通常不存在绝对的支配关系，因为它们都是系统的重要组成部分，需要相互协商和合作，协调两个阶段对其投入和产出的调整，以实现整个系统更好的综合绩效。此外，如上所述，领导者-追随者模型通常会产生偏向于领导者利益的结果，这使得目标设定结果无法被追随者接受。为了给“污染”-“治理”系统中两个阶段的投入和产出设定更合理的目标，在本节中，结合讨价还价博弈，提出了一种新的生产目标设定模型，该模型可以保证每个系统的生产目标协调一致。此外，还提出了一种使用线性程序求解该模型的算法。

9.4.1 讨价还价博弈模型

纳什讨价还价博弈（Nash，1950，1953）描述了一个包含两个参与者的双边合作博弈，每个参与者都有一个效用函数 u_i（$i=1,2$）和一个分歧点 d_i（$i=1,2$）。参与者试图从可行的效用 U 中进行选择，以获得均衡解。纳什提出用最优化问题［式（9.7）］来获得讨价还价的均衡解。

$$\max \ \left(u_1-d_1\right)\left(u_2-d_2\right) \tag{9.7}$$

$$\text{s.t.} \ \left(u_1,u_2\right)\in U \tag{9.7a}$$

$$u_i \geqslant d_i, \ \forall i \tag{9.7b}$$

纳什指出，当可行效用区域 U 凸且紧时，可以从模型（9.7）中得到唯一的讨价还价解。讨价还价解具有以下四个特性：帕累托最优、仿射变换不变性、无关替代独立性和对称性（Nash，1950，1953）。

在本章的模型中，将每个 DMU 的两个阶段视为讨价还价博弈中的两个参与者。根据领导者-追随者模型的计算结果，可以知道，对于每个 DMU_d，其生产阶段和污染治理阶段效率的范围分别为 $[E_d^{1\text{f}},E_d^{1\text{l}}]$ 和 $[E_d^{2\text{f}},E_d^{2\text{l}}]$。假设可行的中间污染物调整和投入产出目标结果分别给出了生产阶段与污染治理阶段的 DMU_d 效率 E_d^1 和 E_d^2。定义 9.1 给出了每个阶段 DMU_d 对给定结果的不满意程度。

定义 9.1 阶段 i（$i=1,2$）对一组可行的生产目标设定结果的不满意程度定义为

$$\text{DS}_d^i=\frac{E_d^{i\text{l}}-E_d^i}{E_d^{i\text{l}}-E_d^{i\text{f}}}, \ i=1,2 \tag{9.8}$$

显然，$\text{DS}_d^i\in[0,1],\forall i$。对 DMU_d 的每个阶段而言，DS_d^i 的值越大，该阶段的

效率越低，因此对生产目标设定结果越不满意。如定理 9.1 所示，生产阶段和污染治理阶段的效率相互冲突。对于每个 DMU，每个阶段都希望其他阶段获得较低的效率，以便自己获得较高的效率。因此，在模型中，每个阶段的效用被表示为另一个阶段的不满意程度。不满意程度的分歧点表示为 0，即 DMU 的每个阶段都不会接受使其他阶段的效率高于其被视为博弈领导者时的效率的结果。基于上述分析，提出了可用于计算均衡生产目标设定结果的 DMU_d 的讨价还价博弈模型，即模型（9.9）。

$$\max \quad \left(\frac{E_d^{11}-E_d^1}{E_d^{11}-E_d^{1\mathrm{f}}}\right)\times\left(\frac{E_d^{21}-E_d^2}{E_d^{21}-E_d^{2\mathrm{f}}}\right) \tag{9.9}$$

$$\text{s.t.}\quad E_d^1=\left(1-\frac{1}{m}\sum_{i=1}^{m}\frac{s_{id}^1}{x_{id}^1}\right)\Bigg/\left(1+\frac{1}{s}\sum_{r=1}^{s}\frac{s_{rd}^1}{y_{rd}^1}\right) \tag{9.9a}$$

$$E_d^2=\left(1-\frac{1}{t}\sum_{p=1}^{t}\frac{s_{pd}^2}{x_{pd}^2}\right)\Bigg/\left(1+\frac{1}{v}\sum_{q=1}^{v}\frac{s_{qd}^2}{y_{qd}^2}\right) \tag{9.9b}$$

$$\sum_{j=1}^{n}\lambda_j x_{ij}^1=x_{id}^1-s_{id}^1,\ \forall i \tag{9.9c}$$

$$\sum_{j=1}^{n}\lambda_j y_{rj}^1=y_{rd}^1+s_{rd}^1,\ \forall r \tag{9.9d}$$

$$\sum_{j=1}^{n}\lambda_j z_{kj}=\sum_{j=1}^{n}\alpha_j z_{kj}=\overline{z}_{kd},\ \forall k \tag{9.9e}$$

$$\sum_{j=1}^{n}\alpha_j x_{pj}^2=x_{pd}^2-s_{pd}^2,\ \forall p \tag{9.9f}$$

$$\sum_{j=1}^{n}\alpha_j y_{qj}^2=y_{qd}^2+s_{qd}^2,\ \forall q \tag{9.9g}$$

$$\lambda_j,\alpha_j\geqslant 0 \tag{9.9h}$$

$$s_{id}^1,s_{rd}^1,\overline{z}_{kd},s_{pd}^2,s_{qd}^2\geqslant 0,\ \forall i,r,k,p,q \tag{9.9i}$$

可以看出，模型（9.9）是严格基于纳什讨价还价博弈模型建立的。需要注意的是，对于某些 DMU，当它们在博弈中扮演不同角色时，两个阶段的效率可能不会发生变化，即对于这类 DMU，只有一个可行的调整目标，因此没有必要使用模型（9.9）。

根据模型（9.9），存在定理 9.2。

定理 9.2　模型（9.9）的可行区域是紧且凸的。

证明：证明方法与 Du 等（2011）中的定理 1 的证明方法类似，此处省略。

定理 9.2 表明，模型（9.9）总能提供一个唯一的纳什讨价还价解。关于纳什讨价还价解的四个特点：①帕累托最优表明，任何阶段的不满意程度不能在不降低其他阶段不满意程度的情况下增加；②仿射变换不变性表明，如果模型（9.9）的分歧点和可行区域满足仿射变换，则两个阶段的不满意程度也满足仿射变换；③无关替代独立性表明，当模型（9.9）的可行区域缩小但谈判解仍在该区域内时，两个阶段计算出的不满意程度不会产生变化；④对称性表明，如果模型（9.9）的可行区域和两个阶段的分歧点是对称的，则两个阶段所产生的不满意程度将相同。

需要注意的是，在模型（9.9）中，为 DMU_d 设置生产目标时，目标函数中已同时、等效地考虑了其两个阶段对生产目标设定结果的不满意程度。从模型（9.9）中获得的每个 DMU 的结果都是一个纳什讨价还价解，这使生产目标的设定结果更协调、公平，从而更容易被 DMU 的两个阶段接受。

9.4.2　算法

值得注意的是，模型（9.9）为非线性模型，不能够直接进行求解。然而，当将 E_d^1 或 E_d^2 视为参数时，模型（9.9）将会成为线性模型。以将 E_d^2 视为参数的情况为例，当 E_d^2 被赋予一个值 $\beta \in [E_d^{2\mathrm{f}}, E_d^{2\mathrm{l}}]$ 时，求解模型（9.9）等价于求解模型（9.10）。

$$E_d^1 = \min \left(1-\frac{1}{m}\sum_{i=1}^{m}\frac{s_{id}^1}{x_{id}^1}\right) \Bigg/ \left(1+\frac{1}{s}\sum_{r=1}^{s}\frac{s_{rd}^1}{y_{rd}^1}\right) \tag{9.10}$$

$$\text{s.t.} \quad \left(1-\frac{1}{t}\sum_{p=1}^{t}\frac{s_{pd}^2}{x_{pd}^2}\right) - \beta\left(1+\frac{1}{v}\sum_{q=1}^{v}\frac{s_{qd}^2}{y_{qd}^2}\right) = 0 \tag{9.10a}$$

$$\sum_{j=1}^{n}\lambda_j x_{ij}^1 = x_{id}^1 - s_{id}^1,\ \forall i \tag{9.10b}$$

$$\sum_{j=1}^{n}\lambda_j y_{rj}^1 = y_{rd}^1 + s_{rd}^1,\ \forall r \tag{9.10c}$$

$$\sum_{j=1}^{n}\lambda_j z_{kj} = \sum_{j=1}^{n}\alpha_j z_{kj} = \overline{z}_{kd},\ \forall k \tag{9.10d}$$

$$\sum_{j=1}^{n}\alpha_j x_{pj}^2 = x_{pd}^2 - s_{pd}^2,\ \forall p \tag{9.10e}$$

$$\sum_{j=1}^{n}\alpha_j y_{qj}^2 = y_{qd}^2 + s_{qd}^2,\ \forall q \tag{9.10f}$$

$$\lambda_j, \alpha_j \geqslant 0 \tag{9.10g}$$

$$s_{id}^1, s_{rd}^1, \overline{z}_{kd}, s_{pd}^2, s_{qd}^2 \geqslant 0,\ \forall i, r, k, p, q \tag{9.10h}$$

在实际计算中，将放宽约束条件（9.10a），将其替换为 $\left(1-\frac{1}{t}\sum_{p=1}^{t}\frac{s_{pd}^2}{x_{pd}^2}\right)-\beta\left(1+\frac{1}{v}\sum_{q=1}^{v}\frac{s_{qd}^2}{y_{qd}^2}\right)\leqslant 0$，以确保该模型始终有一个可行解。从即将提出的算法 9.1 中不难看出，放宽约束条件（9.10a）不会影响模型（9.9）所得到的最优解。需要注意的是，模型（9.10）也是一个非线性模型，但可以通过 C-C 变换（Charnes and Cooper，1962）转换为线性模型。根据以上分析，由于 $E_d^2 \in [E_d^{2f}, E_d^{21}]$，模型（9.9）可以通过将 E_d^2 作为参数并在 $[E_d^{2f}, E_d^{21}]$ 内搜索来求解。以下算法 9.1 可以用来求得模型（9.9）的最优解。

算法 9.1

步骤 1：令 $N=10\,000$，$t=0$，$\beta=E_d^{2f}$，$\Delta\beta=\frac{E_d^{21}-E_d^{2f}}{N}$，$\text{opt}=0$

步骤 2：当 $(t\leqslant N)\{$

将 β 附在当前值上求解模型（9.10），得到最优解 $\left(\lambda_j', \alpha_j', s_{id}^1{}', s_{rd}^1{}', \overline{z}_{kd}', s_{pd}^2{}', s_{qd}^2{}', \forall j, i, r, k, p, q\right)$。计算生产阶段效率 $E_d^{1\prime}=\left(1-\frac{1}{m}\sum_{i=1}^{m}\frac{s_{id}^1{}'}{x_{id}^1}\right)\Big/\left(1+\frac{1}{s}\sum_{r=1}^{s}\frac{s_{rd}^1{}'}{y_{rd}^1}\right)$ 和污染治理阶段的效率 $E_d^{2\prime}=\left(1-\frac{1}{t}\sum_{p=1}^{t}\frac{s_{pd}^2{}'}{x_{pd}^2}\right)\Big/\left(1+\frac{1}{v}\sum_{q=1}^{v}\frac{s_{qd}^{2\prime}}{y_{qd}^2}\right)$。

如果 $\left(\frac{E_d^{11}-E_d^{1\prime}}{E_d^{11}-E_d^{1f}}\right)\times\left(\frac{E_d^{21}-E_d^{2\prime}}{E_d^{21}-E_d^{2f}}\right)<\text{opt}$，令 $t=t+1$，$\beta=E_d^{2f}+t\Delta\beta$

}

使用算法 9.1，最终解 $\left(\lambda_j^*, \alpha_j^*, s_{id}^{1*}, s_{rd}^{1*}, \overline{z}_{kd}^*, s_{pd}^{2*}, s_{qd}^{2*}, \forall j, i, r, k, p, q\right)$ 即为模型（9.9）的最优解。E_d^1 和 E_d^2 分别为 DMU_d 生产阶段和污染治理阶段的最优均衡效率。DMU_d 的总体效率如定义 9.2 所示，与 Kao 和 Hwang（2008）的研究类似。

定义 9.2　DMU_d（$\forall d \in N$）的整体效率定义为

$$E_d^* = E_d^{1*} \times E_d^{2*} \tag{9.11}$$

其中，E_d^{1*} 和 E_d^{2*} 分别表示根据算法 9.1 得出的生产阶段和污染治理阶段的最优效率。

根据模型（9.9）的最优解，可以确定调整后的中间污染物数量为 $\overline{z}_{kd}^*$（$\forall k$）。然后根据式（9.6），可以计算出两个阶段投入和产出的新目标值。

9.5 模型应用

在本节中，通过将所提出的模型应用于我国 30 个省级区域以研究各地区的“污染”-“治理”系统的效率，并为这些省份经济的进一步发展和污染物控制提供一些启示。

9.5.1 案例背景和数据

自 1978 年我国实施改革开放政策以来，经济发展取得了巨大进步。根据国家统计局的数据，我国在 2023 年的 GDP 为 1 260 582.1 亿元，是 1978 年 3678.7 亿元的 342 倍多。然而，快速的经济发展也对环境造成了破坏，并带来了严重的环境污染问题，如空气污染、全球变暖和土地荒漠化。近年来，我国政府逐渐认识到环境污染将阻碍经济的可持续发展，因此越来越重视环境保护。颁布了更多的环境保护法规，投入了更多的资源和资金到污染治理系统的建设中以治理污染。

将我国的每个省级区域视为一个“污染”-“治理”系统（DMU）。每个区域的生产阶段使用劳动力、资本存量和能源消耗来生产 GDP，同时也产生废水、废气和固体废弃物等污染物。在污染治理阶段中，一些资源被用于处理生产系统产生的废弃物。该系统的详细结构如图 9.2 所示。

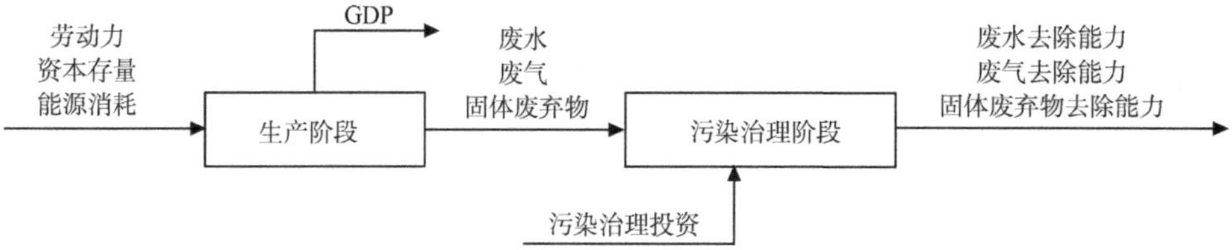

图 9.2　各省份“污染”-“治理”系统的详细结构

表 9.1 列出了“污染”-“治理”系统的变量。

表 9.1　“污染”-“治理”系统的变量

类别	变量	单位
第一阶段投入	劳动力	万人
	资本存量	10 亿元
	能源消耗	10^2 万吨标准煤
第一阶段产出	GDP	10^2 万元

续表

类别	变量	单位
中间污染物	废水	万吨
	废气	万吨
	固体废弃物	万吨
第二阶段投入	污染治理投资	10 亿元
第二阶段产出	废水去除能力（waste water removing capability，WRC）	万吨
	废气去除能力（waste gas removing capability，GRC）	万吨
	固体废弃物去除能力（solid waste removing capability，SRC）	万吨

案例数据为 Chu 等（2019）收集的 2014 年省份“污染”－“治理”系统数据。其中，污染治理投资是对城市环境基础设施、技术和工业污染物处理项目建设的投资，这些数据可以直接从《中国统计年鉴 2015》中获得。去除废水、废气和固体废弃物的能力决定了每个省份在污染处理方面的能力。由于无法直接获得产能数据，案例中使用 2014 年去除的废水、气体和固体废弃物量来表示这些地区的产能。

表 9.2 列出了 30 个省份数据的描述性统计分析结果。从数据中可以看出，GDP 提高的同时，产生了大量的污染物。

表 9.2　描述性统计分析结果

变量	最大值	最小值	平均值	标准差
劳动力	2 543.03	66.54	726.76	562.24
资本存量	36 789.07	2 361.09	14 658.76	8 802.68
能源消耗	35 358.00	1 720.00	14 249.67	8 248.38
GDP	62 163.97	2 101.05	20 973.39	15 171.08
废水	862 471.10	21 953.03	231 647.60	179 881.80
废气	425.05	15.07	184.80	106.39
固体废弃物	43 288.78	414.89	10 911.35	9 295.10
污染治理投资	881.00	26.60	298.55	196.31
废水去除能力	766 322.00	6 533.00	164 136.30	153 180.50
废气去除能力	30.94	0.84	9.42	6.97
固体废弃物去除能力	23 428.61	7.22	2 764.79	4 726.70

9.5.2 环境效率评估结果

表 9.3 给出了各省份的环境效率评估结果。通过使用所提出的领导者-追随者模型（9.2）～模型（9.5）来评估这些地区。当生产阶段作为领导者时，第一阶段和第二阶段的效率分别列在表 9.3 的第 3 列和第 4 列中。表 9.3 的第 5 列和第 6 列分别列出了污染治理阶段为领导者的第一阶段和第二阶段的效率。表 9.3 的第 7 和第 8 列列出了使用讨价还价博弈模型时两个阶段的效率。根据讨价还价博弈模型的结果计算出的各省份的整体效率列于表 9.3 的最后一列。

表 9.3 各省份的环境效率评估结果

DMU	省份	E_j^{1l}	E_j^{2f}	E_j^{1f}	E_j^{2l}	E_j^{1*}	E_j^{2*}	E_j^{*}
1	北京	1.0000	1.0000	1.0000	1.0000	1.0000	1.0000	1.0000
2	天津	1.0000	1.0000	1.0000	1.0000	1.0000	1.0000	1.0000
3	河北	1.0000	1.0000	1.0000	1.0000	1.0000	1.0000	1.0000
4	山西	0.9648	0.6185	0.9044	0.7672	0.9131	0.7350	0.6712
5	内蒙古	1.0000	1.0000	1.0000	1.0000	1.0000	1.0000	1.0000
6	辽宁	0.7409	0.5630	0.6809	0.7352	0.6811	0.6875	0.4682
7	吉林	0.7722	0.2396	0.6378	0.8767	0.6435	0.6641	0.4273
8	黑龙江	0.8802	0.0743	0.6151	0.6508	0.6331	0.3141	0.1989
9	上海	1.0000	0.1196	1.0000	0.1196	1.0000	0.1196	0.1196
10	江苏	0.9614	0.0301	0.7502	0.3805	0.7580	0.1689	0.1281
11	浙江	0.9201	0.0490	0.7669	0.7131	0.7678	0.5100	0.3916
12	安徽	0.9337	0.1491	0.6994	0.5089	0.7364	0.2937	0.2163
13	福建	1.0000	0.3647	0.8882	0.9176	0.8902	0.8599	0.7655
14	江西	0.8095	0.1145	0.6994	0.5522	0.7039	0.3783	0.2663
15	山东	1.0000	0.1013	0.8468	0.9540	0.8600	0.5012	0.4310
16	河南	0.9404	0.5519	0.7788	1.0000	0.7970	0.8374	0.6675
17	湖北	0.8158	0.3025	0.6145	0.9634	0.6298	0.7262	0.4573
18	湖南	0.8946	0.3805	0.7436	0.9570	0.7619	0.6553	0.4992
19	广东	1.0000	0.3935	0.9771	0.8720	0.9776	0.8398	0.8210
20	广西	1.0000	0.4950	0.9144	0.7403	0.9217	0.7064	0.6511
21	海南	0.8271	0.1409	0.6431	0.9840	0.6442	0.8106	0.5222
22	重庆	0.7554	0.1063	0.5585	0.9028	0.5595	0.4804	0.2688
23	四川	0.7595	0.5449	0.6487	0.9000	0.6488	0.7856	0.5097
24	贵州	0.8327	1.0000	0.8327	1.0000	0.8327	1.0000	0.8327
25	云南	0.7972	0.6246	0.6213	0.8649	0.6522	0.7424	0.4842

续表

DMU	省份	E_j^{1l}	E_j^{2f}	E_j^{1f}	E_j^{2l}	E_j^{1*}	E_j^{2*}	E_j^{*}
26	陕西	1.0000	1.0000	1.0000	1.0000	1.0000	1.0000	1.0000
27	甘肃	0.9293	0.2124	0.5547	0.6298	0.5971	0.3455	0.2063
28	青海	0.5177	0.0122	0.4289	0.0409	0.5176	0.0122	0.0063
29	宁夏	1.0000	1.0000	1.0000	1.0000	1.0000	1.0000	1.0000
30	新疆	0.8077	0.1127	0.5865	0.5307	0.5949	0.3415	0.2032

从表9.3的结果中可以得到以下结果。首先，可以看到在每个DMU中，当一个阶段在评估中扮演领导者时，与扮演追随者时相比，它可以获得更高或相同的效率。这一结果与领导者-追随者博弈的性质是一致的，即领导者主导博弈，并在评估中优先保持最高效率。此外，通常每个DMU的两个阶段获得的效率在领导者-追随者模型的评估结果上存在很大差异。也就是说，如果两个阶段之间没有绝对的主导关系，评估结果就会出现不平衡，很难被这两个阶段中的一个阶段接受。然而，与领导者-追随者模型产生的差异相比，DMU两个阶段的讨价还价博弈模型产生的效率差异通常较小。这表明谈判结果更加公平，为两个阶段获得了协调的效率，并使评估结果更容易被每个DMU的两个阶段接受。

当使用不同的模型进行效率评估时，有些DMU的两个阶段的效率没有变化。第一类包括整体有效的DMU，如DMU_1、DMU_2和DMU_3。这类DMU在两个阶段都是有效的，因此不应对其中间污染物、投入或产出进行调整。第二类包括DMU_9和DMU_{24}等DMU，它们在一个或两个阶段效率低下，但当使用不同的模型进行效率评估时，它们的效率不会改变。这一现象表明，这类DMU的目标效率是唯一的。这类DMU的投入和产出的最佳目标可以通过所提出的任意一种方法获得。

此外，还考虑了DMU的整体效率。当且仅当DMU在两个阶段都有效时DMU才能整体有效的说法也在评估结果中被反映了出来。根据通过讨价还价博弈结果求得的整体效率，30个省级区域中只有6个（北京、天津、河北、内蒙古、陕西和宁夏）被评为整体有效，即两个阶段均有效。大多数地区（24个）整体效率不高，其中一些地区的效率极低。以上海为例，第一阶段、第二阶段和整个系统的效率分别为1.0000、0.1196和0.1196。这些结果表明，尽管上海在生产阶段做得很好，但其污染治理阶段表现不佳。大多数DMU的效率不佳的结果表明，这些地区的生产阶段和污染治理阶段之间不够协调，需要对DMU的生产进行调整，以提高整体效率。

9.5.3 生产目标设定

本节通过使用领导者-追随者模型和讨价还价博弈模型来获得 DMU 的投入和产出目标。比例方差分别列于表 9.4～表 9.6 中。WRC、GRC 和 SRC 的比例不变性是根据该地区 2014 年产生的废水、气体和固体废弃物计算的。

表 9.4 生产阶段作为领导者时的投入和产出调整

DMU	生产阶段				污染治理阶段			
	投入			产出	投入	产出		
	劳动力	资本存量	能源消耗	GDP	污染治理投资	WRC	GRC	SRC
1	0.00%	0.00%	0.00%	0.00%	0.00%	0.00%	0.00%	0.00%
2	0.00%	0.00%	0.00%	0.00%	0.00%	0.00%	0.00%	0.00%
3	0.00%	0.00%	0.00%	0.00%	0.00%	0.00%	0.00%	0.00%
4	0.00%	0.00%	−7.61%	1.02%	−11.52%	114.89%	0.00%	0.90%
5	0.00%	0.00%	0.00%	0.00%	0.00%	0.00%	0.00%	0.00%
6	−49.34%	−21.44%	−4.27%	1.20%	−20.17%	91.81%	0.13%	6.81%
7	−53.44%	−14.91%	0.00%	0.00%	0.00%	81.60%	0.40%	88.89%
8	−3.15%	−8.95%	0.00%	9.03%	−31.46%	146.98%	0.00%	153.62%
9	0.00%	0.00%	0.00%	0.00%	−48.27%	7.80%	3.85%	18.21%
10	−11.57%	0.00%	0.00%	0.00%	−41.59%	39.58%	0.00%	144.47%
11	−23.97%	0.00%	0.00%	0.00%	−17.25%	15.48%	0.00%	194.72%
12	0.00%	−19.89%	0.00%	0.00%	−55.13%	41.37%	0.00%	63.14%
13	0.00%	0.00%	0.00%	0.00%	25.46%	0.00%	0.00%	35.31%
14	−26.56%	−30.60%	0.00%	0.00%	−49.48%	0.33%	0.00%	35.29%
15	0.00%	0.00%	0.00%	0.00%	−30.23%	28.79%	0.00%	74.79%
16	0.00%	−17.89%	0.00%	0.00%	0.00%	35.18%	0.00%	34.07%
17	−33.29%	−21.98%	0.00%	0.00%	−2.77%	64.15%	0.00%	112.73%
18	−2.92%	−28.70%	0.00%	0.00%	−6.40%	20.23%	1.39%	95.44%
19	0.00%	0.00%	0.00%	0.00%	−8.17%	0.00%	0.00%	49.52%
20	0.00%	0.00%	0.00%	0.00%	−5.34%	0.00%	1.13%	51.20%
21	−31.66%	−20.21%	0.00%	0.00%	0.00%	62.26%	0.00%	165.01%
22	−38.42%	−34.97%	0.00%	0.00%	−30.14%	104.00%	1.39%	156.77%
23	−60.67%	−9.28%	−2.19%	0.00%	0.00%	60.73%	1.50%	38.80%
24	−15.60%	0.00%	0.00%	13.85%	0.00%	0.00%	0.00%	0.00%
25	−28.91%	−6.93%	0.00%	10.45%	−7.73%	70.39%	0.00%	24.07%

续表

DMU	生产阶段				污染治理阶段			
	投入			产出	投入	产出		
	劳动力	资本存量	能源消耗	GDP	污染治理投资	WRC	GRC	SRC
26	0.00%	0.00%	0.00%	0.00%	0.00%	0.00%	0.00%	0.00%
27	0.00%	–0.99%	0.00%	7.25%	–17.41%	288.50%	0.00%	81.28%
28	–26.56%	–3.87%	–36.50%	50.08%	–12.99%	122.47%	0.25%	12.77%
29	0.00%	0.00%	0.00%	0.00%	0.00%	0.00%	0.00%	0.00%
30	0.00%	0.00%	–23.40%	14.15%	–45.18%	203.42%	0.00%	76.81%

注：0.00%表示调整接近 0，下同

表 9.5　污染治理阶段作为领导者时的投入和产出调整

DMU	生产阶段				污染治理阶段			
	投入			产出	投入	产出		
	劳动力	资本存量	能源消耗	GDP	污染治理投资	WRC	GRC	SRC
1	0.00%	0.00%	0.00%	0.00%	0.00%	0.00%	0.00%	0.00%
2	0.00%	0.00%	0.00%	0.00%	0.00%	0.00%	0.00%	0.00%
3	0.00%	0.00%	0.00%	0.00%	0.00%	0.00%	0.00%	0.00%
4	0.00%	0.00%	–7.44%	7.83%	0.00%	83.11%	0.00%	0.00%
5	0.00%	0.00%	0.00%	0.00%	0.00%	0.00%	0.00%	0.00%
6	–48.89%	–13.17%	0.00%	16.49%	–8.06%	68.41%	0.00%	0.00%
7	0.00%	–11.20%	–4.91%	48.36%	–12.33%	0.00%	0.00%	0.00%
8	–2.60%	0.00%	–0.56%	60.86%	–34.92%	0.00%	0.00%	0.00%
9	0.00%	0.00%	0.00%	0.00%	–48.27%	7.80%	3.85%	18.21%
10	–12.27%	–26.13%	0.00%	16.23%	–33.07%	0.00%	0.00%	6.01%
11	–22.07%	–23.49%	0.00%	10.60%	0.00%	0.00%	0.00%	4.98%
12	0.00%	–35.68%	0.00%	25.98%	–49.11%	0.00%	0.00%	0.00%
13	0.00%	–21.99%	0.00%	4.34%	–8.24%	0.00%	0.00%	0.00%
14	–9.91%	–31.32%	0.00%	23.33%	–33.04%	0.00%	0.00%	2.20%
15	0.00%	–9.33%	0.00%	14.41%	–4.60%	0.00%	0.00%	0.00%
16	–36.36%	–10.39%	0.00%	8.40%	0.00%	0.00%	0.00%	0.00%
17	0.00%	–19.82%	0.00%	51.98%	0.00%	0.00%	0.00%	2.30%
18	0.00%	–15.80%	0.00%	27.40%	–4.30%	0.00%	0.00%	0.00%
19	0.00%	0.00%	–6.87%	0.00%	0.00%	0.00%	0.00%	5.45%
20	0.00%	–9.29%	0.00%	5.98%	–1.90%	0.00%	0.40%	18.25%

续表

DMU	生产阶段				污染治理阶段			
	投入			产出	投入	产出		
	劳动力	资本存量	能源消耗	GDP	污染治理投资	WRC	GRC	SRC
21	−11.24%	−31.57%	0.00%	33.32%	0.00%	0.38%	0.00%	0.31%
22	0.00%	−21.32%	0.00%	66.33%	0.00%	7.81%	0.00%	0.00%
23	−16.36%	−0.52%	0.00%	45.48%	0.00%	17.77%	0.06%	0.00%
24	−15.60%	0.00%	0.00%	13.85%	0.00%	0.00%	0.00%	0.00%
25	0.00%	−2.85%	0.00%	59.43%	−13.51%	0.00%	0.00%	0.00%
26	0.00%	0.00%	0.00%	0.00%	0.00%	0.00%	0.00%	0.00%
27	0.00%	0.00%	0.00%	80.27%	−22.33%	33.18%	0.00%	0.00%
28	−37.43%	0.00%	−42.40%	71.13%	−11.94%	0.00%	0.00%	3.59%
29	0.00%	0.00%	0.00%	0.00%	0.00%	0.00%	0.00%	0.00%
30	−18.10%	0.00%	−38.07%	38.58%	−46.93%	0.00%	0.00%	0.00%

表 9.6 讨价还价博弈模型所得的投入和产出调整

DMU	生产阶段				污染治理阶段			
	投入			产出	投入	产出		
	劳动力	资本存量	能源消耗	GDP	污染治理投资	WRC	GRC	SRC
1	0.00%	0.00%	0.00%	0.00%	0.00%	0.00%	0.00%	0.00%
2	0.00%	0.00%	0.00%	0.00%	0.00%	0.00%	0.00%	0.00%
3	0.00%	0.00%	0.00%	0.00%	0.00%	0.00%	0.00%	0.00%
4	0.00%	0.00%	−6.97%	6.97%	−2.98%	87.62%	0.00%	0.00%
5	0.00%	0.00%	0.00%	0.00%	0.00%	0.00%	0.00%	0.00%
6	−48.87%	−13.18%	0.00%	16.46%	−13.80%	69.37%	0.00%	0.00%
7	0.00%	−7.06%	0.00%	51.75%	−17.16%	0.00%	0.00%	8.43%
8	0.00%	−0.83%	0.00%	57.51%	−39.68%	0.00%	0.00%	19.00%
9	0.00%	0.00%	0.00%	0.00%	−48.27%	7.80%	3.85%	18.21%
10	−13.78%	−25.79%	0.00%	14.52%	−36.38%	0.00%	0.00%	21.92%
11	−22.57%	−21.98%	0.00%	10.90%	0.00%	0.00%	0.00%	11.84%
12	0.00%	−34.62%	0.00%	20.13%	−55.11%	0.00%	0.00%	18.24%
13	0.00%	−28.18%	0.00%	1.79%	−11.56%	0.00%	0.00%	0.96%
14	−6.66%	−28.74%	0.00%	25.31%	−35.56%	0.00%	0.00%	7.28%
15	0.00%	0.00%	0.00%	16.28%	−12.74%	0.00%	0.00%	9.64%
16	−36.91%	−12.53%	0.00%	4.79%	−2.41%	1.41%	0.00%	9.86%

续表

DMU	生产阶段				污染治理阶段			
	投入			产出	投入	产出		
	劳动力	资本存量	能源消耗	GDP	污染治理投资	WRC	GRC	SRC
17	0.00%	–22.25%	0.00%	47.01%	–6.36%	0.00%	0.00%	17.47%
18	–25.97%	–14.42%	0.00%	13.58%	–12.87%	0.00%	0.00%	24.89%
19	0.00%	0.00%	–6.71%	0.00%	0.00%	0.00%	0.00%	7.09%
20	0.00%	–8.09%	0.00%	5.57%	–2.25%	0.00%	0.48%	21.54%
21	–9.93%	–27.72%	0.00%	35.76%	0.00%	3.17%	0.00%	5.84%
22	0.00%	–21.49%	0.00%	65.94%	–42.17%	14.77%	0.00%	0.00%
23	–17.18%	–0.43%	0.00%	45.08%	–12.21%	18.61%	0.07%	0.00%
24	–15.60%	0.00%	0.00%	13.85%	0.00%	0.00%	0.00%	0.00%
25	–19.47%	–13.52%	0.00%	36.46%	–21.66%	5.44%	0.00%	3.52%
26	0.00%	0.00%	0.00%	0.00%	0.00%	0.00%	0.00%	0.00%
27	0.00%	0.00%	0.00%	67.49%	–34.20%	102.37%	0.00%	17.45%
28	–27.34%	–4.88%	–37.17%	48.51%	–13.94%	110.83%	0.11%	12.14%
29	0.00%	0.00%	0.00%	0.00%	0.00%	0.00%	0.00%	0.00%
30	–25.26%	0.00%	–37.40%	32.98%	–59.55%	0.00%	0.00%	5.28%

根据 DMU 投入和产出的目标设定结果，可以得出以下结论。首先，整体有效的 DMU 不需要对其投入和产出进行任何调整。相比之下，对于那些整体效率不高的 DMU，需要对其部分或全部投入和产出进行调整。其次，当一个阶段在这个过程中扮演追随者时，需要做出更多的调整。这是因为当某一个阶段扮演追随者时，它的效率较低，因此需要对其投入和产出进行更多的调整。最后，领导者-追随者模型产生的结果不够平衡。具体来说，当生产阶段在博弈中扮演领导者的角色时，投入和产出的调整主要是在污染治理阶段中进行的，反之则反。然而，在讨价还价博弈的结果中，通常对于 DMU 的两个阶段都会进行调整；每个 DMU 的两个阶段相互配合进行改进，以实现整个系统更高的效率。

此外，基于讨价还价博弈模型生成的目标设定结果，可以发现一些地区的污染治理阶段存在很大的改进空间。例如，DMU_{27}（甘肃）需要削减目前 34.20%的污染治理投资，并将其废水和固体废弃物去除能力分别提高 102.37%和 17.45%，才能变为有效。低效率地区的巨大改善空间表明污染治理存在较大的地区差异，一些地区对污染的处理比较成功，而另一些地区很少关注污染处理。在重庆等地区，需要将投资重点放在更实质性的行动上，以处理生产阶段产生的污染物。山西、辽宁、甘肃和青海等地区也存在类似的情况。

接下来，将研究 DMU 的中间污染物调整。由于领导者-追随者模型会产生不平衡的效率目标，此处只给出讨价还价博弈模型产生的结果，并在此基础上进行分析。表 9.7 列出了各省份中间污染物调整与比例差异。

表 9.7　各省份中间污染物调整与比例差异

DMU	省份	废水		废气		固体废弃物	
1	北京	0.00	0.00%	0.00	0.00%	0.00	0.00%
2	天津	0.00	0.00%	0.00	0.00%	0.00	0.00%
3	河北	0.00	0.00%	0.00	0.00%	0.00	0.00%
4	山西	22 117.24	16.02%	−6.13	−1.78%	−11 071.34	−36.28%
5	内蒙古	0.00	0.00%	0.00	0.00%	0.00	0.00%
6	辽宁	−36 471.88	−15.55%	−45.16	−17.02%	−5 538.87	−20.70%
7	吉林	16 781.63	14.26%	−69.95	−55.42%	−2 028.22	−44.18%
8	黑龙江	61 880.32	40.42%	−90.14	−45.91%	−1 370.81	−22.49%
9	上海	0.00	0.00%	0.00	0.00%	0.00	0.00%
10	江苏	−18 993.65	−3.20%	−19.96	−7.18%	461.91	4.25%
11	浙江	−9 466.49	−2.26%	1.43	0.86%	1 619.85	37.67%
12	安徽	−64 108.63	−24.08%	−38.59	−21.64%	−3 531.99	−29.59%
13	福建	8 434.68	3.26%	12.58	11.88%	−4 040.07	−47.33%
14	江西	−50 380.85	−24.32%	−65.23	−43.95%	−6 992.31	−60.71%
15	山东	227 073.88	45.91%	−5.45	−1.37%	−3 235.64	−17.81%
16	河南	−209 599.71	−50.80%	−102.06	−29.49%	−3 156.92	−19.40%
17	湖北	−29 712.29	−10.10%	−16.46	−10.48%	−508.07	−6.21%
18	湖南	−121 476.04	−39.54%	−28.02	−17.64%	1 860.75	23.84%
19	广东	−358 661.43	−41.59%	−47.85	−20.62%	649.15	10.98%
20	广西	−21 780.18	−9.67%	9.11	7.20%	2 047.11	26.67%
21	海南	−3 843.08	−10.63%	0.74	4.90%	136.59	32.92%
22	重庆	9 731.25	6.83%	−59.35	−53.91%	−1 221.10	−38.62%
23	四川	−53 288.01	−17.32%	−30.81	−17.74%	−3 227.35	−23.04%
24	贵州	0.00	0.00%	0.00	0.00%	0.00	0.00%
25	云南	−40 908.61	−26.13%	−20.48	−13.01%	−5 174.96	−32.26%
26	陕西	0.00	0.00%	0.00	0.00%	0.00	0.00%
27	甘肃	9 940.26	15.30%	−19.18	−15.58%	706.96	11.97%
28	青海	−1 904.14	−8.67%	−18.91	−40.86%	−9 587.34	−77.46%

续表

DMU	省份	废水		废气		固体废弃物	
29	宁夏	0.00	0.00%	0.00	0.00%	0.00	0.00%
30	新疆	−20 619.45	−20.47%	−136.76	−55.32%	−4 484.15	−48.30%

从中间污染物调整结果来看，可以得出以下结论。第一，可以看出，对于北京、天津和河北等整体有效的 DMU，没有必要调整其中间污染物。它们可以保持当前的生产不变以保持良好的效率。第二，还有其他一些 DMU 仅在两个阶段中的一个阶段实现有效，比如贵州和上海，这些 DMU 也不需要调整中间污染物的产生，它们需要做的是调整无效阶段的投入和产出。第三，大多数 DMU 需要调整中间污染物，使 DMU 的两个阶段更加协调，以提高整个系统的效率。第四，根据计算结果，一些 DMU 需要增加中间污染物（以吉林为例），这与传统的模型要求减少中间污染物的结果相反。出现这一结果是因为本章的模型中对中间污染物使用了自由链接。第五，所提出模型的主要目的是为中间污染物设定公平的目标，使每个 DMU 的两个阶段更加协调，从而使两级系统具有更好的效率。第六，在大多数污染物调整中，DMU 需要减少中间污染物。这一结果表明，这些地区污染治理的能力较差，需要采用先进的技术来处理污染物，并确保污染治理投资得到有效利用。

9.5.4　政策建议

根据上述分析，本章提出以下政策建议，以帮助中国区域经济更好地实现生产与污染治理的环境绩效目标。

第一，建议政府运用本章所提出的方法或其他及时关注生产与污染治理系统调整的目标设定方法。从计算结果来看，只有少数地区被评估为整体有效，而大多数地区在两个子阶段中均表现为无效。此外，各地区两个阶段的效率存在较大差异。这不仅表明了各地区的表现不佳，也反映出污染治理阶段的不平衡。因此，政府不仅需要关注投入和产出的目标设定，还应考虑生产阶段与污染治理阶段之间的协调性。这不仅能够提高地区的绩效，还可以加强环境和谐体系的建设，进一步促进经济的可持续发展。

第二，政府应制定更严格的污染治理法规，鼓励开发和采用新的污染物处理技术，以改善污染治理阶段。从计算结果可以看出，与目前的情况相比，一些地区的中间污染物需要调整到更高的水平。这是因为在当前系统中，污染物尚未得到充分治理。政府需要制定法规，强制相关责任方治理污染。此外，在大多数地区，污染治理阶段的效率普遍较低，即使污染治理阶段被视为领导者，这种情况依然存在。这表明，尽管部分地区在污染治理上投入了资源，但效果并不令人满意。主要原因是用于污染治理的技术效率较低。上述分析表明，政府可以引入更先进的设备，并优化污染治理流程，以增强污染治理效果。

第三，建议政府鼓励新技术的发展与应用，并根据分析结果加大产业结构调整力度。在中间污染物调整结果中可以看到，大多数地区需要减少生产过程中产生的污染物。为解决这一问题，一种方法是开发和应用更先进的技术，确保资源被充分利用并减少污染物的产生。政府还需要考虑产业结构调整。建议政府将经济增长点从传统制造业（带来较多污染）转移到环境友好型产业，如电子商务和新能源产业。

9.6 本章小结

本章考虑两阶段“污染”-“治理”系统，提出了一种环境绩效评估和生产目标设定的新方法，并将新方法应用于我国 30 个省级区域的案例研究中。

首先，考虑两阶段“污染”-“治理”系统的结构，建立了其相应的生产可能集，为后文的模型奠定了基础。其次，引入领导者-追随者博弈，分别建立了生产阶段作为领导者与污染治理阶段作为领导者的环境绩效评估模型，并从理论上证明了每个“污染”-“治理”系统中两个阶段的效率相互冲突（定理 9.1 和推论 9.1），彼此之间存在权衡关系。再次，提出了一个讨价还价博弈模型，以生成一组中间污染物调整以及投入和产出目标。这种讨价还价博弈模型所得的纳什均衡解协调了两个阶段之间的冲突。与大多数只能用于确定 DMU 投影或分阶段实现有效的传统模型不同，本章所提出的模型能够同时实现这两项目标。最后，通过我国 30 个省级区域的案例分析，说明了本章所提出方法的实用性。

参考文献

An Q X, Chen H X, Xiong B B, et al. 2017. Target intermediate products setting in a two-stage system with fairness concern. Omega, 73: 49-59.

Charnes A, Cooper W W. 1962. Programming with linear fractional functionals. Naval Research Logistics Quarterly, 9(3/4): 181-186.

Chen Y, Zhu J. 2004. Measuring information technology's indirect impact on firm performance. Information Technology and Management, 5(1/2): 9-22.

Chu J F, Wu J, Zhu Q Y, et al. 2019. Analysis of China's regional eco-efficiency: a DEA two-stage network approach with equitable efficiency decomposition. Computational Economics, 54(4):

1263-1285.

Du J, Liang L, Chen Y, et al. 2011. A bargaining game model for measuring performance of two-stage network structures. European Journal of Operational Research, 210(2): 390-397.

Kao C, Hwang S N. 2008. Efficiency decomposition in two stage data envelopment analysis: an application to non-life insurance companies in Taiwan. European Journal of Operational Research, 185(1): 418-429.

Liu W B, Zhou Z B, Ma C Q, et al. 2015. Two-stage DEA models with undesirable input-intermediate-outputs. Omega, 56: 74-87.

Nash J F. 1950. The bargaining problem. Econometrica, 18(2): 155-162.

Nash J F. 1953. Two-person cooperative games. Econometrica, 21(1): 128-140.

Tone K, Tsutsui M. 2009. Network DEA: a slacks-based measure approach. European Journal of Operational Research, 197(1): 243-252.

Wu J, Jiang H H, Chu J F, et al. 2020. Coordinated production target setting for production-pollutant control systems: a DEA two-stage bargaining game approach. Journal of the Operational Research Society, 71(8): 1216-1232.

第 10 章　考虑两阶段效率平衡的生态绩效评价方法研究

10.1　引　言

为实现经济增长与环境保护的平衡，生态绩效（eco-efficiency）评价逐渐成为一个关键的研究领域。生态绩效作为衡量单位资源消耗和污染排放所创造经济价值的重要指标，已被广泛用于资源利用效率和环境管理的评价中（Schaltegger，1996；Picazo-Tadeo et al.，2012）。基于 DEA 的生态绩效评价方法由于具有非参数特性和灵活性，成为分析生态绩效的主流工具之一（Charnes et al.，1978；Wu et al.，2016；Taleb et al.，2024）。

目前，对生态绩效的研究逐渐从单阶段生产系统扩展到包含污染治理功能的两阶段网络系统中（Wu et al.，2015；Wu et al.，2017）。这种两阶段网络系统模型通过将生产阶段和污染治理阶段结合，能够更全面地评估各 DMU 在经济价值创造和环境控制方面的整体表现。但在这类研究中，面临着如何有效平衡生产阶段与污染治理阶段的效率的挑战。传统的效率分解方法（如领导者-追随者模型）在效率分解上可能会导致两阶段之间效率的不平衡，这不仅影响整体绩效的公平性，也可能给资源优化配置带来不利影响。

本章基于两阶段网络 DEA 框架，提出了一种新的生态绩效评价方法，旨在解决两阶段效率平衡问题。具体而言，本章通过引入效率公平分解模型，避免两阶段效率的不均衡分布，同时结合线性化算法提高模型的可操作性。该方法不仅能全面反映生产阶段和污染治理阶段的协调性，还为 DMU 的生态绩效改进提供有针对性的指导。为验证所提方法的有效性，本章以我国 30 个省级区域（未统计西藏、港澳台地区）为研究对象，将这些区域视为由生产系统和污染治理系统组成的两阶段网络系统，并对其生态绩效进行案例分析。

10.2　两阶段平衡生态绩效评价方法

与第 9 章中的两阶段“污染”-“治理”系统类似，在第一阶段生产阶段，每个 DMU 使用一些投入资源来产生一些期望产出和一些非期望产出（污染物）。在第二阶段污染治理阶段使用其他一些投入来处理污染物，以减少其对环境的破坏。每个 DMU 的两阶段结构如图 10.1 所示。

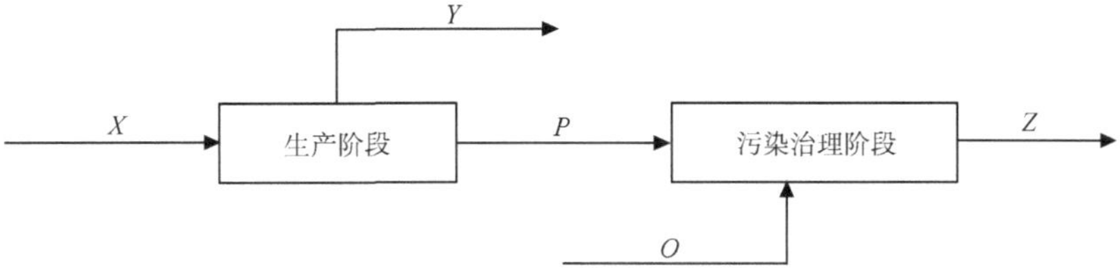

图 10.1　每个 DMU 的两阶段结构

在图 10.1 中，X 为第一阶段生产阶段的投入，Y 和 P 分别为第一阶段的期望产出与非期望产出；在第二阶段污染治理阶段，除了将 P 作为第二阶段的投入外，还采用了一些其他投入 O，然后产出了 Z（即剩余的污染物和其他可能有用的产物）。

假设在第一阶段生产阶段，每个 DMU_j（$j=1,2,\cdots,n$）消耗 m 个投入 x_{ij}（$i=1,2,\cdots,m$），产生 s 个期望产出 y_{rj}（$r=1,2,\cdots,s$）和 k 个非期望产出 p_{cj}（$c=1,2,\cdots,k$）。对于正被评估的 DMU_h，可以使用以下的 BCC 模型获得第一阶段的效率（Banker et al.，1984）。

$$E_h^1=\frac{\sum_{r=1}^{s}\mu_r y_{rh}-\sum_{c=1}^{k}\phi_c^1 p_{ch}+u_1}{\sum_{i=1}^{m}\omega_i x_{ih}} \tag{10.1}$$

$$\text{s.t.}\quad \frac{\sum_{r=1}^{s}\mu_r y_{rj}-\sum_{c=1}^{k}\phi_c^1 p_{cj}+u_1}{\sum_{i=1}^{m}\omega_i x_{ih}}\leqslant 1,\ \forall j \tag{10.1a}$$

$$\omega_i,\mu_r,\phi_c^1\geqslant 0,\ \forall i,r,c \tag{10.1b}$$

$$u_1\text{无约束} \tag{10.1c}$$

其中，ω_i,μ_r,ϕ_c^1 分别表示在第一阶段分配给被评估的 DMU_h 的投入、期望产出和非期望产出的权重。在模型（10.1）中，模型对非期望产出使用了强可处置性假设。

类似地，在第二阶段，假设每个 DMU_j（$j=1,2,\cdots,n$）都使用 d 个其他投入来处理阶段一中产生的 k 个非期望的产出，并产生 f 个期望产出。每个 DMU_j 第二阶段的投入和产出可以表示为 o_{vj}（$v=1,2,\cdots,d$）和 z_{lj}（$l=1,2,\cdots,f$）。对于

DMU_h，模型（10.2）可以评估 VRS 假设下第二阶段的效率。

$$E_h^2 = \frac{\sum_{l=1}^{f} \gamma_l z_{lh} + u_2}{\sum_{v=1}^{d} \varphi_v o_{vh} + \sum_{c=1}^{k} \phi_c^2 p_{ch}} \tag{10.2}$$

$$\text{s.t.} \quad \frac{\sum_{l=1}^{f} \gamma_l z_{lj} + u_2}{\sum_{v=1}^{d} \varphi_v o_{vj} + \sum_{c=1}^{k} \phi_c^2 p_{cj}} \leqslant 1, \ \forall j \tag{10.2a}$$

$$\varphi_v, \gamma_l, \phi_c^2 \geqslant 0, \ \forall v, l, c \tag{10.2b}$$

$$u_2 \text{无约束} \tag{10.2c}$$

其中，$\varphi_v, \phi_c^2, \gamma_l$ 分别表示在第二阶段分配给被评估的 DMU_h 的投入、污染物投入和产出的权重。值得注意的是，在许多考虑中间产物（本章中的污染物）的研究中（Liang et al.，2008；Kao and Hwang，2008；Chen et al.，2010），中间产物的权重被设定为在两个子阶段相同，本章中的模型也采取这种设定，即 $\phi_c^1 = \phi_c^2 = \phi_c$（$c = 1, 2, \cdots, k$）。

10.2.1 集中式生态绩效评价模型

上述模型（10.1）和模型（10.2）可分别用于衡量 DMU_h 第一阶段和第二阶段的效率。然而，单独衡量两个子阶段的效率并不能反映它们之间的联系。此外，无法获得两阶段网络系统的整体效率。因此，本节提供了一个集中式模型来评估集中模式下两阶段网络系统的整体效率。在集中模式下，DMU_h 的两个子阶段协同工作，以最大限度地提高整个系统的整体效率。集中式模型（10.3）如下：

$$E_h = \max\left\{w_1 \times E_h^1 + w_2 \times E_h^2\right\} \tag{10.3}$$

$$\text{s.t.} \quad E_h^1 = \frac{\sum_{r=1}^{s} \mu_r y_{rh} - \sum_{c=1}^{k} \phi_c p_{ch} + u_1}{\sum_{i=1}^{m} \omega_i x_{ih}} \tag{10.3a}$$

$$E_h^2 = \frac{\sum_{l=1}^{f} \gamma_l z_{lh} + u_2}{\sum_{v=1}^{d} \varphi_v o_{vh} + \sum_{c=1}^{k} \phi_c p_{ch}} \tag{10.3b}$$

$$\frac{\sum_{r=1}^{s}\mu_r y_{rj}-\sum_{c=1}^{k}\phi_c p_{cj}+u_1}{\sum_{i=1}^{m}\omega_i x_{ih}}\leqslant 1,\ \forall j \tag{10.3c}$$

$$\frac{\sum_{l=1}^{f}\gamma_l z_{lj}+u_2}{\sum_{v=1}^{d}\varphi_v o_{vj}+\sum_{c=1}^{k}\phi_c p_{cj}}\leqslant 1,\ \forall j \tag{10.3d}$$

$$\omega_i,\mu_r,\varphi_v,\gamma_l,\phi_c\geqslant 0,\ \forall i,r,v,l,c \tag{10.3e}$$

$$u_1,u_2\text{无约束} \tag{10.3f}$$

其中，w_1 和 w_2 分别表示 DMU_h 对第一阶段和第二阶段的效率所赋予的权重，满足 $w_1+w_2=1$。当 $E_h=1$ 时，DMU_h 被定义为整体有效。显然，当且仅当两个子阶段均为有效时（即 $E_h^1=1,E_h^2=1$），DMU_h 整体有效。

值得注意的是，模型（10.3）是一个非线性规划问题。可以通过以下两个步骤将其转化为线性规划问题。

步骤一：选择一组合适的权重。

在模型（10.3）中，需要为两个子阶段确定一组合适的权重，以获得整个系统的整体效率。与 Chen 等（2009）和 Amirteimoori（2013）的研究类似，将每个阶段的权重定义为该阶段投入占整个系统投入的比例。因此，w_1 和 w_2 分别可以使用式（10.4）和式（10.5）计算。

$$w_1=\frac{\sum_{i=1}^{m}\omega_i x_{ih}}{\sum_{i=1}^{m}\omega_i x_{ih}+\sum_{v=1}^{d}\varphi_v o_{vh}+\sum_{c=1}^{k}\phi_c p_{ch}}\geqslant\alpha \tag{10.4}$$

$$w_2=\frac{\sum_{v=1}^{d}\varphi_v o_{vh}+\sum_{c=1}^{k}\phi_c p_{ch}}{\sum_{i=1}^{m}\omega_i x_{ih}+\sum_{v=1}^{d}\varphi_v o_{vh}+\sum_{c=1}^{k}\phi_c p_{ch}}\geqslant\alpha \tag{10.5}$$

其中，α 表示每个子阶段在绩效评价过程中可以接受的最小权重。通过将 w_1 和 w_2 代入模型（10.3），可以得到模型（10.6）。

$$E_h=\max\frac{\sum_{r=1}^{s}\mu_r y_{rh}-\sum_{c=1}^{k}\phi_c p_{ch}+\sum_{l=1}^{f}\gamma_l z_{lh}+u_1+u_2}{\sum_{i=1}^{m}\omega_i x_{ih}+\sum_{v=1}^{d}\varphi_v o_{vh}+\sum_{c=1}^{k}\phi_c p_{ch}} \tag{10.6}$$

$$\text{s.t.}\quad E_h^1=\frac{\sum_{r=1}^{s}\mu_r y_{rh}-\sum_{c=1}^{k}\phi_c p_{ch}+u_1}{\sum_{i=1}^{m}\omega_i x_{ih}} \tag{10.6a}$$

$$E_h^2=\frac{\sum_{l=1}^{f}\gamma_l z_{lh}+u_2}{\sum_{v=1}^{d}\varphi_v o_{vh}+\sum_{c=1}^{k}\phi_c p_{ch}} \tag{10.6b}$$

$$\frac{\sum_{r=1}^{s}\mu_r y_{rj}-\sum_{c=1}^{k}\phi_c p_{c0}+u_1}{\sum_{i=1}^{m}\omega_i x_{i0}}\leqslant 1,\ \forall j \tag{10.6c}$$

$$\frac{\sum_{l=1}^{f}\gamma_l z_{lj}+u_2}{\sum_{v=1}^{d}\varphi_v o_{vj}+\sum_{c=1}^{k}\phi_c p_{cj}}\leqslant 1,\ \forall j \tag{10.6d}$$

$$\frac{\sum_{i=1}^{m}\omega_i x_{ih}}{\sum_{i=1}^{m}\omega_i x_{ih}+\sum_{v=1}^{d}\varphi_v o_{vh}+\sum_{c=1}^{k}\phi_c p_{ch}}\geqslant \alpha \tag{10.6e}$$

$$\frac{\sum_{v=1}^{d}\varphi_v o_{vh}+\sum_{c=1}^{k}\phi_c p_{ch}}{\sum_{i=1}^{m}\omega_i x_{ih}+\sum_{v=1}^{d}\varphi_v o_{vh}+\sum_{c=1}^{k}\phi_c p_{ch}}\geqslant \alpha \tag{10.6f}$$

$$\omega_i,\mu_r,\varphi_v,\gamma_l,\phi_c\geqslant 0,\ \forall i,r,v,l,c \tag{10.6g}$$

$$u_1,u_2\text{无约束} \tag{10.6h}$$

步骤二：C-C 变换。

模型（10.6）仍然是一个无法直接求解的非线性规划问题。可以通过 C-C 变换（Charnes and Cooper，1962）将其转化为线性规划问题。

令 $t=\dfrac{1}{\sum_{i=1}^{m}\omega_i x_{ih}+\sum_{v=1}^{d}\varphi_v o_{vh}+\sum_{c=1}^{k}\phi_c p_{ch}}$， $\omega_i'=t\omega_i$， $\mu_r'=t\mu_r$， $\varphi_v'=t\varphi_v$， $\gamma_l'=t\gamma_l$， $\phi_c'=t\phi_c$， $u_1'=tu_1$， $u_2'=tu_2$。然后，上述模型（10.6）可以转换为如下线性模型（10.7）。

$$E_h = \max\left\{\sum_{r=1}^{s}\mu_r' y_{rh} - \sum_{c=1}^{k}\phi_c' p_{ch} + \sum_{l=1}^{f}\gamma_l' z_{lh} + u_1' + u_2'\right\} \tag{10.7}$$

$$\text{s.t.}\quad \sum_{i=1}^{m}\omega_i' x_{ih} + \sum_{v=1}^{d}\varphi_v' o_{vh} + \sum_{c=1}^{k}\phi_c' p_{ch} = 1 \tag{10.7a}$$

$$\sum_{r=1}^{s}\mu_r' y_{rj} - \sum_{c=1}^{k}\phi_c' p_{cj} - \sum_{i=1}^{m}\omega_i' x_{ij} + u_1' \leqslant 0,\ \forall j \tag{10.7b}$$

$$\sum_{l=1}^{f}\gamma_l' z_{lj} - \sum_{v=1}^{d}\varphi_v' o_{vj} - \sum_{c=1}^{k}\phi_c' p_{cj} + u_2' \leqslant 0,\ \forall j \tag{10.7c}$$

$$(\alpha-1)\sum_{i=1}^{m}\omega_i' x_{ih} + \alpha\sum_{v=1}^{d}\varphi_v' o_{vh} + \alpha\sum_{c=1}^{k}\phi_c' p_{ch} \leqslant 0 \tag{10.7d}$$

$$\alpha\sum_{i=1}^{m}\omega_i' x_{ih} + (\alpha-1)\sum_{v=1}^{d}\varphi_v' o_{vh} + (\alpha-1)\sum_{c=1}^{k}\phi_c' p_{ch} \leqslant 0 \tag{10.7e}$$

$$\omega_i', \mu_r', \varphi_v', \gamma_l', \phi_c' \geqslant 0,\ \forall i, r, v, l, c \tag{10.7f}$$

$$u_1', u_2' \text{无约束} \tag{10.7g}$$

10.2.2　生态绩效公平分解

通过求解上述模型（10.7），可以得到每个 DMU 的整体效率（也称为生态绩效）。此外，还可以获得两个子阶段的效率。然而，模型（10.7）的最优解可能不唯一，这可能会导致子阶段的效率具有任意性（Kao and Hwang，2008；Halkos et al.，2014）。为了解决这个问题，许多研究（Kao and Hwang，2008；Li et al.，2012）结合了斯塔克尔伯格博弈，提出了领导者-追随者效率分解方法。然而，这种方法将导致领导者阶段获得非常高的效率，而追随者阶段的效率通常很低。每个 DMU 的两个子阶段的效率存在很大差异，效率分解的结果存在不公平。为了克服这个问题，本节中提出了一种公平分解子阶段效率的方法。

在评估 DMU 的生态绩效时，生产阶段和污染治理阶段都很重要。如果一个地区在生产阶段产生非常高的效率，但在污染治理阶段产生非常低的效率，这意味着该地区没有很好地处理污染物排放，环境受到严重破坏。另外，如果一个地区在生产阶段效率很低，但在污染治理阶段效率很高，那么尽管环境得到了非常有效的保护，但该地区的生产率仍然很低。因此，必须提供一种公平的生态绩效分解方法，使每个子阶段获得较为公平的效率。采用模型（10.8）进行生态绩效分解。

$$\max\quad \Phi_h \tag{10.8}$$

$$\text{s.t.}\quad E_h = \frac{\sum_{r=1}^{s}\mu_r y_{rh} - \sum_{c=1}^{k}\phi_c p_{ch} + \sum_{l=1}^{f}\gamma_l z_{lh} + u_1 + u_2}{\sum_{i=1}^{m}\omega_i x_{ih} + \sum_{v=1}^{d}\varphi_v o_{vh} + \sum_{c=1}^{k}\phi_c p_{ch}} \tag{10.8a}$$

$$E_h^1 = \frac{\sum_{r=1}^{s}\mu_r y_{rh} - \sum_{c=1}^{k}\phi_c p_{ch} + u_1}{\sum_{i=1}^{m}\omega_i x_{ih}} \geqslant \varPhi_h \tag{10.8b}$$

$$E_h^2 = \frac{\sum_{l=1}^{f}\gamma_l z_{lh} + u_2}{\sum_{v=1}^{d}\varphi_v o_{vh} + \sum_{c=1}^{k}\phi_c p_{ch}} \geqslant \varPhi_h \tag{10.8c}$$

$$\frac{\sum_{r=1}^{s}\mu_r y_{rj} - \sum_{c=1}^{k}\phi_c p_{cj} + u_1}{\sum_{i=1}^{m}\omega_i x_{ih}} \leqslant 1,\ \forall j \tag{10.8d}$$

$$\frac{\sum_{l=1}^{f}\gamma_l z_{lj} + u_2}{\sum_{v=1}^{d}\varphi_v o_{vj} + \sum_{c=1}^{k}\phi_c p_{cj}} \leqslant 1,\ \forall j \tag{10.8e}$$

$$\frac{\sum_{i=1}^{m}\omega_i x_{ih}}{\sum_{i=1}^{m}\omega_i x_{ih} + \sum_{v=1}^{d}\varphi_v o_{vh} + \sum_{c=1}^{k}\phi_c p_{ch}} \geqslant \alpha \tag{10.8f}$$

$$\frac{\sum_{v=1}^{d}\varphi_v o_{vh} + \sum_{c=1}^{k}\phi_c p_{ch}}{\sum_{i=1}^{m}\omega_i x_{ih} + \sum_{v=1}^{d}\varphi_v o_{vh} + \sum_{c=1}^{k}\phi_c p_{ch}} \geqslant \alpha \tag{10.8g}$$

$$\omega_i, \mu_r, \varphi_v, \gamma_l, \phi_c \geqslant 0,\ \forall i, r, v, l, c \tag{10.8h}$$

$$u_1, u_2 \text{无约束} \tag{10.8i}$$

其中，E_h 表示从模型（10.7）中获得的 DMU_h 的整体效率。约束（10.8b）和约束（10.8c）确保 DMU_h 子阶段的效率不应低于 $\varPhi_h$ 。约束（10.8d）和约束（10.8e）保证所有 DMU 在生产可能集中运作。约束（10.8f）和约束（10.8g）表明，DMU_h 中两个子阶段的权重不应小于预定值 α 。模型（10.8）最大化了两个子阶段的最小效率，同时保证系统的整体效率保持在其预定的最佳值。显然，模型（10.8）目标函数的最优值Φ_h在 0 和 1 之间，即$\Phi_h^* \in [0,1]$。

模型（10.8）是一个非线性规划模型，可以转化为线性规划模型（10.9）。

$$\max \quad \xi_h \tag{10.9}$$

$$\text{s.t.} \quad \sum_{r=1}^{s}\mu_r y_{rh} - \sum_{c=1}^{k}\phi_c p_{ch} + \sum_{l=1}^{f}\gamma_l z_{lh} + u_1 + u_2 = E_h \tag{10.9a}$$

$$\sum_{i=1}^{m}\omega_i x_{ih} + \sum_{v=1}^{d}\varphi_v o_{vh} + \sum_{c=1}^{k}\phi_c p_{ch} = 1 \tag{10.9b}$$

$$\sum_{r=1}^{s}\mu_r y_{rh} - \sum_{c=1}^{k}\phi_c p_{ch} + u_1 - \Phi_h \times \sum_{i=1}^{m}\omega_i x_{ih} - s_1 = 0 \tag{10.9c}$$

$$\sum_{l=1}^{f}\gamma_l z_{lh} + u_2 - \Phi_h \times \left(\sum_{v=1}^{d}\varphi_v o_{vh} + \sum_{c=1}^{k}\phi_c p_{ch}\right) - s_2 = 0 \tag{10.9d}$$

$$\sum_{r=1}^{s}\mu_r y_{rj} - \sum_{c=1}^{k}\phi_c p_{cj} - \sum_{i=1}^{m}\omega_i x_{ij} + u_1 \leqslant 0, \ \forall j \tag{10.9e}$$

$$\sum_{l=1}^{f}\gamma_l z_{lj} - \sum_{v=1}^{d}\varphi_v o_{vj} - \sum_{c=1}^{k}\phi_c p_{cj} + u_2 \leqslant 0, \ \forall j \tag{10.9f}$$

$$(\alpha - 1)\sum_{i=1}^{m}\omega_i x_{ih} + \alpha\sum_{v=1}^{d}\varphi_v o_{vh} + \alpha\sum_{c=1}^{k}\phi_c p_{ch} \leqslant 0 \tag{10.9g}$$

$$\alpha\sum_{i=1}^{m}\omega_i x_{ih} + (\alpha - 1)\sum_{v=1}^{d}\varphi_v o_{vh} + (\alpha - 1)\sum_{c=1}^{k}\phi_c p_{ch} \leqslant 0 \tag{10.9h}$$

$$s_1 \geqslant \xi_h \tag{10.9i}$$

$$s_2 \geqslant \xi_h \tag{10.9j}$$

$$\omega_i, \mu_r, \varphi_v, \gamma_l, \phi_c \geqslant 0, \ \forall i, r, v, l, c \tag{10.9k}$$

$$u_1, u_2, s_1, s_2 \text{无约束} \tag{10.9l}$$

从模型（10.9）中可以看出，当赋予Φ_h一个特定值时，模型（10.9）变成了线性规划模型。基于模型（10.8）和模型（10.9），有如下两个定理。

定理 10.1　假设模型（10.8）目标函数的最优值为Φ_h^*。设Φ_h为一特定值$\Phi_h' \in [0,1]$。然后求解模型（10.9）并得到其目标函数的最优值ξ_h'。如果有$\xi_h' \geqslant 0$，则$\Phi_h^* \geqslant \Phi_h'$，即$\Phi_h'$是$\Phi_h^*$的下限。

证明：假设模型（10.9）的最优解为$(\omega_i', \mu_r', \varphi_v', \gamma_l', \phi_c', u_1', u_2', s_1', s_2', \forall i, r, v, l, c)$，当令$\Phi_h = \Phi_h'$时，如果能够得到$\xi_h' \geqslant 0$，那么从约束（10.9i）和约束（10.9j）中可得$s_1' \geqslant 0$和$s_2' \geqslant 0$。然后，结合约束（10.9c）和约束（10.9d），有$\sum_{r=1}^{s}\mu_r' y_{rh} -$

$\sum_{c=1}^{k}\phi_c' p_{ch}+u_1'-\Phi_h'\times\sum_{i=1}^{m}\omega_i' x_{ih}=s_1'\geqslant 0$，以及 $\sum_{l=1}^{f}\gamma_l' z_{lh}+u_2'-\Phi_h'\times\left(\sum_{v=1}^{d}\varphi_v' o_{vh}+\sum_{c=1}^{k}\phi_c' p_{ch}\right)-s_2'\geqslant 0$。然后，可得 $E_h^1=\dfrac{\sum_{r=1}^{s}\mu_r' y_{rh}-\sum_{c=1}^{k}\phi_c' p_{ch}+u_1'}{\sum_{i=1}^{m}\omega_i' x_{ih}}=\Phi_h'\geqslant 0$ 和 $E_h^2=\dfrac{\sum_{l=1}^{f}\gamma_l' z_{lh}+u_2'}{\sum_{v=1}^{d}\varphi_v' o_{vh}+\sum_{c=1}^{k}\phi_c' p_{ch}}=\Phi_h'\geqslant 0$。显然，$\left(\omega_i',\mu_r',\varphi_v',\gamma_l',\phi_c',u_1',u_2',s_1',s_2',\forall i,r,v,l,c\right)$ 是模型（10.8）的一个可行解。因此，有 $\Phi_h^*\geqslant\Phi_h'$。

定理 10.2 假设模型（10.8）目标函数的最优值为 Φ_h^*。设 Φ_h 为一特定值 $\Phi_h'\in[0,1]$。然后求解模型（10.9）并得到其目标函数的最优值 ξ_h'。如果有 $\xi_h'<0$，则 $\Phi_h^*<\Phi_h'$，即 Φ_h' 是 Φ_h^* 的上限。

证明：该定理可以用反证法来证明。假设当 $\Phi_h^*\geqslant\Phi_h'$ 时，存在 $\xi_h'<0$。令模型（10.8）的最优解为 $\left(\omega_i^*,\mu_r^*,\varphi_v^*,\gamma_l^*,\phi_c^*,u_1^*,u_2^*,s_1^*,s_2^*,\forall i,r,v,l,c\right)$。从模型（10.8）的约束（10.8b）和约束（10.8c）中可得 $E_h^1=\dfrac{\sum_{r=1}^{s}\mu_r^* y_{rh}-\sum_{c=1}^{k}\phi_c^* p_{ch}+u_1^*}{\sum_{i=1}^{m}\omega_i^* x_{ih}}\geqslant\Phi_h^*\geqslant\Phi_h'$ 和 $E_h^2=\dfrac{\sum_{l=1}^{f}\gamma_l^* z_{lh}+u_2^*}{\sum_{v=1}^{d}\varphi_v^* o_{vh}+\sum_{c=1}^{k}\phi_c^* p_{ch}}\geqslant\Phi_h^*\geqslant\Phi_h'$。然后，令 $s_1^*=\sum_{r=1}^{s}\mu_r^* y_{rh}-\sum_{c=1}^{k}\phi_c^* p_{ch}+u_1^*-\Phi_h'\times\sum_{i=1}^{m}\omega_i^* x_{ih}\geqslant 0$，$s_2^*=\sum_{l=1}^{f}\gamma_l^* z_{lh}+u_2^*-\Phi_h'\times\left(\sum_{v=1}^{d}\varphi_v^* o_{vh}+\sum_{c=1}^{k}\phi_c^* p_{ch}\right)\geqslant 0$ 和 $\xi_h^*=\min\left\{s_1^*,s_2^*\right\}\geqslant 0$。显然，$\left(\omega_i^*,\mu_r^*,\varphi_v^*,\gamma_l^*,\phi_c^*,u_1^*,u_2^*,s_1^*,s_2^*,\forall i,r,v,l,c\right)$ 是模型（10.9）的一个可行解。因此，必有 $\xi_h'\geqslant\xi_h^*\geqslant 0$，这与 $\xi_h'<0$ 的假设相矛盾。因此，若有 $\xi_h'<0$，则 $\Phi_h^*<\Phi_h'$。证毕。

基于定理 10.1 和定理 10.2，可以采取算法 10.1 以线性方式求解评估 DMU_h 时的模型（10.8）。

算法 10.1

步骤 1：令 $\bar{\Phi}_h=1$，$\underline{\Phi}_h=-0.01$，$\Phi_h'=\dfrac{\bar{\Phi}_h+\underline{\Phi}_h}{2}$。

步骤 2：求解模型（10.9）。令 $\Phi_h=\Phi_h'$，模型（10.9）的最优解记为 $\left(\omega_i',\mu_r',\varphi_v',\gamma_l',\phi_c',u_1',u_2',s_1',s_2',\forall i,r,v,l,c\right)$。

步骤 2（a）：若有 $\xi_h'\geqslant 0$，令 $\underline{\Phi}_h=\Phi_h'$，$\Phi_h^*=\Phi_h'$，$\Phi_h'=\dfrac{\bar{\Phi}_h+\underline{\Phi}_h}{2}$，$\left(\omega_i^*,\mu_r^*,\varphi_v^*,\gamma_l^*,\phi_c^*,u_1^*,u_2^*,s_1^*,s_2^*,\forall i,r,v,l,c\right)=\left(\omega_i',\mu_r',\varphi_v',\gamma_l',\phi_c',u_1',u_2',s_1',s_2',\forall i,r,v,l,c\right)$。然后执行步骤 3。

步骤 2（b）：若有 $\xi_h'<0$，令 $\bar{\Phi}_h=\Phi_h'$，$\Phi_h'=\dfrac{\bar{\Phi}_h+\underline{\Phi}_h}{2}$。

步骤 3：如果 $\bar{\Phi}_h - \underline{\Phi}_h \leqslant \varepsilon$，则算法终止，$\left(\omega_i^*, \mu_r^*, \varphi_v^*, \gamma_l^*, \phi_c^*, u_1^*, u_2^*, s_1^*, s_2^*, \forall i, r, v, l, c\right)$ 即为模型（10.8）的最优解；否则，执行步骤 2。

在该算法中，ε 是一个非常小的正数（比如 0.0001）。由于该算法采用了二分法的思想，因此很容易验证其收敛性。如算法 10.1 所示，算法开始时，设置 $\underline{\Phi}_h = -0.01$，而非 $\underline{\Phi}_h = 0$。这是因为想确保在算法中至少获得一次 $\xi_h' \geqslant 0$，在这种情况下，$\left(\omega_i^*, \mu_r^*, \varphi_v^*, \gamma_l^*, \phi_c^*, u_1^*, u_2^*, s_1^*, s_2^*, \forall i, r, v, l, c\right)$ 将在算法终止之前被赋予为最优解。

通过使用所提出的算法对每个 DMU 求解上述模型（10.8），可以分解其生态绩效并获得各个子阶段的效率。因为最大化了两个子阶段中的最小效率，这种生态绩效的分解能够为各个子阶段生成更加公平的结果。子阶段的效率可以通过式（10.10）和式（10.11）计算。

$$E_1^* = \frac{\sum_{r=1}^{s} \mu_r^* y_{rh} - \sum_{c=1}^{k} \phi_c^* p_{ch} + u_1^*}{\sum_{i=1}^{m} \omega_i^* x_{ih}} \tag{10.10}$$

$$E_2^* = \frac{\sum_{l=1}^{f} \gamma_l^* z_{lh} + u_2^*}{\sum_{v=1}^{d} \varphi_v^* o_{vh} + \sum_{c=1}^{k} \phi_c^* p_{ch}} \tag{10.11}$$

10.3　中国地区生态绩效分析

10.3.1　变量与数据

在本章的案例研究中，通过将中国的各个地区视为一个两阶段污染治理系统来评估其生态绩效。图 10.2 展示了两阶段污染治理系统结构和变量。

从图 10.2 可以看出，在每个地区，生产阶段都使用劳动力、资本存量和能源消耗作为投入，产生期望产出 GDP 以及非期望产出（污染物）废水、废气和固体废弃物。在污染治理阶段中，投入一些污染治理投资用于处理第一阶段产生的废水、废气和固体废弃物，其产出是去除的废水、去除的废气和去除的固体废弃物。表 10.1 中列出了污染治理系统的变量。

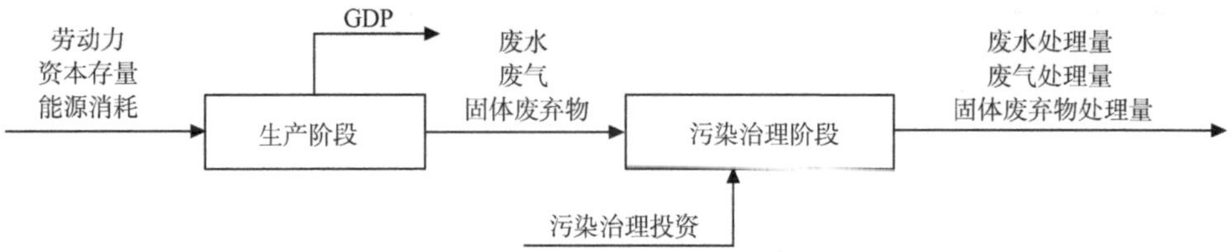

图 10.2　两阶段污染治理系统结构和变量

表 10.1　污染治理系统的变量

类别	阶段	变量	单位
投入	第一阶段	劳动力	万人
	第一阶段	资本存量	10 亿元
	第一阶段	能源消耗	10^2 万吨标准煤当量
	第二阶段	污染治理投资	10 亿元
中间污染物	第一阶段和第二阶段	废水	万吨
	第一阶段和第二阶段	废气	万吨
	第一阶段和第二阶段	固体废弃物	万吨
期望产出	第一阶段	GDP	10^2 万元
	第二阶段	废水处理量	万吨
	第二阶段	废气处理量	万吨
	第二阶段	固体废弃物处理量	万吨

案例收集了 2014 年我国 30 个省级区域（由于西藏、港澳台地区数据缺失，将这 4 个地区排除在生态绩效分析之外）的数据。数据主要来源于《中国统计年鉴 2015》。在数据收集过程中遇到的一个问题是，各地区的废气处理量并未在数据来源中直接列出。因此，本章提供了一种方法来估算各地区的废气处理量。根据 Chu 等（2019），使用式（10.12）估算各地区的废气处理量。

$$\mathrm{WG}_i = \mathrm{TWG} \times 0.051 \times \frac{I_i}{\sum_{i=1}^{30} I_i},\ i = 1, 2, \cdots, n \tag{10.12}$$

其中，WG_i 表示对 DMU_i（即第 i 个地区）的废气处理量的估计值；TWG 表示中国废气排放总量；I_i 表示地区 i 在废气污染治理中投入的资金量。表 10.2 列出了 30 个地区数据的描述性统计分析结果。可以看出，各 DMU 的投入和产出数据差异显著。例如，DMU 的劳动力投入最大值为 2543.03 万人，而最小值仅为 66.54 万人，标准差为 562.24 万人。类似情况也发生在其他变量上，特别是能源消耗和固体废弃物处理量。这一现象验证了本章所提出模型基于 VRS 假设的合理性。

表 10.2　描述性统计分析结果

类别	变量	最大值	最小值	平均值	标准差
X	劳动力	2 543.03	66.54	726.76	562.24
	资本存量	36 789.07	2 361.09	14 658.76	8 802.68
	能源消耗	35 358.00	1 720.00	14 249.67	8 248.38
Y	GDP	62 163.97	2 101.05	20 973.39	15 171.08
P	废水	862 471.08	21 953.03	231 647.60	179 881.80
	废气	425.05	15.07	184.80	106.39
	固体废弃物	43 288.78	414.89	10 911.35	9 295.10
O	污染治理投资	881.00	26.60	298.55	196.31
Z	废水处理量	766 322.00	6 533.00	164 136.33	153 180.45
	废气处理量	30.94	0.84	9.42	6.97
	固体废弃物处理量	23 428.61	7.22	2 764.79	4 726.70

10.3.2　生态绩效评估结果

首先，使用提出的模型（10.7）从集中模式下评估了 30 个地区的生态绩效，结果列于表 10.3 中。其次，利用模型（10.8）对子阶段的效率进行了分解。然而，模型（10.8）是一个非线性规划问题。因此，采用本章提出的算法分别对每个 DMU 进行求解。通过使用所提出的算法，各 DMU 的整体效率被分解到子阶段中。第一阶段和第二阶段的效率分别列于表 10.3 的第 4 列和第 5 列。

表 10.3　各地区的生态绩效评估结果

DMU	地区	整体效率	第一阶段效率	第二阶段效率
1	北京	0.8744	1.0000	0.5813
2	天津	0.9470	1.0000	0.8233
3	河北	1.0000	1.0000	1.0000
4	山西	0.8809	0.6029	1.0000
5	内蒙古	0.9272	0.7574	1.0000
6	辽宁	0.7249	0.7170	0.7283
7	吉林	0.6547	0.6689	0.6216
8	黑龙江	0.5560	0.5573	0.5531
9	上海	0.9101	1.0000	0.7003
10	江苏	1.0000	1.0000	1.0000
11	浙江	0.9507	0.8356	1.0000

续表

DMU	地区	整体效率	第一阶段效率	第二阶段效率
12	安徽	0.5851	0.6695	0.3882
13	福建	0.8611	0.8148	0.9692
14	江西	0.6432	0.6951	0.5222
15	山东	1.0000	1.0000	1.0000
16	河南	0.9864	1.0000	0.9547
17	湖北	0.6656	0.1743	0.8762
18	湖南	0.7911	0.5996	0.8732
19	广东	1.0000	1.0000	1.0000
20	广西	0.8872	0.6240	1.0000
21	海南	1.0000	1.0000	1.0000
22	重庆	0.5180	0.6145	0.2929
23	四川	0.6472	0.6675	0.5997
24	贵州	0.8793	0.5978	1.0000
25	云南	0.6674	0.5448	0.7199
26	陕西	0.9090	0.6968	1.0000
27	甘肃	0.6190	0.5452	0.7912
28	青海	1.0000	1.0000	1.0000
29	宁夏	1.0000	1.0000	1.0000
30	新疆	0.5690	0.6713	0.3304
平均值		0.8218	0.7685	0.8109

10.3.3 整体效率分析

评估结果验证了本章中的若干论述。

首先，只有当两个子阶段的效率均为 1 时，DMU 才能整体有效，这一结论在表 10.3 数据中得到了体现。例如，河北、江苏、山东、广东、海南、青海和宁夏等地区，当地区的生态绩效为有效时，其子阶段的效率均为 1。其次，每个 DMU 的整体效率值介于其子阶段效率值之间。这是因为整体效率是子阶段效率的加权和。再次，从表 10.3 可以看出，每个 DMU 的整体效率值通常更接近其两个子阶段效率中的较大值。例如，以 DMU_4（山西）为例，其整体效率为 0.8809，而其两个子阶段的效率分别为 0.6029 和 1.0000。显然，其整体效率（0.8809）更接近第二阶段的效率（1.0000），而不是第一阶段的效率（0.6029）。这种现象主要是因为集中式模型试图通过对效率较高的子阶段赋予相对较大的权重，来最大化所评估 DMU 的整体效率。最后，各 DMU 的两个子阶段效率之间的差距普遍较小，这表明整体效率的分解是相对公平的。

通过按省份分析生态绩效，可以得出以下结论：在 30 个地区中，只有 7 个地区被评估为生态有效，分别是河北、江苏、山东、广东、海南、青海和宁夏。大多数地区未达到生态有效。在生态低效地区中，重庆表现最差，其整体效率仅为 0.5180。进一步分析表明，整体效率的平均值为 0.8218，小于 0.9。生产阶段和污染治理阶段的平均效率分别为 0.7685 和 0.8109。从子阶段的平均效率来看，我国污染治理阶段的效率优于生产阶段的效率，但大多数地区这两个子阶段的效率都不高。

通过使用各地区的生态绩效（整体效率），可进一步将这些地区划分为 4 个级别，具体细节见表 10.4。从表 10.4 中可以看出，只有 13 个地区表现良好，其生态绩效介于(0.9, 1]。共有 17 个地区的生态绩效小于 0.9，占所有地区的比重约为 57%。在这些地区，生态表现较差。需要进一步分析分解后的子阶段效率，以确定这些 DMU 在其生产阶段、污染治理阶段中表现较差的原因。此外，在这 17 个表现不佳的地区中，有 10 个地区表现极差，生态绩效小于 0.7。以上结果表明，我国大多数地区的生态表现较差，需要采取措施提高这些地区的生态绩效。

表 10.4　各地区生态绩效级别

级别	生态绩效范围	地区	地区数量/个	占比/%
1	(0.9,1]	河北、江苏、山东、广东、海南、青海、宁夏、河南、浙江、天津、内蒙古、上海、陕西	13	43.33
2	(0.8,0.9]	广西、山西、贵州、北京、福建	5	16.67
3	(0.7,0.8]	湖南、辽宁	2	6.67
4	(0,0.7]	云南、湖北、吉林、四川、江西、甘肃、安徽、新疆、黑龙江、重庆	10	33.33

10.3.4　考虑分解效率的效率分析

在本节中，为了进一步分析中国的生态绩效，并阐明各地区生产阶段和污染治理阶段的情况，随后将研究子阶段的分解效率。

按照子阶段的效率，地区可以分为 4 个组。第一组地区是生态绩效高的 DMU，其整体效率和每个子阶段的效率均为 1。这些地区表现最佳，应保持当前的生产和污染治理状况。此外，这些地区的生产和污染治理经验可指导生态低效地区进行改进。

第二组包含生产阶段效率高，而污染治理阶段效率低的地区。在许多关于 EEE 分析的研究中（Shi et al.，2010；Wang et al.，2013；Wu et al.，2014），这种地区曾被认为是环境有效的。这是因为在这些研究中，评估地区环境绩效时只考虑了生产阶段。然而，在本章案例中，当考虑污染治理阶段时，DMU 可能变为环境无效。例如，北京、天津、上海和河南等地区属于这一类。以北京为例，其生产阶段的效率为 1.0000，而污染治理阶段的效率仅为 0.5813，这导致其整体效率（生态绩效）为 0.8744。尽管这些地区在生产阶段上表现良好（劳动力、资本和能源的有效使用使 GDP 增长，且非期望产出较少），但其污染物在污染治理阶段中的处理并不充分。这些地区可能需要采取更严格的政策限制排放，并引入更先进的技术来处理污染。

与第二组地区相反，第三组地区污染治理阶段是有效的，但其生产系统效率低。这类地区包括山西、内蒙古、浙江、广西、贵州和陕西等。这类地区效率低的原因可能是生产技术不先进。由于使用旧有的生产技术，这些地区的 GDP 只能通过消耗更多资源并产生更多污染来实现。为了提高生态绩效，第三组地区可以将更多先进技术引入其生产阶段。

第四组是生产阶段和污染治理阶段的效率都低的地区。30 个地区中有 13 个地区属于这一组。这些地区需要从前面三组地区的管理和技术方面学习先进技术，改进其生产系统和污染治理系统。图 10.3 显示了各地区在 4 个组中的分布。从图 10.3 可以看出，33%的地区在生产阶段和污染治理阶段存在低效率（但不同时存在于两者中），43%的地区在两个子阶段中都存在低效率。这些结果再次表明中国生态表现存在问题。

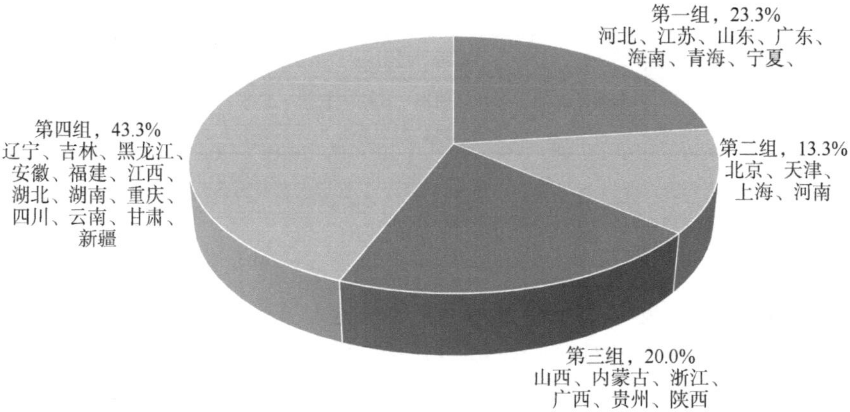

图 10.3　地区分布

占比合计不为 100%是四舍五入修约所致

10.3.5　中国四大地理区域的生态绩效分析

本节从更大范围探讨了生态绩效的地区差异。本章案例分析的 30 个地区被划分为四大地理区域：东部地区、中部地区、西部地区和东北地区。东部地区包括北京、天津、河北、上海、江苏、浙江、福建、山东、广东和海南；中部地区包括山西、安徽、江西、河南、湖北和湖南；西部地区包括内蒙古、广西、重庆、四川、贵州、云南、陕西、甘肃、青海、宁夏和新疆（西藏地区由于数据缺失未统计）；东北地区包括辽宁、吉林和黑龙江。

表 10.5 展示了各区域的平均效率计算结果，主要结论如下。首先，东部地区的生态绩效显著领先，其整体效率（0.9543）远高于中部地区（0.7587）、西部地区（0.7839）和东北地区（0.6452）。该优势体现在两个子阶段：生产阶段效率（0.9650）和污染治理阶段效率（0.9074）均居首位，这得益于先进技术、人才集聚及有效的排放控制政策。其次，区域间呈现新特征：①西部地区整体效率（0.7839）反超中部地区（0.7587）；②在生产阶段，中部地区平均效率（0.6236）明显低于西部地区（0.7018）；③在污染治理阶段，西部地区平均效率（0.7940）仍保持对中部地区（0.7691）的优势；④东北地区在两个子阶段均表现最弱（生产阶段平均效率为 0.6477，污染治理阶段平均效率为 0.6343）。尽管国家在中西部投入大量资源，但因技术更新滞后和管理经验不足，这些地区仍沿用传统模式，导致效率提升有限。亟须将东部地区的先进技术和管理经验向中西部及东北地区转移，以全面提升生态绩效水平。

表 10.5　四大地理区域的平均效率

区域	整体效率	第一阶段平均效率	第二阶段平均效率
东部地区	0.9543	0.9650	0.9074
中部地区	0.7587	0.6236	0.7691
西部地区	0.7839	0.7018	0.7940
东北地区	0.6452	0.6477	0.6343

10.4　本章小结

本章提出了考虑两阶段效率平衡生态绩效的 DEA 评价模型。首先，采用了集中式模型从集中的角度评估了各 DMU 的生态绩效，然后对两个子阶段的效率进行了公平的分解。与传统研究使用领导者-追随者模型对子阶段效率进行分解的方法不同，本章提出的公平效率分解模型，通过两阶段网络系统生态绩效公平分解，避免了各个 DMU 中两个子阶段效率分解值之间出现较大差异。其次，针对效率分解模型的非线性问题，本章提出了一种算法进行求解。通过将提出的模型应用于 2014 年我国 30 个省级地区，获得了各地区的生态绩效及其子阶段效率。生态绩效分析结果表明，我国大多数地区的生态表现较差。进一步的分析为生态绩效低下地区的改进提供了有价值的政策建议。

参 考 文 献

Amirteimoori A. 2013. A DEA two-stage decision processes with shared resources. Central European Journal of Operations Research, 21(1): 141-151.

Banker R D, Charnes A, Cooper W W. 1984. Some models for estimating technical and scale inefficiencies in data envelopment analysis. Management Science, 30(9): 1078-1092.

Charnes A, Cooper W W. 1962. Programming with linear fractional functionals. Naval Research Logistics Quarterly, 9(3/4): 181-186.

Charnes A, Cooper W W, Rhodes E. 1978. Measuring the efficiency of decision making units. European Journal of Operational Research, 2(6): 429-444.

Chen Y, Cook W D, Li N, et al. 2009. Additive efficiency decomposition in two-stage DEA. European Journal of Operational Research, 196(3): 1170-1176.

Chen Y, Du J, David Sherman H, et al. 2010. DEA model with shared resources and efficiency decomposition. European Journal of Operational Research, 207(1): 339-349.

Chu J F, Wu J, Zhu Q Y, et al. 2019. Analysis of China's regional eco-efficiency: a DEA two-stage network approach with equitable efficiency decomposition. Computational Economics, 54(4): 1263-1285.

Halkos G E, Tzeremes N G, Kourtzidis S A. 2014. A unified classification of two-stage DEA models. Surveys in Operations Research and Management Science, 19(1): 1-16.

Kao C, Hwang S N. 2008. Efficiency decomposition in two-stage data envelopment analysis: an application to non-life insurance companies in Taiwan. European Journal of Operational Research, 185(1): 418-429.

Li Y J, Chen Y, Liang L, et al. 2012. DEA models for extended two-stage network structures. Omega, 40(5): 611-618.

Liang L, Cook W D, Zhu J. 2008. DEA models for two-stage processes: game approach and efficiency decomposition. Naval Research Logistics, 55(7): 643-653.

Picazo-Tadeo A J, Beltrán-Esteve M, Gómez-Limón J A. 2012. Assessing eco-efficiency with directional distance functions. European Journal of Operational Research, 220(3): 798-809.

Schaltegger S. 1996. Corporate Environmental Accounting. Chichester: John Wiley and Sons Ltd.

Shi G M, Bi J, Wang J N. 2010. Chinese regional industrial energy efficiency evaluation based on a DEA model of fixing non-energy inputs. Energy Policy, 38(10): 6172-6179.

Taleb M, Emrouznejad A, Charles V, et al. 2024. An extended-directional mix-efficiency measure: performance evaluation of OECD countries considering NetZero. Computers & Industrial Engineering, 189: 109967.

Wang K, Yu S W, Zhang W. 2013. China's regional energy and environmental efficiency: a DEA window analysis based dynamic evaluation. Mathematical and Computer Modelling, 58(5/6): 1117-1127.

Wu A H, Cao Y Y, Liu B. 2014. Energy efficiency evaluation for regions in China: an application of DEA and Malmquist indices. Energy Efficiency, 7(3): 429-439.

Wu J, Chu J F, Sun J S, et al. 2016. DEA cross-efficiency evaluation based on Pareto improvement. European Journal of Operational Research, 248(2): 571-579.

Wu J, Lv L, Sun J S, et al. 2015. A comprehensive analysis of China's regional energy saving and emission reduction efficiency: from production and treatment perspectives. Energy Policy, 84: 166-176.

Wu J, Xiong B B, An Q X, et al. 2017. Total-factor energy efficiency evaluation of Chinese industry by using two-stage DEA model with shared inputs. Annals of Operations Research, 255(1/2): 257-276.

第四篇

成本分摊管理

第 11 章　双目标优化视角下的比例成本分摊方法研究

11.1　引　　言

在应用 DEA 解决固定成本分摊问题时，已有的研究存在诸多不足：一方面，很少有研究关注总固定成本对分配结果的影响，且在分配时对权重合理性考虑不足，如“全有效”假设常导致使用不切实际的权重，比如零权重，这使部分投入或产出在评估中被忽视，从而影响结果可信度；另一方面，尽管一些研究认识到提高效率和考虑 DMU 经营规模的重要性，但未意识到两者间的权衡关系，缺乏能同时兼顾两者的有效固定成本分摊方法。为填补这些研究空白，本章基于 DEA 提出一种新的固定成本分摊方法。首先，分析了总固定成本对分配结果的影响，证明了 DEA-FCA 结果的比例不变性；其次，通过数值实验揭示“全有效”原则导致的零权重问题，并通过添加权重约束来解决该问题；再次，提出双目标模型，最大化 DMU 的最小效率，以使成本分摊结果尽可能接近根据其经营规模而确定的目标；最后，通过理论证明和算例分析，展示本章方法在避免不切实际的权重和生成合理固定成本分摊结果方面的优势，为固定成本分摊提供了更有效的解决方案。

11.2　基础概念与基本模型

本节先介绍了基础 DEA 模型以及 DEA 框架下的固定成本分摊方法，然后证明了 DEA 框架下固定成本分摊结果一个关键性质——比例不变性。表 11.1 为本章的符号描述。

表 11.1　符号描述

类型	符号	意义
常规参数	n	DMU 的数量
	m	投入指标的数量
	s	产出指标的数量

续表

类型	符号	意义
常规参数	j	DMU 的索引
	J	$J=\{1,\cdots,n\}$，所有 DMU 的索引集
数据参数	x_{ij}	DMU_j（$\forall j\in J$）的第 i（$\forall i\in I=\{1,\cdots,m\}$）个投入
	x_j	$x_j=(x_{ij},\forall i\in I)^{\mathrm{T}}$，$\mathrm{DMU}_j$（$\forall j\in J$）的投入向量
	X	$X=(x_1,\cdots,x_n)^{\mathrm{T}}$，所有 DMU 的投入矩阵
	y_{rj}	DMU_j（$\forall j\in J$）的第 r（$\forall r\in O=\{1,\cdots,s\}$）个产出
	y_j	$y_j=(y_{ij},\forall i\in I)^{\mathrm{T}}$，$\mathrm{DMU}_j$（$\forall j\in J$）的产出向量
	Y	$Y=(y_1,\cdots,y_n)^{\mathrm{T}}$，所有 DMU 的产出矩阵
	F	需要分摊的固定成本总额
决策变量	ω_i	分摊给第 i（$\forall i\in I$）个投入的权重
	w	$w=(\omega_i,\forall i\in I)$，投入权重的向量
	μ_r	分摊给第 r（$\forall r\in O$）个产出的权重
	u	$u=(\mu_r,\forall r\in O)$，产出权重的向量
	r_j	分摊给 DMU_j（$\forall j\in J$）的固定成本
	r	$r=r_j$（$\forall j\in J$），固定成本分摊结果的向量
	p_j	分摊给 DMU_j（$\forall j\in J$）的固定成本比例
	p	$p=(p_j,\forall j\in J)$，分摊给 DMU 的固定成本比例向量
	$\overline{r}$	$\overline{r}=\dfrac{R}{n}$，分摊给每个 DMU 的平均固定成本金额
	$\overline{p}$	$\overline{p}=\dfrac{1}{n}$，分摊给每个 DMU 的固定成本的平均比例
	$r_j^{\max}$	分摊给 DMU_j 的最高固定成本
	$r_j^{\min}$	分摊给 DMU_j 的最低固定成本
	$p_j^{\max}$	分摊给 DMU_j 的固定成本的最大比例
	$p_j^{\min}$	分摊给 DMU_j 的固定成本的最小比例
	S	DMU 对固定成本分摊结果的最低满意度
	$z_o(z_I)$	产出（投入）权重的下限
	$h_o(h_I)$	产出（投入）权重的上限

11.2.1 基础 DEA 模型和固定成本分摊假设

产出导向的 CCR 乘数模型如下：

$$E_d = \max \frac{u \cdot y_d}{w \cdot x_d} \tag{11.1}$$

$$\text{s.t.}\quad \frac{u \cdot y_j}{w \cdot x_j} \leqslant 1,\ \forall j \in J \tag{11.1a}$$

$$u \geqslant \mathbf{0} \in \mathbb{R}_{+}^{s},\ w \geqslant \mathbf{0} \in \mathbb{R}_{+}^{m} \tag{11.1b}$$

当将 DEA 用于固定成本分摊时，通常将其视为 DMU 的新投入（Beasley，2003；Li et al.，2013；Li et al.，2017，2018；Du et al.，2014；Chu et al.，2022）。因此，DMU_d 可以使用模型（11.2）来评估其效率，并确定对其最有利的固定成本分摊结果。

$$E_d^{\mathrm{f}} = \max \frac{u \cdot y_d}{w \cdot x_d + r_d} \tag{11.2}$$

$$\text{s.t.}\quad \frac{u \cdot y_j}{w \cdot x_j + r_j} \leqslant 1,\ \forall j \in J \tag{11.2a}$$

$$\sum_{j=1}^{n} r_j = R \tag{11.2b}$$

$$r_j \geqslant 0,\ \forall j \in J \tag{11.2c}$$

$$u \geqslant \mathbf{0} \in \mathbb{R}_{+}^{s},\ w \geqslant \mathbf{0} \in \mathbb{R}_{+}^{m} \tag{11.2d}$$

在模型（11.2）中，把总量为 R 的固定成本分摊给 n 个 DMU，DMU_d 会选择最优的投入和产出权重以使固定成本分摊后其自身效率最大化。由于赋予投入和产出的权重只表示相对重要性，因此可以通过比例变换将固定成本指标的权重值设为 1（Beasley，2003；Si et al.，2013；Chu et al.，2020；An et al.，2020）。在模型（11.2）的最优解中，E_d^{f} 为固定成本分摊后 DMU_d 的效率。以往的研究（Li et al.，2013；Si et al.，2013）已经证明 $E_d^{\mathrm{f}} = 1$（$\forall d \in J$），即一定存在一组最优权重和一个固定成本分摊结果，使每个 DMU_d 在固定成本分摊后都是有效的。

11.2.2　固定成本分摊中的比例不变性

本节将证明在传统的 DEA-FCA 模型中，分配给任何 DMU 的固定成本比例是不变的。许多先前的研究都假设（Si et al.，2013；Li et al.，2013；Li et al.，2018；Du et al.，2014）在固定成本分摊后，能够使用一组共同的权重来使所有 DMU 都为 DEA 有效。基于这个“全有效”假设，对于总量为 R 的固定成本，其可能的公共权重值和固定成本分摊集合如下。

$$W(R)=\{(u,w,r)|Yu-Xw-r=\mathbf{0},\ e\cdot r=R,\ u,w,r\geqslant\mathbf{0}\}\tag{11.3}$$

其中，$\mathbf{0}$ 和 e 表示维度向量，其中所有分量分别等于 0 和 1。在这个集合中，对于任何 DMU_j，都有 $\dfrac{u\cdot y_j}{w\cdot x_j+r_j}=1$，即所有 DMU 都被评估为有效，且具有一组公共的权重 (u,w,r) 和固定成本分摊结果。

基于式（11.3）中的约束条件，可以提出不同的目标函数来获得最终的固定成本分摊结果。例如，Si 等（2013）和 Li 等（2013）分别使用了 $\min\sum_{j=1}^{m}|r_i-\bar{r}|$ 和 $\max\min\limits_{\forall j\in J}\dfrac{r_j^{\max}-\bar{r}}{r_j^{\max}-r_j^{\min}}$。其中 $\bar{r}$ 是分摊给所有 DMU 的平均成本，$r_j^{\max}$ 和 $r_j^{\min}$ 分别是分摊给 DMU_j 的最高和最低成本。Li 等（2013）已经证明，在单一产出的情况下，满足式（11.3）中约束的唯一分配是基于产出的比例分配，即在单一产出情况下，固定成本分摊结果具有比例不变性。本节不仅仅局限于单一产出的情况，而是研究具有多个产出的更普遍的情况。可以发现以下简单性质。

性质 11.1　当且仅当 $\left(\dfrac{u}{R},\dfrac{w}{R},\dfrac{r}{R}\right)\in W(1)$ 时，对于任何正的 R，有 $(u,w,r)\in W(R)$。

假设 $p=r/R$ 是分配给 DMU 的固定成本比例的向量，现在可以引入以下定理。

定理 11.1　对于任何 $R>0$ 以及式（11.3）中的约束条件，分配给每个 DMU 的固定成本的最佳比例是不变的。此时目标函数为 $C(R)\cdot G(u/R,w/R,r/R)$，其中，$(u,w,r)\in W(R)$，$C(R)$ 是 R 的函数，且有 $C(R)>0$。

证明：主要固定成本分摊模型如下：

$$\begin{aligned}\max/\min\quad & C(R)\cdot G(u/R,w/R,r/R)\\ \text{s.t.}\quad & (u,w,r)\in W(R)\end{aligned}\tag{11.4}$$

根据性质 11.1，模型（11.4）在经过 $u'=u/R$ 和 $w'=w/R$ 的变量替换之后，等价于

$$\begin{aligned}\max/\min\quad & C(R)\cdot G(u',w',p)\\ \text{s.t.}\quad & (u',w',p)\in W(1)\end{aligned}\tag{11.5}$$

由于 $C(R)$ 是 R 的函数，与决策变量无关，且 $C(R)>0$，所以模型（11.5）等价于

$$\begin{aligned}\max/\min\quad & G(u',w',p)\\ \text{s.t.}\quad & (u',w',p)\in W(1)\end{aligned}\tag{11.6}$$

由于模型（11.6）与 R 无关，因此无论固定成本分摊的总值是多少，将始终获得相同的固定成本分摊比例结果。因此，分配给每个 DMU 的固定成本比例是

不变的。

根据定理 11.1，有注解 11.1。

注解 11.1　在“全有效”假设下的固定成本分摊模型中，分配给每个 DMU 的固定成本比例与固定成本的总额无关。

Li 等（2013）和 Si 等（2013）的固定成本分摊模型的目标函数可以分别转化为 $\max\min\limits_{\forall j\in J}\dfrac{p_j^{\max}-\bar{p}}{p_j^{\max}-p_j^{\min}}$ 以及 $\min R\cdot\sum_{j=1}^{n}\left|p_j-\dfrac{1}{n}\right|$，使 $\sum_{j=1}^{n}p_j=1$。这些函数的形式为 $R\cdot G(u/R,w/R,r/R)$（或者 $R\cdot G(u/R,w/R,p)$）。因此，这两个模型的固定成本分摊结果在比例上是不变的。

这些传统模型的比例不变性保证了分配结果的稳定性，即无论固定成本的总额是多少，分配给各个 DMU 的固定成本比例始终相同。由于比例不变性，现在可以仅关注固定成本的分配比例，即 p，并使用如式（11.7）所示的新的常用权重和固定成本分摊集合。

$$W(1)=\left\{(u,w,p)\middle|Yu-Xw-p=\mathbf{0},\ e\cdot p=1,\ u,w,p\geqslant\mathbf{0}\right\}\tag{11.7}$$

11.3 “全有效”假设下的零权重问题与解决方法

本节使用数值实验来证明“全有效”假设通常会导致固定成本分摊中出现零权重的情况，并给出相应的解决方法。

11.3.1 “全有效”假设下的零权重问题

本节研究了 DMU 投入和产出的权重，并使用数值实验来说明当考虑“全有效”假设时出现零权重的情况。需要消除投入和产出的单位对权重的影响，主要通过将投入（产出）除以所有 DMU 投入（产出）的总和来进行数据标准化。因此，所有的投入和产出都没有单位，且为相同数量级。需要注意的是，这种标准化并不会改变效率评估结果和固定成本分摊结果，因为 DEA 效率评价模型具有单位不变性。

接下来将使用一个数值实验来证明在“全有效”假设下现有模型中可能存在的零权重问题。在实验中，本章使用 Si 等（2013）和 Li 等（2013）的固定成本分摊模型。根据比例不变性，Si 等（2013）和 Li 等（2013）的固定成本分摊模型分别如模型（11.8）和模型（11.9）所示。

$$\min \sum_{j=1}^{n}\left|p_j-\frac{1}{n}\right| \tag{11.8}$$
$$\text{s.t.}\quad (u,w,p)\in W(1)$$

$$\max\ \max\ S \tag{11.9}$$
$$\text{s.t.}\quad (u,w,p)\in W(1) \tag{11.9a}$$
$$\frac{p_j^{\max}-p_j}{p_j^{\max}-p_j^{\min}}\geqslant S,\ \forall j\in J \tag{11.9b}$$

Si 等（2013）的模型（11.8）从集中的角度使各个 DMU 被分配的固定成本尽可能接近。因此，模型（11.8）使用 $\min\sum_{j=1}^{n}\left|p_j-\frac{1}{n}\right|$ 作为目标函数，旨在让每个 DMU 被分配的固定成本比例尽可能接近平均值 $\frac{1}{n}$。在模型（11.9）中，Li 等（2013）将 DMU_j（$\forall j\in J$）对固定成本分摊结果的满意度定义为 $\left(p_j^{\max}-p_j\right)/\left(p_j^{\max}-p_j^{\min}\right)$，其中 $p_j^{\max}$ 和 $p_j^{\min}$ 分别是分摊给 DMU_j 的固定成本的最大比例和最小比例。模型（11.9）通过最大化所有 DMU 中的最小满意度，保证了 DMU 对固定成本分摊结果的满意度。模型（11.8）和模型（11.9）都使用了“全有效”假设，且在这两个模型中，u,w,p 都是决策变量。

为了更直接地观察零权重问题，接下来使用以下两个指标来表示最优公共权重。

A1：最优公共权重向量中包含零值的数据组的百分比。

A2：过度依赖的数据组的百分比。如果只有一个投入或者产出具有非零权重，则称为过度依赖。也就是说，在这种情况下，DMU 的评估仅依赖于其中一个投入或产出。这与 A1 中所描述的情况相比，存在更严重的零权重问题。

随机生成 100 个数据组，每个数据组中的 DMU 数量从 10 到 60 不等，DMU 的投入维度从 1 到 4 不等，产出的维度从 2 到 5 不等。将上述两个模型在这些数据组中运行，最终结果如表 11.2 所示。

表 11.2　数值实验结果（单位：%）

模型	A1	A2
模型（11.8）	100	99
模型（11.9）	13	0

从表 11.2 中的结果可以看出，上述两种固定成本分摊模型都使用不切实际的权重（即零权重）来评估 DMU。使用模型（11.8）进行固定成本分摊时，所有数

据组的固定成本分摊结果都出现了 A1 中的情况，即使用零投入或产出权重，而使用模型（11.9）进行固定成本分摊时，有 13%的数据组出现了 A1 中的零投入或产出权重情况。更重要的是，模型（11.8）下几乎所有的数据组都出现了 A2 中的过度依赖问题。对于该现象，通过更仔细地分析，不难发现在大多数过度依赖的情况中，DMU 的评估过度依赖于固定成本，即只有固定成本对应的权重值非零。

比较两个模型的结果，可以发现模型（11.8）的不切实际的权重问题更加严重。其原因可能在于，模型（11.8）与模型（11.9）相比，所使用的固定成本分摊目标（即 $p_j=\frac{1}{n},\forall j\in J$）更难实现。具体来说，模型（11.8）需要最小化 $\sum_{j=1}^{n}\left|p_j-\frac{1}{n}\right|$，这意味着理想的情况是每个 DMU 被分配的固定成本比例为 $\frac{1}{n}$。由于最终的固定成本是由 $p_j=u\cdot y_j-w\cdot x_j$（$\forall j\in J$）决定的，因此模型（11.8）会给 DMU 之间差异较大的投入和产出指标赋予零权重，以接近所设定的目标。然而，模型（11.9）只要求每个 DMU 所分得的固定成本比例位于其相应的上限和下限之间，从而投入和产出的权重更具灵活性。

以上分析都证明了这些传统的固定成本分摊模型中存在不切实际的权重问题。一方面，两种模型结果的差异表明不同的目标函数导致的零权重问题程度不同；另一方面，正是模型中的“全有效”假设导致了固定成本分摊结果中零权重的问题，即该模型只能通过使用不切实际的权重来保证所有的 DMU 在固定成本分摊后都是有效的。根据以上分析，有注解 11.2。

注解 11.2　在分配固定成本时，“全有效”假设通常会导致不切实际的权重。

使用不切实际的权重是不合理的，它会导致在评估 DMU 时，一些投入产出指标没有得到重视（因为它们被赋予了零权重）。因此，本章放宽了“全有效”假设，定义了下面的集合（11.10）。集合（11.10）通过不等式代替式（11.7）中的等式条件，从而放宽了“全有效”假设。在这种情况下，同样可以证明比例不变性仍然成立。

$$W(1)=\left\{(u,w,p)\middle|Yu-Xw-p\leqslant\mathbf{0},\ e\cdot p=1,\ u,w,p\geqslant\mathbf{0}\right\}\tag{11.10}$$

11.3.2　添加权重约束

为了解决上述的零权重问题，一种可选的方法是为权重添加约束，以确保只选择公平的权重（Ramón et al.，2011；Wu et al.，2012）。本章将基于 Ramón 等（2010）提出的相似度概念来确定公平权重。

假设NS为标准CRS模型包络形式中松弛度均为零的DMU集合。Ramón等（2010）提出使用以下模型（11.11）来确定每个DMU_d（$d \in NS$）的权重之间的最大相似度。

$$\max \quad \varphi_d \tag{11.11}$$

$$\text{s.t.} \quad w \cdot x_d = 1 \tag{11.11a}$$

$$u \cdot y_d = E_d \tag{11.11b}$$

$$u \cdot y_j - w \cdot x_j \leqslant 0, \ \forall j \in J \tag{11.11c}$$

$$z_{\text{O}} \leqslant u_r \leqslant h_{\text{O}}, \ \forall r \in O \tag{11.11d}$$

$$z_{\text{I}} \leqslant w_i \leqslant h_{\text{I}}, \ \forall i \in I \tag{11.11e}$$

$$z_{\text{O}} / h_{\text{O}} \geqslant \varphi_d \tag{11.11f}$$

$$z_{\text{I}} / h_{\text{I}} \geqslant \varphi_d \tag{11.11g}$$

$$u \geqslant \mathbf{0}, \quad w \geqslant \mathbf{0} \tag{11.11h}$$

$$z_{\text{O}}, z_{\text{I}} \geqslant 0 \tag{11.11i}$$

其中，E_d表示DMU_d的CCR效率；z_{O}（z_{I}）和h_{O}（h_{I}）分别表示产出（投入）权重下界和上界的决策变量；φ_d表示最小投入（产出）权重与最大投入（产出）权重之比，由Ramón等（2010，2011）定义为投入（产出）权重之间的相似度。由于每个DMU的目标是选择一组最优权重，使其自身效率最大化，因此它可能会集中利用其主要的投入和产出指标，而赋予其他指标以很小的权重甚至是零权重。因此，模型（11.11）最大化了投入（产出）权重之间的相似度，能够使投入（产出）权重尽可能接近，避免使用不切实际的权重。

模型（11.11）选择集合NS中的DMU来识别权重约束，因为这些DMU对应的CCR模型最优解中的松弛变量全为0，则它们更有可能选择全为正值的最优权重。但需要注意的是，在使用模型识别每个DMU_d（$d \in NS$）的权重的最大相似度时，要使用标准化数据来消除投入产出的单位对权重的影响。

对于每个DMU_d（$d \in NS$），通过求解模型（11.11）可以得到φ_d^*。然后，对可接受的最小权重相似度定义如下：

$$\varphi^* = \min_{\forall d \in \text{NS}} \varphi_d^* \tag{11.12}$$

其中，φ_d^*表示DMU可以接受的权重相似度的下界。Ramón等（2010）证明了φ_d^*大于0，即$\varphi_d^*>0$，因此没有投入或产出被赋予零权重，进而使A1=A2=0。数量φ_d^*给出了NS中所有DMU在选择权重时所能达到的最低相似度。也就是说，权重之间的相似度不应小于φ_d^*。这个权重约束能够避免在固定成本分摊模型中使用不切实际的权重。因此，综合这些约束条件，在放宽“全有效”假设后，可能的权

重和固定成本分摊集合（记为W^{N}）可以写成

$$\begin{aligned} W^{\mathrm{N}} = \Big\{ \big(u,w,p,z_{\mathrm{I}},z_{\mathrm{O}},h_{\mathrm{I}},h_{\mathrm{O}}\big) \Big\} Yu - Xw - p \leqslant \mathbf{0};\ e \cdot p = 1; \\ z_{\mathrm{O}} \leqslant u_r \leqslant h_{\mathrm{O}}, \forall r \in O;\ z_{\mathrm{I}} \leqslant w_i \leqslant h_{\mathrm{I}}, \forall i \in I;\ z_{\mathrm{O}} / h_{\mathrm{O}} \geqslant \varphi^*; \\ z_{\mathrm{I}} / h_{\mathrm{I}} \geqslant \varphi^*; u \geqslant \mathbf{0}, w \geqslant \mathbf{0}, p \geqslant \mathbf{0} \Big\} \end{aligned} \tag{11.13}$$

11.4　一种双目标方法

为应对权重不切实际的问题，本章放宽了“全有效”这一假设条件。但从根本上来说，确保各 DMU 在成本分摊后能够达到较高效率极为重要(Beasley，2003；Li et al.，2013；Si et al.，2013；Chu et al.，2020)。因此，先要考虑的目标是在固定成本分摊中使所有 DMU 的最小效率最大化。该目标将导致另一个问题：一些 DMU 有可能分配到零固定成本。

为了解决这个新问题，本节将考虑第二个目标，即确保分配给 DMU 的固定成本金额尽可能接近根据其经营规模所分配的固定成本金额（即最大化接近度，该概念将在后面详细定义）。这就产生了两个需要同时达到的目标：最大化最小效率和最大化接近度。本章并不追求得到该模型下所有的帕累托最优解，而是试图寻求一个折中的解决方案，相对均衡地实现这两个目标，从而在两者之间达成一种较为公平合理的权衡状态。

11.4.1　最大化最小效率

本节考虑了最大化最小效率的目标，并表明大部分情况下，存在一些 DMU 会分配到零固定成本。根据前文，在避免零权重的情况下，实现最小效率最大化的问题可表述如下：

$$E_{\mathrm{U}} = \max E \tag{11.14}$$

$$\text{s.t.}\ \frac{u \cdot y_j}{w \cdot x_j + p_j} \geqslant E,\ \forall j \in J \tag{11.14a}$$

$$\big(u,w,p,z_{\mathrm{I}},z_{\mathrm{O}},h_{\mathrm{I}},h_{\mathrm{O}}\big) \in W^{\mathrm{N}} \tag{11.14b}$$

在模型（11.14）中，约束$\big(u,w,p,z_{\mathrm{I}},z_{\mathrm{O}},h_{\mathrm{I}},h_{\mathrm{O}}\big) \in W^{\mathrm{N}}$保证了投入和产出权重之间的相似度不低于最小权重相似度，从而避免不切实际的权重值。然后，进行 DMU 最小效率的最大化求解。模型（11.14）为非线性模型，但可以用基于二分法的参数化算法和线性规划求解器来求解。具体来说，由于已知$E_{\mathrm{U}} \in [0,1]$，可以选取在 0 到 1 之间的一个E值作为检验值，检查模型（11.14）是否存在一个可行解（该模型在 E 为已知值时变为线性模型）。如果存在，则该检验值为 E_{U} 的下界，否则就是上界。E_{U} 的区间不断缩小直至极小，此时使用区间的下界来近似表示 E_{U}。

该模型使用 $E_j=\dfrac{u\cdot y_j}{w\cdot x_j+p_j}$ 和 $E_{\mathrm{U}}=\min\limits_{j\in J}E_j$ 来衡量 DMU_j 的效率。设 $\left(u^*,w^*,p^*,z_{\mathrm{I}}^*,z_{\mathrm{O}}^*,h_{\mathrm{I}}^*,h_{\mathrm{O}}^*,E^*\right)$ 为该模型的最优解，则有定理 11.2。

定理 11.2 在模型（11.14）的所有最优解中，至少有一个效率最低的 DMU 的固定成本为零（除非所有 DMU 都具有相同的效率）。

证明：设 L 为最优解中效率最低的 DMU 的集合。

$$L=\left\{j\left|\frac{u^*\cdot y_j}{w\cdot x_j+p_j^*}=E^*,\forall j\in J\right.\right\}$$

由于假设并非所有 DMU 都具有相同效率，因此有 $L\subset J$。假设所有效率最低的 DMU 都被分配到了非零固定成本，即 $p_j^*>0$，$\forall j\in L$。由于 $L\neq J$，所以一定存在一些 $k\in L$ 使 $\dfrac{u^*\cdot y_k}{w\cdot x_k+p_k^*}>E^*$。然后，可以通过将一定量的固定成本（如 δ）从每个 $\mathrm{DMU}_j\in L$ 转移到 DMU_k，使 $0<\delta\leqslant p_j^*$ 以及 $\dfrac{u^*\cdot y_j}{w\cdot x_j+p_j^*-\delta}\leqslant\dfrac{u^*\cdot y_k}{w\cdot x_k+p_k^*+|L|\times\delta},\forall j\in L$。设 $p_j'=p_j^*-\delta,\forall j\in L$，$p_k'=p_k^*+|L|\times\delta$，$p_j'=p_j^*,\forall j\notin L,$ $j\neq k$，p' 为所有 $p_j's$ 的向量。很明显，新解 $\left(u^*,w^*,z_{\mathrm{I}}^*,z_{\mathrm{O}}^*,h_{\mathrm{I}}^*,h_{\mathrm{O}}^*,p'\right)$ 的值严格大于 E^*，这与初始解是最优解的事实相矛盾。证毕。

值得注意的是，尽管理论上可能存在模型（11.14）的最优解使所有 DMU 的效率都相同的情况，但这种情况实际上极为罕见。定理 11.2 表明，模型（11.14）在绝大多数情况下，都会给某些 DMU 分配零固定成本，以实现目标函数值的最大化。然而，这就引发了不公平的问题，毕竟所有 DMU 都从所分摊的固定成本中获益，每个成员都有承担固定成本的责任。根据以上分析，则有如下注解 11.3。

注解 11.3 在纳入权重约束的固定成本分摊中，只追求最小效率最大化，往往会导致某些 DMU 被分配零固定成本。

11.4.2　最大化接近度

在进行固定成本分摊时，理应给各 DMU 分配非零的固定成本。一方面，这是为了防止它们毫无节制地过度使用共享资源；另一方面，共享资源本就是它们生产流程中不可或缺的关键投入要素，因此任何一个 DMU 都不能逃避承担固定成本分摊的责任。由于固定成本本质上是由 DMU 的生产活动引起的，因此根据管理经验，决策者通常认为经营规模越大的 DMU 引起的固定成本越高。基于这一观点，前人的许多研究（Lin，2011；Li et al.，2019）强调在固定成本分摊中应考虑 DMU 的经营规模。此外，还建议为每个 DMU 所分配的固定成本金额设定合理的目标，并使其尽可能接近目标，以避免一些 DMU 分配到零固定成本（Lin，2011）。

本节考虑了固定成本分摊的另一个目标：使分配结果尽可能接近根据 DMU 的经营规模所设定的分配目标（也称为最大化接近度）。参考 Lin（2011）和 Li 等（2019）的计算过程，可以得到每个 DMU 根据其生产经营规模所应被分配的固定成本比例，用 p^{s} 表示这些比例的向量。现在，使用指标 $B = z_{\mathrm{p}}/h_{\mathrm{p}}$，其中 $z_{\mathrm{p}} = \min\limits_{j\in J}\dfrac{p_j}{p_j^{\mathrm{s}}}$ 以及 $h_{\mathrm{p}} = \max\limits_{j\in J}\dfrac{p_j}{p_j^{\mathrm{s}}}$，用来度量 p 和 p^{s} 之间的接近程度。设置该接近度指标有两个原因。一方面，$B\in[0,1]$ 的值可以直接地反映 p 和 p^{s} 的接近程度，即 B 的值越高，p 和 p^{s} 越接近，如果有 $B=1$，那么 $p=p^{\mathrm{s}}$；另一方面，使用 B 的另一个好处在于，如果在计算结果中保证 $B>0$，那么就能同时保证一定不存在 DMU 被分配到零固定成本的情况，保障了分配结果的公平性。求解最大接近度的固定成本分摊模型如下：

$$B_{\mathrm{U}} = \max B \tag{11.15}$$

$$\text{s.t.}\ \left(u, w, p, z_{\mathrm{I}}, z_{\mathrm{O}}, h_{\mathrm{I}}, h_{\mathrm{O}}\right) \in W^{\mathrm{N}} \tag{11.15a}$$

$$z_{\mathrm{p}}/h_{\mathrm{p}} \geqslant B \tag{11.15b}$$

$$z_{\mathrm{p}} \leqslant \frac{p_j}{p^{\mathrm{s}}} \leqslant h_{\mathrm{p}},\ \forall j\in J \tag{11.15c}$$

$$z_{\mathrm{p}}, h_{\mathrm{p}} \geqslant 0 \tag{11.15d}$$

11.4.3　双目标模型

为了获取既能提高 DMU 效率，又能契合经营规模目标的固定成本分摊结果，需要同时最大限度地提高最低效率和接近度。这就构成了一个双目标优化问题，具体模型如下：

$$\begin{aligned} &\max \quad B \\ &\max \quad E \end{aligned} \tag{11.16}$$

$$\text{s.t.} \quad \frac{u \cdot y_j}{w \cdot x_j + p_j} \geqslant E, \ \forall j \in J \tag{11.16a}$$

$$\left(u, w, p, z_{\mathrm{I}}, z_{\mathrm{O}}, h_{\mathrm{I}}, h_{\mathrm{O}}\right) \in W^{\mathrm{N}} \tag{11.16b}$$

$$z_{\mathrm{p}} / h_{\mathrm{p}} \geqslant B \tag{11.16c}$$

$$z_{\mathrm{p}} \leqslant \frac{p_j}{p_j^{\mathrm{s}}} \leqslant h_{\mathrm{p}}, \ \forall j \in J \tag{11.16d}$$

$$z_{\mathrm{p}}, h_{\mathrm{p}} \geqslant 0 \tag{11.16e}$$

在实际情况中，得到所有的帕累托最优解后，决策者需要从中选择一个来进行固定成本分摊。对于决策者来说，这个选择过程需要考量多方面因素。本节假设决策者认为模型（11.16）的两个目标都很重要，并且倾向于同等对待它们，即两个目标同时得到改善，任何一个目标都不应该被视为次要目标。因此，建议使用单目标模型在两个目标之间进行权衡，以获得使两个目标的改进比例相等的固定成本分摊结果。

先要比较这两个目标，将 E 值最大化作为首要目标，将 B 值最大化作为次要目标［即在模型（11.16）的所有约束条件下，用 E_{U} 代替 E，同时最大化 B］，就可以得到最优次要目标值 B_{L}。该问题本质上是非线性问题，但一旦 B 值已知，就转变成了线性问题。因此同理，这个问题可以采用与模型（11.14）相同的二分法来求解。

类似地，可以通过将 B 值最大化作为主要目标，将 E 值最大化作为次要目标来获得值 E_{L}。在模型（11.16）的任一帕累托最优解中，有 $E \in \left[E_{\mathrm{L}}, E_{\mathrm{U}}\right]$ 及 $B \in \left[B_{\mathrm{L}}, B_{\mathrm{U}}\right]$。

根据定义，当且仅当 $B_{\mathrm{L}} = B_{\mathrm{U}}$ 时，有 $E_{\mathrm{L}} = E_{\mathrm{U}}$。在这种情况下，唯一的帕累托最优解使最小效率最大化，且固定成本分摊结果与 DMU 的经营规模成正比。这就是只考虑 $E_{\mathrm{L}} \neq E_{\mathrm{U}}$（或等价的 $B_{\mathrm{L}} \neq B_{\mathrm{U}}$）的情况的原因。在这种情况下，$E$ 的标准化值可定义为 $(E - E_{\mathrm{L}})/(E_{\mathrm{U}} - E_{\mathrm{L}})$，$B$ 的标准化值可定义为 $(B - B_{\mathrm{L}})/(B_{\mathrm{U}} - B_{\mathrm{L}})$。两者都没有单位，都落在区间 $[0,1]$ 内，因此具有可比性。由于两者不可能同时达到最大值，因此通过最大化它们之间的最小值来进行权衡。这样的权衡方案可以通过求解以下模型得到。

$$\max \quad \eta \tag{11.17}$$

$$\text{s.t.}\ \left(E-E_{\text{L}}\right)/\left(E_{\text{U}}-E_{\text{L}}\right)\geqslant\eta \tag{11.17a}$$

$$\left(B-B_{\text{L}}\right)/\left(B_{\text{U}}-B_{\text{L}}\right)\geqslant\eta \tag{11.17b}$$

$$\frac{u\cdot y_j}{w\cdot x_j+p_j}\geqslant E,\ \forall j\in J \tag{11.17c}$$

$$\left(u,w,p,z_{\text{I}},z_{\text{O}},h_{\text{I}},h_{\text{O}}\right)\in W^{\text{N}} \tag{11.17d}$$

$$z_{\text{p}}/h_{\text{p}}\geqslant B \tag{11.17e}$$

$$z_{\text{p}}\leqslant\frac{p_j}{p_j^{\text{s}}}\leqslant h_{\text{p}},\ \forall j\in J \tag{11.17f}$$

$$z_{\text{p}},h_{\text{p}}\geqslant 0 \tag{11.17g}$$

关于模型（11.17），存在以下定理 11.3。

定理 11.3　设 $\left(\eta^*,E^*,B^*,u^*,w^*,p^*,z_{\text{p}}^*,h_{\text{p}}^*\right)$ 为模型（11.17）的最优解，有 $\left(E^*-E_{\text{L}}\right)/\left(E_{\text{U}}-E_{\text{L}}\right)=\left(B^*-B_{\text{L}}\right)/\left(B_{\text{U}}-B_{\text{L}}\right)=\eta^*$。

证明：很明显有 $\eta^*=\min\left\{\dfrac{E^*-E_{\text{L}}}{E_{\text{U}}-E_{\text{L}}},\dfrac{B^*-B_{\text{L}}}{B_{\text{U}}-B_{\text{L}}}\right\}$。这个定理可用反证法来证明。若定理为假，则 $\dfrac{E^*-E_{\text{L}}}{E_{\text{U}}-E_{\text{L}}}>\dfrac{B^*-B_{\text{L}}}{B_{\text{U}}-B_{\text{L}}}=\eta^*$ 或者 $\eta^*=\dfrac{E^*-E_{\text{L}}}{E_{\text{U}}-E_{\text{L}}}<\dfrac{B^*-B_{\text{L}}}{B_{\text{U}}-B_{\text{L}}}$。考虑 $\dfrac{E^*-E_{\text{L}}}{E_{\text{U}}-E_{\text{L}}}>\dfrac{B^*-B_{\text{L}}}{B_{\text{U}}-B_{\text{L}}}=\eta^*$ 的情况，根据最优性假设，必须有 $B^*=\dfrac{z_{\text{p}}^*}{h_{\text{p}}^*}$，并且必须有一个非空集合 $L\subset J$ 使 $\dfrac{p_j^*}{p_j^{\text{s}}}=z_{\text{p}}^*,\forall j\in L$。可以通过增加分配给 DMU 的固定成本比例，同时降低其他 DMU 的固定成本比例，来构建新的最优解 $\left(\eta',E',B',u^*,w^*,p',z_{\text{p}}',h_{\text{p}}'\right)$，并满足：

$$p_j'=p_j^*+\delta\times p_j^{\text{s}},\ \forall j\in L$$

$$p_k'=p_k^*-\frac{p_k^{\text{s}}}{\sum_{l\notin L}p_l^{\text{s}}}\times\delta\sum_{j\in L}p_j^{\text{s}},\ \forall k\in J\setminus L$$

$$z_{\text{p}}'=\min_{j\in J}\frac{p_j'}{p_j^{\text{s}}}$$

$$h_{\text{p}}'=\max_{j\in J}\frac{p_j'}{p_j^{\text{s}}}$$

$$E' = \min_{j \in J} \frac{u^* \cdot y_j}{w^* \cdot x_j + p'_j}$$

$$B' = z'_{\mathrm{p}} / h'_{\mathrm{p}}$$

$$\eta^* = \min\left\{ \frac{E' - E_{\mathrm{L}}}{E_{\mathrm{U}} - E_{\mathrm{L}}}, \frac{B' - B_{\mathrm{L}}}{B_{\mathrm{U}} - B_{\mathrm{L}}} \right\}$$

其中，$\delta > 0$ 满足以下条件：

$$z'_{\mathrm{p}} > z^*_{\mathrm{p}}$$

$$h'_{\mathrm{p}} < h^*_{\mathrm{p}}$$

$$\frac{E' - E_{\mathrm{L}}}{E_{\mathrm{U}} - E_{\mathrm{L}}} \leqslant \frac{B' - B_{\mathrm{L}}}{B_{\mathrm{U}} - B_{\mathrm{L}}}$$

请注意，这样的 δ 值必然存在，并且取得足够小即可。在这个新的最优解中，有 $B' = z'_{\mathrm{p}} / h'_{\mathrm{p}} \geqslant z^*_{\mathrm{p}} / h^*_{\mathrm{p}} \geqslant B^*$，且新的最优解的目标值为 $\delta' = \frac{B' - B_{\mathrm{L}}}{B_{\mathrm{U}} - B_{\mathrm{L}}} > \frac{B^* - B_{\mathrm{L}}}{B_{\mathrm{U}} - B_{\mathrm{L}}} = \delta^*$。这与初始解是最优解的事实相矛盾。同样，可以证明 $\eta^* = \frac{E^* - E_{\mathrm{L}}}{E_{\mathrm{U}} - E_{\mathrm{L}}} < \frac{B^* - B_{\mathrm{L}}}{B_{\mathrm{U}} - B_{\mathrm{L}}}$ 是不可能的。证毕。

基于定理 11.3，可以将模型（11.17）转换为以下形式：

$$\max \quad \eta \tag{11.18}$$

$$\text{s.t.} \quad (u, w, p, z_{\mathrm{I}}, z_{\mathrm{O}}, h_{\mathrm{I}}, h_{\mathrm{O}}) \in W^{\mathrm{N}} \tag{11.18a}$$

$$\frac{u \cdot y_j}{w \cdot x_j + p_j} \geqslant \eta \times (E_{\mathrm{U}} - E_{\mathrm{L}}) + E_{\mathrm{L}}, \ \forall j \in J \tag{11.18b}$$

$$z_{\mathrm{p}} / h_{\mathrm{p}} \geqslant \eta \times (B_{\mathrm{U}} - B_{\mathrm{L}}) + B_{\mathrm{L}} \tag{11.18c}$$

$$z_{\mathrm{p}} \leqslant \frac{p_j}{p_j^{\mathrm{s}}} \leqslant h_{\mathrm{p}}, \ \forall j \in J \tag{11.18d}$$

$$z_{\mathrm{p}}, h_{\mathrm{p}} \geqslant 0 \tag{11.18e}$$

模型（11.18）是一个非线性模型。但确定 η 的值后，所有约束都是线性不等式，因此，可以同上使用二分法来求解。设 (u^*, w^*, p^*) 为模型（11.18）的最优解，p^* 为 DMU 中的最优固定成本分摊比例。对于每个 DMU_d，固定成本分摊后其最佳共同权重下的效率可通过式（11.19）计算：

$$E_d^{\mathrm{oc}} = \frac{u^* \cdot y_d}{w^* \cdot x_d + p_d^*} \tag{11.19}$$

根据定理 11.3，可以得到关于模型（11.18）最优解的注解 11.4。

注解 11.4　模型（11.18）总是给出一个最优解，同时使最小效率和接近度最大化，且所得固定成本分摊结果中，所有 DMU 分摊的固定成本都为非零值，因为在模型（11.18）的最优解中 $\eta^{*}>0$（可以从定理 11.3 的证明中推断出来）。

注解 11.5　当决策者希望获得模型（11.16）的一组帕累托最优解，以了解两个目标之间的权衡在帕累托边界上如何变化时，可以采用以下步骤：由于一直有 $E\in\left[E_{\mathrm{U}},E_{\mathrm{L}}\right]$，可以在模型（11.16）中为 E 添加一个下界。该下界可以从 E_{L} 值开始逐步递增（如步长设为 $\dfrac{E_{\mathrm{U}}-E_{\mathrm{L}}}{1000}$）。每次改变下界，都通过先最大化 B 然后最大化 E 来确定一个帕累托最优解。当下界达到 E_{U} 时，停止该过程，最终得到了一系列可供观察的帕累托最优解。

11.5　算例分析

11.5.1　比例不变性和权重分布

本节将提出的方法应用于一组数据，并将其与 Li 等（2013）、Beasley（2003）和 Si 等（2013）提出的现有方法进行比较。该数据取自 Cook 和 Kress（1999），共有 12 个 DMU，每个 DMU 有 3 个投入和 2 个产出。初始所需分摊的总固定成本为 100，即 $R=100$。DMU 的详细投入产出数据如表 11.3 所示。

表 11.3　投入产出数据

DMU	x_1	x_2	x_3	y_1	y_2
1	9	39	350	67	751
2	8	26	298	73	611
3	7	31	422	75	584
4	9	16	281	70	665
5	6	16	301	75	445
6	17	29	360	83	1070
7	10	18	540	72	457
8	5	33	276	78	590
9	5	25	323	75	1047
10	6	64	444	74	1072

续表

DMU	x_1	x_2	x_3	y_1	y_2
11	5	25	323	25	350
12	6	64	444	104	1199

为了验证比例不变性，除了总固定成本 $R=100$ 的原始数据，还考虑了 R 为 10 和 1000 的情况下的固定成本分摊。进一步，在 $R=100$ 的情况下，分别运行 $0.1Y_1$ 和 $10Y_1$ 的数据（模拟 Y_1 指标使用不同单位的情况），以便观察投入和产出的单位如何影响最终权重。表 11.4 和表 11.5 列出了现有模型的固定成本分摊结果及投入和产出权重。

表 11.4　现有模型的固定成本分摊结果

DMU	Li 等（2013）				Si 等（2013）			
	R=10	R=100	R=1000	P_j^{Li}	R=10	R=100	R=1000	P_j^{Si}
1	0.6384	6.3839	63.8393	0.0638	0.7647	7.6475	76.4749	0.0765
2	0.7422	7.4219	74.2188	0.0742	0.8412	8.4118	84.1175	0.0841
3	0.6683	6.6827	66.8270	0.0668	0.8622	8.6216	86.2157	0.0862
4	0.8833	8.8327	88.3269	0.0833	0.8109	8.1091	81.0907	0.0811
5	0.7633	7.6335	76.3345	0.0763	0.8694	8.6938	86.9380	0.0869
6	0.9699	9.6989	96.9892	0.0970	0.9567	9.5668	95.6675	0.0957
7	0.4276	4.2765	42.7645	0.0428	0.8333	8.3333	83.3333	0.0833
8	0.8353	8.3526	83.5256	0.0835	0.8963	8.9628	89.6277	0.0896
9	1.5871	15.8710	158.7104	0.1587	0.8650	8.6505	86.5046	0.0865
10	0.9751	9.7510	97.5104	0.0975	0.8346	8.3457	83.4572	0.0835
11	0.0455	0.4550	4.5498	0.0045	0.2803	2.8032	28.0323	0.0280
12	1.4640	14.6404	146.4038	0.1464	1.1854	11.8541	118.5405	0.1185

表 11.5　投入和产出权重（F=100）

权重	Li 等（2013）			Si 等（2013）		
	$0.1Y_1$	Y_1	$10Y_1$	$0.1Y_1$	Y_1	$10Y_1$
w_1	0.5531	0.5531	0.5531	0.0000	0.0000	0.0000
w_2	0.1401	0.1401	0.1401	0.0048	0.0048	0.0048
w_3	0.0031	0.0031	0.0031	0.0000	0.0000	0.0000
u_1	0.9959	0.0996	0.0100	1.1694	0.1169	0.0117
u_2	0.0150	0.0150	0.0150	0.0000	0.0000	0.0000

从表 11.4 可以看出，无论固定成本总量为多少，分配给任何 DMU 的固定成本比例都是不变的。例如，在 Li 等（2013）的结果中，分配给 DMU_1 的固定成本始终约占总成本的 6.38%。这表明了这些模型的比例不变性。

从表 11.5 中，进一步观察 Li 等（2013）和 Si 等（2013）的模型在 Y_1 指标使用不同单位时所得的最优权重情况。可以看出，当使用不同单位时，Y_1 所对应的权重（u_1）也有所改变，而其他指标对应的权重（w_1, w_2, w_3, u_2）是不变的。这表明当对 Y_1 使用不同单位时，其相对重要性也发生了变化。但从效率值（均为 1）和固定成本分摊结果（表 11.4）来看，Y_1 使用不同单位对各 DMU 的效率和固定成本分摊比例并无影响。由于不同单位的使用直接影响最优权重，而所提出的方法需要分析投入和产出权重的相似性，因此，在固定成本分摊计算中需要使用标准化数据。

11.5.2　结果比较

对数据进行标准化后，使用提出的方法进行固定成本分摊。首先，使用模型（11.12）获得最小权重相似度，为 0.1057［即最小投入（产出）权重至少占最大投入（产出）权重的 10.57%］。其次，使用模型（11.14）进行固定成本分摊，同时仅最大化最小效率，所得的固定成本分摊结果和效率评估结果分别列于表 11.6 的第 5 列和第 6 列。

表 11.6　固定成本分摊和效率评估结果

DMU	模型（11.8）和模型（11.9）			模型（11.14）		模型（11.15）		模型（11.18）	
	P_j^{Li}	P_j^{Si}	效率	P_j^{E}	效率	P_j^{s}	效率	P_j^{*}	E_j^{oc}
1	0.0638	0.0765	1.0000	0.0594	1.0000	0.0864	0.6888	0.0800	0.8817
2	0.0742	0.0841	1.0000	0.0575	1.0000	0.0651	0.8486	0.0658	1.0000
3	0.0668	0.0862	1.0000	0.0484	1.0000	0.0737	0.7193	0.0683	0.9104
4	0.0883	0.0811	1.0000	0.0811	1.0000	0.0605	0.9170	0.0685	1.0000
5	0.0763	0.0869	1.0000	0.0504	1.0000	0.0458	1.0000	0.0571	1.0000
6	0.0970	0.0957	1.0000	0.0899	1.0000	0.1413	0.6048	0.1309	0.7685
7	0.0428	0.0833	1.0000	0.0000	1.0000	0.0717	0.6048	0.0672	0.7685
8	0.0835	0.0896	1.0000	0.0725	1.0000	0.0607	0.9443	0.0684	1.0000
9	0.1587	0.0865	1.0000	0.2192	1.0000	0.0756	1.0000	0.0943	1.0000
10	0.0975	0.0835	1.0000	0.1375	1.0000	0.1314	0.6048	0.1218	0.7685
11	0.0045	0.0280	1.0000	0.0000	1.0000	0.0252	0.6685	0.0234	0.9592
12	0.1464	0.1185	1.0000	0.1840	1.0000	0.1625	0.6366	0.1543	0.7685
B	0.0859	0.3346		0.0000		1.0000		0.7423	

再次，根据经营规模计算固定成本分摊后 DMU 的效率，其对应的固定成本分摊结果和效率结果分别列于表 11.6 的第 7 列和第 8 列。最后，使用所提出的权衡方法来分配总固定成本，最终的固定成本分摊结果和效率评估结果分别列于表 11.6 的第 9 列和第 10 列。为了将本章提出方法的结果与现有模型的结果进行比较，在第 2 列和第 3 列分别列出 Li 等（2013）和 Si 等（2013）模型的固定成本分摊结果，并计算了每个成本分摊值与根据经营规模生成的成本分摊值的接近度，记为 B，将其列在表 11.6 的最后一行。此外，将 Li 等（2013）、Si 等（2013）与本章提出的双目标方法所生成的最优权重和相关系数分别列于表 11.7 和表 11.8 中。权重之间的相似度记为 ϕ，也列在表 11.7 的最后一行。

表 11.7　权重结果

变量	Li 等（2013）	Si 等（2013）	本章方法
w_1	0.5144	0.0000	0.0177
w_2	0.5408	0.0186	0.0177
w_3	0.1360	0.0000	0.1673
u_1	0.8674	1.0186	0.4915
u_2	1.3238	0.0000	0.5611
相似度（ϕ）	0.2516	0.0000	0.1057

表 11.8　相关系数表

方法	Si 等（2013）	Li 等（2013）	本章方法
Si 等（2013）	1.0000	0.7604	0.7700
Li 等（2013）		1.0000	0.7582
本章方法			1.0000

首先，进行固定成本分摊后 DMU 的效率得分分析。Li 等（2013）和 Si 等（2013）的模型采用了“全有效”假设，因此，其分配结果确保了在固定成本分摊后所有 DMU 的效率值均为 1。在添加权重约束后，所提出的模型（11.14）仅最大化 DMU 的最小效率，依然能产生使所有 DMU 都有效的固定成本分摊结果。但可以发现模型（11.14）给 DMU_7 和 DMU_{11} 分配了零固定成本，这与注解 11.3 相呼应。在固定成本按生产经营规模分配的情况下，即使用模型（11.15）进行固定成本分摊后，其得出的 DMU 效率也比模型（11.14）的效率要低得多。这表明在分配固定成本时，需要兼顾生产经营规模以及效率的提高。因此，所提出的双目标方法为每个 DMU 生成了一个介于模型（11.14）和模型（11.15）之间的效率得分。从表 11.6 的最后一列可以看出，在固定成本分摊后，12 个 DMU 中只有 5 个被评估为

有效。显然，本章提出方法无法像传统模型那样保证所有 DMU 在固定成本分摊后都为有效。不过，后续会说明，这种效率上的适当妥协能够为 DMU 产生一个更公平的固定成本分摊结果。

其次，基于接近度来对比并分析现有模型和双目标方法所产生的固定成本分摊结果。可以发现 Li 等（2013）和 Si 等（2013）的分配结果的接近度分别为 0.0859 和 0.3346，远小于本章方法的值（0.7423）。这是因为本章的双目标方法在分摊固定成本时考虑了 DMU 的经营规模。如果在分摊固定成本的时候不考虑经营规模，得到的成本分摊结果会脱离实际，如 DMU_1 的经营规模几乎是 DMU_5 的两倍，但在 Li 等（2013）和 Si 等（2013）的分摊结果中，DMU_5 比 DMU_1 分担了更多的固定成本。经营规模较小的 DMU 可能会使用更多的共享资源，但经营规模大的 DMU 不可能会使用很少的共享资源。

再次，对现有模型和双目标方法所选择的最优权重进行了观察与对比。双目标方法选取的权重相似度为 0.1057，Li 等（2013）和 Si 等（2013）方法的权重相似度分别为 0.2516 和 0。因此，本章所提出的双目标方法和 Li 等（2013）的方法都避免了产生不切实际权重的问题，而 Si 等（2013）的结果中出现了许多零权重，意味着在分析中忽略了一些投入或产出，使固定成本分摊结果和效率评估结果不可信。

最后，对不同方法所产生的固定成本分摊结果进行了 Pearson（皮尔逊）相关系数分析，并将结果列于表 11.8 中。从表中可以看出，三种方法所得到的固定成本分摊结果相互之间呈正相关，相关系数均在 0.75 以上。这表明双目标方法所产生的固定成本分摊结果与现有方法的结果高度吻合，这三个结果都具有一定的适用性。相比之下，正如前文所述，本章所提出的双目标方法同时具有避免使用不切实际的权重以及考虑 DMU 经营规模的优势。因此，所产生的固定成本分摊结果更加合理，也更易于被所有 DMU 接受。

11.6 本章小结

本章提出了一种基于 DEA 的比例共享固定成本分摊方法。首先，研究了基于 DEA 的固定成本分摊的比例不变性。其次，证明了现有的基于“全有效”假设的固定成本分摊模型可能导致使用不切实际的权重。针对此问题，加入了一些权重约束以构建一个新的固定成本和公共权重可能集，来避免出现零权重。基于这个新的可能集，讨论了固定成本分摊中的两个目标。最后，提出了一种双目标模型和一种权衡方法，旨在提高 DMU 效率以及固定成本分摊结果与企业经营规模的契合度。通过算例分析，将所提出的方法与现有模型进行比较分析。

本章的研究为基于 DEA 的固定成本分摊带来了至少三个优势。首先，证明了成本分摊结果的比例不变性，这一性质表明了基于 DEA 的固定成本分摊方法的稳定性，加强了其理论基础；其次，展示了现有方法中不切实际的权重问题，并通过加入权重约束解决了这个问题；最后，所提出的双目标方法既考虑了提高 DMU 的效率，又考虑了使固定成本分摊结果与 DMU 的经营规模相适应，使固定成本分摊结果更加科学可信。

参 考 文 献

An Q X, Wang P, Emrouznejad A, et al. 2020. Fixed cost allocation based on the principle of efficiency invariance in two-stage systems. European Journal of Operational Research, 283(2): 662-675.

An Q X, Wang P, Yang H L, et al. 2021. Fixed cost allocation in two-stage system using DEA from a noncooperative view. OR Spectrum, 43(4): 1077-1102.

Beasley J E. 2003. Allocating fixed costs and resources via data envelopment analysis. European Journal of Operational Research, 147(1): 198-216.

Charnes A, Cooper W W. 1962. Programming with linear fractional functionals. Naval Research Logistics Quarterly, 9(3/4): 181-186.

Chu J F, Su W, Li F, et al. 2022. Individual rationality and overall fairness in fixed cost allocation: an approach under DEA cross-efficiency evaluation mechanism. Journal of the Operational Research Society, 74(3): 992-1007.

Chu J F, Wu J, Chu C B, et al. 2020. DEA-based fixed cost allocation in two-stage systems: leader-follower and satisfaction degree bargaining game approaches. Omega, 94: 102054.

Cook W D, Kress M. 1999. Characterizing an equitable allocation of shared costs: a DEA approach. European Journal of Operational Research, 119(3): 652-661.

Cook W D, Zhu J. 2005. Allocation of shared costs among decision making units: a DEA approach. Computers & Operations Research, 32(8): 2171-2178.

Du J, Cook W D, Liang L, et al. 2014. Fixed cost and resource allocation based on DEA cross-efficiency. European Journal of Operational Research, 235(1): 206-214.

Li F, Song J, Dolgui A, et al. 2017. Using common weights and efficiency invariance principles for resource allocation and target setting. International Journal of Production Research, 55(17): 4982-4997.

Li F, Zhu Q Y, Chen Z. 2019. Allocating a fixed cost across the decision-making units with two-stage network structures. Omega, 83: 139-154.

Li F, Zhu Q Y, Liang L. 2018. Allocating a fixed cost based on a DEA-game cross efficiency approach. Expert Systems with Applications, 96: 196-207.

Li Y J, Yang M, Chen Y, et al. 2013. Allocating a fixed cost based on data envelopment analysis and satisfaction degree. Omega, 41(1): 55-60.

Lin R Y. 2011. Allocating fixed costs or resources and setting targets via data envelopment analysis. Applied Mathematics and Computation, 217(13): 6349-6358.

Ramón N, Ruiz J L, Sirvent I. 2010. On the choice of weights profiles in cross-efficiency evaluations. European Journal of Operational Research, 207(3): 1564-1572.

Ramón N, Ruiz J L, Sirvent I. 2011. Reducing differences between profiles of weights: a "peer-restricted" cross-efficiency evaluation. Omega, 39(6): 634-641.

Si X L, Liang L, Jia G Z, et al. 2013. Proportional sharing and DEA in allocating the fixed cost. Applied Mathematics and Computation, 219(12): 6580-6590.

Wu J, Chu J F, Sun J S, et al. 2016. DEA cross-efficiency evaluation based on Pareto improvement. European Journal of Operational Research, 248(2): 571-579.

Wu J, Sun J S, Liang L. 2012. Cross efficiency evaluation method based on weight-balanced data envelopment analysis model. Computers & Industrial Engineering, 63(2): 513-519.

第 12 章　个体理性与整体公平性视角下的交叉效率成本分摊方法研究

12.1　引　　言

在固定成本分摊问题中，当企业作为理性的决策者时，都希望自身承担的成本尽可能的少，但是由于总成本是既定的常量，若某一企业单纯从自身利益出发，为自己分配较低的成本，那么必然导致其他企业所分摊的成本相应增加，所以固定成本分摊问题中，企业之间会存在着一种相互竞争的关系。与此同时，整个平台是由众多企业共同构成的有机整体，因而固定成本的分摊方案理应由所有参与者协商制定。平台的管理者在考虑分摊共同成本的时候，要兼顾公平性原则，不能对某些企业存在偏袒行为。针对该问题，本章提出了一种兼具个体理性以及整体公平性的固定成本分摊方案，基于个人理性提出自我最低原则以及分配后有效原则；从整体公平性的角度提出下限原则和整体帕累托最优原则。基于个体理性和整体公平性原则的考虑，本章构建了一个多目标模型，并提出相应的求解算法，以确保模型的线性化和解的唯一性。

12.2　基 础 概 念

12.2.1　考虑个体理性与整体公平性的固定成本分摊原则

在实际情况中，当涉及固定成本分摊时，大多数 DMU 都是理性的，都致力于让自己分得尽可能小的成本。因此，当一个 DMU 有权利确定分摊方案时，它一定希望自己分得最少的成本。至少，所分得的成本在参与成本分摊的 DMU 里是最少的。基于这个现象，本节提出了原则 12.1。

原则 12.1（自我最低原则）　当每个自私且理性的 DMU 作为决策者来确定成本分摊方案时，一定分配给自己最小的成本，即一定有 $R_{dd} \leqslant R_{dj}, \forall j \in J \setminus d$，其中 R_{dd} 为 DMU_d 分配给自身的成本，$R_{dj}, \forall j \in J \setminus d$ 为 DMU_d 为其他 DMU 分配

的成本。

Beasley（2003）指出每个 DMU 都企图通过固定成本分摊来提高自己的效率，它们都希望自己在成本分摊后的效率为 1。因为这个效率得分暗示了其生产过程是有效的。从这个观点来看，在确定成本分摊方案时，每个 DMU 都希望在成本分摊的过程中提高自己的效率。因此，提出了原则 12.2。

原则 12.2（分配后有效原则）　每个 DMU 在确定自己的分摊方案时，要保证自己是有效的，也就是自评效率为 1，即 $E_{dd}=1$。

原则 12.1 和原则 12.2 都是从个体理性的角度提出的，这两个原则描述了每个 DMU 在确定分摊方案时自己对分摊结果的要求。因为每个 DMU 都有权直接确定有效的权重选择和固定成本分摊结果，这两个原则的设定也是很合理的。

从整体公平性的角度来看，需要考虑的一个基本原则是“共同责任”，即每个 DMU 都应承担公共固定成本的责任。因此，每个 DMU 都应分担总的固定成本的一部分，并且任何 DMU 都不应获得特别低（甚至零）的成本分摊额。一个确保满足上述要求的方法是为分配给每个 DMU 的固定成本额设定下限。为了获得一个合适的下界，首先给出了模型（12.1），该模型得到了 DMU_d（$\forall d \in J$）在原则 12.1 和原则 12.2 约束下的最大可能固定成本分摊额。

$$R_{dd}^{\mathrm{m}}=\max R_{dd} \tag{12.1}$$

$$\text{s.t.}\quad \frac{U_d \cdot Y_j}{W_d \cdot X_j+\varphi_d R_{dj}} \leqslant 1,\ \forall j \in J \tag{12.1a}$$

$$\frac{U_d \cdot Y_d}{W_d \cdot X_d+\varphi_d R_{dd}}=1 \tag{12.1b}$$

$$R_{dd} \leqslant R_{dj},\ \forall j \in J \setminus d \tag{12.1c}$$

$$\sum_{j=1}^{n} R_{dj}=R \tag{12.1d}$$

$$W_d \geqslant \mathbf{0} \tag{12.1e}$$

$$U_d \geqslant \mathbf{0} \tag{12.1f}$$

$$\varphi_d \geqslant 0 \tag{12.1g}$$

$$R_{dj} \geqslant 0,\ \forall j \in J \tag{12.1h}$$

其中，U、W、φ 分别表示赋予产出、投入、固定成本的权重。约束（12.1a）表示固定成本分摊后所有 DMU 的效率不大于 1。约束（12.1b）反映了原则 12.2，即 DMU_d 在确定固定成本分摊结果时，要确保自身是有效的。约束（12.1c）是使用原则 12.1 获得的，该原则保证 DMU_d 在所有 DMU 中为自己分配最低的固定成本。该模型的目标是使分配给 DMU_d 的固定成本最大化，从而产生 DMU_d 在原则

12.1 和原则 12.2 约束下可分配的最大固定成本。

定理 12.1　模型（12.1）总是可行的。

证明：令 $W_d' = \mathbf{0}$，$U_d' = \left(\frac{1}{s},\cdots,\frac{1}{s}\right)$，$y^{\max} = \max_{j\in N} U_d' \cdot Y_j$。假设存在一个绝对小的正分配额 R_{dd}'，使 $0 < R_{dd}' \leqslant \frac{R - R_{dd}'}{n-1}$ 以及 $\frac{U_d' \cdot Y_d}{R_{dd}'} \geqslant \frac{y^{\max}}{\frac{1}{n-1}\left(R - R_{dd}'\right)}$（因为有 $Y_d \in \mathbb{R}_+^s$ 和 $Y_d \neq \mathbf{0}$，所以 $U_d' \cdot Y_d > 0$ 一定存在）。然后令 $R_{dj}' = \frac{1}{n-1}\left(R - R_{dd}'\right)$，$\varphi' = \frac{U_d' \cdot Y_d}{R_{dd}'}$。这样就得到了模型（12.1）的一组可行解 $\left(U_d', W_d', \varphi', R_{dj}', \forall j \in J\right)$，这也证明了模型（12.1）总是有效的。

推论 12.1　对每个 DMU_d ($\forall d \in J$)，一定有 $R_{dd}^{\mathrm{m}} > 0$（$\forall d \in J$）。

注解 12.1　定理 12.1 证明了对每个 DMU 来讲，至少会存在一组满足原则 12.1 和原则 12.2 的权重与固定成本分摊结果。推论 12.1 表明，在分配成本时，即使 DMU_d 遵循原则 12.1 和原则 12.2，该 DMU 仍然可以确定一个不包含零的固定成本分摊结果，即要求每个 DMU 都分担固定成本的一部分。

模型（12.1）是一个非线性模型，可以通过对投入和产出权重做出一定的比例转换，进而得到 $\varphi_d = \mathbf{1}$。因此，模型（12.1）可以转换成线性模型（12.2）。

$$R_{dd}^{\mathrm{m}} = \max R_{dd} \tag{12.2}$$

$$\text{s.t.}\quad U_d \cdot Y_j - W_d \cdot X_j - R_{dj} \leqslant 0,\ \forall j \in J \tag{12.2a}$$

$$U_d \cdot Y_d - W_d \cdot X_d - R_{dd} = 0 \tag{12.2b}$$

$$R_{dd} \leqslant R_{dj},\ \forall j \in J \setminus d \tag{12.2c}$$

$$\sum_{j=1}^{n} R_{dj} = R \tag{12.2d}$$

$$W_d \geqslant \mathbf{0} \tag{12.2e}$$

$$U_d \geqslant \mathbf{0} \tag{12.2f}$$

$$R_{dj} \geqslant 0,\ \forall j \in J \tag{12.2g}$$

对每个 DMU 基于模型（12.2）的目标函数求解，可以得到每个 DMU 在满足原则 12.1 和原则 12.2 的条件下可以承担的最大成本。

基于此，定义了成本下限（表示为 R^{L}）：当每个 DMU 确定固定成本分摊方案时，该下限可以作为分配给每个 DMU 的最小固定成本。

$$R^{\mathrm{L}} = \min_{d\in J} R_{dd}^{\mathrm{m}} \tag{12.3}$$

将 R^{L} 作为成本分摊的下限，也从另一角度反映了整体公平性的观点。原则 12.1 规定 R_{dd}^{m} 是 DMU_d 确定的固定成本分摊结果中分给自己的最低固定成本。因此，在满足原则 12.1 和原则 12.2 的条件下，通过求解模型（12.2），可得 DMU 可以承担的最大可分配固定成本，而这表明固定成本可以在 DMU 之间公平分配，也就是说，没有 DMU 可以分配相当低的固定成本分摊比例。因此，R^{L} 的使用也反映了在满足每个 DMU 的个体理性原则（原则 12.1 和原则 12.2）的情况下，为分配给每个 DMU 的固定成本设定一个相对不那么小的下限。考虑到上述分析，我们从整体公平性的角度给出了原则 12.3。

原则 12.3（下限原则）　对每个 DMU_d 来说，要求 $R_{dj} \geqslant R^{\mathrm{L}}$（$\forall j \in J$）。

注解 12.2　根据推论 12.1，R^{L} 一定是大于 0 的。因此，原则 12.3 也确保了没有 DMU 分配到零成本份额，这个原则也符合实际的要求，即所有 DMU 都需要承担一部分公共成本份额。同时，从式（12.3）也可以看出，R^{L} 是唯一的值。很明显，R_{dd}^{m} 是通过对每个 DMU 求解模型（12.2）得出的最优结果，而 R^{L} 是集合 R_{dd}^{m} 的最小值，因此可以确定，这个成本下界是唯一的。

12.2.2　固定成本分摊可能集

基于上述提到的三个原则，给出下面如定义 12.1 所示的生产可能集（定义为 FS）。

定义 12.1　FS 为包含所有 DMU 确定的投入和产出权重以及固定成本分摊结果的集合，即 $(U_d, W_d, R_{dj}, \forall j \in J, \forall d \in J)$ 满足约束条件：

$$U_d \cdot Y_j - W_d \cdot X_j - R_{dj} \leqslant 0,\ \forall j \in J, \forall d \in J \tag{12.4a}$$

$$U_d \cdot Y_d - W_d \cdot X_d - R_{dd} = 0 \tag{12.4b}$$

$$R_{dd} \leqslant R_{dj},\ \forall j \in J \setminus d, \forall d \in J \tag{12.4c}$$

$$R_{dj} \geqslant R^{\mathrm{L}},\ \forall j \in J, \forall d \in J \tag{12.4d}$$

$$\sum_{j=1}^{n} R_{dj} = R,\ \forall d \in J \tag{12.4e}$$

$$W_d \geqslant \mathbf{0},\ \forall d \in J \tag{12.4f}$$

$$U_d \geqslant \mathbf{0},\ \forall d \in J \tag{12.4g}$$

$$R_{dj} \geqslant 0,\ \forall j \in J, \forall d \in J \tag{12.4h}$$

其中，约束（12.4a）确保固定成本分摊后所有 DMU 的效率不大于 1。约束（12.4b）反映了原则 12.2，即当 DMU_d 确定固定成本分摊结果时，自己是有效的。约束

（12.4c）是使用原则 12.1 获得的，该原则保证 DMU_d 在分配成本时，分配给自己的成本是所有 DMU 中最低的固定成本。同时，约束（12.4d）反映了原则 12.3，即任何 DMU_d 都不会分得零成本份额，即每个 DMU 都要承担一部分的固定成本。约束（12.4e）确保固定成本可以被完全分配。这些约束构造了满足上述三个原则的生产可能集。

性质 12.1 至少存在一组可行解 $\left(U_d, W_d, R_{dj}, \forall j \in J, \forall d \in J\right)$ 满足式（12.4）中所有的约束条件。

证明：对 DMU_d 来说，假设模型（12.2）的一组最优解为 $\left(U'_d, W'_d, R'_{dj}, \forall j \in J\right)$。$\left(U'_d, W'_d, R'_{dj}, \forall j \in J\right)$ 满足式（12.4）中的所有约束，所以式（12.4）存在最优解。

12.3 模型构建

本节介绍了所提出的兼顾个体理性和整体公平性的固定成本分摊方案。在交叉效率评估机制下，通过考虑所有 DMU 的权重选择偏好和固定成本分摊结果，确定最终效率评估以及固定成本分摊结果。

12.3.1 考虑帕累托最优的成本分摊模型

生产可能集通常包含无穷多个可行解。在生产可能集中使用不同的固定成本分摊结果将产生不同的交叉效率评估结果。从整体公平性的角度出发，在确定最终固定成本分摊结果时，应仔细考虑所有 DMU 的交叉效率得分。因此，给出以下原则 12.4。

原则 12.4（帕累托最优原则） 从生产可能集中选择的最终固定成本分摊结果应确保 DMU 获得帕累托最优交叉效率得分［见 Wu 等（2016）中的定义］。

原则 12.4 要求固定成本分摊结果在不恶化任何其他 DMU 交叉效率得分的同时，使每个 DMU 的交叉效率得分不能增加。效率评估结果的帕累托最优性表明所有 DMU 的交叉效率得分被同时考虑并得到公平处理。

为获得满足原则 12.4 的最终固定成本分摊结果，建立多目标模型（12.5）：

$$\max \ E_j^{\mathrm{F}}, \ \forall j \in J \tag{12.5}$$

$$\text{s.t.} \quad E_j^{\mathrm{F}} = \frac{1}{n}\sum_{d=1}^{n} \frac{U_d \cdot Y_j}{W_d \cdot X_j + R_{dj}} \tag{12.5a}$$

$$U_d \cdot Y_j - W_d \cdot X_j - R_{dj} \leqslant 0, \quad \forall j \in J, \forall d \in J \tag{12.5b}$$

$$U_d \cdot Y_d - W_d \cdot X_d - R_{dd} = 0 \tag{12.5c}$$

$$R_{dd} \leqslant R_{dj},\ \forall j \in J \setminus d, \forall d \in J \tag{12.5d}$$

$$R_{dj} \geqslant R^{\mathrm{L}},\ \forall j \in J, \forall d \in J \tag{12.5e}$$

$$\sum_{j=1}^{n} R_{dj} = R,\ \forall d \in J \tag{12.5f}$$

$$W_d \geqslant \mathbf{0},\ \forall d \in J \tag{12.5g}$$

$$U_d \geqslant \mathbf{0},\ \forall d \in J \tag{12.5h}$$

$$R_{dj} \geqslant 0,\ \forall j \in J, \forall d \in J \tag{12.5i}$$

在模型（12.5）的目标函数中，所有 DMU 的交叉效率得分同时被考虑并被最大化。因此，可以得到帕累托最优交叉效率得分。约束（12.5a）描述了该模型的目标函数与决策变量的联系。其余的约束均采用式（12.4）中的约束，从而构造固定成本分摊可能集。

使用模型（12.5）是因为，不仅要从个体 DMU 的角度考虑以确保所有 DMU 的自我评估是有效的，同时也希望产生一个理想的固定成本分摊结果，最大化所有 DMU 的交叉效率得分。这就要求 DMU 的最终交叉效率得分集是帕累托最优的。

12.3.2　模型的求解与讨论

模型（12.5）是一个多目标模型。模型（12.5）的每个最优解都是可以满足原则 12.4 的固定成本分摊结果。然而，分摊结果和帕累托最优交叉效率得分不一定是唯一的。当使用不同的方法求解此模型时，可能会产生不同的成本分摊结果。在本节，采用加权法将模型（12.5）转化为单目标非线性规划模型（12.6）。

$$\max\ \max\ \sum_{j=1}^{n} \omega_j \times \left(\frac{1}{n} \sum_{d=1}^{n} \frac{U_d \cdot Y_j}{W_d \cdot X_j + R_{dj}} \right) \tag{12.6}$$

$$\text{s.t.}\ \ U_d \cdot Y_j - W_d \cdot X_j - R_{dj} \leqslant 0,\ \forall j \in J, \forall d \in J \tag{12.6a}$$

$$U_d \cdot Y_d - W_d \cdot X_d - R_{dd} = 0 \tag{12.6b}$$

$$R_{dd} \leqslant R_{dj},\ \forall j \in J \setminus d, \forall d \in J \tag{12.6c}$$

$$R_{dj} \geqslant R^{\mathrm{L}},\ \forall j \in J, \forall d \in J \tag{12.6d}$$

$$\sum_{j=1}^{n} R_{dj} = R,\ \forall d \in J \tag{12.6e}$$

$$W_d \geqslant \mathbf{0},\ \forall d \in J \tag{12.6f}$$

$$U_d \geqslant \mathbf{0},\ \forall d \in J \tag{12.6g}$$

$$R_{dj} \geqslant 0,\ \forall j \in J, \forall d \in J \tag{12.6h}$$

其中，$\omega_j > 0$（$\forall j \in J$）表示赋予多目标的权重参数，对任意 $\omega_j > 0$（$\forall j \in J$），得到了满足原则 12.4 的固定成本分摊结果。通过重构模型（12.6）的目标函数，将该模型改写为模型（12.7）。

$$\max\ \frac{1}{n}\sum_{d=1}^{n}\sum_{j=1}^{n}\left(\omega_j \times \frac{U_d \cdot Y_j}{W_d \cdot X_j + R_{dj}}\right) \tag{12.7}$$

$$\text{s.t.}\ \ U_d \cdot Y_j - W_d \cdot X_j - R_{dj} \leqslant 0,\ \forall j \in J, \forall d \in J \tag{12.7a}$$

$$U_d \cdot Y_d - W_d \cdot X_d - R_{dd} = 0 \tag{12.7b}$$

$$R_{dd} \leqslant R_{dj},\ \forall j \in J \setminus d, \forall d \in J \tag{12.7c}$$

$$R_{dj} \geqslant R^{\mathrm{L}},\ \forall j \in J, \forall d \in J \tag{12.7d}$$

$$\sum_{j=1}^{n} R_{dj} = R,\ \forall d \in J \tag{12.7e}$$

$$W_d \geqslant \mathbf{0},\ \forall d \in J \tag{12.7f}$$

$$U_d \geqslant \mathbf{0},\ \forall d \in J \tag{12.7g}$$

$$R_{dj} \geqslant 0,\ \forall j \in J, \forall d \in J \tag{12.7h}$$

根据对模型（12.7）的讨论，可以得到定理 12.2。

定理 12.2 模型（12.7）和模型（12.8）具有等价性，即可以将模型（12.7）转换为模型（12.8）来求解。

$$\max\ \sum_{j=1}^{n}\left(\omega_j \times \frac{U_d \cdot Y_j}{W_d \cdot X_j + R_{dj}}\right) \tag{12.8}$$

$$\text{s.t.}\ \ U_d \cdot Y_j - W_d \cdot X_j - R_{dj} \leqslant 0,\ \forall j \in J \tag{12.8a}$$

$$U_d \cdot Y_d - W_d \cdot X_d - R_{dd} = 0 \tag{12.8b}$$

$$R_{dd} \leqslant R_{dj},\ \forall j \in J \setminus d \tag{12.8c}$$

$$R_{dj} \geqslant R^{\mathrm{L}},\ \forall j \in J \tag{12.8d}$$

$$\sum_{j=1}^{n} R_{dj} = R,\ \forall d \in J \tag{12.8e}$$

$$W_d \geqslant \mathbf{0},\ \forall d \in J \tag{12.8f}$$

证明：假设$\left(U_d^{13}, W_d^{13}, R_{dj}^{13}, \forall j \in J, \forall d \in J\right)$和$\left(U_d^{14}, W_d^{14}, R_{dj}^{14}, \forall j \in J\right)$分别为模型（12.7）和模型（12.8）的一组最优解。很明显，$\left(U_d^{14}, W_d^{14}, R_{dj}^{14}, \forall j \in J\right)$是模型（12.7）

的一组可行解，所以存在：① $\frac{1}{n}\sum_{d=1}^{n}\sum_{j=1}^{n}\left(\omega_j\times\frac{U_d^{13}\cdot Y_j}{W_d^{13}\cdot X_j+R_{dj}^{13}}\right)\geqslant\frac{1}{n}\sum_{d=1}^{n}\sum_{j=1}^{n}\left(\omega_j\times\frac{U_d^{14}\cdot Y_j}{W_d^{14}\cdot X_j+R_{dj}^{14}}\right)$。对每个 DMU_d（$\forall d\in J$）来说，$\left(U_d^{13},W_d^{13},R_{dj}^{13},\forall j\in J,\forall d\in J\right)$ 也是模型（12.8）的一组可行解，因此有：② $\sum_{j=1}^{n}\left(\omega_j\times\frac{U_d^{13}\cdot Y_j}{W_d^{13}\cdot X_j+R_{dj}^{13}}\right)\leqslant\sum_{j=1}^{n}\left(\omega_j\times\frac{U_d^{14}\cdot Y_j}{W_d^{14}\cdot X_j+R_{dj}^{14}}\right)$，$\forall d\in J$。基于②，可以轻松得到：③ $\frac{1}{n}\sum_{d=1}^{n}\sum_{j=1}^{n}\left(\omega_j\times\frac{U_d^{13}\cdot Y_j}{W_d^{13}\cdot X_j+R_{dj}^{13}}\right)\leqslant\frac{1}{n}\sum_{d=1}^{n}\sum_{j=1}^{n}\left(\omega_j\times\frac{U_d^{14}\cdot Y_j}{W_d^{14}\cdot X_j+R_{dj}^{14}}\right)$。根据①和③可以得到：④ $\frac{1}{n}\sum_{d=1}^{n}\sum_{j=1}^{n}\left(\omega_j\times\frac{U_d^{13}\cdot Y_j}{W_d^{13}\cdot X_j+R_{dj}^{13}}\right)=\frac{1}{n}\sum_{d=1}^{n}\sum_{j=1}^{n}\left(\omega_j\times\frac{U_d^{14}\cdot Y_j}{W_d^{14}\cdot X_j+R_{dj}^{14}}\right)$，这说明 $\left(U_d^{14},W_d^{14},R_{dj}^{14},\forall j\in J\right)$ 也是模型（12.7）的最优解。使用②和④，可以得到：⑤ $\sum_{j=1}^{n}\left(\omega_j\times\frac{U_d^{13}\cdot Y_j}{W_d^{13}\cdot X_j+R_{dj}^{13}}\right)=\sum_{j=1}^{n}\left(\omega_j\times\frac{U_d^{14}\cdot Y_j}{W_d^{14}\cdot X_j+R_{dj}^{14}}\right),\forall d\in J$，也就是说，$\left(U_d^{13},W_d^{13},R_{dj}^{13},\forall j\in J,\forall d\in J\right)$ 也是模型（12.8）的最优解，因此，对每个 DMU_d（$\forall d\in J$）求解模型（12.8）能够获得模型（12.7）的最优解。证毕。

定理 12.2 说明了分别为每个 DMU 求解模型（12.8）将得到满足原则 12.4 的最佳权重和成本分摊结果。

很明显，模型（12.8）的目标函数仍是非线性的，可以通过使用一组权重参数向量（$\omega_j>0,\forall j\in J$），得到一组帕累托最优交叉效率得分。根据这一观察结果，给出定理 12.3（该定理是接下来将要提出的算法的基础）。

定理 12.3　在模型（12.8）中，对每个 $k\in J$，如果有 $\omega_k>M,\omega_j>0,\forall j\in J\setminus k$，求解模型（12.8）就等价于先最优化目标 $\max\frac{U_d\cdot Y_k}{W_d\cdot X_k+R_{dk}}$，然后在目标 $\max\frac{U_d\cdot Y_k}{W_d\cdot X_k+R_{dk}}$ 最优化的情况下优化 $\max\sum_{j\in J\setminus k}\left(\omega_j\times\frac{U_d\cdot Y_j}{W_d\cdot X_j+R_{dj}}\right)$，其中 M 是一个足够大的正数。

证明：这里使用反证法来证明定理 12.3。假设通过先最优化目标

$\max\dfrac{U_d\cdot Y_k}{W_d\cdot X_k+R_{dk}}$，然后最优化 $\max\sum_{j\in J\setminus k}\left(\omega_j\times\dfrac{U_d\cdot Y_j}{W_d\cdot X_j+R_{dj}}\right)$ 得到的模型（12.8）的一组最优解为 $\left(U_d^*,W_d^*,R_{dj}^*,\forall j\in J\right)$。当 $\omega_k>M,\omega_j>0,\forall j\in J\setminus k$ 时，如果 $\left(U_d^*,W_d^*,R_{dj}^*,\forall j\in J\right)$ 不是模型（12.8）的最优解，那么一定存在一组解 $\left(U_d',W_d',R_{dj}',\forall j\in J\right)$ 使得：① $\sum_{j=1}^{n}\left(\omega_j\times\dfrac{U_d^*\cdot Y_j}{W_d^*\cdot X_j+R_{dj}^*}\right)<\sum_{j=1}^{n}\left(\omega_j\times\dfrac{U_d'\cdot Y_j}{W_d'\cdot X_j+R_{dj}'}\right)$。首先，最优化 $\max\dfrac{U_d\cdot Y_k}{W_d\cdot X_k+R_{dk}}$，得到解 $\left(U_d^*,W_d^*,R_{dj}^*,\forall j\in J\right)$，从而可以得到 $\dfrac{U_d^*\cdot Y_k}{W_d^*\cdot X_k+R_{dk}^*}\geqslant\dfrac{U_d'\cdot Y_k}{W_d'\cdot X_k+R_{dk}'}$。如果有 $\dfrac{U_d^*\cdot Y_k}{W_d^*\cdot X_k+R_{dk}^*}=\dfrac{U_d'\cdot Y_k}{W_d'\cdot X_k+R_{dk}'}$，那么通过直接优化目标 $\max\sum_{j=1}^{n}\left(\omega_j\times\dfrac{U_d\cdot Y_j}{W_d\cdot X_j+R_{dj}}\right)$ 求解模型（12.8）和先最优化目标 $\max\dfrac{U_d\cdot Y_k}{W_d\cdot X_k+R_{dk}}$ 然后最优化 $\max\sum_{j\in J\setminus k}\left(\omega_j\times\dfrac{U_d\cdot Y_j}{W_d\cdot X_j+R_{dj}}\right)$，得到的最优目标函数是相同的。因此有：② $\sum_{j=1}^{n}\left(\omega_j\times\dfrac{U_d^*\cdot Y_j}{W_d^*\cdot X_j+R_{dj}^*}\right)=\sum_{j=1}^{n}\left(\omega_j\times\dfrac{U_d'\cdot Y_j}{W_d'\cdot X_j+R_{dj}'}\right)$。如果有 $\dfrac{U_d^*\cdot Y_k}{W_d^*\cdot X_k+R_{dk}^*}>\dfrac{U_d'\cdot Y_k}{W_d'\cdot X_k+R_{dk}'}$，因为 $\omega_k>M,\omega_j>0,\forall j\in J\setminus k$，可以得到：③ $\sum_{j=1}^{n}\left(\omega_j\times\dfrac{U_d^*\cdot Y_j}{W_d^*\cdot X_j+R_{dj}^*}\right)>\sum_{j=1}^{n}\left(\omega_j\times\dfrac{U_d'\cdot Y_j}{W_d'\cdot X_j+R_{dj}'}\right)$。其次，基于②和③，可以得到：④ $\sum_{j=1}^{n}\left(\omega_j\times\dfrac{U_d^*\cdot Y_j}{W_d^*\cdot X_j+R_{dj}^*}\right)\geqslant\sum_{j=1}^{n}\left(\omega_j\times\dfrac{U_d'\cdot Y_j}{W_d'\cdot X_j+R_{dj}'}\right)$。然而，④和①是相反的，因此可以认为 $\left(U_d^*,W_d^*,R_{dj}^*,\forall j\in J\right)$ 是模型（12.8）的最优解。

推论 12.2　将 P 表示为具有随机排列顺序的 DMU 的序号集，其中 $P(h)$ 指 P 中的第 k 个要素，也表示排在第 k 个位置的 DMU。然后，按照顺序依次最优化目标函数 $\max\dfrac{U_d\cdot Y_{P(1)}}{W_d\cdot X_{P(1)}+R_{dP(1)}},\cdots,\max\dfrac{U_d\cdot Y_{P(n)}}{W_d\cdot X_{P(n)}+R_{dP(n)}}$ 来求解模型（12.8），获得帕累托最优交叉效率得分。

根据定理 12.3，如果设定 $\omega_{P(1)}>M\omega_{P(2)}>\cdots>M\omega_{P(n)}>0$，则解决模型（12.8）

等价于依次最优化目标 $\max\dfrac{U_d\cdot Y_{P(1)}}{W_d\cdot X_{P(1)}+R_{dP(1)}},\cdots,\max\dfrac{U_d\cdot Y_{P(n)}}{W_d\cdot X_{P(n)}+R_{dP(n)}}$（$\omega_{P(h)}>0$, $\forall h\in J$）。在这种情况下，求解模型（12.8）可以得到满足原则 12.4 的结果。

注解 12.3　推论 12.2 说明按顺序最优化目标函数 $\max\dfrac{U_d\cdot Y_{P(1)}}{W_d\cdot X_{P(1)}+R_{dP(1)}},\cdots,$ $\max\dfrac{U_d\cdot Y_{P(n)}}{W_d\cdot X_{P(n)}+R_{dP(n)}}$，对每个 DMU 求解模型（12.8），可以得到一组帕累托最优交叉效率得分。其中，每个 $\dfrac{U_d\cdot Y_{P(h)}}{W_d\cdot X_{P(h)}+R_{dP(h)}}$（$h\in J$），表示 DMU_j（其中 $j=P(h)$）对应于 DMU_d 的交叉效率得分。

12.4　算法步骤

基于定理 12.3 和推论 12.2，本节给出一个算法来求解模型（12.8），以得到最终的固定成本分摊结果。

算法 12.1

步骤 1：求解模型（12.2），获得每个 DMU 在固定成本分摊前的交叉效率（$E_j,\forall j\in J$）。用 P 表示以效率排列的 DMU 的序号集，即 $E_{P(1)}<\cdots<E_{P(n)}$。再使用式（12.3）计算得到 R^{L}。

步骤 2：令 h=1，$J_1=\{\varnothing\}$，求解模型（12.9）。

$$E^*_{dP(1)}=\max\frac{U_d\cdot Y_{P(1)}}{W_d\cdot X_{P(1)}+R_{dP(1)}} \tag{12.9}$$

$$\text{s.t.}\quad U_d\cdot Y_j-W_d\cdot X_j-R_{dj}\leqslant 0,\ \forall j\in J \tag{12.9a}$$

$$U_d\cdot Y_d-W_d\cdot X_d-R_{dd}=0 \tag{12.9b}$$

$$R_{dd}\leqslant R_{dj},\ \forall j\in J\setminus d \tag{12.9c}$$

$$R_{dj}\geqslant R^{\mathrm{L}},\ \forall j\in J \tag{12.9d}$$

$$\sum_{j=1}^{n}R_{dj}=R \tag{12.9e}$$

$$W_d\geqslant \mathbf{0} \tag{12.9f}$$

$$U_d\geqslant \mathbf{0} \tag{12.9g}$$

$$R_{dj}\geqslant 0,\ \forall j\in J \tag{12.9h}$$

步骤 3：令 $J_1=J_1\cup\{P(h)\}$，$h=h+1$，求解模型（12.10），获得最优解 $\left(U_d^*,W_d^*,R_{dj}^*,\forall j\in J\right)$。

$$E^*_{dP(h)}=\max\frac{U_d\cdot Y_{P(h)}}{W_d\cdot X_{P(h)}+R_{dP(h)}} \tag{12.10}$$

$$\text{s.t.}\quad U_d\cdot Y_j-W_d\cdot X_j-R_{dj}\leqslant 0,\ \forall j\in J \tag{12.10a}$$

$$U_d \cdot Y_j - E_{dj}^* \times \left(W_d \cdot X_j + R_{dj}\right) \geqslant 0,\ \forall j \in J_1 \tag{12.10b}$$

$$U_d \cdot Y_d - W_d \cdot X_d - R_{dd} = 0 \tag{12.10c}$$

$$R_{dd} \leqslant R_{dj},\ \forall j \in J \setminus d \tag{12.10d}$$

$$R_{dj} \geqslant R^{\mathrm{L}},\ \forall j \in J \tag{12.10e}$$

$$\sum_{j=1}^{n} R_{dj} = R \tag{12.10f}$$

$$W_d \geqslant \mathbf{0} \tag{12.10g}$$

$$U_d \geqslant \mathbf{0} \tag{12.10h}$$

$$R_{dj} \geqslant 0,\ \forall j \in J \tag{12.10i}$$

步骤 4：若 $h = n$，算法停止，$\left(U_d^*, W_d^*, R_{dj}^*, \forall j \in J\right)$ 就是模型（12.8）的最优解。

通过对每个 DMU 求解上述算法，可以获得一组帕累托最优交叉效率得分[即模型（12.7）的非占优解]。

推论 12.3 算法 12.1 的步骤 1 表明，当求解特定 DMU_d 的模型（12.8）时，按照固定成本分摊前 DMU 交叉效率得分的从小到大的顺序来最大化其他 DMU 的交叉效率得分。因此，最终的交叉效率评估和固定成本分摊结果是从整体公平性的角度确定的，这种排序的使用类似于在合作博弈中确定核仁解时使用的字典最大化方法，这也强调了公平性。

很明显，模型（12.9）和模型（12.10）能够通过 C-C 变换转换为线性模型。使用算法 12.1 计算所有 DMU 关于模型（12.8）的最优解，就可以得到模型（12.6）的一组最优解 $\left(U_d^*, W_d^*, R_{dj}^*, \forall j \in J, \forall d \in J\right)$。基于该解决方案，$\mathrm{DMU}_j$ 的帕累托最优交叉效率得分计算如下：

$$E_j^{\text{Pareto}} = \frac{1}{n}\sum_{d=1}^{n} \frac{U_d^* \cdot Y_j}{W_d^* \cdot X_j + R_{dj}^*},\quad \forall j \in J \tag{12.11}$$

其中，$E_{dj}^{\text{Pareto}} = \dfrac{U_d^* \cdot Y_j}{W_d^* \cdot X_j + R_{dj}^*}$（$\forall j \in J$）表示 DMU_j 相对于 DMU_d 的帕累托最优交叉效率得分；E_{dd}^{Pareto}（$\forall d \in J$）表示 DMU_d 在固定成本分摊后的自我评估效率。很明显，由于使用了原则 12.2，$E_{dd}^{\text{Pareto}}=1$（$\forall d \in J$）。最后，分配给每个 DMU_j 的最终固定成本是通过计算所有 DMU 分配给它的成本的平均值来获得的，如下：

$$R_j^* = \frac{1}{n}\sum_{d=1}^{n} R_{dj}^*,\quad \forall j \in J \tag{12.12}$$

注意，算法 12.1 并不能保证为每个 DMU 生成唯一的最优解。这是因为线性规划最优解可能不唯一。然而，如果出现非唯一性问题，可以采用 Li 等（2013）

和 Li 等（2019a）中的类似算法来获得唯一的分摊方案。

性质 12.2　通过算法 12.1 计算得到的帕累托最优交叉效率得分（E_{dd}^{Pareto}）是唯一的。

很明显，从算法 12.1 的计算过程中可以得出性质 12.2 的结论。在算法 12.1 中求解 DMU_d 时，每个 DMU_j 相对于 DMU_d 的交叉效率是被针对性地最大化的。因此，$\dfrac{U_d^* \cdot Y_j}{W_d^* \cdot X_j + R_{dj}^*}$ 是唯一确定的值，同时，$E_j^{\text{Pareto}} = \dfrac{1}{n}\sum_{d=1}^{n} \dfrac{U_d^* \cdot Y_j}{W_d^* \cdot X_j + R_{dj}^*}$ 也是唯一确定的。

尽管算法 12.1 能够确保最终得到的帕累托最优交叉效率得分的唯一性，但是并不能够保证为 DMU_d 生成唯一的成本分摊方案。然而，可以看出，模型（12.8）是通过按顺序最优化 $\max \dfrac{U_d \cdot Y_{P(1)}}{W_d \cdot X_{P(1)} + R_{dP(1)}}, \cdots, \max \dfrac{U_d \cdot Y_{P(n)}}{W_d \cdot X_{P(n)} + R_{dP(n)}}$ 来求解的，这意味着这 n 个目标函数是在模型（12.8）的条件下最优化的。同时，从以往采用次级目标模型来避免 DEA 交叉效率评估中最优解的非一致性的研究（Liang et al.，2008；Wang and Chin，2010；Wu et al.，2016）中可以看出，对 DMU_d 求解算法 12.1 时，几乎不会出现多个最优解的情况。

12.5　算 例 分 析

本节将给出一个算例来验证所提出的模型，该算例来自 Cook 和 Kress（1999）。算例的投入产出如表 12.1 所示，其中包括 12 个 DMU，每个 DMU 包括 3 个投入、2 个产出，总固定成本为 100。

表 12.1　算例的投入产出表

DMU	投入			产出	
	X_1	X_2	X_3	Y_1	Y_2
1	350	39	9	67	751
2	298	26	8	73	611
3	422	31	7	75	584
4	281	16	9	70	665
5	301	16	6	75	445
6	360	29	17	83	1070
7	540	18	10	72	457
8	276	33	5	78	590

续表

DMU	投入			产出	
	X_1	X_2	X_3	Y_1	Y_2
9	323	25	5	75	1074
10	444	64	6	74	1072
11	323	25	5	25	350
12	444	64	6	104	1199

首先，计算固定成本分摊前每个 DMU 的 CCR 效率和交叉效率得分，并将相应的结果分别列于表 12.2 的第 2 列和第 3 列中。其次，求解模型（12.2），得到每个 DMU 在满足自我理性（原则 12.1 和原则 12.2）条件下的最低成本。根据原则 12.3，可以得到 DMU 可分配成本的下界为 3.95。

表 12.2　效率得分的对比

DMU	分摊前		分摊后	
	CCR 效率（E_{jj}）	交叉效率得分（E_j）	CCR 效率（E_{jj}）	帕累托最优交叉效率得分（E_j^{Pareto}）
1	0.7567	0.5593	1.0000	0.9832
2	0.9230	0.7042	1.0000	0.9840
3	0.7470	0.5924	1.0000	0.9854
4	1.0000	0.8175	1.0000	0.9838
5	1.0000	0.8319	1.0000	0.9469
6	0.9612	0.6905	1.0000	0.9699
7	0.8604	0.5427	1.0000	0.8200
8	1.0000	0.7965	1.0000	0.9858
9	1.0000	0.9204	1.0000	1.0000
10	0.8318	0.5811	1.0000	0.9751
11	0.3333	0.3045	1.0000	0.7570
12	1.0000	0.7576	1.0000	1.0000
最大值	1.0000	0.9204	1.0000	1.0000
最小值	0.3333	0.3045	1.0000	0.7570
极差	0.6667	0.6159	0.0000	0.2430
均值	0.8678	0.6749	1.0000	0.9493

最后，使用本章提出的多目标固定成本分摊模型来得到满足整体公平性的分

摊方案。将固定成本分摊后 DMU 的 CCR 效率和求解算法 12.1 所获得的帕累托最优交叉效率得分记录在表 12.2 的第 4 列和第 5 列中，同时将每个 DMU 确定的固定成本分摊结果以及最终固定成本分摊结果［使用式（12.11）获得］列于表 12.3 中。

表 12.3　每个 DMU 确定的固定成本分摊结果和最终固定成本分摊结果

DMU	R_{dj}^{*}												最终固定成本分摊结果
	1	2	3	4	5	6	7	8	9	10	11	12	
1	3.95	3.95	3.95	3.95	3.95	3.95	3.95	7.03	20.58	18.63	3.95	22.18	6.24
2	5.99	3.95	4.65	3.95	3.95	3.95	3.95	7.53	19.3	17.88	3.95	20.97	5.58
3	5.08	3.95	3.95	3.95	3.95	3.95	3.95	7.34	19.99	18.32	3.95	21.64	5.11
4	6.03	3.99	4.69	3.95	3.95	3.95	3.95	7.53	19.25	17.85	3.95	20.93	7.26
5	7.42	5.58	5.77	5.88	3.95	7.76	3.95	7.22	15.89	15.19	3.95	17.46	5.03
6	6.36	4.35	4.95	4.37	3.95	3.95	3.95	7.54	18.75	17.48	3.95	20.42	9.72
7	8.18	6.50	6.36	7.01	4.70	10.71	3.95	6.90	13.50	115.25	3.95	14.98	4.81
8	6.04	6.85	4.47	11.62	5.99	17.60	5.62	3.95	19.06	5.80	3.95	9.06	6.48
9	8.10	8.10	8.10	8.10	8.58	8.89	8.10	8.10	8.10	8.10	8.10	9.65	17.57
10	5.29	6.78	3.95	12.69	6.20	19.01	5.69	3.95	20.86	3.95	3.95	7.69	12.71
11	8.47	6.89	6.59	7.50	5.02	12.07	5.15	6.65	12.11	12.09	3.95	13.52	4.29
12	3.95	6.09	3.95	14.21	6.25	20.86	5.45	3.95	23.47	3.95	3.95	3.95	15.20

从表 12.2 的效率得分的对比结果可以看出，只有 5 个 DMU 在固定成本分摊前被评估为有效，而在分摊后原本无效的 DMU 也会变为自我评估有效。这是由于所提出的方法使用了分配后有效原则。此外，固定成本分摊后 DMU 的交叉效率得分显著提高，这是因为所提出的原则 12.4 保证了交叉效率的帕累托最优性。

从表 12.3 的固定成本分摊结果可以看出，本章所提出的方法支持自我最低原则。此外，从最后一列的最终固定成本分摊结果可以看出，所有 DMU 都分配了一定比例的（非零）固定成本，即每个 DMU 都需要分担总固定成本的一部分。此外，可以发现，分配给 DMU_9、DMU_{10} 和 DMU_{12} 的固定成本相对更多，但它们的帕累托最优交叉效率得分都比较高（DMU_9 和 DMU_{12} 的得分为 1，而 DMU_{10} 的得分为 0.9751）。

12.6　案例分析

本节将所提出的方法应用于 Li 等（2019b）中的案例研究，这个案例包括 9 个卡车车队。由于生产的需要，9 个卡车车队的经理决定组建一支团队，并支持整个业务以应对日益激烈的市场竞争，这产生了 43 万元的共同成本。因此，管理者面临的一个问题是如何在卡车车队之间分配总的公共成本。在这种情况下，所有管理者都希望他们的车队分担最小的公共成本，并且成本的分配方式应体现公平性和提高 DMU 的接受度。因此，本章所提出的方法用到这里是合适的。

根据 Li 等(2019b)，该案例包括 9 个 DMU，将每个卡车车队视为一个 DMU。每个 DMU 有 3 个投入和 3 个产出。投入包含以下内容：总行驶小时数 X_1（单位：小时）；车辆数量 X_2（单位：吨）；司机工资以外的运营费用 X_3（单位：万元），如维修费、燃油费、过路费等。产出包含以下内容：交付给客户的产品 Y_1（单位：吨）；客户数量 Y_2（单位：人）；运输过程中行驶的距离 Y_3（单位：10^3 千米）。9 个卡车车队的原始数据如表 12.4 所示。

表 12.4　卡车车队的原始数据

DMU	X_1	X_2	X_3	Y_1	Y_2	Y_3
1	28 273.2	90.4	204.504	16 220.870	2 210	1 870.341
2	34 404.8	96.0	132.582	14 981.454	2 632	2 105.535
3	65 944.7	127.5	134.980	36 882.499	3 912	3 390.779
4	31 459.5	50.9	42.110	15 805.016	2 708	3 079.039
5	27 117.4	49.8	76.364	10 554.727	1 984	2 098.304
6	67 701.7	192.2	142.345	55 336.271	5 502	5 487.752
7	62 746.3	77.9	161.343	19 647.125	3 842	3 894.381
8	46 646.1	156.4	127.930	34 989.351	3 733	2 946.956
9	53 847.8	82.1	110.238	29 977.251	4 543	2 816.606

首先，计算出成本分摊前 DMU 的 CCR 效率和交叉效率得分，相应的计算结果分别记录在表 12.5 的第 2 列和第 3 列。其次，使用本章提出的分摊方法（算法 12.1）得到最终固定成本分摊结果，并将成本分摊后 DMU 的 CCR 效率、帕累托最优交叉效率得分和最终固定成本分摊结果列在了表 12.5 的第 4～6 列。此外，表 12.6 中列出了所提出方法中每个 DMU 确定的固定成本分摊结果。

表 12.5　效率得分和最终固定成本分摊结果

DMU	分摊前		分摊后		最终固定成本分摊结果
	CCR 效率（E_{jj}）	交叉效率得分（E_j）	CCR 效率（E_{jj}）	帕累托最优交叉效率得分（E_j^{Pareto}）	
1	0.9272	0.7496	1.0000	0.9260	32.91
2	0.8887	0.7240	1.0000	0.9694	34.59

续表

DMU	分摊前		分摊后		最终固定成本分摊结果
	CCR 效率（E_{jj}）	交叉效率得分（E_j）	CCR 效率（E_{jj}）	帕累托最优交叉效率得分（E_j^{Pareto}）	
3	0.8794	0.7125	1.0000	0.9974	34.68
4	1.0000	0.9859	1.0000	1.0000	50.48
5	0.8500	0.7717	1.0000	0.9291	33.40
6	1.0000	0.9165	1.0000	1.0000	80.91
7	0.9185	0.6978	1.0000	1.0000	45.92
8	0.9758	0.8255	1.0000	0.9784	48.54
9	1.0000	0.9418	1.0000	1.0000	68.56
最大值	1.0000	0.9859	1.0000	1.0000	80.91
最小值	0.8500	0.6978	0.0000	0.9260	32.91
极差	0.1500	0.2881	1.0000	0.0740	48.00
均值	0.9377	0.8139	1.0000	0.9778	47.78

表 12.6　每个 DMU 确定的固定成本分摊结果

DMU	R_{dj}^*								
	1	2	3	4	5	6	7	8	9
1	32.52	37.44	32.52	45.48	32.52	85.71	32.52	56.9	74.40
2	32.52	32.52	32.52	50.47	32.52	100.25	32.52	57.07	59.61
3	32.52	37.51	32.52	44.77	32.52	85.03	35.11	56.58	73.43
4	35.98	35.98	51.98	35.98	35.98	73.10	51.05	49.6	60.36
5	32.52	33.60	32.52	56.40	32.52	95.53	44.82	50.17	51.92
6	32.52	32.52	32.52	57.84	32.52	32.52	76.83	32.52	100.2
7	32.52	36.72	32.52	44.35	32.52	87.72	32.52	57.91	73.21
8	32.52	32.52	32.52	54.28	32.52	66.30	55.39	32.52	91.42
9	32.52	32.52	32.52	64.71	36.98	102.04	52.56	43.61	32.52

表 12.5 的结果显示，只有 3 个 DMU（即 DMU_4、DMU_6 和 DMU_9）在固定成本分摊前是有效的，但在固定成本分摊后，它们都为有效。此外，每个 DMU 的帕累托最优交叉效率得分都高于固定成本分摊前的交叉效率得分，且可以发现 DMU_4、DMU_6、DMU_7 和 DMU_9 在成本分摊后的交叉效率得分为 1。上述发现表明，所提出的方法保证了每个 DMU 在成本分摊后都能自我评价为有效。更重要的是，由于结果为帕累托最优，所有 DMU 的交叉效率得分在成本分摊后都得

到了明显的改善。因此，所提出的方法通过自我评价和同行互评机制提高了 DMU 的效率。

从表 12.6 中的固定成本分摊结果可以看出，本章所提出的方法支持自我最低原则，即在每个 DMU 的固定成本分摊结果中，它为自己分配最低的固定成本。从最终固定成本分摊结果（表 12.5 的最后一列）可以看出，所有 DMU 都以非零固定成本进行分配，这意味着每个 DMU 都承担了共同分摊成本的责任。此外，由于下限原则的限制，所有 DMU 被分配的固定成本都在 30 以上，不存在某些 DMU 被分配极低固定成本的情况。最后，正如前面所强调的，本章所提出的方法不仅考虑了个体理性，要求每个 DMU 在固定成本分摊后自我评价为有效，而且还考虑了整体公平性，以确保产生帕累托最优的交叉效率得分，因此提供更合理公平的分配结果，有利于提高 DMU 接受分配结果的意愿。

12.7 本章小结

本章在 DEA 交叉效率分析机制下，提出了兼具个体理性和整体公平性的成本分摊方法。首先，从个体理性的角度，提出了自我最低原则和分配后有效原则。这些原则要求每个 DMU 为自己分配最低的固定成本，并在成本分摊后自我评价为有效。在满足个体理性原则的前提下，从整体公平性的角度提出了下限原则和帕累托最优原则。下限原则保证了所有 DMU 都能分担一部分总的固定成本，而帕累托最优原则要求通过 DMU 的最终固定成本分摊结果产生帕累托最优的交叉效率得分。其次，构建了一个多目标模型来计算最终的成本分摊结果。随后采用加权法，提出一系列转换过程，并给出相应的算法，以得出多目标模型的唯一解。

本章的研究从以下几个方面对文献做出了贡献。首先，本章明确展示了如何使用 DEA 交叉效率评价机制来保证个体理性和整体公平性。其次，使用了一个新的自我最低原则。这一原则不仅更加符合个体理性，还反映了每个 DMU 为自己分配最低固定成本的动机。再次，所提出的方法利用下限原则以确保所有 DMU 都分配到了非零成本，这保证了每个 DMU 都承担起分摊总固定成本的责任。最后，使用帕累托最优原则保证了最终的成本分摊结果总是为 DMU 获得帕累托最优的交叉效率得分，体现了整体公平性。因此，所提出的方法能够得出更合理公平的固定成本分摊结果，使所有 DMU 更愿意接受最终的成本分摊结果。

参考文献

An Q X, Chen H X, Wu J, et al. 2015. Measuring slacks-based efficiency for commercial banks in China by using a two-stage DEA model with undesirable output. Annals of Operations Research,

235(1): 13-35.

An Q X, Wang P, Emrouznejad A, et al. 2020. Fixed cost allocation based on the principle of efficiency invariance in two-stage systems. European Journal of Operational Research, 283(2): 662-675.

Beasley J E. 2003. Allocating fixed costs and resources via data envelopment analysis. European Journal of Operational Research, 147(1): 198-216.

Boussofiane A, Dyson R G, Thanassoulis E. 1991. Applied data envelopment analysis. European Journal of Operational Research, 52(1):1-15.

Charnes A, Cooper W W, Golany B, et al. 1985. Foundations of data envelopment analysis for Pareto-Koopmans efficient empirical production functions. Journal of Econometrics, 30(1/2): 91-107.

Chu J F, Su W, Li F, et al. 2022. Individual rationality and overall fairness in fixed cost allocation: an approach under DEA cross-efficiency evaluation mechanism. Journal of the Operational Research Society, 74(3): 992-1007.

Chu J F, Wu J, Chu C B, et al. 2020. DEA-based fixed cost allocation in two-stage systems: leader-follower and satisfaction degree bargaining game approaches. Omega, 94: 102054.

Cook W D, Kress M. 1999. Characterizing an equitable allocation of shared costs: a DEA approach. European Journal of Operational Research, 119(3): 652-661.

Du J, Cook W D, Liang L, et al. 2014. Fixed cost and resource allocation based on DEA cross-efficiency. European Journal of Operational Research, 235(1): 206-214.

Li F, Liang L, Li Y J, et al. 2018. An alternative approach to decompose the potential gains from mergers. Journal of the Operational Research Society, 69(11): 1793-1802.

Li F, Song J, Dolgui A, et al. 2017. Using common weights and efficiency invariance principles for resource allocation and target setting. International Journal of Production Research, 55(17): 4982-4997.

Li F, Yan Z Y, Zhu Q Y, et al. 2020. Allocating a fixed cost across decision making units with explicitly considering efficiency rankings. Journal of the Operational Research Society, 72(6): 1432-1446.

Li F, Zhu Q Y, Chen Z. 2019a. Allocating a fixed cost across the decision making units with two-stage network structures. Omega, 83: 139-154.

Li F, Zhu Q Y, Liang L. 2018. Allocating a fixed cost based on a DEA-game cross efficiency approach. Expert Systems with Applications, 96: 196-207.

Li F, Zhu Q Y, Liang L. 2019b. A new data envelopment analysis based approach for fixed cost allocation. Annals of Operations Research, 274(1): 347-372.

Li Y J, Yang M, Chen Y, et al. 2013. Allocating a fixed cost based on data envelopment analysis and satisfaction degree. Omega, 41(1): 55-60.

Liang L, Wu J, Cook W D, et al. 2008. Alternative secondary goals in DEA cross-efficiency evaluation. International Journal of Production Economics, 113(2): 1025-1030.

Wang Y M, Chin K S. 2010. A neutral DEA model for cross-efficiency evaluation and its extension. Expert Systems with Applications, 37(5): 3666-3675.

Wu J, Chu J F, Sun J S, et al. 2016. Extended secondary goal models for weights selection in DEA cross-efficiency evaluation. Computers & Industrial Engineering, 93: 143-151.

第 13 章　考虑效率改进与均衡性的权衡成本分摊方法研究

13.1　引　　言

固定成本分摊是决策者在实践中经常遇到的问题。现有的基于 DEA 方法的固定成本分摊研究未能充分认识到改进效率与平衡固定成本分摊结果之间的权衡，也未能提供在两个目标之间生成均衡解决方案的有效方法。本章在 DEA 公共权重评价机制下，提出了一种集中式固定成本分摊方法。该方法将固定成本视为当前某一投入的补充，并基于多个公平性原则进行优化。首先，本章考虑了在固定成本分摊过程中为所有 DMU 实现等比例效率改进的原则；其次，定义了一个度量指标——“均衡指标”，用于衡量固定成本分摊结果的均衡性；再次，构建了一个双目标模型，旨在最大化 DMU 的比例效率改进的同时，改善固定成本分摊结果的均衡性；最后，提出了一个类似博弈模型的谈判框架及权衡算法，以获得最终的固定成本分摊结果。

13.2　问 题 描 述

在实际管理应用中，决策者通常面临在一组子单位之间分配固定成本的问题（Li et al.，2009）。例如，一家中央银行必须在其分支机构之间分配贸易系统的维护成本（Li et al.，2019a）；一个社区必须为共用一条电信电缆的单位分配固定成本（Beasley，2003）；一家制造商必须将产品广告费分配给其经销商。固定成本分摊中面临的一个关键问题是确定一个公平的固定成本分摊方案，使其被集团中的所有单位接受（Cook and Kress，1999）。合适的固定成本分摊结果可以促进群体间的合作，增强子单位共享资源的动力，从而提高资源利用效率（Li et al.，2019a，2019b）。因此，提出合适的方法对于提供可接受的固定成本分摊结果至关重要。

然而，已有的将固定成本视为新的投入或与现有投入互补的固定成本分摊方法主要侧重于通过最大化 DMU 的效率来分配固定成本。这种方法在实际应用中可能导致不公平的分配结果，尤其是在固定成本与现有投入互补的情况下，可能导致许多 DMU 的效率改进为零或仅有微小的改进。具体来说，尽管所有 DMU 都被要求在固定成本分摊后提高效率，但部分 DMU 可能获得较大幅度的效率改进，而其他 DMU 的效率改进则微不足道，甚至为零。这样的结果既难以接受，又不符合公平性原则。因此，研究的核心问题在于，如何设计一种既能平衡固定成本分摊结果，又能公平有效地提高所有 DMU 效率的固定成本分摊方法。

13.3 公共权重框架下的成本分摊可能集

以往的研究通常采用公共权重效率评价方法来评估固定成本分摊前后各 DMU 的效率。在效率评价中，最优权重集应致力于最大化所有 DMU 的效率。基于这一假设，本章提出使用模型（13.1）来选择 DMU 的公共权重集。

$$\max \ E \tag{13.1}$$

$$\text{s.t.} \ \frac{\sum_{r=1}^{s} u_r y_{rj}}{\sum_{i=1}^{m} w_i x_{ij}} \leqslant 1, \ \forall j \in J \tag{13.1a}$$

$$\frac{\sum_{r=1}^{s} u_r y_{rj}}{\sum_{i=1}^{m} w_i x_{ij}} \geqslant E, \ \forall j \in J \tag{13.1b}$$

$$u_r \geqslant 0, \ \forall r \in O \tag{13.1c}$$

$$w_i \geqslant 0, \ \forall i \in I \tag{13.1d}$$

其中，E 表示所有 DMU 中最小的公共权重效率。该模型先通过约束（13.1a）将所有 DMU 的效率限制在 1 以下，然后通过约束（13.1b）最大化所有 DMU 的最小效率来选择 DMU 的最优权重集。模型（13.1）是一个非线性规划问题，但它属于一种特殊类型，可以通过基于二分法的算法将其转化为线性规划来求解。以模型（13.1）为例，下面说明如何使用基于二分法的算法来求解这种非线性规划问题。

模型（13.1）的前两个约束为分数形式，容易将其线性化为模型（13.2）中的约束（13.2a）和约束（13.2b）。需要注意的是，模型（13.2）的约束（13.2a）中引入了松弛变量，其目的是将所有不等式转化为等式，进而有助于后续算法的实现。此外，模型（13.2）中还增加了约束（13.2c），以避免产生平凡解［如果模型（13.2）不加入此约束，则可以令 $u_r = w_i = 0$（$\forall r \in O, \forall i \in I$），从而使 E 变得无限大。但是，这样的解是无意义的，即平凡解]。注意加入该约束并不会改变模型（13.1）与模型（13.2）之间的等价性。

$$\max \ E \tag{13.2}$$

$$\text{s.t.} \ \sum_{r=1}^{s} u_r y_{rj} - \sum_{i=1}^{m} w_i x_{ij} + s_j = 0, \ \forall j \in J \tag{13.2a}$$

$$\sum_{r=1}^{s} u_r y_{rj} - E\sum_{i=1}^{m} w_i x_{ij} \geqslant 0, \ \forall j \in J \tag{13.2b}$$

$$\sum_{j=1}^{n}\sum_{i=1}^{m} w_i x_{ij} = n \tag{13.2c}$$

$$u_r \geqslant 0, \ \forall r \in O \tag{13.2d}$$

$$w_i \geqslant 0, \ \forall i \in I \tag{13.2e}$$

$$s_j \geqslant 0, \ \forall j \in J \tag{13.2f}$$

然而，由于约束（13.2b）的存在，模型（13.2）依然是一个非线性规划问题。为了求解模型（13.2），本节提出以下模型（13.3）。需要特别注意的是，模型（13.3）并非模型（13.2）的等价形式。下述定理 13.1 和定理 13.2 以及算法 13.1 将展示如何利用模型（13.3）来获得模型（13.2）的最优解。

$$G(E) = \max \sum_{j=1}^{n}\left(\sum_{r=1}^{s} u_r y_{rj} + s_j\right) \tag{13.3}$$

$$\text{s.t.} \ \sum_{r=1}^{s} u_r y_{rj} + s_j - \sum_{i=1}^{m} w_i x_{ij} \leqslant 0, \ \forall j \in J \tag{13.3a}$$

$$\sum_{r=1}^{s} u_r y_{rj} - E\sum_{i=1}^{m} w_i x_{ij} \geqslant 0, \ \forall j \in J \tag{13.3b}$$

$$\sum_{j=1}^{n}\sum_{i=1}^{m} w_i x_{ij} = n \tag{13.3c}$$

$$u_r \geqslant 0, \ \forall r \in O \tag{13.3d}$$

$$w_i \geqslant 0, \ \forall i \in I \tag{13.3e}$$

$$s_j \geqslant 0, \ \forall j \in J \tag{13.3f}$$

在模型（13.3）中，$E \in (0,1]$，被视为一个参数，模型（13.3）被转化为线性规划问题。$G(E)$ 表示该模型目标函数 E 的最优值函数，即当不同的 E 值被赋给模型时，将得到不同的目标函数最优值 $G(E)$。

定理 13.1　假设当 $E = E' \in (0,1]$ 时，模型（13.3）的最优解为 $\left(u_r', w_i', s_j', \forall r, i, j\right)$。当且仅当 $G(E') = n$ 时，$\left(E', u_r', w_i', s_j', \forall r, i, j\right)$ 是模型（13.2）的可行解。

证明：一方面，如果$\left(E',u'_r,w'_i,s'_j,\forall r,i,j\right)$是模型（13.2）的可行解，则有：①$\sum_{r=1}^{s}u'_r y_{rj}-\sum_{i=1}^{m}w'_i x_{ij}+s'_j=0$（$\forall j$）；②$\sum_{r=1}^{s}u'_r y_{rj}+s'_j=\sum_{i=1}^{m}w'_i x_{ij}$（$\forall j$）。通过简单变换①，可得$\sum_{r=1}^{s}u'_r y_{rj}+s'_j=\sum_{i=1}^{m}w'_i x_{ij}$（$\forall j$）。对所有$j$两边同时求和，有$\sum_{j=1}^{n}\left(\sum_{r=1}^{s}u'_r y_{rj}+s'_j\right)=\sum_{j=1}^{n}\left(\sum_{i=1}^{m}w'_i x_{ij}\right)=n$。因此，$G(E')=\sum_{j=1}^{n}\sum_{r=1}^{s}u'_r y_{rj}+s'_j=n$。

另一方面，如果$G(E')=n$，则可以很容易验证$\left(E',u'_r,w'_i,s'_j,\forall r,i,j\right)$满足模型（13.2）中的所有约束。因此，$\left(E',u'_r,w'_i,s'_j,\forall r,i,j\right)$是模型（13.2）的可行解。

定理 13.2　$G(E)$是关于$E\in(0,1]$的单调不增函数。

证明：假设$0<E'<E''\leqslant 1$。模型（13.3）在$E=E'$下的解空间包含其在$E=E''$下的解空间。由于模型（13.3）旨在最大化目标函数值，易知$G(E')\geqslant G(E'')$。

定理 13.1 表明，模型（13.3）的最优解是模型（13.2）的可行解，当且仅当$G(E')=n$（其中$E=E'\in(0,1]$）。因此，根据定理 13.1，获得模型（13.2）的最优解等价于确定使模型（13.3）最优目标函数值等于n，即$G(E)=n$时最大的E。此外，根据定理 13.2，$G(E)$是$E\in(0,1]$的单调非增函数。因此，可以使用基于二分法的算法来求解模型（13.2）。详细的算法如下。

算法 13.1

步骤 1：设定$E^{\mathrm{l}}=-0.0001$，$E^{\mathrm{u}}=1$，$E'=\dfrac{E^{\mathrm{l}}+E^{\mathrm{u}}}{2}$。

步骤 2：令$E=E'$，求解模型（13.3），得其最优解$\left(u'_r,w'_i,s'_j,\forall r,i,j\right)$。如果$G(E')=n$，则设$\left(u^*_r,w^*_i,s^*_j,\forall r,i,j\right)=\left(u'_r,w'_i,s'_j,\forall r,i,j\right)$，并令$E^{\mathrm{l}}=E'$。否则，设$E^{\mathrm{u}}=E'$。

步骤 3：如果$\left|E^{\mathrm{u}}-E^{\mathrm{l}}\right|\leqslant\epsilon$，则设$E^*=E^{\mathrm{l}}$。否则，设$E'=\dfrac{E^{\mathrm{l}}+E^{\mathrm{u}}}{2}$，继续进行步骤 2。

当算法终止时，$\left(E^*,u^*_r,w^*_i,s^*_j,\forall r,i,j\right)$被认为是模型（13.2）的最优解。同时，其也是模型（13.1）的最优解。注意，在算法 13.1 中，初始设置$E^{\mathrm{l}}=-0.0001$的目的在于，确保在算法迭代过程中$G(E')=n$至少成立一次。此外，ϵ是一个足够小的正值，表示算法的精度。本章的应用部分设置$\epsilon=0.0001$。

通过使用算法 13.1，可以得到模型（13.1）的最优解$\left(E^*,u^*_r,w^*_i,\forall r,i\right)$。$\mathrm{DMU}_j$（$\forall j\in J$）的公共权重效率可以通过式（13.4）计算得到。

$$E_j^{\text{com}}=\frac{\sum_{r=1}^{s}u_r^*y_{rj}}{\sum_{i=1}^{m}w_i^*x_{ij}} \tag{13.4}$$

下面定义固定成本分摊可能集。如前所述，将固定成本视为当前某个投入的补充。假设该投入是DMU_j的第m个投入，即x_{mj}。在 DEA 公共权重框架下，可能的固定成本分摊应满足：

$$\frac{\sum_{r=1}^{s}u_ry_{rj}}{\sum_{i=1}^{m}w_ix_{ij}+w_mf_j}\leqslant 1,\ \forall j\in J \tag{13.5}$$

此外，固定成本分摊结果应当满足下面的基本原则。

原则 13.1（效率不减原则）　给定一组可能的固定成本分摊方案，其应保持所有 DMU 在固定成本分摊后的公共权重效率不小于其固定成本分摊前的公共权重效率。

原则 13.1 表明，所有 DMU 在固定成本分摊后的公共权重效率不应下降；即固定成本分摊应满足：

$$\frac{\sum_{r=1}^{s}u_ry_{rj}}{\sum_{i=1}^{m}w_ix_{ij}+w_mf_j}\geqslant E_j^{\text{com}},\ \forall j\in J \tag{13.6}$$

基于约束（13.5）和约束（13.6）以及固定成本初始约束$\sum_{j=1}^{n}f_j=F$，可定义固定成本分摊可能集如下。

定义 13.1　在 DEA 公共权重框架下的固定成本分摊可能集定义为

$$\text{FS}=\left\{\left(f_j,\forall j\right)\middle|\begin{array}{l}\dfrac{\sum_{r=1}^{s}u_ry_{rj}}{\sum_{i=1}^{m}w_ix_{ij}+w_mf_j}\leqslant 1,\ \dfrac{\sum_{r=1}^{s}u_ry_{rj}}{\sum_{i=1}^{m}w_ix_{ij}+w_mf_j}\geqslant E_j^{\text{com}},\\ \sum_{j=1}^{n}f_j=F,\ u_r,w_i,f_j\geqslant 0,\quad \forall i\in I,\forall r\in O,\forall j\in J\end{array}\right\} \tag{13.7}$$

关于固定成本分摊可能集（13.7），有定理 13.3 成立。

定理 13.3　FS 非空。

证明：假设模型（13.1）的最优解为$\left(E^*,u_r^*,w_i^*,\forall r,i\right)$。因此，一定有$E_j^{\text{com}}=\dfrac{\sum_{r=1}^{s}u_r^*y_{rj}}{\sum_{i=1}^{m}w_i^*x_{ij}}$（$\forall j\in J$），并且$E_j^{\text{com}}=\dfrac{\sum_{r=1}^{s}u_r^*y_{rj}}{\sum_{i=1}^{m}w_i^*x_{ij}}$（$\forall j\in J$）。现在，令$u_r'=u_r^*$（$\forall r$），$w_i'=w_i^*$（$i=1,\cdots,m-1$），$w_m'=\dfrac{\sum_{j=1}^{n}x_{mj}}{F+\sum_{j=1}^{n}x_{mj}}w_m^*$以及$f_j'=\dfrac{x_{mj}}{\sum_{j=1}^{n}x_{mj}}F$。易证$\left(u_r',w_i',f_j',\forall r,i,j\right)$满足式（13.7）中的所有约束。因此，FS 始终非空。

注解 13.1 在 DEA 公共权重框架下，符合原则 13.1 的固定成本分摊结果总是存在的。然而，满足式（13.7）中的约束的固定成本分摊结果并不唯一。因此必须提出一种合适的方法来从 FS 中选择一个适当的分摊方案。

13.4 考虑效率改进与均衡性的权衡成本分摊方法

13.4.1 个体视角下的最优固定成本分摊结果及理想效率

基于固定成本分摊可能集，每个 DMU 倾向于选择一组公共权重以最大化自身的效率。这是因为，DMU 的效率得分越高，意味着它能够在有限资源的有效利用下，生产更多的产出，从而实现更高效的资源配置。因此，对于每个DMU_d，可以使用以下模型（13.8）来确定其在固定成本分摊后的最大效率。

$$E_d^{\max}=\max\frac{\sum_{r=1}^{s}u_r y_{rd}}{\sum_{i=1}^{m}w_i x_{id}+w_m f_d} \tag{13.8}$$

$$\text{s.t.}\quad \frac{\sum_{r=1}^{s}u_r y_{rj}}{\sum_{i=1}^{m}w_i x_{ij}+w_m f_j}\leqslant 1,\ \forall j\in J \tag{13.8a}$$

$$\frac{\sum_{r=1}^{s}u_r y_{rj}}{\sum_{i=1}^{m}w_i x_{ij}+w_m f_j}\geqslant E_j^{\text{com}},\ \forall j\in J \tag{13.8b}$$

$$\sum_{j=1}^{n}f_j=F \tag{13.8c}$$

$$u_r, w_i, f_j \geqslant 0,\ \forall i \in I, \forall r \in O, \forall j \in J \tag{13.8d}$$

模型（13.8）是一个非线性规划问题，无法直接求解。为了解决这一问题，可以采用 C-C 变换（Charnes and Cooper，1962），将其转化为线性规划问题。具体而言，令 $= \dfrac{1}{\sum_{i=1}^{m} w_i x_{id} + w_m f_d}$， $u_r = tu_r, \forall r$ ， $w_i = tw_i, \forall i$ ，以及 $\varphi_j = w_m f_j$ 。通过这些变换，模型（13.8）可以转化为以下线性模型（13.9）。

$$E_d^{\max} = \max \sum_{r=1}^{s} u_r y_{rd} \tag{13.9}$$

$$\text{s.t.}\ \sum_{r=1}^{s} u_r y_{rj} - \sum_{i=1}^{m} w_i x_{ij} - \varphi_j \leqslant 0,\ \forall j \in J \tag{13.9a}$$

$$E_j^{\text{com}} = \frac{\sum_{r=1}^{s} u_r^* y_{rj}}{\sum_{i=1}^{m} w_i^* x_{ij}} \tag{13.9b}$$

$$\sum_{r=1}^{s} u_r y_{rj} - E_j^{\text{com}} \left(\sum_{i=1}^{m} w_i x_{ij} + \varphi_j \right) \geqslant 0,\ \forall j \in J \tag{13.9c}$$

$$\sum_{i=1}^{m} w_i x_{id} + \varphi_d = 1$$

$$\sum_{j=1}^{n} \varphi_j = w_m F \tag{13.9d}$$

$$u_r, w_i, \varphi_j \geqslant 0,\ \forall i \in I, \forall r \in O, \forall j \in J \tag{13.9e}$$

求解模型（13.9）可以得到最大化 DMU_d 效率的固定成本分摊集合。这也意味着该固定成本分摊集合是从 DMU_d 的个体角度来看对 DMU_d 最有利的。然而仅考虑 DMU_d 的效率改进可能难以让所有 DMU 接受。下面提出一个基于集中视角的固定成本分摊模型。根据模型（13.9）的计算结果，有如下定义。

定义 13.2　$E_d^{\max}$ 为 DMU_d 在固定成本分摊后的理想效率。

13.4.2　考虑等比例提高效率的固定成本分摊模型

如文献分析中所讨论的，现有的基于 DEA 的固定成本分摊方法通常将效率改进视为一个关键属性。因此，为了从集中视角获得公平的固定成本分摊结果，还应考虑对 DMU 的效率改进。

原则 13.2（等比例效率改进）　固定成本分摊结果应确保所有 DMU 实现等

比例的效率改进。

原则 13.2 要求公平的固定成本分摊在相同比例上改进所有 DMU 的公共权重效率。基于这一原则，首先给出每个 DMU_j 的比例效率改进的定义。

定义 13.3　给定一组可能的公共权重以及可能的分配 $\left(u_r, w_i, f_j, \forall i \in I, \forall r \in O, \forall j \in J\right)$，$\mathrm{DMU}_j$ 的比例效率改进定义为

$$\alpha_j = \frac{\dfrac{\sum_{r=1}^{s} u_r y_{rj}}{\sum_{i=1}^{m} w_i x_{ij} + w_m f_j} - E_j^{\mathrm{com}}}{E_j^{\max} - E_j^{\mathrm{com}}}, \ \forall j \in J, E_j^{\max} \neq E_j^{\mathrm{com}} \tag{13.10}$$

定义 $\Omega = \left\{ j | \forall j, E_j^{\max} \neq E_j^{\mathrm{com}} \right\}$。为了能获得公平地最大化所有 DMU 比例效率改进的固定成本分摊方案，可以使用模型（13.11）。

$$\alpha^{\max} = \max \alpha \tag{13.11}$$

$$\text{s.t.} \ \frac{\sum_{r=1}^{s} u_r y_{rj}}{\sum_{i=1}^{m} w_i x_{ij} + w_m f_j} \leqslant 1, \ \forall j \tag{13.11a}$$

$$\frac{\dfrac{\sum_{r=1}^{s} u_r y_{rj}}{\sum_{i=1}^{m} w_i x_{ij} + w_m f_j} - E_j^{\mathrm{com}}}{E_j^{\max} - E_j^{\mathrm{com}}} \geqslant \alpha, \ \forall j \in \Omega \tag{13.11b}$$

$$\frac{\sum_{r=1}^{s} u_r y_{rj}}{\sum_{i=1}^{m} w_i x_{ij} + w_m f_j} \geqslant E_j^{\mathrm{com}}, \ \forall j \in J \setminus \Omega \tag{13.11c}$$

$$\sum_{j=1}^{n} f_j = F \tag{13.11d}$$

$$u_r, w_i, f_j \geqslant 0, \ \forall i \in I, \forall r \in O, \forall j \in J \tag{13.11e}$$

$$\alpha \geqslant 0 \tag{13.11f}$$

其中，α 表示各 DMU 公共权重效率的等比例提高比例。注意该模型中省略了约

束条件 $\dfrac{\sum_{r=1}^{s} u_r y_{rj}}{\sum_{i=1}^{m} w_i x_{ij} + w_m f_j} \geqslant E_j^{\text{com}}$（$\forall j \in \Omega$）。因为当满足约束（13.11b）和约束（13.11f）时，该约束冗余。

模型（13.11）先确保从可能的固定成本分摊集合 FS 中进行选择；然后，最大化所有 DMU 的效率改进比例。注意，某些 DMU_j 可能满足 $E_j^{\max} = E_j^{\text{com}}$。对于这种类型的 DMU，FS 中不存在能够帮助其改进效率的固定成本分摊。因此，在固定成本分摊中不考虑此类 DMU 的效率改进。

模型（13.11）是非线性的，可以通过对投入和产出权重进行比例变换，将模型（13.11）转换为线性模型（13.12），即令 $u_r = \dfrac{u_r}{w_m}, \forall r$ 和 $w_i = \dfrac{w_i}{w_m}, \forall i$。

$$\alpha^{\max} = \max \alpha \tag{13.12}$$

$$\text{s.t.}\ \sum_{r=1}^{s} u_r y_{rj} - \sum_{i=1}^{m-1} w_i x_{ij} - x_{mj} - f_j \leqslant 0,\ \forall j \in J \tag{13.12a}$$

$$\frac{\sum_{r=1}^{s} u_r y_{rj}}{\sum_{i=1}^{m-1} w_i x_{ij} + x_{mj} + f_j} \geqslant E_j^{\text{com}} + \alpha\left(E_j^{\max} - E_j^{\text{com}}\right),\ \forall j \in \Omega \tag{13.12b}$$

$$\sum_{r=1}^{s} u_r y_{rj} - E_j^{\text{com}}\left(\sum_{i=1}^{m-1} w_i x_{ij} + x_{mj} + f_j\right) \geqslant 0,\ \forall j \in J \setminus \Omega \tag{13.12c}$$

$$\sum_{j=1}^{n} f_j = F \tag{13.12d}$$

$$u_r, w_i, f_j \geqslant 0,\ \forall i \in I, \forall r \in O, \forall j \in J \tag{13.12e}$$

$$\alpha \geqslant 0 \tag{13.12f}$$

模型（13.12）仍然是一个非线性规划问题。然而，它与模型（13.1）属于同类型的非线性规划问题，因此可以使用 13.3 节中给出的二分法算法来求解。假设模型（13.12）的最优解为 $\left(\alpha^{\max}, u_r', w_i', f_j', \forall r, i, j\right)$。易证 $\alpha^{\max} > 0$。下面考虑等比例效率改进的固定成本分摊结果 $\left(f_j', \forall j \in J\right)$。$\text{DMU}_j$（$\forall j \in J$）改进后的公共权重效率可以通过式（13.13）计算。

$$E_j^{\text{icom}} = \frac{\sum_{r=1}^{s} u_r' y_{rj}}{\sum_{i=1}^{m-1} w_i x_{ij} + x_{mj} + f_j'} \tag{13.13}$$

定理 13.4　在模型（13.12）的最优解中，除非所有 DMU 的效率改进比例相同，否则至少有一个 DMU 的最小比例效率改进最大且未被分配成本（即分配给它的成本为 0）。

证明：假设$\left(\alpha^{\max}, u_r', w_i', f_j', \forall r, i, j\right)$是模型（13.12）的最优解。计算每个$\mathrm{DMU}_j$的效率改进比例$\alpha_j' = \dfrac{E_j^{\text{icom}} - E_j^{\text{com}}}{E_j^{\max} - E_j^{\text{com}}}$。令$\mathrm{DMU}_d$为最小比例效率改进最大者，即$\alpha_d' = \alpha^{\max}$。如果$f_d' > 0$，那么必定存在一个适当的值$\Delta f \in \left(0, f_d'\right]$和一个$\mathrm{DMU}_k$（$k \neq d$），使$f_k' > \Delta f$，$\alpha_k'' \geqslant \alpha_d''$，且$\alpha_d'' \leqslant \alpha_j', \forall j, j \neq k, d$，其中

$$\alpha_k'' = \left(\frac{\sum_{r=1}^{s} u_r' y_{rk}}{\sum_{i=1}^{m-1} w_i' x_{ik} + x_{mk} + f_k' + \Delta f} - E_k^{\text{com}} \right) \Big/ \left(E_k^{\max} - E_k^{\text{com}} \right)$$

$$\alpha_d'' = \left(\frac{\sum_{r=1}^{s} u_r' y_{rd}}{\sum_{i=1}^{m-1} w_i' x_{id} + x_{md} + f_d' - \Delta f} - E_d^{\text{com}} \right) \Big/ \left(E_d^{\max} - E_d^{\text{com}} \right)$$

令$\alpha'' = \alpha_d''$，$f_d'' = f_d' - \Delta f$，$f_k'' = f_k' + \Delta f$，$f_j'' = f_j', \forall j, j \neq k, d$。易证$\left(\alpha'', u_r', w_i', f_j'', \forall r, i, j\right)$也是模型（13.12）的可行解。然而，$\alpha'' = \alpha_d'' > \alpha^{\max} = \alpha_d'$与假设$\left(\alpha^{\max}, u_r', w_i', f_j', \forall r, i, j\right)$是模型（13.12）的最优解相矛盾。因此，$f_d' = 0$。

定理 13.4 说明，除非数据出现所有 DMU 都有相同的比例效率改进这一极不可能的情况，模型（13.12）总会为至少一个 DMU 分配零固定成本。在实际计算中，许多 DMU 通常被分配零固定成本。因此有以下结论。

注解 13.2　在 DEA 公共权重框架下进行固定成本分摊时，如果仅考虑最大化 DMU 的等比例效率改进，则可能会得到一个不均衡的包含零固定成本的分摊结果。此外，可能分配给 DMU 与其经营规模不相称的固定成本，导致不被接受的固定成本分摊结果。

13.4.3　双目标固定成本分摊模型

模型（13.12）融合了原则 13.1 和原则 13.2；定理 13.4 表明，固定成本分摊结果通常包含许多零值，这导致了 DMU 之间的不公平。因此，为了确保公平的固定成本分摊，增加了两个额外的原则。

原则 13.3（分配结果具有均衡性）　公平的固定成本分摊应考虑增强分配给 DMU 的固定成本的均衡性。

原则 13.4（非零固定成本）　公平的分配应确保没有 DMU 被分配到零固定成本。

原则 13.3 强调固定成本分摊结果的均衡性。原则 13.4 则指出，所有 DMU 应共同承担所消耗的固定成本，即每个 DMU 必须分担总固定成本的一部分。为了量化固定成本分摊的均衡性，基于原则 13.3 提出以下定义。

定义 13.4　给定一组固定成本分摊 $\left(f_j,\forall j\right)\in \mathrm{FS}$，定义 $B=\max\limits_{j=1,\cdots,n}\left|f_j-f_j^{\mathrm{os}}\right|$ 作为固定成本分摊结果的均衡指标（注意该指标虽然名为均衡指标，但值越大却反映分配结果越不公平）。其中 f_j^{os} 表示根据 Li 等（2019a）的方法，依据每个 DMU 的经营规模分配的成本。

许多研究（Lin，2011；Li et al.，2019a）强调了在进行固定成本分摊时考虑 DMU 经营规模的重要性。通常情况下较大的经营规模通常与更高的固定成本相关联。定义 13.4 表明，B 越小，分配给每个 DMU 的固定成本越接近根据其经营规模分配的成本，从而使分配结果更加均衡。

定理 13.4 的证明过程表明，DMU 的等比例效率改进与均衡指标之间存在冲突。DMU 效率的改进会导致固定成本分摊结果不均衡。13.4.2 节的讨论表明，DMU 的等比例效率改进在 $(0,\alpha^{\max}]$ 内。下面讨论两种极端情况。

情景 13.1：固定成本分摊结果仅考虑原则 13.1 和原则 13.2，而不关注原则 13.3。这种情况被定义为最不均衡的情况。因此，可以得到均衡指标的最大值，即 $B^{\max}=\max\limits_{j=1,\cdots,n}\left|f_j'-f_j^{\mathrm{os}}\right|$，其中 $\left(f_j',\forall j\right)$ 为通过模型（13.12）获得的固定成本。

情景 13.2：固定成本分摊结果仅考虑原则 13.1 和原则 13.3，而不关注原则 13.2。这种情况被定义为最均衡的情况；因此，均衡指标的最小值可以表示为 $B^{\min}=\min\max\limits_{j=1,\cdots,n}\left|f_j-f_j^{\mathrm{os}}\right|$，其中 $\left(f_j,\forall j\right)\in \mathrm{FS}$。

情景 13.1 和情景 13.2 讨论了最不均衡和最均衡的固定成本分摊情况，这帮助确定了均衡指标的范围，即 $B\in[B^{\min},B^{\max}]$。现在考虑一种更加均衡的固定成本分摊结果，符合原则 13.1～原则 13.3。这样的固定成本分摊结果可以通过双目标固定成本分摊模型（13.14）来获得。

$$\begin{aligned}&\max\ \theta\\&\max\ \beta\end{aligned}\tag{13.14}$$

$$\text{s.t.}\ \sum_{r=1}^{s}u_r y_{rj}-\sum_{i=1}^{m-1}w_i x_{ij}-x_{mj}-f_j\leqslant 0,\ \forall j\in J\tag{13.14a}$$

$$\sum_{r=1}^{s} u_r y_{rj} - E_j^{\text{com}} \left(\sum_{i=1}^{m-1} w_i x_{ij} + x_{mj} + f_j \right) \geqslant 0, \ \forall j \in J \setminus \Omega \tag{13.14b}$$

$$\frac{\sum_{r=1}^{s} u_r y_{rj}}{\sum_{i=1}^{m-1} w_i x_{ij} + x_{mj} + f_j} \geqslant E_j^{\text{com}} + \theta \alpha^{\max} \left(E_j^{\max} - E_j^{\text{com}} \right), \ \forall j \in \Omega \tag{13.14c}$$

$$\left| f_j - f_j^{\text{os}} \right| \leqslant B^{\max} - \beta \left| B^{\max} - B^{\min} \right|, \ \forall j \in J \tag{13.14d}$$

$$\sum_{j=1}^{n} f_j = F \tag{13.14e}$$

$$u_r, w_i, f_j \geqslant 0, \ \forall i \in I, \forall r \in O, \forall j \in J \tag{13.14f}$$

$$0 \leqslant \theta \leqslant 1 \tag{13.14g}$$

$$0 \leqslant \beta \leqslant 1 \tag{13.14h}$$

其中，θ表示 DMU 的公共权重效率等比例改进的比例增量；β表示固定成本分摊结果均衡指标的减少比例。模型（13.14）的约束（13.14b）确保了原则 13.1 的实现。此外，通过在目标函数中最大化θ和β，模型同时满足原则 13.2 和原则 13.3，从而达成改进 DMU 效率和增强固定成本分摊结果均衡性的目标。基于模型（13.14），有以下注解。

注解 13.3　模型（13.14）同时考虑了改进 DMU 效率和增强固定成本分摊结果均衡性的目标。此外，它提供了这两个目标的度量，即θ和β。这两个度量具有可比性，因为它们都是通过比例变化定义的，并且值域在 0 到 1 之间。

13.4.4　双目标固定成本分摊模型的求解

模型（13.14）是一个双目标模型，不能直接求解。为了获得一个均衡的帕累托最优解，现提出以下基于纳什讨价还价博弈的讨价还价式方法。博弈的初始假设如下。

参与博弈双方：双目标模型的两个目标，分别是改进 DMU 的效率和增强固定成本分摊的均衡性。

效用：θ和β，分别定义为博弈方在博弈中的效用，θ表示等比例效率改进的比例增量，β表示均衡指标的减少比例。

谈判破裂点：博弈方θ和β的破裂点都为零，分别对应情景 13.1 和情景 13.2。

策略集：FS 中的所有可能固定成本分摊结果。

基于上述假设，现给出以下讨价还价式模型（13.15），用于获得改进 DMU

效率和增强固定成本分摊结果均衡性之间的均衡解。

$$\max\ \theta\beta \tag{13.15}$$

$$\text{s.t.}\ \sum_{r=1}^{s}u_r y_{rj}-\sum_{i=1}^{m-1}w_i x_{ij}-x_{mj}-f_j\leqslant 0,\ \forall j\in J \tag{13.15a}$$

$$\sum_{r=1}^{s}u_r y_{rj}-E_j^{\text{com}}\left(\sum_{i=1}^{m-1}w_i x_{ij}+x_{mj}+f_j\right)\geqslant 0,\ \forall j\in J\setminus\Omega \tag{13.15b}$$

$$\frac{\sum_{r=1}^{s}u_r y_{rj}}{\sum_{i=1}^{m-1}w_i x_{ij}+x_{mj}+f_j}\geqslant E_j^{\text{com}}+\theta\alpha^{\max}\left(E_j^{\max}-E_j^{\text{com}}\right),\ \forall j\in\Omega \tag{13.15c}$$

$$\left|f_j-f_j^{\text{os}}\right|\leqslant B^{\max}-\beta\left|B^{\max}-B^{\min}\right|,\ \forall j\in J \tag{13.15d}$$

$$\sum_{j=1}^{n}f_j=F \tag{13.15e}$$

$$u_r,w_i,f_j\geqslant 0,\ \forall i\in I,\forall r\in O,\forall j\in J \tag{13.15f}$$

$$0\leqslant\theta\leqslant 1 \tag{13.15g}$$

$$0\leqslant\beta\leqslant 1 \tag{13.15h}$$

模型（13.15）基于标准的纳什讨价还价博弈模型（Nash，1950）。该博弈模型的使用旨在同时且平等地考虑改进 DMU 效率和增强固定成本分摊结果均衡性这两个目标。讨价还价博弈机制能够实现这一目标，并提供一个同时提高 DMU 效率并增强固定成本分摊结果均衡性的帕累托最优解。此外，该博弈的合作性特征与在固定成本分摊中的激励一致，即从集中化的角度实现两个目标之间的均衡。

基于模型（13.15），有以下结论。

注解 13.4　模型（13.15）始终能够在两个目标之间获得均衡解，并且不会将所列的极端情况视为最优解（如 13.4.5 节中定理 13.5 的证明过程所示）。

模型（13.15）为非线性规划问题，因此无法直接求解。然而，若将 θ 视为参数，模型可转化为线性模型。鉴于 $\theta\in[0,1]$，一种可行的求解方法是将 θ 作为参数，在 0 到 1 之间进行搜索，并不断求解模型（13.15）。当 θ 使模型（13.15）的目标函数值最大时，即可得到该模型的最优解。

13.4.5　获得最终固定成本分摊结果的权衡算法

模型（13.15）求得的固定成本分摊结果遵循原则 13.1～原则 13.3，但可能未能满足原则 13.4。此外，所选择的固定成本分摊均衡指标可能不足以满足决策者的偏好。本节的目标是提供一个算法，使决策者能够设定其在固定成本分摊结果均衡上的偏好参数，并获得一个符合所有四个原则的公平的固定成本分摊结果。基于这一思路，考虑以下扩展的类似讨价还价博弈的模型（13.16）。

$$\max\ \theta\beta \tag{13.16}$$

$$\text{s.t.}\ \sum_{r=1}^{s}u_r y_{rj}-\sum_{i=1}^{m-1}w_i x_{ij}-x_{mj}-f_j\leqslant 0,\ \forall j\in J \tag{13.16a}$$

$$\sum_{r=1}^{s}u_r y_{rj}-E_j^{\text{com}}\left(\sum_{i=1}^{m-1}w_i x_{ij}+x_{mj}+f_j\right)\geqslant 0,\ \forall j\in J\setminus\Omega \tag{13.16b}$$

$$\frac{\sum_{r=1}^{s}u_r y_{rj}}{\sum_{i=1}^{m-1}w_i x_{ij}+x_{mj}+f_j}\geqslant E_j^{\text{com}}+\theta\alpha\left(E_j^{\max}-E_j^{\text{com}}\right),\ \forall j\in\Omega \tag{13.16c}$$

$$\left|f_j-f_j^{\text{os}}\right|\leqslant B-\beta\left|B-B^{\min}\right|,\ \forall j\in J \tag{13.16d}$$

$$\sum_{j=1}^{n}f_j=F \tag{13.16e}$$

$$u_r,w_i,f_j\geqslant 0,\ \forall i\in I,\forall r\in O,\forall j\in J \tag{13.16f}$$

$$0\leqslant\theta\leqslant 1 \tag{13.16g}$$

$$0\leqslant\beta\leqslant 1 \tag{13.16h}$$

通过将模型（13.15）中的 $\alpha^{\max}$ 替换为 α，并将 $B^{\max}$ 替换为 B 得到模型（13.16）。在该模型中，α 和 B 被视为参数，分别表示 DMU 能够实现的最大等比例效率改进和所承受的最大不均衡固定成本分摊指标。这些值实际上是等比例效率改进和固定成本分摊结果均衡指标的上界。基于模型（13.16），获得最终固定成本分摊结果可采用以下权衡算法。

算法 13.2

步骤 1：设 $t=1$，$\alpha=\alpha^{\max}$，$B=B^{\max}$。

步骤 2：求解模型（13.16），并获得最优解 $\left(\theta^t,\beta^t,u_r^t,w_i^t,f_j^t,\forall r,i,j\right)$。

如果 $f_j^t>0,\forall j\in J$，且 $B-\beta^t\left|B-B^{\min}\right|\leqslant\bar{B}$，则令 $(u_r^*,w_i^*,f_j^*,\forall r,i,j)=(u_r^t,w_i^t,f_j^t,\forall r,i,j)$，结束。否则，令 $\alpha=\theta^t\alpha$，$B=B-\beta^t\left|B-B^{\min}\right|$，并令 $t=t+1$。重复步骤 2。

在该算法的第一轮迭代中，求解模型（13.16）等价于求解模型（13.15）。在算法 13.2 中，$\bar{B}$ 是一个表示决策者对均衡指标偏好的参数。在实际应用中，$\bar{B}$ 可以参考固定成本分摊方法进行设定，确保该方法给出的固定成本分摊结果在均衡指标上不超过参考方法。

下面的定理 13.5 说明了算法 13.2 的收敛性。

定理 13.5　设 B^t 为算法第 t 次迭代中与 B 相关的值。随着 t 的增加，B^t 递减，即 $B^1 > B^2 > \cdots$。

证明：该定理可以通过数学归纳法证明。先证明 $B^1 > B^2$。在算法 13.2 的计算中，已知 $B^2 = B^1 - \beta^1 \left| B^1 - B^{\min} \right|$。由于 $\beta^1 \in [0,1]$，因此 $B^2 \leqslant B^1$。只有当 $\beta^1 = 0$ 时，才有 $B^2 = B^1$。如果 $\beta^1 = 0$，则根据模型（13.16）的约束条件，必须有 $\theta^1 = 1$。此时，目标函数值为 $\beta^1 \theta^1 = 0$。现在证明在第一次迭代中，模型（13.16）存在一个可行解，使目标函数值大于 0。假设模型（13.16）在这种情况下的可行解为 $\left(\theta^{1'} = 1, \beta^{1'} = 0, u_r^{1'}, w_i^{1'}, f_j^{1'}, \forall r,i,j\right)$，类似地，如果 $\theta^1 = 0$，则必须有 $\beta^1 = 1$，并且模型（13.16）的可行解为 $\left(\theta^{1''} = 0, \beta^{1''} = 1, u_r^{1''}, w_i^{1''}, f_j^{1''}, \forall r,i,j\right)$。然后，令 $u_r^1 = hu_r^{1'} + (1-h)u_r^{1''}, \forall r \in O$，$w_i^1 = hw_i^{1'} + (1-h)w_i^{1''}, \forall i \in I$，$f_j^1 = hf_j^{1'} + (1-h)f_j^{1''}, \forall j \in J$，且 $\beta^1 = h\beta^{1'} + (1-h)\beta^{1''}$，其中 $h \in (0,1)$。可以很容易地验证，一定有 $\sum_{r=1}^{s} u_r^1 y_{rj} - \sum_{i=1}^{m-1} w_i^1 x_{ij} - x_{mj} - f_j^1 \leqslant 0, \forall j \in J$，$\sum_{r=1}^{s} u_r^1 y_{rj} - E_j^{\text{com}} \left(\sum_{i=1}^{m-1} w_i^1 x_{ij} + x_{mj} + f_j^1 \right) \geqslant 0$，$\forall j \in J \setminus \Omega$，以及 $\left| f_j^1 - f_j^{\text{os}} \right| \leqslant B^1 - \beta^1 \left| B^1 - B^{\min} \right|, \forall j \in J$，因为所有这些约束都是线性的或可以线性化。设 α^1 为算法第一次迭代中与 α 相关的值，则有：①$\dfrac{\sum_{r=1}^{s} u_r^{1'} y_{rj}}{\sum_{i=1}^{m-1} w_i^{1'} x_{ij} + x_{mj} + f_j^{1'}} \geqslant E_j^{\text{com}} + \alpha^1 \left(E_j^{\max} - E_j^{\text{com}} \right), \forall j \in \Omega$。②$\dfrac{\sum_{r=1}^{s} u_r^{1''} y_{rj}}{\sum_{i=1}^{m-1} w_i^{1''} x_{ij} + x_{mj} + f_j^{1''}} \geqslant E_j^{\text{com}}, \forall j \in \Omega$。由于 $\alpha^1 = \alpha^{\max} > 0$，按照①，必须有：③$\dfrac{\sum_{r=1}^{s} u_r^{1'} y_{rj}}{\sum_{i=1}^{m-1} w_i^{1'} x_{ij} + x_{mj} + f_j^{1'}} > E_j^{\text{com}}, \forall j \in \Omega$。根据公式②和③，可以得到 $\dfrac{1}{E_j^{\text{com}}} \sum_{r=1}^{s} u_r^{1''} y_{rj} - \sum_{i=1}^{m-1} w_i^{1''} x_{ij} - f_j^{1''} \geqslant x_{mj}, \forall j \subset \Omega$ 和 $\dfrac{1}{E_j^{\text{com}}} \sum_{r=1}^{s} u_r^{1'} y_{rj} - \sum_{i=1}^{m-1} w_i^{1'} x_{ij} - f_j^{1'} > x_{mj}, \forall j \in \Omega$。因此，必须得到 $h\left(\dfrac{1}{E_j^{\text{com}}} \sum_{r=1}^{s} u_r^{1''} y_{rj} - \sum_{i=1}^{m-1} w_i^{1''} x_{ij} - f_j^{1''} \right) + (1-h)\left(\dfrac{1}{E_j^{\text{com}}} \sum_{r=1}^{s} u_r^{1'} y_{rj} - \sum_{i=1}^{m-1} w_i^{1'} x_{ij} - f_j^{1'} \right) > x_{mj}, \forall j \in \Omega$，即 $\dfrac{\sum_{r=1}^{s} u_r^1 y_{rj}}{\sum_{i=1}^{m-1} w_i^1 x_{ij} + x_{mj} + f_j^1} > E_j^{\text{com}}, \forall j \in \Omega$。

设 $\theta^1 = \min\limits_{\forall j \in \Omega} \dfrac{\dfrac{\sum_{r=1}^{s} u_r^1 y_{rj}}{\sum_{i=1}^{m-1} w_i^1 x_{ij} + x_{mj} + f_j^1} - E_j^{\text{com}}}{\alpha^1 \left(E_j^{\max} - E_j^{\min}\right)}$，容易验证 $\theta^1 > 0$。现在可以看出，解 $\left(\theta^1, \beta^1, u_r^1, w_i^1, f_j^1, \forall r, i, j\right)$ 满足模型（13.16）的所有约束条件，因此它是一个可行解。由于有 $\theta^1 > 0$ 和 $\beta^1 > 0$，则得到的目标函数值为 $\theta^1 \times \beta^1 > 0$。因此，在优化模型(13.16)时，必须有 $\beta^1 > 0$。因此，得到 $B^1 > B^2$。类似地，可以证明 $B^t > B^{t+1}, t \geqslant 2$。证毕。

基于定理 13.5，得出推论 13.1。

推论 13.1 设 α^t 为算法 13.2 第 t 次迭代中与 α 相关的值。随着 t 的增加，α^t 递减，即 $\alpha^1 > \alpha^2 > \cdots$。

定理 13.5 说明了算法执行过程中均衡指标的递减，保证了算法的收敛性。推论 13.1 进一步表明，算法执行过程中 DMU 的等比例效率改进是递减的。基于定理 13.5 和推论 13.1，得出注解 13.5。

注解 13.5 算法 13.2 显示了在增强固定成本分摊结果的均衡性与改进 DMU 效率之间的逐步权衡。具体来说，为了实现分配给 DMU 的固定成本之间更好的均衡，并获得非零的固定成本分摊结果，必须降低 DMU 的等比例效率改进。这两个目标彼此冲突，并具有互相依存的关系。

当算法结束时，得到最优解 $\left(u_r^*, w_i^*, f_j^*, \forall r, i, j\right)$，其中 $\left(f_j^*, \forall j\right)$ 为最终的公正固定成本分摊结果，符合上述四个原则。同时，可以计算每个 DMU 的最优公共权重效率。

定义 13.5 对于决策单元 DMU_j（$j = 1, \cdots, n$），其最优公共权重效率可以通过式（13.17）计算得到。

$$E_j^{\text{opcom}} = \frac{\sum_{r=1}^{s} u_r^* y_{rj}}{\sum_{i=1}^{m-1} w_i^* x_{ij} + x_{mj} + f_j^*} \tag{13.17}$$

其中，$\left(u_r^*, w_i^*, f_j^*, \forall r, i, j\right)$ 表示通过算法 13.2 获得的最优解。

13.5 模型应用

本节将通过两个实际案例验证所提出方法的有效性。

13.5.1　17 家经销商广告费用分配

本节采用 Li 等（2009）提出的案例与现有方法进行比较。之所以选择 Li 等（2009）的案例，是因为他们的研究是基于 DEA 的固定成本分摊研究中最具代表性的研究之一。此外，采用相同的案例有助于直接对比本章的方法与 Li 等（2009）的方法。该案例涉及将 500 万元的广告费用分配给 17 家经销商，其中固定成本被视为当前投入的一项补充。案例中，每个经销商被视为一个 DMU，使用固定资产 X_1（单位：万元）、销售面积 X_2（单位：平方米）和销售人员收入 X_3（单位：万元）作为投入，以产生销售收入 Y_1（单位：万元）这一产出。

在 Li 等（2009）的研究中，分配的固定成本被视为与销售人员收入同类的投入。他们构建了一个新的成本投入项——销售费用。为了保持单位一致，总的固定成本分摊为 $F = 500$ 。表 13.1 列出了 17 家经销商的原始投入和产出数据。

表 13.1　17 家经销商的原始投入和产出数据

经销商所在地	X_1	X_2	X_3	Y_1
合肥	3 896.07	2 060	282	13 583.20
淮北	803.55	980	123	5 558.10
亳州	472.62	950	63	1 545.00
宿州	592.10	820	66	2 373.65
蚌埠	1 048.49	1 050	181	4 258.50
阜阳	850.54	930	133	3 288.90
淮南	1 318.46	1 810	167	7 113.10
滁州	930.07	980	139	4 317.40
六安	1 071.44	1 030	102	2 759.00
马鞍山	2 649.67	1 850	283	10 867.50
巢湖	1 064.36	1 110	95	3 155.60
芜湖	2 428.33	2 270	224	14 857.20
宣城	1 015.49	950	96	2 859.00
铜陵	690.19	1 460	147	7 353.10
池州	648.27	1 040	61	1 249.50
安庆	1 696.59	1 090	182	6 123.50
黄山	1 457.60	1 160	69	1 473.90

使用模型（13.1）结合算法 13.1 计算固定成本分摊前各 DMU 的公共权重效

率（$E_j^{\text{com}},\forall j$），结果列于表 13.2 的第 2 列。然后求解模型（13.9），得到固定成本分摊后各 DMU 的理想效率（$E_j^{\max},\forall j$），相应的结果列于表 13.2 的第 3 列。此外，求解模型（13.12）获得的经销商的最优等比例效率改进值为 0.8956，即 $\alpha^{\max}=\alpha'=0.8956$。改善后的公共权重效率（$E_j^{\text{icom}},\forall j$）和固定成本分摊结果（$f_j',\forall j$）分别列于表 13.2 的第 4 列和第 5 列。

表 13.2 效率评估结果及考虑效率改进的固定成本分摊结果

经销商所在地	E_j^{com}	$E_j^{\max}$	E_j^{icom}	f_j'
合肥	0.7175	1.0000	1.0000	107.7909
淮北	0.6935	1.0000	1.0000	39.6569
亳州	0.3749	0.7122	0.7106	0.0000
宿州	0.5464	1.0000	1.0000	2.4700
蚌埠	0.3622	0.7240	0.6862	0.0000
阜阳	0.3797	0.7341	0.7196	0.0000
淮南	0.6500	1.0000	1.0000	40.0048
滁州	0.4764	0.9093	0.9028	0.0000
六安	0.4084	0.7855	0.7747	0.0000
马鞍山	0.5825	1.0000	1.0000	30.7271
巢湖	0.5001	0.9647	0.9488	0.0000
芜湖	1.0000	1.0000	1.0000	209.6735
宣城	0.4495	0.8649	0.8527	0.0000
铜陵	0.7736	1.0000	1.0000	69.6768
池州	0.3091	0.5949	0.5864	0.0000
安庆	0.5104	0.9814	0.9680	0.0000
黄山	0.3091	0.6203	0.5879	0.0000

从表 13.2 中可以得出以下结论。首先，采用经销商等比例效率改进模型，经销商的效率得到了显著提高。对于每个经销商，有 $E_j^{\text{com}}\leqslant E_j^{\text{icom}}$，而且更多的经销商在固定成本分摊后达到了目标效率 1。这一发现与定理 13.3 一致，即可行的固定成本分摊总是遵循原则 13.1。其次，通过模型（13.12）得出的固定成本分摊结果呈现出显著的不均衡性。这种不均衡性具体体现在：所有固定成本被全部或几乎全部地分配给了高效率的经销商，而那些被判定为低效率的其余 10 个经销商则未被分配任何固定成本。可以注意到，位于芜湖的经销商分得了高达 209.6735 万元的固定成本，这一数值占据了总固定成本的近 42%。这一结果与定理 13.4 的

证明过程以及注解 13.2 中的相关观察保持一致。由此可以推断，如果在固定成本分摊中仅考虑改进经销商的效率，那么最终的固定成本分摊结果将呈现出高度的不均衡性。

为了获得一个兼顾改进经销商效率与增强固定成本分摊结果均衡性的解决方案，采用算法 13.2 进行分配。在算法 13.2 的执行中，设定 $\overline{B}=70.752$，该值基于 Li 等（2009）的固定成本分摊结果，这意味着本章方法至少能够获得均衡指标值不大于 Li 等（2009）结果的固定成本分摊结果。在算法的第一轮迭代中，效率评估和固定成本分摊结果由模型（13.15）和算法 13.2 生成，结果分别列于表 13.3 的第 2 列和第 3 列。此外，还获得了 $B^{\max}=104.4714$ 和 $B^{\min}=0$。进一步，将 Li 等（2009）的效率评估和固定成本分摊结果列于表 13.3 的第 4 列和第 5 列。还计算了使用 Li 等（2009）方法根据经销商经营规模所分配的固定成本，分配结果列于表 13.3 的第 6 列。

表 13.3　算法 13.2 和 Li 等（2009）的方法求得的结果

经销商所在地	一轮迭代		Li 等（2009）		f_j^{os}
	E_j^{opcom}	f_j^*	E_j^{Li}	f_j^{Li}	
合肥	0.8708	100.099	0.7073	50.405	121.157
淮北	0.8598	35.340	0.6430	34.690	17.010
亳州	0.5579	4.800	0.3719	12.059	3.264
宿州	0.7926	7.338	0.5204	15.777	5.041
蚌埠	0.5585	5.764	0.3815	22.580	16.796
阜阳	0.5720	7.830	0.3805	24.301	10.363
淮南	0.8400	40.406	0.5998	47.532	34.885
滁州	0.7114	9.664	0.4754	25.961	14.436
六安	0.6131	8.216	0.3673	31.865	8.793
马鞍山	0.8091	46.027	0.6091	34.049	80.704
巢湖	0.7522	7.733	0.4584	26.985	10.093
芜湖	1.0000	139.932	1.0000	38.135	105.256
宣城	0.6749	7.743	0.4050	29.716	8.536
铜陵	0.8965	53.907	0.6564	60.360	27.145
池州	0.4642	4.899	0.2987	13.100	2.961
安庆	0.7661	13.813	0.5385	19.999	28.540
黄山	0.4780	6.489	0.2988	12.473	5.019
B		34.676		70.752	
α	0.5427		−0.5170		

从表 13.3 可以看出，算法 13.2 仅需一次迭代即可生成最终公平的经销商固定成本分摊结果。在第一次迭代的固定成本分摊结果中，所有经销商都没有在最优解中被分配零固定成本，且均衡指标为 34.676。经销商的比例效率改进超过 0.5，表明每个经销商的公共权重效率相较于固定成本分摊前显著提高。

最后，本节从三个方面将本章方法生成的结果与 Li 等（2009）方法生成的结果进行比较：A1（效率改进）、A2（均衡指标）和 A3（避免分配零固定成本）。这三个方面实际上源于本章提出的公平固定成本分摊的四项原则。原则 13.1 和原则 13.2 对应 A1，原则 13.3 和原则 13.4 分别对应 A2 和 A3。

首先，在 A1 方面，图 13.1 清晰地展示了初始公共权重效率（$E_j^{\text{com}},\forall j$）、最优公共权重效率（$E_j^{\text{opcom}},\forall j$）和 Li 等（2009）的公共权重效率（$E_j^{\text{Li}},\forall j$）之间的对比。除了在所有三种情况下都获得效率得分 1 的芜湖经销商外，本章的固定成本分摊方法改进了所有经销商的公共权重效率。然而，在 Li 等（2009）的结果中，部分经销商的效率出现了下降。例如，合肥经销商的初始公共权重效率为 0.7175，而在 Li 等（2009）的固定成本分摊结果中，其效率降至 0.7073，即合肥经销商在 Li 等（2009）的方法下分配后的公共权重有所下降。类似的情况也出现在淮北、亳州等经销商中。此外，除了芜湖经销商（在两种方法中均为 1）外，

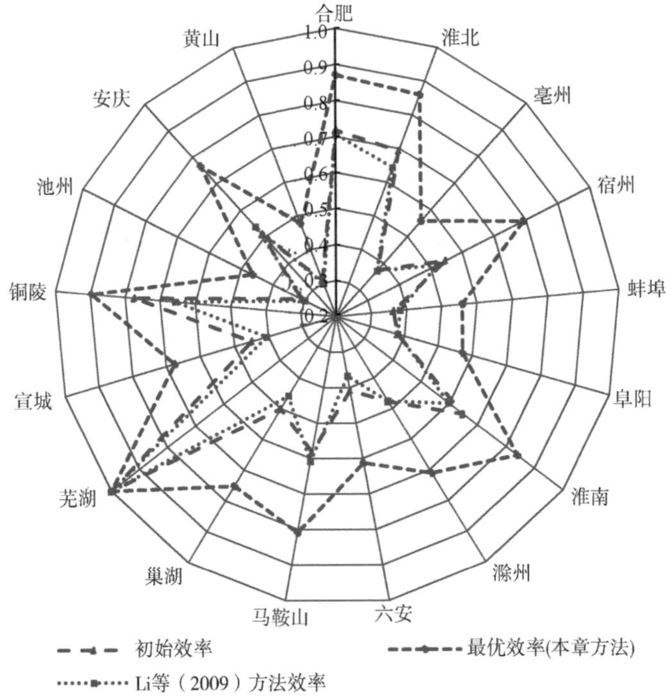

图 13.1　不同方法下的效率对比

其他经销商在本章方法中的效率明显高于 Li 等（2009）方法的效率。因此，在 A1 方面，本章的方法优于 Li 等（2009）的方法。

现在检查本章方法和 Li 等（2009）的固定成本分摊结果的均衡指标（A2）。使用本章方法生成的分摊结果的均衡指标为 34.674，低于用 Li 等（2009）方法生成的分摊结果的均衡指标 70.752。换句话说，在这个例子中，本章方法提供了比 Li 等（2009）方法更均衡的固定成本分摊结果。

最后，在 A3 方面，在本章方法和 Li 等（2009）方法的分配结果中，没有任何经销商被分配零固定成本。然而，本章方法在理论上保证了固定成本分摊结果中不会包含零固定成本，而 Li 等（2009）并没有讨论他们的方法是否具备此性质。

总体而言，上述分析表明，本章方法提供了一个更优的固定成本分摊结果，不仅显著改进了经销商的效率，还在经销商之间生成了更好的均衡指标。此外，本章方法确保没有任何经销商会被分配零固定成本。所有这些发现使得与 Li 等（2009）方法生成的结果相比，本章方法的固定成本分摊结果更加合理，且更容易被所有经销商接受。

13.5.2　中国重汽案例研究

本节将所提方法应用于中国重型汽车集团有限公司（以下简称中国重汽）九家子公司的固定成本分摊实际案例，展示了该方法在实际应用中的有效性，并为管理实践提供了有益的见解。

中国重汽是一家国有重型卡车制造商，总部位于山东省济南市。作为中国最大的重型卡车制造商之一，中国重汽生产多种商用车辆，包括自卸车、货车、拖头车及特种车辆等。本节收集了来自中国重汽九家子公司的数据。在每个子公司的生产过程中，所使用的投入包括员工人数 X_1（单位：人）、主要设备数量 X_2（单位：件）以及当年完成的总投资 X_3（单位：10^2 万元），生产产出包括工业增加值 Y_1（单位：10^2 万元）以及主营业务收入 Y_2（单位：10^2 万元）。九家子公司的原始投入和产出数据列于表 13.4 中。

表 13.4　九家子公司的原始投入和产出数据

子公司	X_1	X_2	X_3	Y_1	Y_2
中国重汽集团济南复强动力有限公司	686	306	145.52	195.94	1699.34
中国重汽集团柳州运力专用汽车有限公司	623	147	0.22	63.12	703.36
中国重汽集团济宁商用车有限公司	579	363	25.01	198.93	4682.25
中国重汽集团成都王牌商用车有限公司	2837	1573	58.41	277.44	3372.16
中国重汽集团福建海西汽车有限公司	963	593	1.78	11.93	953.44

续表

子公司	X_1	X_2	X_3	Y_1	Y_2
中国重汽集团湖北华威专用汽车有限公司	606	687	1.17	51.09	467.12
中国重汽集团济南特种车有限公司	792	277	0.66	175.60	1035.98
中国重汽集团济南豪沃客车有限公司	537	470	1.88	36.70	1792.19
中国重汽集团济南专用车有限公司	510	423	25.43	75.03	1110.06

随着电气化、自动驾驶和智能互联等新兴技术的崛起，重型卡车行业正经历深刻变革。为了保持竞争力，建立一个各子公司共享的技术研发中心，利用各子公司的优势和专长，通过协作研究推动技术突破，可能是一个有前景的选择。假设九家子公司共投资 1.5 亿元，设立共享研发中心，旨在推动创新、促成技术突破并改进竞争力。该共享研发中心的投资可视为年度投入的补充，即本年度完成的总投资。在此，每家子公司被视为一个 DMU。如何在不同的 DMU 之间分配固定成本是当前需要解决的问题。

在此案例中，所有 DMU 将共同参与建立共享研发中心，并从中受益，因此不应将零成本分摊给任何一个 DMU。此外，不同 DMU 的生产和运营状态不同，它们的效率改进潜力也有所差异。然而，如果在固定成本分摊后，DMU 的效率改进比例和成本分摊存在显著差异，这是不可取的，因为这会导致 DMU 不愿接受固定成本分摊结果。本章的方法在分配过程中兼顾了公平性和均衡性，同时避免了将零固定成本分摊给某个 DMU 的情况。因此，采用本章提出的方法是必要的，可以更有效地应对该案例。

表 13.5 展示了考虑等比例效率改进的效率评估和固定成本分摊结果。九家子公司的最优等比例效率改进（记作 $\alpha^{\max}$ ）为 0.5482。然而，如表 13.5 所示，固定成本分摊结果严重失衡，因为所有固定成本都分配给了高效率的 DMU。因此，使用算法 13.2 得到最终的固定成本分摊结果，该结果同时考虑了效率改进和均衡性增强。设定 $\overline{B}=15$，即总成本的 10%。计算得出 $B^{\max}=71.6366$，$B^{\min}=1.9475$。详细结果见表 13.6。

表 13.5　效率评估和固定成本分摊结果

子公司	E_j^{com}	$E_j^{\max}$	E_j^{icom}	f_j'
中国重汽集团济南复强动力有限公司	0.1766	0.7145	0.4715	0.0000
中国重汽集团柳州运力专用汽车有限公司	0.5388	1.0000	1.0000	16.2698
中国重汽集团济宁商用车有限公司	1.0000	1.0000	1.0000	71.6653
中国重汽集团成都王牌商用车有限公司	0.3192	1.0000	1.0000	0.0000
中国重汽集团福建海西汽车有限公司	0.1767	1.0000	0.6281	0.0000

续表

子公司	E_j^{com}	E_j^{max}	E_j^{icom}	f_j'
中国重汽集团湖北华威专用汽车有限公司	0.4035	1.0000	1.0000	0.0000
中国重汽集团济南特种车有限公司	1.0000	1.0000	1.0000	47.2881
中国重汽集团济南豪沃客车有限公司	0.6562	1.0000	1.0000	14.7769
中国重汽集团济南专用车有限公司	0.3241	0.9567	0.8811	0.0000

表 13.6　算法 13.2 的计算结果

子公司	一轮迭代		二轮迭代		三轮迭代		f_j^{os}
	E_j^1	f_j^1	E_j^2	f_j^2	E_j^{opcom}	f_j^*	
中国重汽集团济南复强动力有限公司	0.3966	1.022	0.3013	15.172	0.2387	22.386	34.628
中国重汽集团柳州运力专用汽车有限公司	1.0000	12.469	0.9411	5.480	0.8982	4.324	1.882
中国重汽集团济宁商用车有限公司	1.0000	49.758	1.0000	39.219	1.0000	32.004	19.758
中国重汽集团成都王牌商用车有限公司	0.6509	38.029	0.4771	52.177	0.3978	59.391	71.637
中国重汽集团福建海西汽车有限公司	0.5134	0.000	0.4143	0.877	0.4324	1.418	3.004
中国重汽集团湖北华威专用汽车有限公司	1.0000	0.001	0.8705	1.556	0.7822	1.429	2.879
中国重汽集团济南特种车有限公司	1.0000	39.675	1.0000	25.535	1.0000	18.321	6.075
中国重汽集团济南豪沃客车有限公司	1.0000	9.046	0.9507	8.886	0.9275	9.351	4.264
中国重汽集团济南专用车有限公司	0.7539	0.000	0.6325	1.100	0.5519	1.376	5.873
B		33.607		19.460		12.246	
α	0.4090		0.2319		0.1155		

根据表 13.6，算法 13.2 需要三次迭代才能产生最终公平的固定成本分摊结果。在第一次迭代中，两个子公司被分配了零固定成本，并且均衡指标达到了 33.607，表明这是一个不可接受的固定成本分摊结果，因此需要进行下一次迭代。最终，算法在第三次迭代后终止，得到的最优固定成本分摊结果的均衡指标为 12.246，等比例效率改进指标为 0.1155。此外，从最优固定成本分摊结果来看，规模较大的子公司被分配了更高比例的固定成本。具体来说，规模最大的子公司成都王牌商用车有限公司，分配到了最高的固定成本 5939.1 万元。同时，规模较小的子公司则获得了较低但非零的固定成本。该分配结果与业务运营的实际情况相一致，也体现了本章方法在增强固定成本分摊结果均衡性时对经营规模的考虑。

在日常业务运营中，集团内部多个子公司共同参与某一项目或活动并分摊共享成本是常见现象。然而，如何在不同子公司之间公平地分配这些成本却是一大挑战，正如中国重汽的案例所示。本章的研究为固定成本分摊提供了宝贵的管理见解。

首先，固定成本分摊时必须考虑生产效率。以济南复强动力有限公司为例，该公司在九家子公司中效率最低。决策者应意识到，不当的成本分摊可能导致该子公司效率水平的下降，进而影响其日常运营。实际上，为了确保成本控制并最大化利润，所有子公司在固定成本分摊后的效率水平应该保持不低于分配前的水平。因此，必须仔细考虑如何优化公司的各类资源，如人员、设备、材料等，以改进生产效率。

其次，在固定成本分摊的结果中必须实现均衡，即分配给各子公司的成本不应过度偏离其经营规模所应承担的份额。合理的预期是，经营规模较大的公司，如成都王牌商用车有限公司和济南复强动力有限公司，应在最终的固定成本分摊结果中承担更大比例的成本。相反，经营规模相对较小的公司，如柳州运力专用汽车有限公司和湖北华威专用汽车有限公司，则应承担较小的成本份额。这有助于促进分配结果的公平性和合理性，并确保每个子公司能承担与其规模和运营水平相适应的成本。

最后，根据本章的研究，在改进效率与实现均衡分配结果之间存在权衡。在子公司之间公平分配成本有助于分配的公平性，但过度强调均衡可能最终导致效率改进比例的下降。相反，优先考虑效率改进可能导致不均衡的成本分摊，从而使某些子公司处于不利地位。如案例所示，如果仅考虑效率改进，那么所有成本将完全由四家经营规模较小且效率较高的子公司承担，即柳州运力专用汽车有限公司、济宁商用车有限公司、济南特种车有限公司和济南豪沃客车有限公司，这对它们来说将构成巨大的财务负担，是不可接受的。因此，决策者的责任是根据其组织的具体情况和目标，在优先考虑均衡与提高效率之间做出选择，以生成一个可接受的固定成本分摊结果。

13.6 本章小结

本章提出了一种新的固定成本分摊方法，旨在将固定成本作为在 DEA 公共权重框架下某一当前投入的补充。首先，定义了多个原则，包括效率不减、等比例效率改进、分配结果具有均衡性和非零固定成本，作为公平性的固定成本分摊原则。其次，本章表明仅仅最大化 DMU 的效率，往往会导致许多 DMU 被分配零固定成本。为解决这一问题，提出了一个双目标固定成本分摊模型，该模型同时考虑最大化效率和增强固定成本分摊结果均衡性两大目标。再次，本章还构建了类似博弈模型的谈判机制与权衡算法，旨在生成一个均衡的固定成本分摊结果，实现两个目标之间的均衡解，并满足所有四个固定成本分摊原则。通过数值例子，本章展示了所提方法与基准方法（Li et al.，2009）的比较，结果表明，所提方法能够有效改进 DMU 的效率，并增强固定成本分摊结果的均衡性。同时，确保没有任何 DMU 被分配零固定成本。最后，本章将该方法应用于中国重汽九家子公司之间的固定成本分摊案例，验证了方法的有效性，并提供了相应的管理启示。

本章的研究为基于 DEA 的固定成本分摊方法带来了至少三个方面的优势。首先，遵循所有四个固定成本分摊原则，确保每个 DMU 的效率得到改进，并且能获得与经营规模相匹配的均衡固定成本分摊结果，避免任何 DMU 被分配零固定成本。其次，本章方法同时考虑最大化效率和增强固定成本分摊结果均衡性两个目标。通过类似博弈的谈判机制和权衡算法，确保固定成本分摊结果在两个目标间达成均衡解。最后，所提方法清晰地展现了最大化效率与增强固定成本分摊结果均衡性之间的权衡，并允许决策者在均衡指标上设定偏好参数，从而生成符合期望的固定成本分摊结果。以上优势使由本章所提方法生成的固定成本分摊结果不仅公平，而且能够被各 DMU 接受。

本章研究的局限性在于，所提出的双目标固定成本分摊方法主要针对结构较为简单的 DMU，未来的研究可进一步拓展该方法，以应对具有复杂网络结构的 DMU 之间的固定成本分摊问题。此外，考虑多个目标的成本分摊方法还可进一步应用于基于 DEA 的资源配置问题研究，以改进决策的灵活性和适应性。

参考文献

Beasley J E. 2003. Allocating fixed costs and resources via data envelopment analysis. European Journal of Operational Research, 147(1): 198-216.

Charnes A, Cooper W W. 1962. Programming with linear fractional functionals. Naval Research Logistics Quarterly, 9(3/4): 181-186.

Cook W D, Kress M. 1999. Characterizing an equitable allocation of shared costs: a DEA approach. European Journal of Operational Research, 119(3): 652-661.

Li F, Zhu Q Y, Chen Z. 2019a. Allocating a fixed cost across the decision making units with two-stage network structures. Omega, 83: 139-154.

Li F, Zhu Q Y, Liang L. 2019b. A new data envelopment analysis-based approach for fixed cost allocation. Annals of Operations Research, 274: 347-372.

Li Y J, Yang F, Liang L, et al. 2009. Allocating the fixed cost as a complement of other cost inputs: a DEA approach. European Journal of Operational Research, 197(1): 389-401.

Lin R Y. 2011. Allocating fixed costs or resources and setting targets via data envelopment analysis. Applied Mathematics and Computation, 217(13): 6349-6358.

Nash J F. 1950. The bargaining problem. Econometrica, 18(2): 155-162.

第 14 章　两阶段网络中的满意度讨价还价成本分摊方法研究

14.1　引　　言

本章在 DEA 的框架下，提出了一种新的两阶段网络系统 DMU 间的固定成本分摊方法。首先，给出了可能的固定成本分摊集合，证明了在固定成本分摊后，当使用一组公共权重进行评估时，所有 DMU 都可以实现整体有效。其次，从集中式的角度出发，考虑了 DMU 两个阶段在固定成本分摊中的竞争关系，并将这两个阶段视为两个联盟。然后，引入领导者-追随者模型，提出了一种固定成本分摊方法，用于处理两个联盟依次做出决策的情况。基于这些模型的结果，提出了每个联盟对固定成本分摊的满意度概念，并构建了一个满意度讨价还价博弈模型，以获得一个使两个联盟讨价还价均衡的固定成本分摊方案。通过证明，所提出的方法始终能够在满足比例不变性的前提下获得固定成本分摊结果。此外，满意度讨价还价博弈方法还能保证固定成本分摊结果的唯一性。这些属性使由本章方法得到的固定成本分摊结果更稳定且更容易被接受。最后，通过一个数值实例以及在银行分支机构中固定成本分摊的应用，将本章方法与当前已有研究中的基准方法进行比较，以说明该方法的有效性。

14.2　问 题 描 述

本章在没有外部投入或产出的情况下，研究由两个阶段组成的 DMU 之间的固定成本分摊问题。与已有研究不同的是，本章进一步探讨了 DMU 各阶段之间的博弈关系。通过证明存在一种能够使所有 DMU 都有效的分摊方案，给出了可能的固定成本分摊集合，称为固定成本分摊可能集。随后，将 DMU 的第一阶段和第二阶段分别视为两个依次做出决策的联盟。然后，提出了基于领导者-追随者模型和纳什讨价还价博弈的固定成本分摊方法。所提出的方法不仅可应用于不同的博弈场景，还能够生成满足比例不变性的解决方案。此外，讨价还价博弈方法还能保证固定成本分摊结果的唯一性。

首先，对两阶段分配固定成本和不分配固定成本的效率评价模型进行了初步探讨，并给出了分配固定成本的可能集。其次，提出了领导者-跟随者固定成本分摊方法和满意度的概念。在此基础上提出了一个基于满意度的谈判博弈模型。最后，通过一个数值例子和在 27 家银行分支机构中固定成本分摊的应用进行了说明。

14.3 基础模型

本章考虑 n 个 DMU，$J=\{1,\cdots,n\}$。在第一阶段，DMU_j 使用 m 个投入 x_{ij}（$i=1,\cdots,m$）生产 p 个中间产物 z_{kj}（$k=1,\cdots,p$）；在第二阶段，p 个中间产物 z_{kj} 被当作投入用来生产 s 个产出 y_{hj}（$h=1,\cdots,s$）。w_i（$i=1,\cdots,m$）、u_h（$h=1,\cdots,s$）、φ_k（$k=1,\cdots,p$）、r_j^1（$j=1,\cdots,n$）和 r_j^2（$j=1,\cdots,n$）为决策变量，分别代表第 i 种投入的权重、第 h 种产出的权重、第 k 种中间产物的权重、DMU_j 在第一阶段被分配的成本和 DMU_j 在第二阶段被分配的成本，其向量表示形式分别为 w、u、φ、r^1、r^2。类似地，每个 DMU_j 的投入、中间产物和产出的向量形式分别为 x_j、z_j 和 y_j，分别构成矩阵 X、Z 和 Y。具有相同条目数的两个列向量 a 和 b 的向量积（表示为 $a\cdot b$）定义如下：

$$a\cdot b=a^{\mathrm{T}}\cdot b=b^{\mathrm{T}}\cdot a=\sum_{k=1}^{q}a_k b_k$$

假设任何 DMU 的投入、中间产物和产出都是正的。由于总固定成本在所有 DMU 的所有阶段之间分配，因此有 $\sum_{j=1}^{n}\left(r_j^1+r_j^2\right)=R$。图 14.1 展示了任意 DMU_j 在两阶段网络系统中的固定成本分摊过程。固定成本分摊问题是要确定如何将总固定成本 R 在 n 个 DMU 的两个阶段之间合理分配。分配给每个子系统的固定成本被视为一种新的投入。需要注意的是，总固定成本在生产过程中由 DMU 的各个阶段共同消耗，但却需要在生产周期结束后在各个阶段之间进行分配，每个 DMU 在每个阶段都倾向于减少其在这项共同成本中的分担比例。

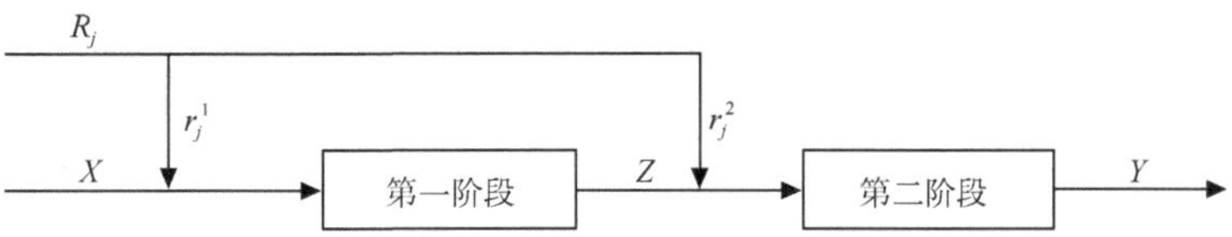

图 14.1　两阶段网络系统的固定成本分摊过程

14.3.1 不考虑固定成本的两阶段网络系统效率评估

采用 Chen 等（2009）提出的加性模型，评估两阶段网络系统的效率。对于任意 DMU_d，其线性形式的模型如式（14.1）所示。

$$\theta_d^* = \max\ u \cdot y_d + \varphi \cdot z_d \tag{14.1}$$

$$\text{s.t.}\quad Z\varphi - Xw \leqslant \mathbf{0} \tag{14.1a}$$

$$Yu - Z\varphi \leqslant \mathbf{0} \tag{14.1b}$$

$$w \cdot x_d + \varphi \cdot z_d = 1 \tag{14.1c}$$

$$u, w, \varphi \geqslant \mathbf{0} \tag{14.1d}$$

在模型（14.1）中，可以看到，在对两个阶段建模时，中间产物被赋予相同的权重。变量 θ_d^* 表示在没有固定成本需要分配的情况下，DMU_d 的整体效率。Chen 等（2009）进一步提出了一种效率分解方法，基于领导者-追随者博弈理论计算每个 DMU 两个阶段的效率。

14.3.2 固定成本分摊下两阶段网络系统的效率评估

现在，考虑 DMU 被分配固定成本的情况。基于 Chen 等（2009）提出的加性模型，使用模型（14.2）对分配固定成本的 DMU_d 进行效率评估。

$$\max\ \omega_d^1 \times \frac{\varphi \cdot z_d}{w \cdot x_d + r_d^1} + \omega_d^2 \times \frac{u \cdot y_d}{\varphi \cdot z_d + r_d^2} \tag{14.2}$$

$$\text{s.t.}\quad \varphi \cdot z_j \leqslant w \cdot x_j + r_j^1,\ \forall j \in J \tag{14.2a}$$

$$u \cdot y_j \leqslant \varphi \cdot z_j + r_j^2,\ \forall j \in J \tag{14.2b}$$

$$\sum_{j=1}^{n}\left(r_j^1 + r_j^2\right) = R,\ \forall j \in J \tag{14.2c}$$

$$u, w, \varphi, r^1, r^2 \geqslant \mathbf{0} \tag{14.2d}$$

其中，$\omega_d^1 = \dfrac{w \cdot x_d + r_d^1}{w \cdot x_d + \varphi \cdot z_d + r_d^1 + r_d^2}$，$\omega_d^2 = \dfrac{\varphi \cdot z_d + r_d^2}{w \cdot x_d + \varphi \cdot z_d + r_d^1 + r_d^2}$。

在模型（14.2）中，在评估 DMU 效率时，对两个阶段分配的固定成本赋予相同的权重。在后续的研究中，对所有方法都采用相同的假设。由于分配给投入、产出和中间产物的权重仅表示其在评估过程中的相对重要性，因此始终可以通过比例变换将分配的固定成本赋予权重 1。

令 $\left(u^*, w^*, \varphi^*, r^{1*}, r^{2*}\right)$ 表示模型（14.2）在针对 DMU_d 求解时的最优解。然后，

DMU_d 的整体效率以及其第一阶段和第二阶段的效率，分别记为 E_d^*、E_d^{1*} 和 E_d^{2*}，可以通过式（14.3）～式（14.5）分别计算得出。

$$E_d^* = \frac{\varphi^* \cdot z_d + u^* \cdot y_d}{w^* \cdot x_d + \varphi^* \cdot z_d + r_d^{1*} + r_d^{2*}} \tag{14.3}$$

$$E_d^{1*} = \frac{\varphi^* \cdot z_d}{w^* \cdot x_d + r_d^{1*}} \tag{14.4}$$

$$E_d^{2*} = \frac{u^* \cdot y_d}{\varphi^* \cdot z_d + r_d^{2*}} \tag{14.5}$$

很容易验证，只有 DMU_d 的两个阶段都有效时，它才是整体有效的。也就是说，当且仅当 $E_d^{1*} = 1$ 和 $E_d^{2*} = 1$ 时，$E_d^* = 1$。

14.3.3　固定成本分摊可能集

关于模型（14.2），给出定理 14.1 和定理 14.2。

定理 14.1　模型（14.2）总是存在一个可行解，使被评估的 DMU 整体有效。

证明：参见定理 14.2 的证明。

定理 14.1 表明，每个 DMU 总是可以找到一组权重和固定成本分摊方案，使其整体有效。因此，对每个 DMU_d 求解模型（14.2）时，总是可以得到 $E_d^* = E_d^{1*} = E_d^{2*} = 1$。

定理 14.2　总是存在一组公共权重和固定成本分摊方案，使所有 DMU 整体有效。

证明：基于模型（14.2）给出该定理的证明。令 $R^* = \max_j \left\{ R' \middle| \frac{z_{pj} R'}{\sum_{j'=1}^{n} z_{pj'}} \leqslant \frac{y_{sj} R}{\sum_{j'=1}^{n} y_{sj'}}, R' \geqslant 0 \right\}$。很容易验证 $R^* > 0$。令 $u_r = 0$（$r = 1, \cdots, s-1$），$u_s = \frac{R}{\sum_{j=1}^{n} y_{sj}}$，$w_i = 0$（$\forall i$），$\varphi_k = 0$（$k = 1, \cdots, p-1$），$\varphi_p = \frac{R^*}{\sum_{j=1}^{n} z_{pj}}$，$r_j^2 = \frac{z_{pj} \cdot R^*}{\sum_{j'=1}^{n} z_{pj'}}$，且 $r_j^1 = \frac{y_{sj} \cdot R}{\sum_{j'=1}^{n} y_{sj'}} - r_j^2$。可以看出，上述定义的 $\left(u, \varphi, w, r^1, r^2\right)$ 满足模型（14.2）的所有约束条件，因此是模型（14.2）的一个可行解。此外，任何 DMU_j 的整体效率及其两个阶段的效率均为 $E_d^* = E_d^{1*} = E_d^{2*} = 1$。因此，存在一个解使所有 DMU 整

体有效。证毕。

由定理 14.2 可知，模型（14.2）总是存在可行解，使所有 DMU 整体有效。这意味着在固定成本分摊后，所有 DMU 都可以位于新的有效前沿上。因此，存在一个可行解使被评估的 DMU 整体有效。因此，定理 14.1 成立。基于这些定理，可以定义使所有 DMU 在一组公共权重下整体有效的固定成本分摊集合，称为固定成本分摊可能集（FS），其定义如式（14.6）所示。

$$\mathrm{FS}=\left\{\left(r^1,r^2\right)\geqslant\mathbf{0}\middle|r^1=Z\varphi-Xw,r^2=Yu-Z\varphi,\sum_{j=1}^{n}\left(r_j^1+r_j^2\right)=R\right\}\tag{14.6}$$

然而，式（14.6）定义的 FS 通常无法确定唯一的固定成本分摊方案给每个 DMU 的两个阶段，并且分配到每个阶段的固定成本可能会存在较大的差异。因此，有必要进一步建立模型，以便最终从 FS 中获得适当的固定成本分摊方案。为此，本章考虑两种情况。一种情况下，DMU 的两个阶段依次做出决策；另一情况下，DMU 的两个阶段通过讨价还价博弈做出决定。

14.4 模型构建

14.4.1 领导者-追随者固定成本分摊模型与满意度

基于给定的固定成本分摊可能集 FS，本节结合领导者-追随者博弈理论，提出了若干两阶段 DMU 的固定成本分摊模型。

在实际情况下，DMU 的两个阶段之间可能存在支配关系。此外，每个阶段的 DMU 都倾向于减少自身分担的固定成本，并希望将总成本中的更大部分分配给另一阶段。基于这种情况，本节引入领导者-追随者模型，提出了一种方法，从集中式的角度将 DMU 的第一阶段和第二阶段分别视为两个联盟。这两个联盟分别被视为领导者和追随者。随后，给出了相应的模型以确定最终的固定成本分摊方案。首先，给出模型（14.7），用于处理第一阶段联盟被视为领导者的情况。

$$\min\quad\alpha\tag{14.7}$$

$$\text{s.t.}\quad r^1=Z\varphi-Xw\tag{14.7a}$$

$$r^2=Yu-Z\varphi\tag{14.7b}$$

$$\sum_{j=1}^{n}\left(r_j^1+r_j^2\right)=R,\ \forall j\in J\tag{14.7c}$$

$$r_j^1\leqslant\alpha,\ \forall j\in J\tag{14.7d}$$

$$u,w,\varphi,r^1,r^2 \geqslant \mathbf{0} \tag{14.7e}$$

由于 DMU 第一阶段的联盟被视为领导者，因此其可以优先最小化自身的固定成本份额。考虑到同时实现最小化分配给 DMU 第一阶段的固定成本总量以及保持分配之间的平衡性，模型（14.7）最小化了这些分配量的最大值。设 α^l 表示模型（14.7）的最优目标值。第二阶段的联盟可以通过模型（14.8）来最小化 DMU 之间分配的固定成本的最大值。

$$\min \quad \beta \tag{14.8}$$

$$\text{s.t.} \quad r^1 = Z\varphi - Xw \tag{14.8a}$$

$$r^2 = Yu - Z\varphi \tag{14.8b}$$

$$\sum_{j=1}^{n}\left(r_j^1 + r_j^2\right) = R, \ \forall j \in J \tag{14.8c}$$

$$r_j^1 \leqslant \alpha^l, \ \forall j \in J \tag{14.8d}$$

$$r_j^2 \leqslant \beta, \ \forall j \in J \tag{14.8e}$$

$$u,w,\varphi,r^1,r^2 \geqslant \mathbf{0} \tag{14.8f}$$

假设 β^f 表示模型（14.8）的最优目标值。由此得到了在第一阶段联盟作为领导者、第二阶段联盟作为追随者的情况下的固定成本分摊结果。

针对模型（14.7），有定理 14.3。

定理 14.3　模型（14.7）的目标函数的最优目标值始终为 0，即 $\alpha^l = 0$。

证明：考虑如下解，$\alpha = 0$，$w = \mathbf{0}$，$\varphi = \mathbf{0}$，$r^1 = \mathbf{0}$，$u_s = \dfrac{R}{\sum_{j=1}^{n} y_{js}}$，$u_k = 0$，$\forall k \neq s$ 且 $r_j^2 = \dfrac{R y_{js}}{\sum_{j}^{n} y_{js}}$。容易验证，该解是模型（14.8）的一个可行解。证毕。

定理 14.3 表明，如果第一阶段的联盟作为领导者，它可以迫使 DMU 在第二阶段承担全部固定成本。从该定理的证明可以看出，当第一阶段的联盟作为领导者时，该模型并未考虑第一阶段的生产活动。固定成本可以根据第二阶段的产出按比例分配。这一结果是合理的，因为 DMU 两阶段特性决定了这一分配方式。从图 14.1 可以看出，每个 DMU 第二阶段的生产完全依赖于第一阶段生产的中间产物。由于第一阶段能够控制第二阶段的生产资源，因此能够将自身成本转移至第二阶段，这也与实际生产情况相一致。

同样地，当第二阶段的联盟被视为领导者，第一阶段的联盟作为追随者时，可以通过模型（14.9）和模型（14.10）来确定固定成本的分摊方案。

$$\min \quad \beta \tag{14.9}$$

$$\text{s.t.} \quad r^1 = Z\varphi - Xw \tag{14.9a}$$

$$r^2 = Yu - Z\varphi \tag{14.9b}$$

$$\sum_{j=1}^{n}\left(r_j^1 + r_j^2\right) = R, \ \forall j \in J \tag{14.9c}$$

$$r_j^2 \leqslant \beta, \ \forall j \in J \tag{14.9d}$$

$$u, w, \varphi, r^1, r^2 \geqslant \mathbf{0} \tag{14.9e}$$

$$\min \quad \alpha \tag{14.10}$$

$$\text{s.t.} \quad r^1 = Z\varphi - Xw \tag{14.10a}$$

$$r^2 = Yu - Z\varphi \tag{14.10b}$$

$$\sum_{j=1}^{n}\left(r_j^1 + r_j^2\right) = R, \ \forall j \in J \tag{14.10c}$$

$$r_j^1 \leqslant \alpha, \ \forall j \in J \tag{14.10d}$$

$$r_j^2 \leqslant \beta^l, \ \forall j \in J \tag{14.10e}$$

$$u, w, \varphi, r^1, r^2 \geqslant \mathbf{0} \tag{14.10f}$$

其中，β^l表示模型（14.9）的最优目标函数值。通过求解模型（14.10），可以获得作为追随者的第一阶段最小化后的最大固定成本分配值，将其记为α^f。基于模型（14.7）～模型（14.10）所得到的结果，给出定义 14.1。

定义 14.1　第一阶段和第二阶段联盟对固定成本分摊$\left(r^1, r^2\right)$的满意度分别定义为式（14.11）和式（14.12）。

$$S^1 = \frac{\alpha^f - \alpha}{\alpha^f - \alpha^l} \tag{14.11}$$

$$S^2 = \frac{\beta^f - \beta}{\beta^f - \beta^l} \tag{14.12}$$

其中，$\alpha = \max_{1 \leqslant j \leqslant n} r_j^1$，$\beta = \max_{1 \leqslant j \leqslant n} r_j^2$。从该定义可以看出，$\alpha$和$\beta$分别表示在第一阶段和第二阶段中分配的最大固定成本，同时也反映了分配给联盟的总固定成本。通常，α或β越小，分配给第一阶段或第二阶段联盟的固定成本越少，该联盟获得的满意度也就越高。因此，第一阶段（或第二阶段）的联盟可以通过努力提高其满意度（即减少α或β的值）来减少其分配到的固定成本。

可以很容易看出，$S^t \in [0,1], t = 1,2$。联盟t最满意的固定成本分摊结果（即

$S^t = 1$）是其作为领导者的情况，因为此时它可以在不考虑对其他联盟影响的情况下自行做出决策。联盟最不满意的固定成本分摊结果（即 $S^t = 0$）是其作为追随者的情况，因为只有在另一联盟完成优化后，它才能最小化其分配到的固定成本的最大值。

14.4.2　满意度讨价还价博弈模型

上述部分讨论了第一阶段和第二阶段联盟以顺序方式做出决策的情况。然而，在此类模型中，结果通常更有利于领导者，这有时会使追随者难以接受，尤其是在每个 DMU 的两个阶段之间没有明显支配关系（没有明显的优势）的情况下。在实际应用中，最常见的情况是每个 DMU 的两个阶段通过相互协商来确定最终的固定成本分摊方案。因此，在本节中，引入纳什讨价还价博弈理论（Nash，1950，1953），提出了一个基于满意度的讨价还价博弈模型，即模型（14.13）。第一阶段联盟和第二阶段联盟被视为讨价还价博弈中的两个参与者，将每个联盟对固定成本分摊的满意度作为其收益。FS 中的可行固定成本分摊方案是可选策略。该模型的核心思想是允许两个联盟就固定成本分摊的满意度进行讨价还价，从而获得一个纳什均衡解。

$$\max \quad S^1 \times S^1 \tag{14.13}$$

$$\text{s.t.} \quad r^1 = Z\varphi - Xw \tag{14.13a}$$

$$r^2 = Yu - Z\varphi \tag{14.13b}$$

$$\sum_{j=1}^{n}\left(r_j^1 + r_j^2\right) = R, \ \forall j \in J \tag{14.13c}$$

$$r_j^1 \leqslant \alpha, \ \forall j \in J \tag{14.13d}$$

$$r_j^2 \leqslant \beta, \ \forall j \in J \tag{14.13e}$$

$$S^1 \leqslant \left(\alpha^f - \alpha\right)\Big/\left(\alpha^f - \alpha^l\right) \tag{14.13f}$$

$$S^2 \leqslant \left(\beta^f - \beta\right)\Big/\left(\beta^f - \beta^l\right) \tag{14.13g}$$

$$u, w, \varphi, r^1, r^2 \geqslant \mathbf{0} \tag{14.13h}$$

在模型（14.13）中，为了确保模型的可行性，将等式 $S^1 = \left(\alpha^f - \alpha\right)\Big/\left(\alpha^f - \alpha^l\right)$ 和 $S^2 = \left(\beta^f - \beta\right)\Big/\left(\beta^f - \beta^l\right)$ 替换为不等式（14.13f）和不等式（14.13g）。这种替换本质上是一种松弛处理，但不会影响最优解，因为这两个约束在最优解处将自动变为严格等式。此外，根据定义 14.1，有 $S^1 \in [0,1]$ 和 $S^2 \in [0,1]$。

需要注意的是，模型（14.13）是一个非线性规划问题，直接求解难度较大。然而，一旦 S^1 或 S^2 的值已知，问题就会转化为一个线性规划问题。因此，可以通过在区间[0, 1]上搜索 S^1 或 S^2 的最优值来求解该模型。在下文中，不失一般性地将 S^1 视为参数。令 S 表示由其余决策变量组成的向量，提出了一种算法来求解模型（14.13）的最优解，具体算法如下。

算法 14.1

步骤 1：令 $T=10\,000$，$\varepsilon=1/T$，$t=1$，$\text{obj}^*=0$。

步骤 2：如果 $t>T$，则停止。否则计算 $S^1=t\varepsilon$，求解模型（14.13），并获得最优目标值 obj 以及最优解 S。如果 obj>obj*，则更新 obj*=obj，$S^*=S$，$S^{1*}=S^1$。

步骤 3：令 $t=t+1$，返回步骤 2。

当算法 14.1 停止时，模型（14.13）的最优解由 $\left(S^{1*},S\right)$ 给出。

Nash（1950，1953）指出，纳什讨价还价解具有以下四个性质：帕累托效率、仿射变换不变性、无关替代独立性以及对称性。在满意度讨价还价博弈模型的最优解中，这些性质可以描述如下：①帕累托效率表明，两个联盟中的任意一个都无法在不降低另一个联盟满意度的情况下提高自身的满意度；②仿射变换不变性表明，如果模型（14.13）的谈判破裂时的满意度和可行区域在收益空间中满足仿射变换，则两个联盟的满意度也将遵循该仿射变换；③无关替代独立性表明，当模型（14.13）的可行区域缩小但讨价还价解仍在新的可行区域内时，模型（14.13）的最优解和最优收益（即满意度）保持不变；④对称性表明，如果模型（14.13）的可行区域和两个联盟谈判破裂时的满意度是对称的，那么模型（14.13）将生成一个固定成本分摊方案，使两个联盟获得相同的满意度。

关于模型（14.13），提出以下定理 14.4 和定理 14.5。

定理 14.4　模型（14.13）的可行区域是紧且凸的。

证明：设模型（14.13）的可行区域为 Ω。由于 Ω 是在欧几里得空间中有界且封闭的，因此它是紧的。由于定义 Ω 的约束是线性等式或不等式，因此 Ω 是凸的（Dantzig，2016）。

定理 14.5　由模型（14.13）生成的固定成本分摊具有比例不变性的性质。

证明：首先证明，在模型（14.7）的一个最优解中，α^l 具有比例不变性，即 α^l/R 不随 R 的变化而变化。设 $u'=u/R$，$w'=w/R$，$\varphi'=\varphi/R$，$p^1=r^1/R$，$p^2=r^2/R$，$\alpha'=\alpha/R$。那么，模型（14.7）可以等价地转化为以下模型。

$$\min \quad R\times\alpha' \tag{14.14}$$

$$\text{s.t.} \quad p^1=Z\varphi'-Xw' \tag{14.14a}$$

$$p^2 = Yu' - Z\varphi' \tag{14.14b}$$

$$\sum_{j=1}^{n}\left(p_j^1 + p_j^2\right) = 1,\ \forall j \in J \tag{14.14c}$$

$$p_j^1 \leqslant \alpha',\ \forall j \in J \tag{14.14d}$$

$$u', w', \varphi', p^1, p^2 \geqslant \mathbf{0} \tag{14.14e}$$

当 R 被赋予一个常数值时，求解模型（14.14）等价于求解一个与模型（14.14）相同的模型，只是目标函数被替换为 $\min\alpha'$。

注意，R 在等价模型中为零。因此 $\alpha / R = \min\alpha'$ 与 R 无关。类似地，可以证明模型（14.8）、模型（14.9）和模型（14.10）中所得到的 α^f / R、β^l / R、β^f / R 与 R 无关。

使用上述类似的变换，模型（14.13）可以转化为模型（14.15）。

$$\max\ S^1 \times S^2 \tag{14.15}$$

$$\text{s.t.}\ \ p^1 = Z\varphi' - Xw' \tag{14.15a}$$

$$p^2 = Yu' - Z\varphi' \tag{14.15b}$$

$$\sum_{j=1}^{n}\left(p_j^1 + p_j^2\right) = 1,\ \forall j \in J \tag{14.15c}$$

$$p_j^1 \leqslant \alpha',\ \forall j \in J \tag{14.15d}$$

$$p_j^2 \leqslant \beta',\ \forall j \in J \tag{14.15e}$$

$$S^1 \leqslant \left(\alpha^f / R - \alpha'\right) \Big/ \left(\alpha^f / R - \alpha^l / R\right) \tag{14.15f}$$

$$S^1 \leqslant \left(\beta^f / R - \beta'\right) \Big/ \left(\beta^f / R - \beta^l / R\right) \tag{14.15g}$$

$$u', w', \varphi', p^1, p^2 \geqslant \mathbf{0} \tag{14.15h}$$

由于 α^l / R、α^f / R、β^l / R、β^f / R 是常数，因此模型（14.15）与固定成本总量 R 无关。最优分配比例的集合 $\left\{p^{1*}, p^{2*}\right\}$ 可以被确定，并且与 R 无关。

定理 14.4 表明，模型（14.13）的可行区域是紧且凸的，这保证了纳什讨价还价解的唯一性。也就是说，所提出的模型自动保证了最终固定成本分摊的唯一性。定理 14.5 表明，分配给任何 DMU 任何阶段的固定成本比例与待分配的固定成本总量 R 是不变的。同样可以证明，领导者–追随者博弈的固定成本分摊方法也能够生成具有比例不变性的结果。这一性质使本章提出的模型的结果具有稳定性和可信性。由于本章的方法是基于整个系统（所有 DMU 的数据）来获得固定成本分摊的，因此只要系统数据已知，就可以得到每个 DMU 的成本分摊比例。

14.5 模型应用

在本节中，先提供一个数值示例来说明所提出的固定成本分摊方法。随后，将这些方法应用于 27 家银行分支机构之间的维护费用分配，并与一些现有研究进行比较。

14.5.1 数值应用

随机生成了 10 个 DMU，每个 DMU 包括 2 个投入、2 个中间产物和 3 个产出。数值示例的原始数据列于表 14.1 中。假设固定成本总量 $R=200$ 。为了验证满意度讨价还价博弈模型(14.13)的比例不变性，进一步计算了 $R=300$ 和 $R=400$ 时该模型的情况。使用模型（14.1）来评估固定成本分摊前各 DMU 的效率。DMU 的效率得分列在表 14.2 的第 2 列中。评估结果显示，仅有一个 DMU（ DMU_7 ）被评估为有效。随后，使用领导者-追随者博弈方法在各 DMU 各阶段之间分配固定成本。结果列在表 14.2 的其余列中。根据这些结果，有以下观察结果。首先，当第一阶段的联盟作为领导者时，它能够将所有固定成本转移至第二阶段，并使所有 DMU 第一阶段分配到的固定成本为零。其次，当第二阶段的联盟作为领导者时，与作为追随者相比，其第二阶段的大多数 DMU 通常被分配较少的固定成本。这与领导者-追随者博弈理论的性质一致。当一个参与者作为追随者时，其通常会处于更被动的地位，并被迫承担更多的固定成本。因此在实际应用中，两阶段网络系统中的一个阶段通常在决策中占据主导地位，博弈中的决策结果（固定成本分摊结果）通常对主导者更有利，这导致结果失衡，有时会让参与者难以接受。例如，在第一阶段联盟作为领导者的情况下，固定成本被完全分配给第二阶段，这使第二阶段联盟难以接受这一结果。

表 14.1　数值示例的原始数据

DMU	投入		中间产物		产出		
	x_1	x_2	z_1	z_2	y_1	y_2	y_3
1	347.76	745.00	355.05	906.58	843.92	451.02	548.11
2	725.33	850.93	648.67	617.27	393.44	510.78	742.42
3	895.97	748.77	116.75	707.30	494.66	494.04	205.34
4	833.22	392.37	321.61	408.45	438.13	591.90	605.73
5	456.25	458.32	563.84	691.78	955.83	750.12	460.08
6	848.69	220.91	154.43	175.83	247.51	391.80	371.56

续表

DMU	投入		中间产物		产出		
	x_1	x_2	z_1	z_2	y_1	y_2	y_3
7	110.52	585.92	185.84	231.87	668.03	873.40	976.81
8	613.76	997.17	598.20	563.92	397.62	487.01	542.63
9	163.94	898.97	158.18	492.58	843.98	455.09	652.14
10	836.79	897.62	938.01	271.72	332.73	908.09	634.04

表 14.2　领导者-追随者博弈的结果

DMU	θ_j^*	一阶段作为领导者			二阶段作为领导者		
		r_j^{1*}	r_j^{2*}	$r_j^{1*}+r_j^{2*}$	r_j^{1*}	r_j^{2*}	$r_j^{1*}+r_j^{2*}$
1	0.7469	0.0000	26.0821	26.0821	20.6556	9.1630	29.8186
2	0.5071	0.0000	18.3141	18.3141	14.0639	0.0000	14.0639
3	0.4784	0.0000	13.8224	13.8224	16.1153	1.4868	17.6021
4	0.5652	0.0000	17.6005	17.6005	9.3061	6.3676	15.6737
5	0.7398	0.0000	27.5091	27.5091	15.7617	18.1402	33.9019
6	0.5580	0.0000	10.3143	10.3143	4.0061	4.8796	8.8857
7	1.0000	0.0000	27.5091	27.5091	5.2830	18.5998	23.8828
8	0.5049	0.0000	15.8836	15.8836	12.8484	1.3491	14.1975
9	0.9258	0.0000	27.3983	27.3983	11.2229	18.5998	29.8227
10	0.5719	0.0000	15.5663	15.5663	6.1908	5.9602	12.1510

随后，使用提出的满意度讨价还价博弈模型在各 DMU 之间分配固定成本。在讨价还价博弈的结果中，第一阶段联盟的满意度为 0.5002，第二阶段联盟的满意度为 0.6499。最优分配结果列于表 14.3 中。根据表 14.3 中的结果，可以得出以下观察结果。首先，可以看出，与领导者-追随者博弈方法生成的结果相比，讨价还价博弈模型生成的分配结果总体上更加平衡。其次，分配结果具有比例不变性，即当固定成本总量发生变化时，分配给任何阶段的固定成本比例保持不变。这一结果表明，该模型不仅能够生成构成纳什均衡解的固定成本分摊方案，而且使其具有稳定性，并且被所有 DMU 接受。

表 14.3　满意度讨价还价博弈生成的结果

DMU	一阶段				二阶段			
	$R=200$	$R=300$	$R=400$	p_j^{1*} /%	$R=200$	$R=300$	$R=400$	p_j^{2*} /%
1	10.3237	15.4855	20.6474	5.1618	16.6175	24.9263	49.8526	8.3088

续表

DMU	一阶段				二阶段			
	$R=200$	$R=300$	$R=400$	p_j^{1*} /%	$R=200$	$R=300$	$R=400$	p_j^{2*} /%
2	10.3237	15.4855	20.6474	5.1618	4.5770	6.8655	13.7311	2.2885
3	6.7570	10.1355	13.5140	3.3785	10.4592	15.6887	31.3775	5.2296
4	5.9599	8.9399	11.9198	2.9800	10.6203	15.9305	31.8610	5.3102
5	10.2492	15.3737	20.4983	5.1246	21.7191	32.5786	65.1572	10.8595
6	2.6950	4.0425	5.3900	1.3475	7.0715	10.6072	21.2145	3.5357
7	3.4098	5.1148	6.8197	1.7049	21.7191	32.5786	65.1572	10.8595
8	9.4767	14.2151	18.9535	4.7384	5.2353	7.8529	15.7058	2.6176
9	5.3280	7.9920	10.6561	2.6640	21.7191	32.5786	65.1572	10.8595
10	9.8270	14.7405	19.6539	4.9135	5.9119	8.8679	17.7358	2.9560

14.5.2　27 家银行分支机构固定成本分摊案例研究

该案例研究基于 Li 等（2019）的研究。中国贵州省的一家商业银行需要在其 27 家分支机构之间分配 2015 年信息与技术服务的维护费用，总金额为 8000（以 1000 元人民币为单位）。如 Li 等（2019）所解释，信息与技术服务是所有分支机构共同使用的服务，但其相关费用最初由总行支付。总行既不是一个利润中心，也不是一个成本中心，因此要求各分支机构分担部分费用。因此，问题变成如何以公平的方式将总行支付的这笔费用（8000 单位）分配到各分支机构。

每家商业银行分支机构被视为一个两阶段网络系统，包括资金系统和盈利系统。各分支机构第一阶段（资金系统）的投入为：劳动力 x_1、固定资产 x_2、劳动力成本以外的运营成本 x_3。中间产物为：存款 z_1、其他募集资金 z_2。第二阶段（盈利系统）的产出为：利息收入 y_1、非利息收入 y_2、坏账 y_3。

在每个分支机构中，资金系统的主要业务是利用劳动力、固定资产和劳动力成本以外的运营成本来筹集资金（包括存款和其他类型的资金），而盈利系统则利用资金系统产生的资金来获取利润。盈利系统的产出坏账是一种非期望产出，本章参考 Li 等(2019)使用的数据转换方法来处理。27 家银行分支机构原始数据见表 14.4。

表 14.4　27 家银行分支机构原始数据

机构	投入			中间产物		产出		
	x_1	x_2	x_3	z_1	z_2	y_1	y_2	y_3
1	25	619	538	77 237	34 224	2 947	913	224
2	27	419	489	88 031	56 559	3 138	478	516

续表

机构	投入			中间产物		产出		
	x_1	x_2	x_3	z_1	z_2	y_1	y_2	y_3
3	40	1 670	1 459	164 053	62 776	5 494	1 242	877
4	42	2 931	1 497	145 369	65 226	3 144	870	1 138
5	52	2 587	797	166 424	85 886	6 705	854	618
6	45	2 181	697	215 695	30 179	8 487	1 023	2 096
7	33	989	1 217	114 043	43 447	4 996	767	713
8	107	6 277	2 189	727 699	294 126	21 265	6 282	6 287
9	88	3 197	949	186 642	53 223	8 574	1 537	1 739
10	146	6 222	1 824	614 241	121 784	21 937	5 008	3 261
11	57	1 532	2 248	241 794	83 634	8 351	1 530	2 011
12	42	1 194	1 604	150 707	57 875	5 594	858	1 203
13	132	5 608	1 731	416 754	168 798	15 271	4 442	2 743
14	77	2 136	906	276 379	38 763	10 070	2 445	1 487
15	43	1 534	438	133 359	48 239	4 842	1 172	1 355
16	43	1 711	1 069	157 275	27 004	6 505	1 469	1 217
17	59	3 686	820	150 827	60 244	6 552	1 209	1 082
18	33	1 479	2 347	215 012	78 253	8 624	894	2 228
19	38	1 822	1 577	192 746	76 284	9 422	967	1 367
20	162	5 922	2 330	533 273	163 816	18 700	4 249	6 545
21	60	2 158	1 153	252 568	77 887	10 573	1 611	2 210
22	56	2 666	2 683	269 402	158 835	10 678	1 589	1 834
23	71	2 969	1 521	197 684	100 321	8 563	905	1 316
24	117	5 527	2 369	406 475	106 073	15 545	2 359	2 717
25	78	3 219	2 738	371 847	125 323	14 681	3 477	3 134
26	51	2 431	741	190 055	142 422	7 964	1 318	1 158
27	48	2 924	1 561	332 641	94 933	11 756	2 779	1 398

使用模型（14.1）计算固定成本分摊前各分支机构的效率得分。第一阶段、第二阶段以及整个系统的效率分别列于表 14.5 的第 2～4 列。为了便于比较，表 14.5 的第 5～7 列列出了根据生产规模生成的分配结果。随后，使用满意度讨价还价博弈模型（14.13）将固定成本分摊给各分支机构，结果列于表 14.6 的第 2～4 列。同时，表 14.6 的第 5～7 列列出了 Li 等（2019）的固定成本分摊结果。表 14.7

基于 Li 等（2019）的方法和本章提出的方法得到的分配结果给出了两个联盟的满意度。

表 14.5 基于生产规模的效率评估和固定成本分摊结果

分支机构	E_j^1	E_j^2	E_j	r_j^{1p}	r_j^{2p}	$r_j^{1p}+r_j^{2p}$
1	0.7597	1.0000	0.8634	39.0813	52.4739	91.5552
2	1.0000	0.7595	0.8798	17.6428	36.4268	54.0696
3	0.7204	0.7839	0.7470	59.6786	65.4592	125.1378
4	0.5125	0.6900	0.5726	70.7878	50.3448	121.1326
5	0.6325	0.8330	0.7102	73.2841	77.7959	151.0800
6	0.9251	0.9362	0.9304	46.1883	56.2269	102.4152
7	0.7285	0.9343	0.8152	38.3804	40.4454	78.8258
8	1.0000	0.9235	0.9618	662.6315	684.6909	1347.3225
9	0.5872	1.0000	0.7399	83.5743	72.4018	155.9761
10	1.0000	0.8451	0.9225	431.6942	423.8041	855.4983
11	0.9380	0.8120	0.8770	112.0888	99.5615	211.6503
12	0.7733	0.8288	0.7975	53.9712	53.8356	107.8069
13	0.7244	1.0000	0.8402	367.9609	333.404	701.3649
14	1.0000	0.8998	0.9499	78.0754	103.5758	181.6512
15	0.9135	0.9926	0.9513	32.0977	47.3212	79.4189
16	0.6847	0.9906	0.8090	36.9379	47.5266	84.4645
17	0.5531	0.9471	0.6934	70.5149	62.8292	133.3441
18	1.0000	0.9752	0.9876	91.2601	78.8233	170.0834
19	0.8078	1.0000	0.8937	74.7425	83.5726	158.3151
20	0.7328	1.0000	0.8458	487.4176	328.7019	816.1195
21	0.8525	0.9232	0.8850	92.6447	107.08	199.7247
22	0.7232	0.8938	0.7948	207.5425	167.3632	374.9057
23	0.5109	0.8946	0.6407	121.4114	94.2944	215.7058
24	0.6295	0.7897	0.6914	300.5988	204.6744	505.2732
25	0.8754	0.9923	0.9300	242.3876	233.6637	476.0513
26	0.7881	0.8778	0.8276	101.0730	124.8902	225.9632
27	1.0000	0.8482	0.9241	135.2678	178.9575	314.2254

表 14.6　固定成本分摊结果

分支机构	本章提出的方法			Li 等（2019）的方法		
	r_j^{1*}	r_j^{2*}	$r_j^{1*}+r_j^{2*}$	r_j^{1L}	r_j^{2L}	$r_j^{1L}+r_j^{2L}$
1	29.4807	54.6227	84.1034	34.8394	99.5911	134.4306
2	33.6007	60.7859	94.3866	57.6112	4.1483	61.7595
3	62.6177	102.1741	164.7918	66.9629	83.9139	150.8768
4	55.4861	49.8957	105.3818	42.5563	5.3306	47.8869
5	63.5226	129.7160	193.2387	105.6896	19.9776	125.6671
6	82.3290	185.1458	267.4747	149.2000	46.4915	195.6915
7	43.5293	104.8534	148.3827	27.0534	58.2580	85.3113
8	277.7566	410.4562	688.2128	662.6315	455.6247	1118.2562
9	71.2397	192.3857	263.6254	55.8416	158.4308	214.2724
10	234.4506	419.3536	653.8042	428.1954	448.9607	877.1561
11	92.2907	170.0025	262.2932	91.0412	79.0747	170.1160
12	57.5236	115.6669	173.1905	38.3474	35.4254	73.7728
13	159.0715	304.2969	463.3684	257.0286	451.5380	708.5666
14	105.4915	194.4589	299.9504	164.9817	245.7357	410.7174
15	50.9020	104.4698	155.3719	85.7256	103.1206	188.8462
16	60.0305	138.1966	198.2271	62.9564	161.9881	224.9445
17	57.5694	139.5858	197.1552	65.8529	108.8605	174.7134
18	82.0683	191.4337	273.5019	84.4604	4.1483	88.6087
19	73.5695	206.6558	280.2254	100.2016	53.575	153.7766
20	203.5458	419.3536	622.8994	306.3559	340.4241	646.7800
21	96.4031	229.8273	326.2304	164.1695	115.4121	279.5816
22	102.8285	219.7116	322.5401	131.0596	56.5463	187.6059
23	75.4543	180.5052	255.9596	76.9843	13.9235	90.9078
24	155.1481	315.2244	470.3725	196.4414	133.2967	329.7382
25	141.9309	312.1899	454.1207	195.7660	344.9362	540.7023
26	72.5424	164.3639	236.9063	163.0222	66.0493	229.0715
27	126.9663	217.3187	344.2850	250.7998	239.4424	490.2422

表 14.7　不同分配结果的满意度

方法	一阶段联盟	二阶段联盟
Li 等（2019）的方法	–0.1380	0.4617
本章提出的方法	0.5230	0.5412

从结果可以看出，首先，仅有少数分支机构在资金系统或盈利系统中是有效的，但没有任何一家分支机构同时有效，即没有实现整体有效，表明 2015 年分支机构的整体表现普遍不佳。其次，与 Li 等（2019）的方法相比，由本章提出的方法得出的分配结果更加均衡。具体而言，由本章提出的方法分配的最大和最小固定成本分别为 668.2128 和 84.1034，而由 Li 等（2019）的方法分配的最大和最小固定成本分别为 1118.2562 和 47.8869。因此，本章提出的满意度讨价还价博弈模型改进了固定成本分摊结果的均衡性，进一步增强了子系统对固定成本分摊结果的认同。

从表 14.5 和表 14.6 可以看出，满意度讨价还价博弈模型并不一定将更多的固定成本分摊给在固定成本分摊前通过模型（14.1）被评估为更高效的 DMU（如 DMU_1 比 DMU_5 更有效，但是被分配了比 DMU_5 更少的固定成本）。表 14.4 表明 DMU_5 的生产规模大于 DMU_1，即 DMU_5 从固定成本中受益更多，因此应被分配更多的固定成本。这种机制由模型（14.13）的前两个约束条件确保生产规模较大的 DMU 会被分配到更高的固定成本。

表 14.7 显示，对于两个联盟而言，由本章提出的方法得出的分配结果提供了更高的满意度。Li 等（2019）的方法为第一阶段联盟（资金系统）提供了负的满意度。这意味着在 Li 等（2019）的分配结果中，分配给资金系统的最大固定成本高于当资金系统被视为追随者时所生成的分配结果。这进一步表明，在 Li 等（2019）的结果中，分配给资金系统的固定成本存在较大的差异。此外，在 Li 等（2019）的分配结果中，两个联盟的满意度存在较大的差异，这使其结果难以被接受。相比之下，本章提出的方法提供的固定成本分摊结果是两个阶段联盟满意度之间的讨价还价均衡解。与 Li 等（2019）的结果相比，本章提出的方法的分配结果更加均衡，应被视为一个更公平的分配结果。

14.6 本章小结

本章提出了在 DEA 框架下针对具有两阶段网络系统的 DMU 进行固定成本分摊的方法。首先，证明了在固定成本分摊后，所有的两阶段网络系统在用一组公共权重进行评估时都是有效的；其次，结合领导者-追随者模型和讨价还价博弈模型，提出了用于两阶段网络系统固定成本分摊的模型；最后，将所提出的满意度讨价还价博弈方法与基准方法进行了比较。

本章在基于 DEA 的固定成本分摊方面做出了以下四个方面的贡献：首先，在一个非常普遍的情况下证明了所有具有两阶段网络系统的 DMU 在固定成本分摊后都是整体有效的；其次，引入了领导者-追随者博弈和讨价还价博弈理论，提出了两种固定成本分摊方法，这些方法可以应用于 DMU 各阶段之间的不同博弈场景中；再次，所提出的方法能够生成具有比例不变性的固定成本分摊方案，即使待分配的固定成本总额发生变化，分配结果仍然具有稳定性；最后，讨价还价博弈固定成本分摊方法保证了最优固定成本分摊结果的唯一性。

参考文献

Chen Y, Cook W D, Li N, et al. 2009. Additive efficiency decomposition in two-stage DEA. European Journal of Operational Research, 196(3): 1170-1176.

Dantzig G B. 2016. Linear Programming and Extensions. Princeton: Princeton University Press.

Li F, Zhu Q Y, Chen Z. 2019. Allocating a fixed cost across the decision-making units with two-stage network structures. Omega, 83: 139-154.

Nash J F. 1950. The bargaining problem. Econometrica, 18(2): 155-162.

Nash J F. 1953. Two-person cooperative games. Econometrica, 21(1): 128-140.